KB039171

독일 대통령 요아힘 가우크 회고록

동독의 민주화와 통일운동을 증언하다

이 도서의 국립중앙도서관 출판예정도서목록(CIP)은 서지정보유통지원시스템 홈페이지(http://seoji.nl.go.kr)와 국가자료공동목록시스템(http://www.nl.go.kr/kolisnet)에서 이용하실 수 있습니다.
CIP제어번호: CIP2018007997(양장), CIP2018008027(반양장)

독일 대통령
요아힘 가우크 회고록

동독의 민주화와 통일운동을 증언하다

| 요아힘 가우크 지음 손규태 옮김 |

한국판에 부치는 서문

2015년 10월 14일, 나는 지구상에서 한 번도 가보지 못했던 전혀 생소한 땅을 찾았다. 그럼에도 친근감이 밀려왔다. 그곳은 남북한의 악명 높은 경계선인 판문점이었다. 나는 벌써 25년이나 자유민주주의 체제 속에 살고 있지만, 판문점에서 북한을 바라보자 지리적으로 두 개의 체제가 서로 대립하던 과거 동독 시절로 되돌아간 듯했다. 동독 땅에서 수십 년 동안 살면서 익숙해졌던 감정들, 나와 국민들이 자유선거로 선출하지 않은 인간들에 의해 감옥에 갇히고 압제와 불안 속에 살았던 내 안의 감정들이 판문점에서 다시 깨어났다. 그 감정들은 그간 우리를 적당히 침묵하고 순응하게 만들었던 것이다. 나는 한 번도 감옥이나 수용소 생활을 겪진 않았지만 이러한 감정들이 갑자기 내 속에서 꿈틀거렸다.

그 전날 나는 북한의 강압적 통치에서 탈출해 여러 경로를 거쳐 자유의 땅 남쪽으로 온 한 젊은 여성을 서울에서 만났다. 전혀 알지도 못하는 세계로 그녀가 왜 도망쳤는지, 북한 밖의 세계는 어떻게 보이는지 물었을 때 그녀의 대답은 간단했다. "나는 일생 동안 명령받고 사는 것을 원하지 않습니다. 나는 자유를 원했습니다." 그리고 나 역시 그러한 자유를 찾았다는 벅찬 감정이 내 안에서 솟아올랐다. 여기, 전혀 낯선 도시, 전혀 다른 사람들 가운데서 말이다.

이 책은 바로 그러한 감정들을 보고한다. 즉, 이 책은 자유에 대한 갈망을 이야기하지만, 내가 느꼈던 아련한 감정들에 관한 이야기이기도 하다. 이 책은 지금은 성인이 된 내 자녀들이 부자유의 삶에서 탈출한 이야기이자 그들과의 이별에 관한 이야기이기도 하다. 목사였던 나는 동독에서 교회 신자들과 같이 생활했으나 내 자녀들은 나와 달리 서독에서 자기결정권을 가지고 살고자 했다.

여러분은 이 책에서 멀고 낯선 세계에 산 한 인간이 개인적으로 경험한 일들과 만나겠지만, 한국과 같이 분단되었던 또 하나의 나라, 독일의 정치적 현실과도 만나게 될 것이다. 북한에 비해 동독은 사실 다소 덜 폭력적이고 덜 잔인한 형태로 독재가 유지되었다. 그렇지만 동독에서도 사람들은 공산당 엘리트로부터 지속적으로 통제를 당했고 대부분의 사람은 전적으로 또는 최소한의 형태로 충성함으로써 체제에 순응했다. 자유에 대한 꿈을 품은 사람들은 많았으나 저항을 시도한 사람은 소수였다.

그러나 우리는 예기치 않던 방식으로 놀라운 경험을 하게 되었다. 다른 유럽 국가들의 도움으로 동독 시민들도 1989년 공산주의로부터 해방되는 기회를 얻었던 것이다. 그들은 불안을 떨쳐버렸고 무언가를 감행했다. 그리고 몇 십 년 동안 민주주의를 꿈꾸어왔던 나는 그 기회를 쟁취해 다함께 가꾸어갔다. 그렇다. 마침내 나는 동독의 한 작은 도시의 목사에서 유럽에서 가장 큰 나라가 된 통일 독일의 대통령까지 되었다.

이제 75년간의 삶을 뒤돌아보면서 나는 하나님에게, 그리고 자유를 달성하기 위해 같이 일했던 사람들에게 깊은 감사를 표한다. 나는 기적이 현

실이 될 수 있다는 사실을 경험했다. 사람들이 인간으로서 가능한 노력을
다할 때 어떤 일이 일어날 수 있는지를 나는 결코 잊지 않을 것이다.

요아힘 가우크

역자 서문

　1990년 10월 3일 독일이 통일되자 과거 베를린 제국의회의 의사당 앞에 서독의 콜 수상과 정치가들, 그리고 많은 베를린 시민이 모여 통일 기념행사를 열었다. 베를린 필하모니 오케스트라가 베토벤 교향곡 9번을 연주하고 합창단이 「환희의 송가」를 부르는 가운데 사람들은 분단되었던 민족이 하나 된 기쁨과 환희를 마음껏 누렸다. 1945년 제2차 세계대전이 끝나고 미국, 소련, 영국, 프랑스 4대국에 의해 동서독으로 분할 점령된 지 45년 만에 독일이 재통일된 것이다. 독일 통일은 1950년 한국전쟁 이후 시작된 미소 간 동서 냉전 체제의 종식을 가져온 역사적 사건이기도 하다. 따라서 독일 통일은 사회주의 체제의 종주국인 소비에트 연방의 붕괴와 동구 사회주의 국가들의 해체로 이데올로기적 양극 체제의 한 축이 몰락함으로써 전세계가 미국식 자본주의 일극 체제로 통합됨을 의미했다. 독일 통일은 분열되었던 유럽의 통일이기도 했다.

　구동독 사회주의 정권이 붕괴하게 된 씨앗은 1950년대 중반 정치적 독재와 억압에 반대하는 동독 국민들의 저항과 국외 탈출 러시에서 이미 뿌려졌다고 할 수 있다. 동서독 사이의 왕래가 비교적 자유로웠던 1950년대 중반에 약 1만 7500명의 교사와 대학교수, 약 1만 5000명 이상의 자영업자와 상인, 그리고 농부들이 서독으로 이주했다. 이처럼 다수의 주민이 서독으로 탈출·이주한 것은 동독의 사회적·경제적 발전에 막대한 장애를 초래했다. 이를 막기 위해 동독정부는 1961년 동·서베를린과 여타 지역의 국경에 장벽을 건설했다. 이때부터 동독정부는 주민들을 사회주의적 이념으로 통치되는 감옥에 가두어 독재 체제에 순응하는 인간으로 만들려 했다.

이러한 동독의 억압 체제를 유지시킨 강력한 수단은 1950년 2월 8일 소련의 내무성을 모델로 만든 '국가안전부(Das Ministerium für Staatssicherheit)'였다. 이 국가안전부는 국내외 정보 수집은 물론 국민들의 삶에 대한 철저한 감시와 통제, 위협과 체포 및 구금 등 무제약적 권력을 행사한 초법적 국가기관이었다. 이 기관은 9만 1000여 명의 정규 직원과 62만 4000여 명의 민간인 비공식 협력자들로 구성된 거대한 통제 집단이었다. 이는 국가안전부 요원 1명이 주민 180명을 감시하는 것으로, 소련의 KGB가 요원 1명으로 주민 595명을 감시한 것과 비교할 때 동독 주민에 대한 통제의 정도를 가늠할 수 있다.

당시 이러한 통제 사회에서 다소나마 자유의 공기를 호흡할 수 있던 유일한 공간은 교회였다. 기독교 복음의 본질적인 관점에서나 유럽 역사에서 일찍이 발전된 계몽주의와 휴머니즘의 관점에서 볼 때 동독 시민들은 히틀러나 스탈린식의 억압하고 통제하는 현실을 그대로 받아들일 수 없었다. 사회주의 사상의 본래 성격인 휴머니즘이 증발된 동독 사회주의의 억압적인 체제에 좌절한 지식인들과 다수의 기독교인들은 사상과 신앙의 자유를 누릴 수 있는 서독 사회를 갈망하거나 그곳으로의 탈출을 시도했다. 이런 사람들은 반정부-반체제 인사로 낙인 찍혀 감시 대상이 되거나 투옥되어 고통을 당했다.

이러한 사회주의 통제 사회에서 벗어나려는 시도는 이미 1950년대 초반부터 동유럽 국가들에서 시작되었다. 1953년 6월 17일 동독 시민들의 봉기, 1956년 헝가리 폭동과 폴란드 노동자들의 파업, 1968년 체코슬로바키아 수도에서 발발한 프라하의 봄 등 연이어 저항운동이 일어났다. 하지만 자유와 민주주의를 향한 투쟁운동은 소련의 군사적 개입과 무자비한 탄압으로 번번이 실패로 끝났다.

자유를 향한 이러한 투쟁에 자극받은 동독의 개신교회는 젊은 기독교인들을 중심으로 의식화운동을 전개했다. 개신교회들은 처음에는 '수양회'라는 종교적 모임을 갖고 당시 세계교회협의회WCC가 이끌던 신학적 주제들, 즉 교회의 사회적 역할, 빈곤 문제, 인종차별과 여성차별 문제, 타 종교와의 대화, 해방신학 등을 다루었다. 그러나 수양회는 단순히 종교적 주제뿐만 아니라 정치적 주제, 즉 자유, 민주주의, 복종과 불복종, 전쟁과 평화, 그리고 정치적·종교적 관용 같은 주제를 취급하기 시작했다. 가우크에 따르면, "교회는 점차 국가가 배제하거나 터부시하는 주제들, 즉 학교 안에서의 군사교육과 훈련, 체르노빌 참사 이후의 원자력 이용, 환경문제, 인권과 시민권 문제, 핵 시대의 평화 문제와 씨름했다".

동독의 교회들은 이러한 연구나 의식화 모임을 넘어 더욱 실천적인 개혁운동을 정치적 예배 행위를 통해 추구해나갔다. 민권운동이나 민주화운동 등 사회적·정치적 변혁운동에 참여했다가 투옥되거나 박해받는 사람들을 돕고 연대하기 위한 모임이 대도代禱예배(박해받는 사람들을 위해 기도하고 그 가족을 위로하면서 그들에 대한 정보를 나누는 교회 행사) 형식으로 진행되었다. 또한 1970년대 말에서 1980년 초 미소 양 진영이 동서독에 핵탄두 미사일을 배치함으로써 고조된 핵전쟁 위협에 대처하기 위해 교회는 '평화예배

Friedensgottesdienst'를 진행함으로써 반핵운동과 평화운동을 전개했다. 이처럼 교회의 사회변혁운동과 평화운동이 활발해지자 기독교인들뿐만 아니라 비기독교인들도 이 운동에 적극 동참하게 되었다. 참가자들은 예배가 끝나면 자연스럽게 거리로 나서 행진하면서 구호를 외쳤다. 교회의 정치적 예배 행사와 시위 행렬은 주로 동베를린, 라이프치히, 드레스덴, 로스토크를 중심으로 대도시에서 전개되었으나 나중에는 작은 도시들로 퍼져나갔다.

1980년대 들어 소련 공산당 서기장 미하일 고르바초프가 추진한 개혁 정책(페레스트로이카)과 개방 정책(글라스노스트)은 동유럽의 여러 나라, 특히 폴란드의 자유노조운동과 동독 시민들에게 자유화와 민주화에 대한 새로운 희망을 더욱 불어넣었다. 그러나 동독정부는 이제까지의 억압적 정책을 개선할 기미를 보이지 않았고 오히려 억압의 고삐를 더욱 죄어갔다.

그러자 1989년 중순을 지나면서 동독인들의 국외 탈출이 다시 본격화되었다. 당시 이웃 나라 체코슬로바키아에는 비자 없이도 입국할 수 있었기 때문에 동독인들은 수도 프라하에 모여들었고 프라하에 있는 서독대사관의 담을 넘어 서독 망명을 요구했다. 서독대사관저는 동독인들로 발 디딜 틈 없이 꽉 들어찼고 숙식과 위생 처리도 한계에 달했다. 동독인들이 타고 온 트라반트Tranbant 자동차 수천 대가 서독대사관 근처 골목길들을 가득 메웠다. 동독인들의 대탈출이 본격화되면서 1989년 11월 9일, 마침내 베를린장벽이 붕괴되었다. 동서독을 갈라놓았던 장벽이 무너지자 동독인들은 서독으로 대거 탈출했다. 동독이 이처럼 통제 불능 상태에 빠지자 공산당 지도자 에리히 호네커가 퇴진하고 에곤 크렌츠가 임시정부의 수반이 되었다. 1990년 3월 18일에 동독의 인민의회를 구성하기 위한 최초의 자유선거가 실시되었으며, 새로 선출된 의회에서는 모드로 내각이 구성되었다. 곧이어 독일연방공화국 기본법(헌법) 23조에 따라 동독 지역의 5개 지방정부가 각각 독일연방에 가입함으로써 1990년 10월 3일 동서독 통일이 법적으로 완성되었다.

1989년부터 1990년까지 독일 통일이 완성되던 혁명기에 일어났던 특징적인 사건들 가운데 하나는 동독정부의 강압적인 통치기구였던 국가안전부를 시민들이 점령하고 수많은 비밀문서를 폐기되기 직전에 접수한 것이다. 1989년 10월, 혁명운동의 마지막 보루였던 로스토크시의 시민들이 국가안전부 건물을 접수하자 에르푸르트와 라이프치히의 시민들도 국가안전부 건물을 접수했다. 시민단체 대표와 국가안전부 간부가 합의 문서에 서명함으로써 국가안전부의 업무는 완전히 중지되었고 통제권은 시민들의 손으로 넘어왔다(당시 시민단체 대표들이 국가안전부를 접수하는 데에는 경찰과 검찰의 협조가 큰 역할을 했다). 동서독이 통일된 후 동독 시기의 역사 청산 작업을 본격적으로 수행할 수 있었던 것은 바로 시민단체가 국가안전부를 접수해 폐기 직전의 문서들을 고스란히 보존했기 때문이다.

이 책의 저자인 가우크 목사는 동독의 동북부 지방인 로스토크에서 자유와 민주화운동을 이끌었고, 1989년 전환기에 그곳에서 자유선거에 따라 인민의회 의원으로 선출되었으며, 1990년 통일 후 연방정부에 의해 국가안전부의 문서를 처리하는 기관인 문서관리청의 책임자로 임명되었다. 그는 약 10년 동안 국가안전부의 문서 처리 작업을 선두에서 지휘함으로써 통일 후 동독의 역사 청산 작업에 크게 공헌했다. 민주화투쟁과 통일운동 및 역사 청산 작업의 공로를 인정받아 그는 2012년 3월 대통령으로 추천되고 당선되었다. 이 책의 핵심인 8~11장은 문서관리청을 지휘하던 가우크의 활약을 다루고 있다. 동독의 민주화와 독일 통일 과정을 현장에서 직접 이끌었고 문서관리청의 책임자로서 동독의 역사 청산 작업에 참여했던 저자의 증언은 분단국에 사는 우리에게도 많은 정보와 시사점을 제공한다. 통일

문제를 전문적으로 다루는 학자나 정치가뿐만 아니라 분단과 대결의 질곡에서 고통당하는 남북한 국민들 또한 이 책을 통해 통일 된 한국의 미래를 그리는 한편 통일 후의 역사를 처리하기 위한 지혜를 구할 수 있을 것이다.

이 책에서는 독자들의 이해를 돕기 위해 중요한 개념과 사건, 그리고 인명 및 지명에 대해 역자가 주석을 달았다. 이 책을 출판하기까지 애써준 한울엠플러스의 모든 분에게 감사를 드린다.

2018년 3월
성공회대학교 명예교수 손규태

차례

01

내가 자란 곳

어린 시절이 더 좋다

여름이 되면 무더위를 피할 곳은 가까운 데 있었다. 메클렌부르크포어포메른주 해변과 맞닿은 로스토크의 동쪽에 있는 피슐란트는 발트해와 얕은 만灣 사이의 무더위를 식혀준다. 두 해수면 사이에서 육지가 약 500미터로 좁아지는 곳에 발트해 마을 부스트로가 있다.

여기에서 내 영혼이 간직한 최초의 기억의 상들이 시작된다. 내 삶의 처음 5년을 여기서 보냈기 때문이다. 나를 내려다보던 어머니의 얼굴, 집과 나무, 그리고 넓은 바다, 할머니……. 하늘은 밝기도 했고 어둡기도 했다. 어린 여동생들, 아이들의 눈물, 그들의 행복. 모든 것이 내가 처음 경험한 것들이었다.

그때를 회상할 때면 언제나 떠오르는 첫 번째 상이 있다. 열두 살 때 나는 어머니의 친구인 마리안네 아주머니를 방문했다. 그녀는 아주 오래된 목조 가옥에 두 아이와 함께 살고 있었다. 흙으로 된 어두운 중앙 통로 앞에는 마구간이 있었고 그 뒤에는 부엌과 방이 있었다. 중앙 통로에는 고양이들이 돌아다녔고 제비들이 드나들며 들보 아래 집을 지었다.

그곳은 마리안네 아주머니의 아버지이자 메클렌부르크포어포메른주의 토박이인 코노브 할아버지의 집이었다. 작은 나무판자로 만든 그의 배는 물 언저리 갈대밭에서 작은 굴곡을 이룬 선창에 놓여 있었다. 나는 이 배로 노 젓는 법을 배웠다. 우리는 재빨리 돛단배로 바꿀 수 있었기 때문에 돛을 올리고 항해하는 법도 배웠다. 사람들은 그렇게 해서 만의 목초지나 건너편 지방도시인 빈데가른에서 제초기로 베어낼 마른풀을 실어왔다. 할아버지는 토박이들과 다른 지역 사람들에게 자연스레 북독일 사투리를 썼다. 이따금씩 바람에 맞서 작은 나무배의 운항을 멈춰야 할 때도 "속도를 줄이고 돛을 낮춰야 해!"라고 사투리로 말했다.

그의 손자 부르카르트와 나는 재치 있게 행동해서 마리안네 아주머니로부터 낟알처럼 엉겨 붙은 맛있는 쿠박(요구르트와 유사한 우유제품)을 얻어먹곤 했다. 마리안네 아주머니는 아마도 곧 버터를 만들 모양이었던 것 같다. 마리안네 아주머니는 검은 빵 한 조각에다 신선하고 샛노란 버터를 넉넉히 발라놓았는데, 그 버터를 보자 몹시도 강하게 식욕이 돋았다. 우리는 언제나 집 밖, 그러니까 마당에서, 목초지에서, 그리고 물가에서 비바람과 함께 지냈기 때문에 늘 배가 고팠다.

그날따라 번개가 치고 소나기가 퍼부었다. 어른들 말로는 피슐란트는 해안 사이에 위치하기 때문에 대개 뇌우가 지나가버리므로 그런 일은 흔하지 않다고 했다. 그러나 뇌우가 한번 들이닥치면 아주 대단했다. 내 친구와 나는 부엌 건너편으로 달려갔다. 번개가 하늘을 가를 때면 몸이 오싹했다. 우리는 지붕을 요란하게 두드리다가 이내 갈대 지붕으로 부드럽게 스며드는 빗소리를 들었다.

어둠이 깔리고 마리안네 아주머니의 부엌에는 불이 켜졌다. 나는 부엌 문 위쪽 열린 틈으로 아주머니가 일하는 것을 보았다. 나는 아주머니의 눈을 바라보는 게 좋았다. 아주머니의 눈은 언제나 나에게 생기를 불어넣어 주었다. 아주머니의 눈은 언제 어디서나 생기가 넘쳤지만 그해 여름에는 특히 그 시선에 빠져들었다. 나는 내가 그 시선에 사로잡힌 존재라는 것을 감지했다. 나는 마리안네 아주머니에게서 편안함을 느꼈다. 아주머니는 눈을 들어 건너편에 있는 우리를 보고 웃으며 손을 흔들었다. 아마도 곧 저녁 식사가 나오겠지.

내일도 번개가 치고 어두침침한 날씨가 계속될 것 같았다. 마리안네 아주머니는 우리를 부스트로의 교회로 데려갈 예정이었다. 매주 수요일 그곳에서는 여름축제가 열렸다. 저녁에는 순회하는 예술가들의 음악, 오르간 연주, 그리고 언제나 똑같은 노래로 마감하도록 짜여졌다. 나는 그 노래를 빨리 익혔다.

날이 저문다
아, 가장 아름다운 장식이여
주님 예수 그리스도여, 내 곁에 머무소서
저녁이 되었으니
당신의 불을 끄지 마소서
땅 위의 우리 모두에게서

우리가 자전거를 타고 만을 따라 집으로 가는 동안 나는 앞에서 그 멜로디를 콧노래로 흥얼거렸다. 부르카르트와 나는 그날 낡은 헛간 옆에 있는 이전의 송아지 축사에서 잤다. 거기는 전깃불도 침대도 없었다. 우리는 생

1932년 여름을 함께 보낸 마리안네 아주머니와 부르카르트. 그녀는 우리 남매가 아버지 없이 지내야 했던 첫 여름에 거처를 마련해주었다.

쥐와 들쥐와 함께 짚더미에 누웠다. 우리는 용감하고 건장한 아이들이었다. 마당을 향한 문은 열려 있고 하늘은 맑았다. 머리를 돌리면 별들이 보였다. "날이 저문다 …… 당신의 불을 끄지 마소서……." 나는 잠이 들었다.

나는 30년 후 서독방송에서 로스토크 출신 작가 발터 켐포브스키가 "나에게 고향은 전에는 고통스러웠던 장소"라고 말하는 것을 들었다. 나는 내가 그 말에 반발했던 것을 아직도 기억하고 있다. 나에게 고향은 '행복'이었다. 하지만 1952년 여름에 느꼈던 나의 행복이 그 전해의 불행과 밀접하게 연관되어 있다는 사실을 20년이 지난 뒤에야 비로소 알게 되었다. 나의 아버지가 체포되어 끌려가 흔적도 없이 사라진 다음 마리안네 아주머니는 나를 받아주었다. 한 해 전 암울한 여름으로 인해 마리안네 아주머니 집에서 보낸 그 여름은 이전의 모든 상을 삼켜버렸다.

우리 가족은 로스토크 근처 작은 도시 부스트로로 이사했는데, 그곳은 나에게 하나의 피난처이자 일생 동안 정신적 위안을 준 곳이었다. 어렸을 때나 그 시절을 회상하는 지금이나, 홀로 살았을 때나 결혼했을 때나, 내가 아이였을 때나 아이들을 갖게 되었을 때나 늘 그랬다. 지금도 나는 로스토크를 떠나 피슐란트 쪽으로 돌아들며 북동쪽 해안선을 따라 이동할 때, 멀리 부스트로의 교회 탑이 나타나고 내가 오른손을 들어 목초지와 갈대밭 뒤쪽으로 바로 그 만을 가리킬 때 아주 특별한 따스함과 내적인 평온함에 휩싸인다. 순전히 방문객으로 올 때도 이곳이 고향임을 느낀다.

우리 가족은 그곳에서 1938년부터 이주자로서 자리를 잡았다. 내 부모인 요아힘 가우크와 올가 가우크는 결혼 후 당시에는 아돌프 히틀러 거리였으나 지금은 파크 거리로 바뀐 곳에 위치한 해양학교 건너편에 집을 얻어 살림을 차렸다. 부모님이 아예 외지인이었던 것은 아니다. 두 사람은 메클렌부르크포어포메른주 출신이었고, 내 아버지는 할아버지가 작센 출신이라서 적어도 반은 그곳 사람이었기 때문이다. 아버지는 부스트로에서 해양학교를 다녔는데, 처음에는 조타수 면허를 땄으며, 1940년에는 오대양을 항해할 수 있는 선장면허 A6 등급으로 학교를 마쳤다. 다만 전쟁 때는 선장으로 항해하지 못했다. 아버지는 고등학교를 졸업하자마자 네 개의 큰 돛을 단 범선 구스타프호의 선원으로 고용되어 세계의 대양을 항해했다. 사진첩을 보면 호주, 아프리카, 스칸디나비아, 수마트라에서 찍은 사진들이 수록되어 있다. 함부르크에 있는 해운회사 페르디난트 레이츠에서 일하면서 아프리카로부터 바나나와 다른 열대 과일들을 실어온 것이 아버지의 마지막 항해였다.

어머니는 아버지가 육지에 상륙해서 쉬던 어느 때에 그를 완전히 낚아챈 것 같다. 가족들에게 퍼졌던 소문에 따르면 젊은 올가 바렌만은 카메룬에서 돌아온 31살의 젊은이를 함부르크의 선박회사에서 만났을 때 기대에 차서 다음과 같은 질문을 던졌다고 한다.

"내 편지 받았죠?"

아버지는 편지에 대해 아무것도 몰랐다.

"그럼 우리가 내일 블랑케네제에서 결혼한다는 걸 몰라요?"

아버지는 오래 고심하지 않았던 게 분명하다.

그렇게 해서 아버지가 군대에 징집되었을 때 어머니는 부스트로로 이사하게 되었다. 그곳에는 할머니 안토니 가우크가 발트해 연안에 집을 짓고 살았다. 할머니는 메클렌부르크포어포메른주의 소도시 펜츨린에서 소규모로 가축 판매업을 하던 집안의 딸로서 가업을 이어받았으나 가축 판매로 지속적인 수입을 얻지는 못했다. 살림을 꾸려 나가기 위해 할머니는 여름 휴가객들에게 숙박을 제공하려 했다. 그 때문에 할머니 집은 동네 다른 집으로부터 떨어진 호수에 접해 있었다. 1936년 당시 할머니 집은 할머니가 거주하면서 휴가객들에게 방을 제공하기에 충분했다.

할머니 안토니는 아버지가 어릴 때 이혼했다. 그 이유는 아무도 몰랐다. 아버지는 물론 그 누구도 할아버지의 사진을 본 적이 없었다. 단지 할아버지가 드레스덴 출신이며 약사였다는 사실만 알려져 있었다. 자존심 센 메클렌부르크포어포메른주 출신의 부인은 그 문제에 대한 질문이나 심지어 어떤 소문도 입에 올리지 못하도록 했다. 할머니는 어떤 정보도 거부했고 어떤 기억도 지워버렸다. 할머니가 할아버지를 얼마나 강하게 거부했는지 아버지는 알아차린 적이 있는데, 한번은 할머니가 그새 성장한 아들 집으로 산책을 하다가 발길을 돌리며 놀라더니 이런 말을 했다는 것이다. "맙소사, 너는 꼭 네 아버지를 닮았구나!" 할머니 안토니는 어떤 남자와도 관계를 맺지 않았으며, 내 여동생 마리안네가 학교 다닐 나이가 되자 마리안네에게도 단단히 일렀다. "남자들에게 절대 마음을 빼앗겨서는 안 돼!"

준엄하고 결의에 찬 이 완고한 여성은 남편 없이도 많은 일을 해냈다. 그녀는 제정시대를 대표하는 몇 가지 가구와 책을 가득 꽂은 책장으로 중

산계급의 인상을 풍겼다. 어머니는 할머니를 이따금 오만하고 지배적이라고 느낀 것 같다. 어쨌든 어머니는 자기 여동생 게르다에게 보낸 편지에서, 할머니가 매우 많은 것을 알고 있어서 배울 점도 있지만 할머니가 어머니를 계속해서 간섭하기도 한다고 썼다. 어머니는 자신의 시어머니와 일정한 거리를 두었다.

어머니는 독립적인 여성이자 교육받은 사무직 여성이었다. 실질적인 업무에는 매우 밝았으나 가정일이나 아이들 교육 문제에는 예속되지 않으려 했다. 그녀의 부모인 프란츠 바렌만과 루이제 바렌만은 시골 출신이었다. 외할아버지는 변화라곤 찾기 힘든 곳인 쿠쿡에서 태어났고 외할머니는 로스토크의 카세봄에서 태어났다.

외할머니의 부모는 찢어지게 가난한 농부였다. 외할머니는 어렸을 때 둘이 한 침대에서 자야 했으며, 식사를 할 때는 부모님만 의자에 앉고 아이들은 식탁에 둘러서서 밥을 먹었다. 외할머니는 7학년까지만 학교에 다닌 뒤 곧장 일하러 가야 했다. 그러나 그녀는 가난에 대해 단 한 번도 불만을 드러내지 않았다. 오히려 성탄절에 작은 선물을 받고 얼마나 기뻐했는지, 10페니히 또는 20페니히를 갖고 로스토크에서 열리는 성령강림절 시장까지 걸어가서 와펠 과자를 사 먹거나 회전목마를 탔던 경험이 얼마나 굉장했는지를 이야기하곤 했다.

열여섯 살에 외할머니는 건축하는 일을 배우던 프란츠 바렌만과 결혼했고 로스토크에 있는 셋집으로 이사했다. 어머니인 딸 올가는 1910년에 태어났다. 아들 발터는 몇 년 앞서, 딸 게르다는 몇 년 후에 태어났다. 결혼 생활에서도 가난은 계속되었다. 외할아버지는 바이마르공화국 초기에 주말이면 돈이 가득 든 가방을 집으로 가져왔다. 그 돈으로 즉시 물건들을 사놓지 않으면 그다음 주에는 아무런 쓸모가 없었다고 외할머니는 말했다.

다행히 외할아버지 바렌만은 1930년대에 건축업 명장 자격을 따서 시멘트 혼합기 한 대와 손수레 몇 개로 일꾼 몇 명을 데리고 사업을 시작했다. 건축업소 이름은 '프란츠 바렌만'이었다. 낡은 사진을 보면 그는 살찐 맥주 뱃살을 드러내놓은 채 자랑스러운 표정으로 오펠 자동차 앞에 서 있다. 외할아버지는 그 일에 성공을 거두었다. 1930년대 말 외할아버지는 로스토크시 교외 브링크만스도르프의 조용한 곳에 정원이 있고 벌판이 보이는 집을 지었다. 이 집은 바렌만의 자녀들이 가정을 이룬 뒤에도 만남의 장소이자 피난처가 된 곳이었다. 나도 여러 번 이 집에서 살았다.

어머니의 가족은 서로 밀접한 관계를 유지했다. 어머니와 여동생인 이모 게르다의 관계는 특히 가까워 중요한 문제를 서로 상의했다. 그들은 몇 주간 차이로 각각 결혼했는데, 둘 다 배우자가 마을 토박이는 아니었다. 또한 그들은 각각 짧은 시간차를 두고 아이를 낳았다. 이모의 첫 아들이자 나의 사촌인 게하르트는 나보다 5개월 앞서 태어났다.

성격 면에서는 물론 차이가 있었다. 금발의 짧은 머리를 한 이모 게르다는 모두 동의하듯 자매 가운데 가장 예뻤다고 한다. 올리라고도 불렸던 검은 머리의 어머니 올가는 더 똑똑했다. 게르다는 아내로서, 올리는 어머니로서 더 높이 인정을 받았다. 두 여인 사이에 경쟁심 같은 것이 있었을 수도 있지만 당시 어렸던 우리는 그 사실을 알지 못했다. 남편들 때문에 서로 다른 지방으로 이사를 갔을 때도 그들 사이의 신뢰와 연대는 남달랐다. 이모는 자아브뤼켄, 로스토크, 키엘, 메멜 등으로, 어머니는 부스트로로 이사를 다녔다.

부스트로는 보통의 마을이 아니었다. 부스트로는 1846년 메클렌부르크 포어포메른주에서는 최초로 설립된 국립 해양학교, 즉 '대공작의 항해학교'로 명성을 날렸다. 항해사들은 먼 나라의 해안에서는 커다란 조개를, 일본과 중국에서는 도자기를, 영국에서는 자기그릇을 가져왔다. 아내는 선장인 남편이 운항하던 선박의 그림들로 방을 장식했다. 부스트로의 학생과 선생은 종종 바뀌었으나 적잖은 사람들이 피슐란트의 여자와 결혼해서 정착했다. 이렇게 해서 토착성과 개방성의 분위기가 긴밀하게 얽혔다.

예전부터 부스트로에는 선장들이 아주 많았다. 범선을 띄우던 시절에도 부스트로는 당시의 조건으로 봤을 때 상당한 수의 선박을 보유하고 있었다. 19세기 말 증기선이 범선을 밀어내자 관광객이 줄어들었다. 그 대신 소규모 관광업이 발전했다. 1929년 피슐란트에 도로가 생기기 전까지 사람들은 예외 없이 배를 타고 리프니츠에서 만을 거쳐 부스트로에 도착했다. 휴가객, 소·양·돼지, 우편물 등이 하루에 두 번씩 범선이나 증기선으로 한 시간 안에 이송되었다. 전쟁이 끝난 후에도 젊은이들은 정박장에서 기다렸다가 외바퀴 수레나 짐수레로 휴가객의 짐을 숙소로 날랐다. 나도 방학 때면 가끔 이런 일로 용돈을 벌었다.

여름이 절정에 이르렀을 때 치르는 축제 가운데 하나는 통을 쳐내는 경주인데, 이는 만 주변의 마을들에서 몇 대째 내려오는 민속축제였다. 마을에서는 사격 대회나 다른 전통 놀이가 공산당에 의해 금지되었기 때문에 이 경주는 특히나 큰 의미가 있었다. 하지만 이러한 민속축제에는 자유청년단과 개척단의 행진, 사회주의 가요나 당 간부들의 연설이 꼭 포함되어야 했다. 전쟁 이전에는 훈장을 단 기수들이 치장한 말을 타고 행진을 벌였다. 19세기까지는 메클렌부르크포어포메른주를 점령하고 있던 스웨덴인들에게 가장 질 좋은 청어 통을 보내는 것을 기념하기 위해 이 축제가 개최되었다. 축제는 시간이 지나면서 점차 사랑을 받았는데, 축제의 하이라이트는 3~4미터 높이에 청어 담는 나무통을 달아놓고 말이 질주하는 동안 이 통을 때려 깨뜨리는 경주였다. 통이 깨지면 왕은 "피슐란트의 전통과 풍습을 위해!"라고 외치면서 축배를 들었다.

갖가지 여름옷을 차려입고 주변에 모인 구경꾼이나 무거운 곤봉으로 나무통을 내려친 이 모두에게 이 경주는 흥미진진한 놀이였다. 축제는 재미있고 즐거웠으며 '우리의 것'이었다. 이 축제가 그대로 남기를 모든 이가 바랐다.

부스트로는 4킬로미터 떨어진 해수욕장 아렌스호프 때문에 관광객들에게 더욱더 매력적인 곳이었다. 아렌스호프가 지닌 한적함과 나름의 우수로 인해 이 해변 마을은 19세기 말 이래 화가들과 작가들을 끌어들였고 해변 도시 보르프스베데 같은 곳은 예술가들의 거점으로 발전했다. 화가인 파울 뮐러-캠퍼와 에리히 헤켈은 여기에서 작품 활동을 했으며, 조각가인 게하르트 막스도 그 근처에 집을 샀다. 먼저 게하르트는 베를린과 피슐란트를 오가며 지냈다. 나치는 게하르트를 교수직에서 쫓아내고 게하르트의 작품을 대부분 압수해 타락한 예술이라고 선언했기에 전쟁이 끝날 때까지 게하르트는 이곳으로 완전히 이주했다. 게하르트와 멀리 떨어지지 않은 곳에는 어린이 고전 그림책의 유명한 삽화가인 화가 프리츠 코흐 고타가 자리 잡았다. 고타는 공동묘지를 마지막 안식처로 삼았다. 1908년 체육과 음악 교육을 위한 학교를 세우고 여름 몇 달 동안 부스트로에서 수업을 했던 라이프치히 출신의 체조 교사 도라 멘츨러도 이곳 묘지에 묻혔다. 1933년 멘츨러는 유대인 피가 섞인 자신의 출생 신분 때문에 학교가 폐쇄될까 우려해서 교장 자리를 내놓았다. 그렇지만 그녀의 작업은 여전히 나의 기억 속에 남아 있다. 나는 전쟁이 끝난 후 부스트로의 해변에서 나체로 춤을 추던 젊은 여성들, 즉 휘퍼스에 대한 이야기를 들었다. 나체족 문화를 발전시킨 그들은 동독 시절에 발트해변에서 정숙한 체하는 공산주의 패권자들의 저항에 부닥쳤음에도 매우 인기를 누렸다.

부스트로에는 화가인 헤드비히 홀츠-좀머와 그녀의 남편 에리히 테오도르도 살았다. 나의 학교 친구 크리스티안 게텐은 그들과 같이 여러 차례 나들이를 하면서 많은 것을 배웠고, 자신이 그린 꽃 그림과 시골 풍경화로 2008년 젊은 나이로 죽기 전까지 그 부부에게 신의를 받았다.

나는 이런 세계에서 성장했다. 어머니는 1940년 1월 20일 로스토크의 한 병원에서 나를 낳았다. 병원에서 집으로 돌아오던 날 할아버지의 자동차가 집에서 약 1킬로미터 떨어진 곳에서 눈구덩이에 처박히는 바람에 군용차가 와서 우리를 꺼내주었다고 한다. 그 해는 매우 추웠다. 쇄빙선이 발트해를 거쳐 덴마크로 가는 항로를 열어주었으며, 스웨덴 남부에는 4미터 높이의 눈이 내렸다는 소식도 있었다.

전쟁 중이었지만 도시에서 온 사람들에게는 마을 생활이 매우 평온하게 보였다. 그곳에는 작은 집들, 종탑에 오르면 발트해에서부터 만까지 바라볼 수 있는 새로운 고딕 양식의 교회가 있었으며, 버드나무와 보리수 사이를 지나 벌판과 모래언덕 위로 바람이 늘 불어댔다. 바람이 강하게 불 때면 요란하고 위협적인 파도가 일었는데, 바람은 가끔 매우 사나워져서 사상자가 생기거나 해변의 배들을 덮치기도 했다. 1965년에는 강풍이 두 개의 돛을 단 덴마크 범선 스티네호를 덮쳐서 인양을 할 수 없게 되었다.

아버지는 곧 해군에 징집되었고 우리와는 거의 함께 지내지 못했다. 그럼에도 불구하고 나는 보호를 받고 있다고 느꼈고 우리 가족은 전혀 외롭지 않았다. 할머니 안토니는 얼마 떨어지지 않은 곳에 살았으며, 어머니는 전쟁과 어려움 가운데서도 모임을 만들어 정기적으로 다른 선장 부인들을 만났다. 내 기억에는 당시 가졌던 만남들은 모두 즐거웠다. 아내들이 출타 중인 남편에 대해 불안해했을 때도 아이들은 엄마들의 그런 마음을 전혀 눈치 채지 못했다.

나보다 1년 6개월 아래인 여동생 마리안네는 내가 어머니에게서 가장 많은 사랑을 받았다고 말하곤 했다. 하긴 내가 한 살 때 찍은 사진들에 어머니가 적어놓은 간단한 글귀들만 봐도 그 사실을 알 수 있다. 가족 사이에 전해지는 이야기에 따르면 아기였을 당시 나는 어머니에게 분열된 태도를 취하기도 했다고 한다. 마실 것과 먹을 것이 충분하지 못해 젖먹이였던 나는 큰 소리로 울곤 했다는 것이다. 어머니는 많은 독일 여성이 으레 그러하듯, 요한나 하러가 『어머니와 첫 아이』라는 책에서 추천한 젖먹이 돌보는 방법을 따랐다. 그 책에는 아이가 소리치고 울면 가짜 젖꼭지를 물려 달래고, 그래도 진정하지 않으면 다음과 같이 하라고 되어 있었다. "사랑하는 어머니들, 엄격해지세요! 아이를 침대에서 꺼내서 안고 흔들고 데리고 나가고 무릎에 앉히고 달래지 마세요." 나중에 나는 책장에서 이 책을 발견했다. 그 책에는 또 다음과 같은 내용도 있었다. "소리 지르는 아이도 어머니가 필요하다고 여기는 것을 해야 합니다. 계속 버릇없이 굴면 '냉정하게' 방으로 데려가 혼자 놔두어야 하며, 아이가 행동을 바꿀 때까지 관심을 두지 않아야 합니다. 사람들은 흔히 아이가 얼마나 일찍, 그리고 얼마나 빨리 그런 조치를 이해하는지 잘 알지 못합니다."

　　어머니는 이런 지침을 정확하게 따른 게 분명하다. 어머니는 나를 유모차에 태워 정기적으로 집 근처 풀밭으로 옮겨 다녔다. 그러나 요한나 하러의 예측과 달리 나는 결코 어머니의 뜻에 복종하지 않았던 것 같다. 소문에 따르면 나는 계속 지독하게 소리를 질러댔기 때문이다. 소리를 지르는 것은 폐를 강하게 만들고 아이가 건강한 상태라는 증거라고 해서 당시의 어머니들은 안심했다. 이렇게 주목받지 못하고 배를 채우지 못했던 나는 항상 어디에 먹고 마실 것이 있는지 눈치를 살폈다. 얼마 뒤 둘째 아이인 여동생 마리안네가 태어난 후로는 주목을 끌지 못한다고 여겨질 때면 동생의

▎1940년 전쟁 중이던 여름 당시 아돌프 히틀러 거리에 있는 부스트로의 우리 집 정원에서. 첫돌이 되도록 나를 보살펴주었던 세 명의 여인들에게 둘러싸여 있다. 나를 무릎에 앉힌 이가 할머니 안토니이며, 왼쪽은 어머니, 오른쪽은 외할머니 바렌만이다. 맨 왼쪽은 이웃 아주머니이다.

우유병으로 탐욕스럽게 손을 뻗었고, 여동생은 내 손을 피해 단숨에 우유를 비우고 나서 환한 표정을 지었다고 한다. 이 모든 것이 아주 순식간이었다고 한다.

당시는 전쟁 중이어서 식량 배급표에 따라야 했고 모든 것이 부족했다. 하지만 우리는 어머니의 관리 능력 덕분에 좀처럼 부족함을 겪지 않았다. 우리는 정원에서 딴 수확물로 병조림을 만들었고 이웃들로부터 과일과 채소도 얻었다. 그런데 어머니가 마리안네, 나와 함께 1943년 7월부터 12월까지 4개월 이상 아버지에게 가 있는 동안 우리의 생활 형편이 갑작스럽게 나빠졌다. 덴마크의 동부 해안 앞에 위치한 기뢰 탐지 함대에서 작업을 시작한 후 아버지는 고텐하펜(지금의 폴란드 그디니아) 옆에 있는 항해학교로 전근되어 아들러호스트로 갔다. 거기서 그는 수학과 항해술을 가르쳤다.

■ 1943년 부활절에 어머니와 내 여동생 마리안네, 내가 점령지 폴란드의 고텐하펜 옆에 있는 아들러호 스트로 아버지를 방문했다. 우리는 몇 달 동안 아버지의 작은 관사에서 지냈다.

어머니는 부스트로에서의 생활수준을 유지하려 했지만 점령당한 폴란드의 형편에서는 그렇게 할 수 없었다. 어머니는 자신의 여동생인 게르다에게 편지를 보내 조리기구, 치마, 블라우스 등을 부쳐달라고 부탁했고 이모는 우편과 기차로 소포와 상자, 그리고 병조림을 보냈다. 그 안에는 잼, 사과, 주스, 작은 순무, 포도주용 포도(브링크만스도르프에 있는 외할아버지의 집 담장에서 난 것), 심지어는 토마토까지 있었는데, 그녀가 편지에 불평한 대로 그중 일부는 으깨진 채 도착했다.

1943년 10월 10일 고텐하펜에서 있었던 아주 끔찍한 주간 공습에 대해 어머니는 딱 한 번 이모에게 다음과 같이 말했다. "병원과 병원선이 파괴되었고 병원에서 참호로 피했던 많은 어린이들이 직격탄을 맞았단다." 아들 러호스트는 무사했으나 "200대는 족히 넘는 수많은 비행기를 보았을 때는 여기서도 큰 소동이 일어났지. 그런 광경은 전혀 본 적이 없었어." 어머니는 자신이 느낀 불안감이나, 사망자들의 가족과 부상자, 전쟁에 관해서는 아무런 언급을 하지 않았다. 당시 독일 국방군은 스탈린그라드에서 크게 패하고 동부 쿠르스크에서 감행한 공격에도 실패한 후 방어 태세로 돌아섰다. 1943년 초여름 이후 전선은 계속해서 서쪽으로 후퇴했다. 나의 아버지도 이에 대해 잘 알고 있었을 것이다. 이모 게르다는 해군 군목으로서 메멜로 징집된 남편을 걱정했다. 오늘날의 관점에서 보면, 어머니가 가족의 일상생활에 대한 염려 때문에 엄청난 사건들을 제대로 보지 못한 것, "폴라켄 Polacken"(폴란드 놈들)이라는 말에 얕잡아보는 뜻이 있음을 알게 된 것, 이전에는 경험하지 못한 '도둑질'을 겪으면서도 위협적인 전쟁 상황을 애써 무시하려 한 것은 의아한 일이다. 어머니는 아마도 독일인이 승리할 것이라는 믿음을 굳게 가지고 있었던 것 같다.

나는 공습이 기억나지 않는다. 그렇지만 그곳에 머무는 기간 내내 하나의 그림자가 드리워져 있었던 것은 기억이 난다. 아들러호스트도 발트해 연안에 있기 때문에 거기도 부스트로처럼 넓은 백사장과 가파른 해안이 있었다. 그렇지만 나는 그곳이 낯설고 불안하고 차갑게 느껴졌다. 작은 관사는 갑갑했고 여러 층으로 된 살풍경한 집들은 나를 불안하게 했다. 나는 부스트로 거리의 보리수들이 보고 싶었다. 기억이 너무 희미하게 얽혔다. 하루는 일요일 의상을 입은 어머니가 나를 데리고 열병식을 갔다. 아버지에 대한 자부심을 일깨워주기 위해서였다. 해군들이 행진을 하자 어머니는 나를 높이 들어 더 잘 볼 수 있도록 했다. 어머니는 길가에서 손가락으로 거듭 행렬을 가리키며 "아빠가 보여? 저기 아빠가 있지?" 하고 말했다. 나는 발걸음을 맞추어 행군하는 제복 입은 남자들을 보았다. 아름답고 감동적이며 압도적인 장면이었다. 그러나 해군들은 모두 똑같아 보였다. 세 살짜리가 요란한 북소리 가운데 힘차게 걸어가는 어마어마하고 끝없는 행렬 속에서 어떻게 단 하나의 얼굴을 확인했겠는가? 아버지는 군중 속에 존재하지 않았다.

다시 부스트로에 돌아온 뒤 나는 제국방송을 통해 어린이 프로그램이 아닌 〈방위군 최고사령부가 전합니다〉라는 방송을 자주 들었다. 그 방송에서는 굉장한 팡파르에 이어 승전에 대한 보도가 이어졌다. 나는 나무로 만든 탱크 두 대를 가지고 놀면서 독일의 승리를 기원했다. 한 대는 녹갈색으로 위장칠을 했고 다른 한 대는 흑회색을 칠해 제1차 세계대전 당시 영국의 탱크와 비슷했다. 나는 작은 거실의 소파 주위로 그 탱크들을 끈질기게 몰고 다녔다. 나중에 어머니가 한 말에 따르면, 나는 엘 알라메인* 또는 그 밖에 세계 어딘가에서 아버지를 막강한 적들로부터 구해내기 위해 계속해서 돌아다니는 것이라고 말했다고 한다. 나는 아버지가 분명 고텐하펜에서 위험에 처해 있다고 믿었던 듯하다.

1944년 성탄절 나는 아마도 나치의 여성 단체가 주최한 성탄절 축제에 처음으로 공식적으로 참석했다. 나는 "나는 저 밖 숲에서 왔소……" 같은 성탄절 시 전체를 거침없이 암송할 수 있었다. 산타클로스 할아버지는 크게 감동해 축제가 끝나면 나의 집에 들러 특별한 선물을 전해주겠다고 약속했다. 그는 약속을 지켰고, 나는 나무로 만든 또 하나의 탱크를 선물로 받았다.

부스트로는 전쟁의 피해 없이 온전하게 남았다. 두 개의 폭탄이 동네 앞 풀밭에 떨어졌으나 어떤 피해도 주지 않았다. 부스트로와 달리 로스토크는 1942년 4월 말 이미 영국 공군의 폭격으로 60%나 파괴되었다. 4월 23일과

---

* 이집트 지중해 연안에 위치한 도시로, 제2차 세계대전 당시 북아프리카 전역의 승패를 판가름하는 전투가 벌어진 곳이다. _옮긴이

27일 사이 나흘 밤에 각각 100대가 넘는 비행기가 그 역사적인 도시를 완전히 파괴했고, 불길이 성 니콜라이성당과 베드로교회를 집어삼켰다. 부스트로의 어른들은 제방 위에 서서 해안 건너편에 연기가 피어오르는 서쪽 하늘을 바라보았다. 많은 사람들이 로스토크에 친척들을 두고 있었으며 어머니도 자신의 부모님을 걱정하고 있었다. 서쪽에서 부는 바람은 화재로 발생한 재를 부스트로 마을의 정원에까지 실어주었다. 전쟁이 메클렌부르크 포어포메른주에도 찾아왔던 것이다.

전쟁 중 생생하게 기억나는 장면은 로스토크에 사는 외조부모를 방문했던 일이다. 우리는 다 같이 지하실에 앉아 있었고 나는 멀리서 울리는 사이렌 소리를 들었다. 위험을 파악할 수는 없었으나 나에게 전해오는 어른들의 불안은 감지할 수 있었다.

외할아버지와 외할머니는 당시 그럭저럭 무사했다. 로스토크 교외 지역인 브링크만스도르프에는 폭탄이 떨어져 이웃집 두 채가 파괴되었다. 외할아버지의 집 옆에 지어놓은 주차 건물도 파괴되고 지붕이 파손되었다. 외할머니와 이모는 두 아이와 함께 지하실에 있어서 다행히 공습을 피했다. 가구들은 파손되었으나 사용할 수는 있었다. 1945년 4월 말에 전선으로부터 대포 소리가 들리자 외할아버지는 깃털 이불과 가재도구를 챙겨 건초 나르는 마차에 싣고 내 사촌 게하르트와 되르테를 그 위에 태웠다. 어른들은 서쪽 방향으로 바트 도베란까지 마차를 밀고 가다가 방향을 바꾸어 레초브라는 동네의 목사관을 거처로 정했다. 그리고 그곳에서 전쟁이 끝날 때까지 지냈다.

1945년 5월 1일 소련의 군대가 로스토크와 리프니츠로 밀고 들어왔다. 소련군 탱크들은 5월 2일 부스트로의 마을길을 지나 발트해 연안에 맞닿은 호엔 강가로 갔다. 그들은 그곳에서 버려진 진지들과 폭파된 두 개의 대포만 발견하자 다시 되돌아 나왔다.

5월 3일 아침 마침내 부스트로도 점령되었다. 아이들은 어른들을 따라 언덕으로 달려갔다. 거기서는 피슐란트 쪽으로 꼬불꼬불하게 난 유일한 길을 볼 수 있었다. 그들은 서쪽의 군청 소재지 리프니츠로부터 이동해왔는데, 군인들은 찢어진 군복을 입은 채 몹시 야위고 털이 헝클어진 말들을 이끌고 있었다. 그들이 총 한 발 쏘지 않고 마을을 점령하자 동네 여인들은 대부분 숨었고 많은 사람이 얼굴을 검게 칠했다.

러시아인들이 진격했다는 충격적인 소식이 전해지자마자 안토니 할머니는 급히 마당으로 달려 나갔다. 그녀는 내가 가진 깃발을 노려보았는데, 그것은 바탕이 붉고 흰색으로 된 원에 검은 철십자가가 새겨진 1935년 이래의 독일 제국 깃발이었다. 안토니 할머니는 50센티미터 길이의 긴 깃대에 독일인답게 단단히 고정해놓은 천 조각을 떼어내려 했다. 그러나 실패하자 깃대를 무릎에 올려놓고 둘로 꺾어 깃대와 깃발을 큰 빨래들을 삶는 솥에 때던 불 속에 넣어버렸다. 세상 돌아가는 것을 이해하지 못했던 나는 깜짝 놀랐다. 할머니는 러시아인들이 오기 전에 그것을 치워야 한다고 설명했다.

어머니는 놀라우리만큼 차분히 행동했다. 그녀는 소련군이 진격하기 불과 며칠 전 셋째 아기인 내 동생 에카르트를 낳았다. 러시아인들은 큰길에서 갈라졌고 우리 집에는 아시아인처럼 생긴 사람과 다른 군인 두 명이 들어왔는데, 우리가 그들에게 처음 들은 말은 "시계, 시계"였다. 수많은 사람들이 우리보다 먼저 이 말을 들었으며, 우리 다음에도 수많은 사람들이 이 말을 들었을 것이다. 어머니는 침착하게 반응했다. 재빨리 손목시계를 벗어 소파의 갈라진 틈에다 밀어 넣고는 팔을 높이 들어 보였다. 시계를 차고 있지 않다는 것을 보여준 것이다.

곧이어 징발과 약탈이 시작되었다. 아직 자동차를 갖고 있던 의사나 몇몇 사람은 자동차를 내주어야 했다. 자동차들은 학교 앞으로 치워졌다. 남자 아이들은 열려 있는 차 안으로 몰래 기어 들어가 운전대를 붙잡고 놀았다. 당시로서는 그것이 유일한 오락이었다. 내 주위의 아버지들 가운데 자동차를 가진 사람은 아무도 없었다. 오늘날까지도 나는 그 당시 자동차의 가죽의자와 휘발유에서 나던 근사한 냄새를 기억하고 있다. 그 외에 라디오와 전화도 공출되어야 했다. 자전거는 요구하지 않았지만 대개는 러시아 군인들에 의해 징발되었다.

해양학교가 점령되고 그 앞에 있던 전나무들은 하나씩 베어져 마구간으로 쓰일 막사를 짓는 데 사용되었다. 한창 수련 중인 항해사들과 선장들이 작업하면서 사용하던 항해 장치들이 우리 집 정원에 버려진 채로 발견되었다. 많은 집이 장교들의 숙소로 징발되었다. 우리 집과 분리되어 있으나 우리 집의 복도를 통해서만 갈 수 있는 구조인 이웃집에 사는 여성 푹스는 방 두 개와 베란다를 한 소련군 소령에게 내주어야 했다. 내 어머니는 처음엔 어이없어 했다. 하지만 소령은 우리를 진심으로 예뻐했다. 보드카 냄새가 나서 조금 불편하긴 했지만 우리를 안아주기도 했고, 웃으면서 우리에게 빵을 나누어주기도 했다.

발트해 연안과 맞닿은 세 개의 건물 ─ 그중에서도 안토니 할머니의 집 ─ 은 군사적 목적으로 사용되었다. 할머니의 집은 러시아 병사들에게 호수를 감시하는 초소로 쓰기에 적합하게 여겨졌다. 그들은 갈대지붕에 구멍을 냈고, 옷가지와 가구들을 유리창 밖으로 내던졌으며, 몇몇 책은 찢어버렸고, 러시아어로 "독일 점령자들에게 죽음을!"이라고 쓴 유인물을 배부했다. 하지만 안토니 할머니는 그곳에서 나와 재산의 일부를 가지고 마을의 아는 사람 집에 세 들어 살도록 러시아 군인들로부터 허락받았다.

1945년 6월 중순 어머니는 편지로 한 지인에게 난민, 대피자, 외국인은 며칠 안에 부스트로를 떠나야 한다는 사실을 알렸다. 군사적 이유로 전체 해변을 비워주어야 한다는 소문마저 돌았다. 그런 뒤 해변을 차단하는 조치들은 분명 줄어들었다. 어린아이들은 단 한 번도 발트해에 접근하지 못했다.

다섯 살이던 나는 너무 어려서 내 주변에서 일어난 일들을 대략적으로도 파악하지 못했다. 무엇보다도 나에게 전쟁이 끝난 것은 흥미롭고 모험적인 일이었다. 군인들은 작은 우리 마을을 온통 바꾸어놓았다. 그들은 외모도, 말도, 행동도 우리와 달랐다. 뭔가 새로운 상황이 시작되었던 것이다.

나보다 약간 나이가 많은 아이들도 그 사건을 처음에는 모험적인 측면에서 받아들였다. 아이들은 해안 포대들이 주둔했던 부스트로와 아렌스호프 사이의 높은 강가에서 탄약 주머니 속의 탄약을 발견했다. 나치 시대와 동독 시절의 군사 시설은 지금은 바다 속으로 사라졌다. 발트해의 파도가 높은 강가의 뭍을 쓸어갔기 때문이다. 당시 사내아이들은 흙 속에서 탄피를 파내고 탄피를 두드려 깨서 검은 화약을 빼낸 뒤 화약으로 불꽃놀이를 했다. 몇 년 후 나도 그 놀이에 참여했다. 우리는 작은 도랑에 미리 화약가루를 뿌려놓고 화약을 50센티미터 정도 쌓은 다음 그 위에 해조류, 돌, 모래를 올려놓았다. 그러면 쌓아놓은 것들이 폭발해서 공중으로 날아갔고 돌들은 빙빙 돌다 떨어졌다. 그건 어른들 몰래 하는 재미있는 놀이였다.

어른이 되어 옛날을 돌아볼 때면 어린 시절 기억 속에 남아 있는 참으로 순박한 일들에 놀라움을 금치 못한다. 나는 부스트로의 많은 사람들이 소련 군대가 진주하기 직전 자살했다는 사실을 훨씬 뒤에야 알게 되었다. 조각가 요한 예니헨은 동맥을 끊었다. 그는 나치가 아니었으며 자살 원인은 알려지지 않고 있다. 혜닝의 난민 가족이 자살한 동기도 알려지지 않고 있다. 여덟 살짜리 딸을 먼저 살해하고 나서 부부가 자살했다. 부스트로 출신의 마을 경찰은 아내와 함께 집 천장에 목을 맸다. 아렌스호프에서는 나치의 열렬한 추종자로 알려졌던 부부가 총으로 자살했다. 그들은 승리자들의 보복을 두려워했음이 분명하다.

열다섯 살에서 쉰 살에 해당하는 남자들을 체포한 일 역시 나는 몰랐다. 마을에 잠시 머물렀던 소수의 사람들은 나치당원이나 돌격대원이었던 것으로 의심받았다. 거의 모든 사람이 노이브란덴부르크 옆에 있는 퓐프아이헨 수용소로 끌려갔거나 소련으로 이송되었다.

나는 성폭행에 대해서도 전혀 눈치 채지 못했다. 나의 어머니는 사실상 여러 차례 수모를 당했으며 그리고 나면 한 군인이 히죽히죽 웃으며 문지방 위에 서 있곤 했다. 그렇지만 확실히 소령의 존재와 새로 태어난 아이가 어머니를 지켜주었다. 반면 다른 여인들은 저녁 일곱 시에 제방에 있는 참호로 나오라는 명령을 받았다. 그들은 피할 수 없었다. 그들 앞에는 발트해가 놓여 있고 뒤로는 목초지가 놓여 있어 도망가는 여인들은 곧 발각되었을 것이다. 이 명령을 받고 난 다음 날이면 여인들은 마이어 의사가 근무하는 병원을 방문했다. 임신을 예방하기 위해 마이어는 여성들의 질을 세척해주었다. 1945년 초와 여름에만 약 40명이 마이어의 병원을 방문했는데 그들 중 3분의 2가 여자였다. 소련 군인들의 위협에 대비해 마이어 가족은 할머니의 침대를 출입문 바로 뒤편에 놓아두었다. 그 할머니는 황달을 앓고 있어서 얼굴색이 매우 밝은 황색이었기 때문에 러시아인이 문지방을 넘으려다가 할머니 얼굴을 보고선 즉시 돌아섰던 것이다.

군인들은 티푸스, 파라티푸스 같은 감염병에 대해 매우 불안해했다. 성병을 판정받은 장교들은 병사로 강등되었다. 그렇기 때문에 점령군들도 의사 마이어의 도움이 필요했다. 어느 날 저녁 마이어는 임질을 치료받으려는 러시아 사령관의 부름을 받았고 다음 날 아침에야 만취 상태로 집으로 돌아왔다. 밤새도록 보드카를 마셔야 했기 때문이다. 그럼에도 가족들은 그에게 화를 내지 않았다. 사령관 덕분에 징발당한 암소고기 덩어리를 천에 싸서 가져왔기 때문이다.

우리 집 사정은 물론 달랐다. 먹을 것이 부족했다. 설탕, 빵, 밀가루는 금방 떨어졌고 소금은 아예 없었다. 여름이 되자 여자들은 해변으로 달려가 발트해 바닷물을 길어다가 커다란 아연 통에 넣고 증발시켰다. 그 방법은 큰 성과를 거두지 못했지만 물이 증발하자 통 밑바닥에 흰색의 막이 생기긴 했다. 정원에서 수확하는 과일이나 채소, 몇 마리 가축으로는 마을 주민들이 먹고 살기에 부족했다. 게다가 동프로이센과 포메른에서 난민들이 많이 밀려들어 전쟁이 끝날 무렵에는 주민의 수가 전쟁 전보다 두 배로 늘어났다. 몇몇 부스트로 사람들은 친위대가 그 전달 발트해를 거쳐 덴마크로 이동할 때 남겨둔 식량으로 견딜 수 있었다. 다른 사람들은 식량을 구하기 위해 배를 타고 리프니츠로 가서 농부들의 집을 돌아다니며 침대 시트와 책상보를 계란과 빵과 바꾸어 왔다. 한편 발트해에서 가자미나 청어, 토비스라고 불리는 작은 물고기를 잡던 동프로이센과 포메른 출신 난민들은 물고기를 잡기도 했다.

가족 중에 청소년이 있는 경우는 살림을 조달하기가 좀 더 수월했다. 예를 들어 러시아인들이 해안가에서 소떼를 몰고 가는 도중 소 한 마리가 언덕에서 추락한 일이 있었는데, 그곳에 재빨리 도착한 사람은 소고기 한 덩어리를 집으로 가져올 수 있었다. 운동선수였던 한 의사의 아들은 스포츠인의 명예를 걸고 러시아 군인들에게 속한 말 아홉 마리를 훔치기까지 했다. 그의 아버지는 여섯 마리를 돌려주라며 아들을 쫓아냈으나, 한 마리는 틀어박혀 있던 자신의 자동차 대신 타고 다니던 마차 앞에 매어놓았고 다른 한 마리는 농부의 소와 맞바꾸었다. 이처럼 청소년들은 가족의 생계를 담당하는 데 크게 기여했다.

반면 어머니는 어렵게 우리 가족을 부양했다. 소련 군인들이 동프로이센에서 해양학교로 진군해오기 직전 플렌스부르크-뮈르비크로 일자리를 옮긴 아버지는 영국군의 포로가 되었다. 아버지는 한 연락장교의 감시하에 폴란드 강제 노동자들을 화물선에 실어 그들을 고향으로 데리고 가는 임무를 맡았다. 우리는 처음에는 아버지의 행방에 대해 아무것도 몰랐다. 아버지는 1946년 여름에야 집으로 돌아왔다. 하지만 우리 삼남매는 전쟁이 끝난 당시에도 아직 어려 어머니를 도울 수 없었다. 우리는 1945년 말 부스트로에서 외할아버지와 외할머니가 살던 로스토크로 이사했다. 당시 이모부가 메클렌부르크포어포메른주의 마을 사니츠에 목회 자리를 얻었기 때문에 막 비워둔 방에서 살게 되었다.

안토니 할머니는 부스트로에 혼자 남았다. 그녀는 호수가의 집을 돌려받기를 원했다. 그렇지만 러시아인들은 그 집을 커다란 공장에 넘겨버렸다. 안토니 할머니는 모욕적일 만큼 적은 집세를 받았는데 그것이 그녀의 연금이 되었다. 첫 번째 계약이 끝난 후에도 그녀는 계속해서 그 집을 세놓아야 했다. 마지막에는 마그데부르크에서 온 큰 국영 공장에 세를 주었다. 안토니 할머니는 이리저리 옮겨 다니면서 살았는데, 마지막에는 부스트로의 목사관에서 살았다. 할머니는 1964년 자신이 지은 집이 아닌, 제2의 고향으로 택했던 동네의 분틀리히 목사 부부의 집에서 세상을 떠났다. 할머니가 죽고 난 뒤에는 그 마을을 방문했을 때면 그 집을 피해서 갔다. 그 집은 매우 황량해 보였다.

제방 옆에 있는 그 집은 우리에게는 전횡의 표상이 되었다. 그 집은 우리 것이었으나 동시에 우리의 것이 아니었다. 그 집은 점점 낡아갔고 짚으로 엮어 헝클어진 지붕과 옆에 붙여 지은 헛간은 엉망이 되어 동독에 어울리는 전형적인 집이 되어갔다. 결국 우리는 낯선 집인 양 그 집을 지나쳐버렸다.

그 집은 사라졌다. 그것으로 끝이었다. 그것이 더 이상 중요한 주제는 아니었다. 그 집의 역사는 동독의 불의한 수많은 역사 가운데 하나이다. 아버지는 1980년대 중반 마지막 계약이 끝난 후 아이들과 손자, 그리고 증손자까지 둔 자신이 그 집을 사용해야겠다고 국가의 담당자에게 통보했으나 거절당했다. 마그데부르크의 전기회사는 집과 토지를 내놓지 않았다. 더구나 소유주의 허락도 없이 그동안 집 근처에 휴양용 방갈로를 위한 커다란 정화 시설을 설치해놓았다.

아버지는 계약 이행을 위해 지역법원에 제소했으나 패소했다. 다음 단계로 지방법원에 항소했으나 역시 패소했다. 사회주의 대기업이 그 부동산을 사용하는 것이 개인이 사용하는 것보다 더 중요하다는 이유에서였다. 게다가 2심 법정에서는 계약 기간을 정하고 있던 임대 계약서의 조항마저 폐기되었다. 이로써 임차인이 무기한으로 그 집을 사용하게 되었다. 변호사는 베를린의 최고법정까지 가서 이 불법적 판결을 파기해보자고 제안했으나 아버지는 두 가지 이유로 이 제안을 받아들이지 않았다. 첫째, 어차피 그는 이 나라에서 어떤 권리도 보유하지 않았고, 둘째, 이 불확실한 시도에 쓸 돈이 없었기 때문이다. 그 대신 그는 우리에게 "나는 그 작은 집을 내버려두겠다"라고 털어놓았다.

동독에서 이는 흔히 있는 일이었다. 예를 들어 시내에 셋집을 가지고 있지만 법으로 정해진 저렴한 월세로는 긴급한 수리비용을 지불할 수 없는 사람은 어쩔 수 없이 그 집을 팔아야 했다. 그래서 많은 노인이 자신을 구해주면 수익이 없는 집을 선사하겠다고 시청에 제안했다.

오늘날과 달리 제방 바로 뒤에 외롭게 서 있는 안토니 할머니의 집. 1945년 이래로 그녀는 거기에 살 수 없었다. 처음에는 소련군이 압류했고 나중에는 민간 기업에 강제로 임대되었다. 1989년부터는 가족의 품으로 되돌아왔고, 그 후로는 손자, 증손자와 그 후손들, 그리고 휴양객을 위한 휴가 주택이 되었다.

아버지도 그렇게 했더라면 다 큰 자식들이 막지 않았을 것이다. 우리는 해변에 있는 큰 땅을 구입하려는 사람은 언제든지 찾을 수 있을 것이라는 사실을 아버지에게 분명히 해두었다. 지방정부가 보유한 우선적 매입권을 막으려면 아버지는 국가가 인정한 사람들 사이에서 구매자를 찾아야 했다. 아버지는 정치인, 국가 관료, 군인, 경찰, 국가안전부 요원에게 판매하는 것은 철저히 배제했다. 아버지는 교회 주교에게 파는 것을 가장 선호했다. 그러나 메클렌부르크포어포메른주의 주교들은 국가에 비판적인 자세를 취했기에 그들에게는 주택 구매가 허락되지 않았다. 물론 국가 권력과의 관계가 우호적인 종교인들도 있었다. 그래서 볼프강 슈누어라는 변호사에게 베를린, 그라이프스발트, 튀링겐에서 구매자를 찾아줄 것을 부탁했다.

변호사 자신이 우선 관심을 보였다. 변호사는 실제 가격보다 훨씬 싼

1934년의 과세표준 가격이라면 대지를 구입했을 테지만 그 이상의 돈은 갖고 있지 않았다. 우리는 부자가 되려 하지는 않았으나 바보처럼 싼 값에 팔고 싶지도 않았다. 그래서 거절했다.

1987년 4월 초에 구매자를 찾는 일에 성공하는 듯했다. 국가안전부의 오랜 협력자이자 고위성직자위원회 소속인 마르틴 키르흐너는 역시 국가안전부의 협력자였던 변호사 볼프강 슈누어에게 튀링겐 지방교회가 그 집을 사기로 결정했다고 알려주었고, 슈누어는 이 사실을 자기의 상관인 피들러에게 보고했다. 지방교회는 그 사안을 두고 에르푸르트 지역뿐만 아니라 로스토크 지역위원회로부터도 지원을 얻어냈다.

나는 이러한 사건들에 대해 전혀 몰랐다. 1988년 메클렌부르크포어포메른주 지방교회의 교역 책임자였던 나는 교회 총회를 준비하기 위해 이야기를 나누다가 갑작스레 이 사실을 알게 되었는데, 그들은 내가 발트해 연안의 집을 팔겠다고 하면 지역위원회 차원에서 반대하지 않겠다고 말했다. 사람들은 내가 그 제안을 받아들이도록 "호의"를 베풀려고 했다. 나는 이 제안을 곧 이해했고 냉정하게 말했다. "나는 집을 가지고 있지 않습니다. 당신들은 내 아버지의 집을 생각하고 있습니까?"

놀랍게도 1988년 10월 튀링겐 지방교회와의 협상은 실패했고 변호사 슈누어는 더 이상 관심 가진 사람을 소개하지 않았다. 분명 슈누어는 반정부 인사들에게 인기 있는 형사상 변호인으로서, 국가안전부의 가장 유능한 정보원 중 한 사람으로서, 개신교단에 명예직을 가진 열성적인 기독교인으로서 온전히 능력을 발휘했다. 민사상 사안들은 때를 기다려야 했다.

동독의 인민들이 통치자를 쫓아낼 때까지 그 사안들은 그대로 묵혀 있었다. 그러다가 1990년이 되자 이전에 존재하던 것들이 갑자기 한순간에 사라졌다. 존경받던 변호사와 동독의 전도유망한 정부 수반은 '기피인물'

이 되었고 '정의'에서 다시금 정의가 생겨났다. 오만했던 이중적 지도자들과 법률가들이 반대편의 계약당사자로 변했다.

그동안 완전히 방치되었던 주택은 가족에게 다시 돌아왔다. 우리는 돈을 빌려서 수리했고 할머니처럼 휴가 주택으로 만들었다. 그리고 기회가 되면 우리 네 명의 성장한 손주와, 열 명의 증손주, 열여섯 명의 고손주들이 그곳을 방문할 것이다. 그 집의 각 방에는 그 집의 역사를 설명해주는 오래된 사진 몇 장이 걸려 있다. 그렇게 친절하지만은 않았던 안토니 할머니에 대한 사진도.

02

여름 속의 겨울

아버지의 실종과
가족의 고통스러운 삶

6월 27일은 우리 가족에게는 특별한 날
이다. 그날은 그해 여름이 어떨지를 결정하는 다람쥐날*일 뿐만 아니라,
안토니 할머니의 생일이기도 했다. 1951년 6월 27일 할머니는 일흔한 살이
되었다. 내 부모님은 당시 네 살이던 막내 여동생 자비네와 함께 부스트로
시내의 린덴가에 있는 할머니 집에서 열리는 생일 축하에 참석하러 갔다.
그다음 날 어머니는 녹초가 된 채 아이를 안고 홀로 집으로 돌아와 이렇게
말했다. "그들이 아버지를 데려갔어."

그 전날 저녁 7시가 되기 직전에 사복 차림의 두 남자가 할머니 집에 나
타나서 요아힘 가우크가 여기 있느냐고 물었다고 했다. 그들은 로스토크의
우리 집으로 아버지를 찾아갔으나 내 여동생 마리안네로부터 그가 부스트
로에 갔다는 말을 듣고 그곳으로 찾아갔던 것이다. 그들은 넵툰조선소에서

---

* 독일에서는 6월 27일이 다람쥐날인데, 이날 비가 오면 7주에 걸쳐 비가 온다는 속설이 있다. _옮
  긴이

사고가 났다면서, 사태를 파악하기 위해 당시 그곳 노동 감독관이던 아버지를 데리고 가야 한다는 말했다.

두 남자는 아버지가 친구를 만나고 돌아올 때까지 한 시간을 기다렸고, 아버지가 돌아오자 아버지와 함께 가르텐라우베로 갔다. 아버지는 후에 모든 것이 의심스러웠다고 말했다. 정원 건너편에 있는 해양학교 방향으로 도망칠까 생각하기도 했으나 숨을 데가 없었고 무엇보다 가족에게 어떤 일이 일어날지 두려웠다고 했다. 그래서 그들과 동행했다. 어머니는 황급히 가방과 겉옷을 챙겨 아버지를 따라가려 했으나 거절당했다. 아버지는 두 남자와 함께 푸른색 오펠 자동차에 탔다. 그러고 나서는 실종되었다.

그렇다. 그들은 아버지를 데려간 것이다.

'데려간다'는 말은 우리에게도 곧 익숙해졌다. 그 말은 불행과 위험을 상징했다. 나치 독재 시절에도 '데려간다'는 말은 나쁜 의미였다는 사실을 나는 후에 이해하게 되었다. 당시 술집에서는 술에 취해 조심성 없이 말한 사람들, 가족 잔치에서 큰 소리로 정치적 농담을 하거나 옛날 노래를 부른 사람들은 경고를 받았다. "입 닥쳐. 끌려가고 싶어?" 우리는 이미 그런 사람들에 관한 이야기를 많이 들었었다.

내가 후에 우베 존슨의 『사계절』이라는 책을 읽게 되자 메클렌부르크포어포메른주 사람들은 나에게 이렇게 끌려간 사람들의 이름을 알려주었다. 즉, 로스토크 출신의 법학 교수인 타르타린-타른하이덴은 1945년에 끌려가 10년간 강제노역에 처해졌고, 교수인 에른스트 뤼베크는 1946년에 체포되어 소련으로 끌려갔다. 그리고 파에케, 아렌홀츠, 뤼히트, 얀센, 학생 목사 라인케 등은 각각 25년의 강제노역에 처해졌다.

후에 내가 듣기로는 많은 젊은이들이 이른바 '늑대인간'*이라는 어처구니없는 이유로 감옥으로 끌려갔다고 한다. 그들은 부헨발트나 작센하우젠,

메클렌부르크포어포메른주의 퓐프아이헨 등에 있는 나치수용소로 끌려갔고 당시의 투사들처럼 갇혀 있다가 실종되었다.

전쟁이 끝나고 지도적인 나치주의자들 또는 나치 친위대, 나치 돌격대, 비밀경찰 게슈타포, 보안대 및 정치적 핵심 지도부에서 복무했던 이들을 체포해 유죄 판결을 내린 것은 의심의 여지없이 정당했다. 그러나 정부는 체포된 사람들 대부분을 자의적으로 희생양으로 삼았고, 여러 가지 이유를 들어 고발했다. 비교적 낮은 지위의 나치 협력자나 스탈린주의 체제의 적대자들이 여기에 해당되었다. 나치의 적대자이자 개신교 신학자인 에른스트 로마이어 같은 이들은 전혀 무고한 사람들이었다. 1930년대 초 로마이어는 브레슬라우대학의 교수이자 총장이었다. 1933년 그는 유대인 동료인 마르틴 부버를 유별나게 지원했다가 그라이프스발트대학으로 좌천되었다. 전쟁이 끝난 직후 그에게 대학 총장직이 주어졌으나 1946년 2월 알려지지 않은 이유로 소련 내무성에 의해 체포되었고, 며칠 후 직무를 박탈당하더니 1946년 9월 19일 총살당했다. 50년이 지난 1996년에야 비로소 그에 대한 사형 언도가 모스크바에서 공식적으로 취소되었다.

이런 사건들이 당시에는 전혀 알려지지 않았다. 우리가 안 것은 아버지가 나치 정권에서 직무 담당자도 아니었고 비밀경찰이나 친위대, 나치돌격대 소속도 아니었다는 사실이다. 그는 동독에서 노동자들의 태업을 선동하거나 소련에 대한 반대 선전도 하지 않았고 동독 탈출을 시도하거나 무기를 소지하지도 않았다. 그런데 왜 그들은 아버지를 데려갔을까?

아버지가 끌려간 날 어머니와 할머니는 즉시 아버지가 일하던 넵툰조선소에 전화를 걸었다. 거기서는 아무런 사고도 없었다고 했다. 어머니와 할

* 1944년 9월 나치친위대 하인리히 힘러가 만든 나치의 지하운동 단체로, 점령군에 대해 테러나 사보타주를 감행했다. _옮긴이

머니는 국가안전부와 경찰에도 전화를 걸어 아버지가 실종되었다는 신고를 했다. 매일같이 관할 경찰서로 문의했으나 사람들은 아버지의 소재를 모른다고만 했다. 어머니와 할머니가 들은 것은 "소련 사람들이 당신네 남편을 데려갔다면 우리도 어떻게 할 수 없지 않소?"라는 답변이었다.

할머니는 이런 말을 듣고만 있을 수 없었다. 7월 초 할머니는 대통령인 빌헬름 피크에게 탄원서를 냈다. 답장이 없자 9월에 두 번째 탄원서를 냈다. "절망에 가득 차 간절한 믿음으로 내 아들을 찾도록 도와달라고 당신에게 부탁합니다. 내 며느리는 건강이 아주 나빠졌습니다. 나의 유일한 아들을 찾고 싶습니다." 할머니는 슈베린의 국가안전부와 로스토크 검찰총장, 그리고 독일 적십자사 국제위원회에도 편지를 보냈다. 할머니는 부스트로에서 휴가를 보낸 오토 그레테볼 주정부 수상의 아들에게 어머니를 보냈고, 동독정부의 방송 및 언론 담당자인 게하르트 아이슬러가 아렌스후프에 체류하고 있을 때는 자신이 직접 접촉을 시도했다.

할머니는 일주일 내내 메클렌부르크포어포메른주에서 작센까지, 로스토크에서 바우첸까지 감옥이란 감옥을 다 뒤지고 다녔다. 그러나 요아힘 가우크라는 인물은 어디에도 없었다. 아마도 슈베린에도 없는 것 같았다. 그는 로스토크에 잠시 머물고 나서 슈베린에서 복역했는데도 말이다. 데믈러광장에는 사법부 건물에 형무소가 딸려 있었다. 그 건물은 당시 소련 외무성의 비밀경찰이 차지하고 있었으나 한때 게슈타포가 쓰던 것이었다. 데믈러광장의 유치장은 드레스덴의 바우첸이나 포츠담의 라이스티코프가에 있는 감옥과 마찬가지로 악명 높은 곳이었다. 약 4만 명에서 5만 명의 사람들이 소련 군사법정을 통해 유죄 판결을 받았는데, 심지어 재판관할권과 형 집행권이 새로 세워진 동독정부로 이관된 1949년 10월 7일 이후에도 그랬다.

아버지는 두 번에 걸쳐 25년 형을 선고받았다.

첫 번째 25년 형은 로슬라우조선소의 옛 상사였던 프리츠 뢰바우에게서 받은 편지 때문에 간첩으로 몰린 탓이었다. 아버지는 1947년 그와 함께 소련의 쾌속정을 시험해준 일이 있었다. 뢰바우는 서독으로 이주한 뒤 아버지를 서베를린으로 초청했는데, 그는 편지와 함께 서독 지폐 50마르크를 여비로 보내왔다. 아버지는 아무런 답장도 하지 않았지만 이러한 초청 사실이 알려지면서 불행이 닥쳐왔다. 뢰바우는 프랑스의 비밀경찰과 내통하고 있었기 때문이다.

두 번째 25년 형은 아버지가 소련에 반대하는 선동을 했기 때문이라고 했다. 가택 수색을 통해 서독에서 합법적으로 우편으로 받아보는 항해 관련 전문 잡지가 발견되었는데 이것을 증거로 삼았다. 우선 사람부터 정하고 그런 다음 범죄를 들씌우는 원칙을 따랐던 것이다. 아버지가 책장에서 흔히 발견될 법한 나치 시대의 낡은 화보 잡지들을 소유했더라도 똑같이 유죄 판결을 받았을 것이다.

하필이면 '법은 무엇보다 정의로워야 한다'라는 옛 시대의 문장이 군사법정이 열리는 슈베린의 재판정 입구를 장식하고 있었다. 레닌과 스탈린의 커다란 초상화가 사방에 걸려 있고 책상과 벽은 붉은 깃발로 장식되어 있었다. 재판에는 세 명의 장교와 한 명의 통역이 배석했다. 일반인의 방청은 물론 변호사도 허락되지 않았다. 그리고 피고를 위한 증인도 금지되었다.

유죄 판결을 받은 사람들은 대개 소련으로 이송되었는데, 거기서 강제 노역장으로 보내지거나 아니면 모스크바에서 처형되었다. 아니면 '노란색의 참상'이라는 별칭을 가진 악명 높은 바우첸의 특수 감옥으로 보내졌다. 아버지는 시베리아 남부로 보내졌고 1952년 2월 브레스트, 오렐, 모스크바, 노보시비르크 감옥에 잠깐씩 머무르며 기차로 끝없이 이송된 후 울란

우데시 근처에 있는 타이세트, 즉 바이칼호수 지역에 도착했다. 삼림이 듬성듬성 자라고 있는 타이가에서 아버지는 힘든 벌목과 목재 가공 일을 했다. 많은 죄수는 굶주림과 고문을 이겨내지 못했다. 죄수들은 강한 처벌이 뒤따르는데도 종종 자해 행위를 했는데, 무엇보다 숲이나 광산에 있는 가혹한 작업장에 가지 않기 위해서였다. 여름에는 30도 이상으로 기온이 올라갔고 겨울에는 영하 30도 이하로 내려갔다고 아버지는 후에 말했다. 어느 날 수은주가 영하 52도로 내려가 죄수들이 노동에서 벗어나기도 했다. 1년이 지난 후 아버지는 몸이 너무 허약해져서 노동 불가 판정을 받았고 다소 쉬운 일을 배당받았다.

우리 가족은 이 모든 것을 알지 못했다. 아버지가 시베리아로 갔다고는 생각지도 못했다. 그가 살아있다면 바우첸 감옥에 있을 것이라고 생각했다. 아버지가 살아있지 못할 가능성을 염두에 두면서도 어머니와 할머니는 우리들 앞에서 그런 이야기는 하지 않았다. 할머니는 1951년 11월 5일 여섯 번째로 신청한 대통령 피크와의 면담이 거절당한 후 다시 다음과 같은 편지를 썼다. "다시 도움을 청합니다. 나의 아들이 유괴당한 후 끔찍하게 살해당했다 하더라도 그 사건의 전모를 밝혀내는 것은 당신의 명령에 따라 경찰이 해야 할 의무입니다."

나는 아버지를 위해 기도하기 시작했다. 우리 가족은 특별히 종교적이지는 않았지만 독일 동북부 지방의 개신교 집안 출신이었다. 매일 기도하는 것이 집안 풍속은 아니었으나 나는 매일 저녁이면 내 작은 방에서 집에 없는 아버지를 생각해야 한다고 믿었다. 나는 아버지와 특별히 친밀했던 것은 아니지만 그는 살아있어야 했고 다시 돌아와야 했다. 어머니는 정말 불행해 보였다. 늘 허공을 멍하니 바라보았고 얼굴은 눈물에 젖어 있었다. 전에는 어머니가 우는 것을 본 적이 없었다. 어머니는 국가안전부로 여러 차례 불려가서 "남편과 이혼하시오. 당신 남편은 스파이요"라는 말을 들어야 했다. 어머니는 이혼하지 않았으나 불안은 점점 커져갔다. 30년이 더 지나 내 여동생 마리안네가 비밀경찰 슈타지로부터 소환을 받았을 때 어머니는 불안에 휩싸여 몸을 덜덜 떨었다.

당시 다른 사람들도 누군가가 데리고 갔다. 법학도였던 아르노 에슈는 "내 조국은 자유이다"라고 말한 죄로 체포되었다. 그는 리투아니아의 메멜에서 온 난민 출신으로 로스토크대학 안에 자유민주당이 운영하는 기업을 설립했다. 1950년 7월 그는 3~4명의 동료들과 함께 사형을 언도받고 1951년 6월 24일 23세의 나이로 소련 모스크바 비밀경찰의 감옥에서 총살당했다. 하지만 나는 이 사실을 모르고 있었다.

나는 로스토크대학에서 스포츠와 독문학을 전공하고 스포츠동아리의 회장을 맡고 있던 카를-알프레트 게도브스키도 모르고 있었다. 그는 서베를린과 동독에서는 금지되어 있던 문헌들을 입수해 소지하고 있다는 이유로 기소되었다. 그는 최후 진술에서 다음과 같이 말했다고 한다. "우리는 학생들에게 역사 변증법적 유물론 외에 다른 세계관도 존재한다는 것을 보여주려고 했습니다. 하나의 세계관을 선택하기 위해서는 다른 세계관도 알아야 합니다." 그는 12월 6일 사형 언도를 받고 처형되었다. 그의 동료인 브룬 힐데 알브레히트, 오토 멜, 게랄트 요람, 알프레트 게를라흐 등도 각각 25년의 강제 노역에 처해졌다. 박해 사례에 대해 내가 얼마나 아는 바가 적었던가를 생각하면 부끄럽기 짝이 없다.

공산주의의 불의에 반대했다는 이유로 이런저런 유죄 판결을 받은 사람들을 알지 못하면서 나는 다른 사람들로부터 무엇을 기대할 수 있을까? 후에 동료들이 내 아버지의 운명을 전형적이지도 않고 개연성 있지도 않다고 간주해버리면 나는 억울하지 않겠는가?

사람들은 다시 정상으로 돌아오리라 기대할 수 있을 때만 불운을 견딜 수 있다. 충격을 받은 후의 일상은 권리를 요구한다. 우리 가족도 사정은 마찬가지였다.

어머니는 항해사의 아내였기 때문에 일주일, 아니 한 달 이상 남편 없이 지내는 법을 배웠었다. 어머니는 남편의 부재에 익숙해졌으나 이전과 달리 남편으로부터 편지도 오지 않았다. 이제 우리를 부양할 사람이 없어진 것이다. 어머니는 로스토크시청으로부터 매달 45마르크의 사회보조금을 받았고, 거기에다 네 명의 아이를 위한 수당 142마르크와 주택지원비 32마르크를 더해서 모두 219마르크를 받았다. 그 돈으로 살아가기에는 너무나 부족했다. 어머니는 일자리를 구해야 했다. '끌려간 남편'과 네 명의 자녀를 둔 여인이 취직하기는 쉽지 않았으나 어머니는 사무직 훈련을 잘 받은 덕에 마침내 집 근처에 있는 커다란 국유 무역회사인 데하엘에서 비서 겸 사무원 자리를 얻었다.

우리가 감자와 우유죽으로 연명할 때도 어머니는 집을 개방하고 살았다. 어머니는 모든 방문객을 반갑게 맞이했다. 우리가 누군가를 데려오면 어머니는 즐겨 음식을 대접했고 집에서 자고 가게 했다. 어머니는 아이들과 많은 이야기를 나눴으며, 지나치게 엄격하지는 않았으나 지나치게 상냥하지도 않았다. 어머니는 언제나 우리를 위해 살면서 우리를 사자처럼 보호했다. 어머니가 일하러 가면 외삼촌인 발터와 이모 힐데가 어린 에카르트와 자비네를 돌보았다. 또 다른 이모 게르다와 이모부 게하르트도 마음씨가 넓고 남을 잘 도왔다. 사니츠와 귀스트로에 있는 목사관에서는 우리 어린이들을 항상 환영했다. 그리고 우리는 서독에서 보내온 마가린, 커피, 식용유, 야자유, 딱딱한 소시지, 그리고 책과 옷들을 담은 상자를 받았다. 그 상자들은 서독의 친구가 보내준 것이거나 동독의 가족을 위해 협력자 역할을 떠맡은 전혀 모르는 이들이 보내준 것이었다. 나중에 유명해진 영화감독 하크 본도 이러한 사람들 중 하나였다.

감동적인 사건도 많았다. 피슐란트의 향토 작가 케테 미테는 나에게 손풍금을 선물했다. 나는 아버지처럼 손풍금을 배웠다. 아버지가 체포된 다음에 맞은 첫 성탄 전날 저녁에는—밖은 벌써 어두웠다—가톨릭신자이자 우리들의 주치의인 뤼터가 자신의 딸 브리기테를 시켜 깜짝 놀랄 만한 선물을 담은 커다란 바구니를 보냈다. 거기에는 사랑을 가득 담은 편지가 들어 있었다. "가우크 씨 가족 여러분, 즐거운 성탄절을 맞이하세요!"

우리는 이런 식으로 어려운 시간을 극복했다. 우리는 가난에 익숙해졌고, 전쟁이 끝난 후에는 적은 양으로도 살아가는 법을 배웠다. 나는 1946년 성탄 전날 저녁을 기억한다. 작은 아이였던 나는 당시 일주일째 학교에 가지 않았다. 신을 신발이 없었기 때문이다. 외할아버지 댁에는 성탄절을 기념하는 자그마한 방이 꾸려졌는데, 성탄절 트리 밑에는 몇 가지 선물이 놓여 있었다. 그중 반장화 한 켤레가 내 눈에 들어왔다. 좀 크기는 했으나 좋은 갈색 가죽으로 만든 반장화였다. 오래 전 미국으로 이민을 가 얼굴도 알지 못하는 할머니의 조카 도디 아주머니가 선물상자를 보내왔던 것이다.

당시 아버지 없이 반고아로 살아가는 것은 특별한 일이 아니었다. 여동생 마리안네와 나는 고아나 반고아, 전사자나 실종자, 그리고 전쟁 포로의 자녀들과 함께 학교에 다녔다. 그러나 나나 마리안네의 학급에 아버지와 같은 일을 당한 사례는 없었다. 우리는 국가가 운영하던 개척단 프로그램이나 자유독일청년단*에 들어갈 수 없었다. 마리안네는 어머니와 그 문제를 놓고 논쟁을 벌였다. "왜 나는 그런 단체에 들어가면 안 되나요?" 그녀는

---

* 사회주의적 청년 동맹으로서 동독에서 국가적으로 승인되고 장려된 조직이다. 학교에서 병행된 교육 프로그램 중 하나였으나 1990년 통일된 후에는 영향력을 상실했다. _옮긴이

자기가 배제 당했다고 느꼈다. 동독 체제와 거리를 두고 살아가는 부모를 둔 다른 친구들이 그러했듯 그녀도 왜 자신이 이 단체들의 행사에 참가하지 못하는지 이해하지 못했다. 그렇지만 로스토크의 가정 살림을 맡으며 아이들 교육을 책임졌던 세 여인, 즉 어머니, 할머니, 어머니의 여동생 힐데는 한 치의 타협도 허락하지 않았다. 한 번은 이런 일이 있었다. 내가 초등학교 때 아주 좋은 성적을 받아 학교에서 나눠준 배지를 달고 집에 온 적이 있었는데, 어머니는 그 자리에서 내 뺨을 후려쳤다. 그 배지에 개척단의 머리글자인 JP가 새겨져 있어 어머니는 내가 개척단에 가입했다고 생각했기 때문이다. 그 배지는 단지 공부를 잘했다는 표식이었을 뿐이다. 막내 여동생 자비네에게는 더 끔찍한 일이 생겼다. 어느 날 오후 개척단의 성탄절 축제를 마치고 자비네가 즐거운 얼굴로 돌아오자 이모인 힐데는 자비네에게 달려들어 받아온 선물을 빼앗아 내동댕이치고 발로 뭉개면서 이렇게 소리쳤다. "네 아버지를 잡아간 개척단에게서 선물을 받아오다니!"

아버지의 운명은 우리들을 교육하는 채찍이 되었다. 가족에게 무조건적으로 충성해야 할 의무는 국가 체제에 대한 어떤 접근도 배제시켰다. 국가 체제에 접근해서는 안 된다는 사실을 어머니는 우리에게 분명하게 인식시켰다. 나는 이러한 계명을 철저히 내면화해서 자유독일청년단이 제안하는 휴가 프로그램의 유혹에 단 한 번도 넘어가지 않았다. 그 점에서 나는 도덕적으로 평안한 의식을 지닌 채 살았다. 그 의식은 바로 우리는 품위 있는 사람들이라는 것이었다. 정권이 내거는 도덕적·정치적 목적을 수용하라는 요구를 나는 직관적으로 거부했다. 왜냐하면 그 요구는 우리에게 고통과 불의를 가져왔기 때문이다.

나는 아버지의 운명을 결코 숨기지 않았다. 침묵한다는 것은 내게 배반처럼 여겨졌다. 이따금 나는 아버지의 운명을 드러내며 심지어 원망하기도 했다. 수업 시간에 배우는 노래와 구호가 너무 기만적일 때, 또는 교육학적으로는 아무런 효과가 없는 사회주의 건설의 성과가 정치적으로는 고무되어 "새로운 교훈"으로 칭송될 때 내 속에서 분노와 격앙이 치밀었다. 나는 심지어 한두 번 통제력을 잃었고 그럴 때면 근거는 대지 않은 채 다만 "모든 것이 거짓이야!"라고 비난했다. 그러면 내게 침묵을 강요했던 대부분의 사람은 교만한 눈빛으로 질책하듯 나를 대했다.

교사가 어린 학생에게 동정심을 가진 형식적인 공산주의자인지, 아니면 확고한 신념을 지닌 공산주의자인지는 다음과 같은 사실로 구분할 수 있었다. 전자는 조용히 하라며 수업을 방해해서는 안 된다고 말하는 반면, 후자는 학생을 꾸짖거나 학생의 행실을 심하게 검열했다. 학생 모두 좋아했던 역사 선생님은 그 같은 돌발사건 후에 6학년이던 나를 따로 불러 면담하면서 이해할 수 없는 문장 하나를 내게 적어주었다. "네가 침묵했더라면 너는 철학자로 남았을 것이다 Si tacuisses, philosophus mansisses."* 어머니는 아는 사람에게 그 라틴어 문장을 번역해달라고 했다. 그러나 어머니가 그 말에 동의했는지는 확실하지 않다. 어머니는 한편으로는 내가 좋은 학생으로 어떤 불명예도 남기지 않기를 바랐으나, 다른 한편으로는 혈기왕성한 젊은이로서 쓸데없는 교만을 부리거나 잘난 척하지 않자 내게서 용기를 보았고 이를 높이 평가해주었다. 아마도 내가 사춘기의 불온한 옷차림을 하고 있으면서도 한 걸음씩 고정된 규범에 항거하고 진리를 찾아가는 능력을 갖추었다는 사실을 감지했던 것 같다. 예스맨의 세계에서도 감히 "아니오"라고 말하거나 적어도 행동으로 거부할 수 있는 사람이 존재해야 했던 것이다.

---

* 보에티우스가 쓴 『철학의 위안』에서 나오는 구절이다. 한 철학자가 "내가 철학자라는 사실을 알겠는가?"라고 묻자 "당신이 침묵했더라면 그 사실을 알았을 텐데요"라고 대답한 구절에서 인용한 것이다. _옮긴이

나는 권리와 도덕을 내 입장에서 판단했기 때문에 사춘기의 반항심을 다른 학생들보다 덜 억제하는 자유분방한 학생이었다. 나는 고등학교에서 라이너 마리아 릴케, 헤르만 헤세, 그리고 다른 예민하고 섬세한 작가들에 대한 뛰어난 작문을 인용해 젊고 인기 많던 독일어 여선생님 크라우제의 주목을 받았다. 한번은 다른 학생들이 작문을 하느라 골똘히 생각하고 있는 사이 나는 그야말로 바보 같은 호언을 했다.

한 시간이 지나자 크라우제 선생님은 나에게 "요아힘, 곧 끝내는 거겠지?"라고 말했다.

30분 후 선생님은 "아직도 아무것도 쓰지 못했어?"라고 물었다. 나는 "아니에요, 선생님. 시의 여신이 내게 아직도 입 맞추지 않았어요"라고 대답했다.

크라우제 선생님은 나를 밖으로 쫓아냈다. 나는 건너편 빵집에서 하나에 15페니히 하는 케이크 28조각을 사서 교실로 돌아와 동급생들에게 나누어주었다. 그리고 나서 다시 밖으로 나와 즐겁게 하루를 보냈다. 젊은 여선생의 날카롭고도 준엄한 평가는 나의 작문 노트 빈칸에 기록되었는데, 그것은 5점으로 내 성적 중 유일하게 낙제점이었다.*

한번은 내가 당시 떠돌던 "알로샤, 집단농장에 불났다. 당원 수첩을 구해내라"라는 시를 개사해 러시아의 민요에서 따온 멜로디를 붙인 적이 있다. 그리고 수업을 시작할 무렵 온 학급이 노래를 부르기 시작했다.

알로샤, 알로샤, 집단농장에 불났다!
어린 닭들에게 안장을 얹어라, 당원 수첩을 구해내라!

---

*   독일에서는 1점이 가장 높고 5점이 가장 낮은 점수이다. _옮긴이

알로샤, 알로샤, 집단농장에 불났다!

깡통과 잣대를 두드리는 커다란 소리가 그 공연의 반주음이었다. 크라
우제 선생님은 우리의 새로운 창작 행위에 결코 공감하지는 않았으나, 우
리 행동을 누설하지도 않았다. 크라우제 선생님은 체제 순응적이었지만 우
리는 선생님을 존경하고 사랑했다. 선생님은 개방적이었으며 학습계획안
에 없는 글들도 우리와 같이 읽었기 때문이다. 선생님이 우리를 해치려 한
다는 인상은 한 번도 받은 적이 없었다. 그래서 나는 아주 오랜 후에 선생
님 집을 방문했을 때 아버지가 감옥에서 짓고 귀환해서 적어놓은 시를 보
여주기도 했다.

1950년대 초에는 아직 체제에 적응하지 못했거나 반대파인 아이들이
학급에서 다수를 차지하고 있었다. 그들은 내 주변에서 나의 방패막이가
되었다. 모두 내 행동을 지원했던 건 아니지만 많은 아이들이 조심스럽게
행동했다. 그러나 그들은 즐거웠다. 어떤 아이가 침묵을 깨고 자기들만
생각했던 것이나 학교 가는 길에 자기들끼리 나누었던 이야기를 들려줄 때
면 그들은 기뻐했다. 나는 학급에서 서열로 따지자면 맨 위는 아니었지만
권위 같은 것을 가지고 있었고 의지할 만한 몇몇 아이가 내 주위에 언제나
있었다. '품행이 바른 학생들'이 내 편이 된 것은 좋은 경험이었다. 이 경험
은 도덕적 합법성과 수용성의 감정을 매개해주었다.

학교나 사회에서 이념적 영향력을 행사할 때 이에 항거하는 것은 내게
그다지 어려운 일이 아니었다. 그러나 반파시즘 교육과 거리를 두는 것은
내게 어려운 주제였다. 생래적인 동정심이 언제나 나를 희생자 편에 서게
했다. 그래서 나치에 저항했다고 듣은 공산주의자들과도 고통을 같이했다.
그렇지만 나는 체제가 선전하는 반파쇼주의에 대해서도 곧 면역력을 갖게

되었다. 학교나 영화관에서 순교자인 에른스트 텔만*이나 나치 독재를 물리친 소련 군대의 업적을 칭송할 때나 파쇼주의에 희생된 사람들을 추모할 때도 나는 그 사실을 마음속에 쉽게 받아들일 수 없었다. 나는 나를 억압한 자들이 승리자가 되게 하고 싶지 않았다. 거짓 선전에 속아서 직무 수행에 목숨을 바친 사람들에게 동정심을 보낼 수 없었다. 만일 내가 서독에 살면서 안나 제거의 소설 『일곱 번째 십자가』**를 읽었다면 나는 확실히 감동을 받았을 것이다. 그러나 학생 신분으로 영화관에 이끌려가서 텔만과 그의 아들을 보았을 때 영화가 조작되고 반은 허구일 것이라고 의심했다. 나는 "그 사실들을" 믿지 않았다. 거짓이 참이 될 수 있다면 참도 쉽게 거짓이 될 수 있다. 그 후 깨닫게 된 당황스러운 사실이 있다. 나치즘에 저항했던 공산주의자들이 겪었던 고통에 국가에 의해서가 아니라 내 자신이 직접 다가설 수 있으려면 내가 훨씬 더 나이를 먹어야 한다는 사실이었다. 그렇지만 저항을 생각하고 이를 실행에 옮겼던, 종종 최후의 존재였던 공산주의자들 앞에서 나는 깊은 경외감을 느꼈다. 그들은 목숨을 내거는 보기 드문 태도로 대부분의 사람이 할 수 있는 것 이상을 해냈고 그렇게 불멸의 표식을 남겼다.

당시 나를 감동시켰던 다른 사건도 물론 많았다. 세계 역사는 열세 살짜리까지 감동시킬 만한 놀라운 일들을 준비해놓았던 것이다.

1953년 3월 5일 위대한 지도자이자 천재적 두뇌의 소유자이며 '인민들의 아버지요 진보적 인류의 지도자'인 이오시프 비사리오노비치 스탈린이

---

*   바이마르 공화국 시절 독일 공산당의 지도자이다. 1932년 대통령 선거에서는 힌덴부르크, 히틀러에 이어 10%의 득표율로 3위를 차지했으나 1933년 나치당이 정권을 장악한 후 비밀경찰 게슈타포에 의해 체포되어 11년간 독방에 감금되었으며, 1944년에는 히틀러의 명령으로 부헨발트 강제수용소에서 총살되었다. _옮긴이
**   나치시대에 일곱 명의 수감자가 집단수용소에서 탈출하는 이야기를 쓴 소설이다. _옮긴이

사망했다. 충격적인 이 사건은 모든 학교에서 요란스러운 태도로 표출되었다. 유치원, 공장, 그리고 모든 기관에서 장례위원회가 만들어졌다. 당시 학교에서, TV의 주간 뉴스에서, 데파(구동독의 독일영화주식회사)가 상영하는 영화에서, 그리고 신문에서 보았던 장면들은 지금도 내 기억 속에서 하나의 독보적인 격정의 파노라마로 밀려든다. 몇몇 시인은 칸타타와 시를 지었고, 요하네스 베허는 다음과 같이 과도한 찬양에 몰입했다.

> 전 독일이 언젠가 스탈린에게 감사하리라
> 어느 도시에나 스탈린의 기념비가 서고
> 포도넝쿨이 자라는 곳마다 그가 있고
> 킬의 그곳에서는 학생조차 그를 알아보네
>
> 라인 강물과 쾰른 대성당이 말하는 곳에
> 그는 존재하게 될 것이며
> 모든 아름다운 것들, 선한 것들, 모든 언덕과 모든 강에
> 그가 존재하게 될 것이다
>
> 그대여 들어오게나
> 따뜻하고 밝은 빛의 힘이 당신에게서 흘러나오고
> 죄수는 감옥에서 노래하고
> 그는 갇혀 있어도 거인으로 느낀다네
>
> 스탈린이라는 이름으로 독일은 하나가 되었네
> 그는 우리에게 평화를 보전해주는 사람,

그는 우리의 것이고 우리는 그의 것으로 남겠네
스탈린, 스탈린이라는 이름은 세상의 행복이다

아버지는 스탈린의 죽음을 시베리아에 있는 노역소의 오물처리장에서 들었다고 한다. 가까운 목재소의 사이렌이 울리기 시작해 계속되는 동안 아버지는 추운 3월의 야외 변소에서 석순같이 치솟아 쌓인 얼어붙은 오물을 처리하고 있었다. 뭔가 비상사태가 일어난 것이 틀림없었다. 그와 같이 일했던 우크라이나인은 야외 변소 너머로 아버지를 내려다보더니 수염을 암시하려는 것처럼 두 손가락으로 윗입술을 여러 차례 위아래로 문질러댔다. 그것은 '그가 죽은 건가?'라는 의미였다.

세상에서 보기 드문 권력자가 죽었다는 사실을 우리 가족은 기분 좋은 위로로 받아들였다. 독재자가 자신의 시간적 한계를 경험하는 것은 보통 사람의 경험과는 전혀 다른 의미를 갖는다. 스탈린의 죽음은 우리에게 대수롭지 않은 일이지만 그래도 매우 큰 위로가 되었다. 독재자도 영원히 살지는 못한다.

당시의 신문, 방송 보도, 주간 보도를 떠올려보면 불과 몇 주 뒤 슬픔에 찬 나라라고 하기에는 상상을 초월하는 일들이 일어났다.

1953년 6월 16일 동베를린의 노동자들은 노동기준량을 10% 상향 조정하는 데 항의하는 시위를 벌였다. 그리고 자유선거 실시와 정부의 퇴진도 요구했다. 시위대는 '우리는 자유로운 인간이 되고자 한다'라는 구호를 소리 높여 외쳤다.

나는 흥분과 기대로 제정신이 아니었다. 우리는 오후와 저녁 시간 내내 라디오 앞에서 지냈는데, 전파 방해를 받았던 리아스*를 제외하면 서독의 방송을 들을 수 있었기 때문이다. 내가 들은 바로는 베를린에 있는 두 개의 공장에서 소규모 시위 행렬이 형성되어 노동조합 건물과 라이프치히가의 정부 청사로 행진하는 중 점점 많은 노동자가 합류했다고 했다. 자유노동조합이 존재하지 않는 곳에서 그와 같은 일이 일어났다는 것은 믿을 수 없었다! 6월 17일에는 노동자들의 봉기가 거의 전체 동독을 휩쓸었다. 거리로 나온 사람들은 아마도 100만 명이 넘을 것이다. 700여 곳에서 시위가 일어났고 많은 감옥과 경찰서가 시위자들의 공격을 받았다. 217개의 지자체 가운데 167개 지자체가 비상사태를 선포했다.

나는 소련군 사령부의 대형 포스터에 '명령 제1호: 거리나 공공건물에서 시위, 집회, 궐기대회, 3인 이상의 모임은 모두 금지한다'라고 쓰여 있던 것을 기억한다.

정부 권력이 다시 소련 군대의 손으로 넘어가자 전시법이 세상을 지배했다. 그렇지만 우리 가족, 친구와 학생들 사이에서는 불안이 아니라 믿을 수 없는 낙관론이 지배했다. 처음으로 학교가 하루 동안 휴교했다. 그러고 나서 현대사회(이후 과목명이 '국민윤리'로 변경) 수업이 잠정적으로 폐지되었다. 확고한 이데올로기 위에 서 있던 선생님들은 겁먹고 위축된 것 같은 인상을 주었고 몇몇은 자기비판적인 태도를 취하기도 했다. 기독교인으로서 교회청년회에 소속되어 있다는 이유로 학교에서 쫓겨났던 나이 많은 학생들은 되돌아왔고 늦은 대학 입학시험을 치렀다.

늘 느림보라고 비웃음을 사던 메클렌부르크포어포메른주의 노동자와 농부들에게서도 동요가 일어났다. 6월 18일 아침 9시부터 넵툰조선소에서는 "우리는 정부의 퇴진을 요구한다!"라는 구호를 외치며 5000여 명의 노동자들이 파업을 감행했다. 조선소 전체 직원의 3분의 1인 1만 명 이상이 항

---

* 　베를린 점령군 가운데 미국이 관할하던 지역에서 1946년부터 1993년까지 내보낸 방송 프로그램이다. _옮긴이

구 도시인 로스토크와 스트랄준트에서 파업에 들어갔다. 6월 18일 상호지원 농민연맹의 지역 담당 총무가 연설을 하자 농부들은 "너희들은 모두 매달아놓고 때려죽여야 한다. 특히 정부도 범죄자들이다"라며 계속 소리를 질러 연설을 중단시켰다. 로스토크의 시장과 집권당인 동독공산당의 우두머리에게는 다음과 같은 익명의 편지가 전달되어 위협을 가했다. "우리는 너희들 모두를 목매달겠다. 너희 걸레들, 무뢰한들, 러시아의 종놈들, 아첨꾼들, 인류의 쓰레기들아, 우리는 자유를 갈망한다. 8년 동안 너희들은 우리를 굶주리게 했다. 너희들은 독일 민족에 페스트 같은 전염병이다. 너희들의 거짓말과 헛된 약속도 끝났다. 우리는 분별력을 가진 서독 수상 아데나워 같은 인간을 원한다."

당시 동독공산당이 일주일 동안 마비되었다는 사실을 우리는 1989년 이후에 발견된 문서들을 보고 알게 되었다. 1953년 7월 로스토크의 지역 책임자는 "당원들과 당 지도부는 현재 수세에 몰려 있고 군중의 밧줄에 걸려 있다"라고 확언했다. 그리고 다음과 같이 덧붙였다. "적이 우리 조직원들 가운데서 막강한 영향력을 행사하고 있다." 소도시인 사니츠에서만 22명의 동독공산당 기초 조직원이 비난을 받으며 당원 증서를 반납했고 자유독일청년단의 몇몇 기초 조직은 더 이상 지도력을 행사할 수 없게 되었다. 당 간부, 당원, 자유청년단원은 도발과 습격을 당했으며, 얻어맞기까지 했다.

정권은 노동기준량을 상향 조정하려던 계획을 취소함으로써 끓어오르는 정치적 압력을 완화하려 했지만, 그 외의 것은 모두 옛날 그대로였다. 그러나 봉기는 진압되었다. 55명이 저항하는 동안 목숨을 잃었고 5000명 이상이 체포되었다. 많은 비판을 받았던 당 대표 발터 울브리히트는 피해를 입지 않았다. 그 대신 ≪새로운 독일≫의 편집장 루돌프 헤른슈타트와 비밀경찰 책임자 빌헬름 자이세르 같은 당의 개혁자는 실각했다. 잠시 동안 중간 단계를 거친 다음 모스크바에서는 스탈린의 사후 강력한 노선이 관철되었다.

우리 가족에게도 뭔가 변화가 생겼다. 1953년 9월 2일 국가안전부는 어머니에게 "당신 남편은 1951년 7월 6일 자로 소련 점령군에 대한 적대 행위로 25년의 금고형을 받았다"라는 얘기를 구두로 전달해왔다.

이제 어머니는 남편이 살아있고 소련에 있다는 것도 알게 되었다. 그 사실을 알게 된 직후 어머니는 소련 대사인 블라디미르 세묘노프에게 다음과 같은 편지를 썼다. "나는 남편이 어떤 죄를 지었는지 해명을 듣지 못했습니다. …… 내 남편을 아는 우리 모두는 이해가 가지 않습니다. …… 우리는 몇 년 동안이나 그에 대한 어떠한 소식도 듣지 못했고 그 일로 어려운 고통을 겪고 있습니다. 그가 살아있음을 보여주는 작은 표시가 있다면 얼마나 기쁘겠습니까! 그런 인간적 호의에 대해 우리 모두, 특히 아이들은 끝없는 감사를 드릴 것입니다. 그가 간단한 편지라도 우리에게 보낼 수 있도록 허락해주십시오."

그것은 아버지가 체포되고 난 후 아무런 희망도 없이 무수히 보냈던 탄원 편지 가운데 하나이자 또 다른 시도였다. 다행히도 당시 소련의 강제노동 체제에 완화 조치가 취해졌다. 어느 날 우체부가 A6 크기의 독특한 엽서를 배달해주었다. 앞면에는 러시아 글자가 쓰여 있었는데 뒷면은 아버지가 친필로 쓴 편지였다. 2년여 만에 처음으로 받아보는 아버지의 삶의 표식이었다! 발신자에는 모스크바에서 찍힌 번호가 적혀 있었는데, 우리는 서독 신문에 실린 강제노동수용소에 관한 기사의 도움으로 그 번호가 타이셰트에 있는 수용소를 가리킨다는 사실을 해독해냈다. 우리는 세계 지도에서 타이셰트가 어디인지, 아버지가 어디 있는지 찾을 수 있었다.

아버지가 처음에 보낸 세 장의 엽서는 거의 동일한 내용을 담고 있어서

▌아버지가 시베리아 노동수용소에서 만든 사진첩 표지.

우리는 아버지가 우리의 엽서를 전혀 받지 못했다고 생각했다. 그 직후 어머니 혼자만 아버지에게 답장을 썼다. 아이들이 쓰면 대문자 글씨 몇 개만으로도 별첨된 엽서를 이미 꽉 채워버렸기 때문이다. 그 후 아버지는 10파운드를 넘지 않는 소포는 허락된다는 편지를 보내왔다. 우리는 소포가 제대로 도착할지 불확실했지만 아버지에게 소포를 보냈다. 전에 집에서 한 번도 보지 못했던 것들, 즉 설탕, 내의, 장갑, 양말, 살라미, 절인 안초비, 비스킷, 마늘 등을 준비했다. 사진을 보내는 것도 허락되었다. 어머니는 일요일 복장을 갖추고 우리와 함께 사진관에 가서 머리를 곱게 빗고 미소를 머금은 채 사진을 찍었다.

우리는 아직도 그 사진들을 갖고 있다. 아버지와 같이 수감되었던 사람들은 사진을 보고는 우리가 어려운 가운데서도 잘 먹고 잘 지낸 것 같다고 논평하면서도 "그래도 전쟁에서 이긴 건 우리 러시아이지!"라고 말했다고 한다. 수감자들이 노동하러 수용소 대문을 나서면 누더기를 걸친 러시아

아버지가 러시아의 수감자들에게 보여주었던 자녀들의 사진. 왼쪽부터 나, 자비네, 마리안네, 에카르트.

어린이들이 "돈 좀 주세요" 하고 구걸을 하곤 했다. 물론 수감자들은 돈이 전혀 없었으나 아버지는 가끔 서독으로부터 받은 은박지에 싼 초콜릿을 아이들에게 나누어주곤 했다. 아버지는 그것은 매우 독특한 감정이었다면서 이렇게 말했다. "소련 정권의 마지막 오물인 자들에게 자유인민인 어린이들이 구걸을 했던 거야."

우리는 아버지가 왜 유죄 판결을 받았는지, 그리고 언제 석방될지 알지 못했지만 우리가 주고받은 편지는 어느 정도 안심과 희망의 근거가 되었다. 외할머니는 아버지가 언제 돌아올지 기약이 없는데도 아버지의 옷을 옷장에서 꺼내 세탁하고 말린 뒤 다리미질을 하기 시작했다. 할머니가 왜 그런 일을 했는지는 누구도 설명할 수 없다.

우리는 서독의 방송을 통해 수상 콘라드 아데나워가 1955년 9월에 소련 크렘린의 초청을 받아 모스크바를 방문한다는 사실을 알고 있었다. 그는 출발 전 소련에 감금되어 있는 1만 명의 독일 전쟁 포로와 2만 명의 민간인을 석방하는 일을 소련 방문의 가장 큰 사안으로 선언했다. 그는 어려운 협상 끝에 그 사안을 양국의 외교적 관계 회복과 맞바꾸기로 했다. 나는 라디오를 통해 아데나워가 독일의 쾰른/본 공항으로 되돌아왔을 때 열렬한 축하를 받은 일을 알게 되었다. 또 10월 7일에는 평화의 땅에 도착한 전쟁포로들이 자신의 어머니, 아내, 형제자매들과 감격스럽게 재회하는 뉴스도 들었다.

10월 19일 나는 갑자기 학교 교장실로 불려갔다. 나는 아무 잘못도 없었지만 모범생은 아니어서 불안한 마음이었다. 우려와 달리 공산당원인 교장은 나를 친절하게 맞았고 "방금 전 전화가 왔군. 아버지가 돌아왔다고 하네"라며 무덤덤하게 소식을 전해주었다. 그는 일어서서 나에게 축하의 악수를 청한 뒤 집으로 돌아가도 좋다고 했다. 나는 정신없이 교실로 달려가서 말없이 책가방을 챙긴 뒤 평소 하던 대로 전차를 타고 종점에서 내린 다음 10분 정도 걸어 집에 도착했다. 내 속에서는 '이제부터는 행복할 거야'라는 음성이 들려왔다. 그렇지만 나는 행복할 수 없었다. 집에 오니 이가 거의 다 빠진 한 남자가 앉아 있었다. 머리칼도 많이 빠져 있었는데 얼굴은 수척하면서도 매우 남자다웠다. 나는 그가 낯익은 동시에 매우 낯설었다. 우리가 서로 껴안았던가? 잘 모르겠다. 남자들은 보통 그렇게 하지 않으니까.

아버지는 1955년 10월 19일 석방된 포로들을 받아들이는 독일의 휘스텐발트 수용소에 도착해 옷과 어느 정도의 돈, 식사를 제공받자마자 전화가 있는 몇 안 되는 사람인 이모에게 전화를 걸었다고 한다. "힐데인가?" 하고 아버지 특유의 비꼬는 목소리로 묻자 이모는 이렇게 답했다. "오, 하나님! 요헨!"

아버지는 이모에게 어머니의 직장 주소를 부탁했다. 아버지가 판자로 만든 가방을 들고 나타났을 때 어머니의 동료들은 모두 화물 적재 플랫폼 위에 서 있었다.

4년 넘게 헤어졌다가 다시 만났으니 주저하는 마음이 없을 수는 없었을 것이다. 내 여동생 마리안네는 어머니 곁에 서서 아버지를 매우 수줍게 대했다. 마리안네는 나중에 설명하기를 어머니와 아버지는 집으로 오는 길에 말이 없었고 어쩔 줄 몰라 하며 땅만 내려다보았다고 했다. 반면 정원에서 일을 하거나 우연히 거리에서 마주친 이웃들은 아버지를 보고 감동했다. 전쟁 이후 몇 년 동안 우리에게 나막신을 만들어주었던 목수는 놀라서 말문이 막혔다가 "오, 하나님, 맙소사! 그 요헨이 지…… 진짜 돌아왔네!"라고 소리쳤다. 이런 일이 가는 곳마다 일어났다.

어머니는 아버지를 위해 모처럼 영양가 높은 음식을 준비했다. 우리는 한 번도 먹어보지 못했던, 처음으로 우유와 밀가루와 물을 섞지 않은 계란찜을 했다. 우리들은 식탁 주변에 둘러서서 아버지가 굶어 지친 상태에서 자신에게 주어진 얼마 안 되는 음식을 집중해서 먹는 모습을 침묵 가운데 바라보았다. 얼마 뒤 외할아버지와 외할머니가 도착했고 이모 힐데와 그 남편 발터도 도착했다. 집안이 꽉 들어찼다. 며칠 후에는 아버지의 귀환을 축하하는 잔치가 열렸다. 내 사촌 게하르트는 축하연에 쓸 닭을 귀스트로에서 큰 상자에 담아 가져왔다. 홍분한 닭이 기차에서 날뛰는 바람에 곤욕을 치렀다고 했다.

우리는 모두 즐거웠고 악몽은 지나갔다. 그러나 이제부터는 결혼생활과 가정생활이 새롭게 정리되어야 했다. 우리는 모두 매우 다른 조건 속에서 이미 변해 있었다. 그래서 우선 서로 간의 접촉이 다시 복구되기를 바랐다. 어머니는 가정의 책임자로서 자신의 역할에 익숙해 있었다. 어머니는 아이들의 양육자이자 보호자가 되어 있었고 모든 결정을 불가피하게 홀로 내렸었다. 이제 그런 부담을 내려놓아도 되었으나 그 사실을 실감하지 못하고 있었다. 그녀는 지금까지 어머니 역할을 완전하게 해냈다. 하지만 이제부터 아내의 역할을 다시 배워야 했다.

나도 불안했다. 어머니는 진지하게 대화할 수 있는 상대자가 없었기 때문에 겨우 열네댓 살이던 내가 때 이른 역할을 요구받았고, 그러다 보니 그다지 바람직하지 않은 방향으로 성숙해버렸다. 하지만 나는 이제 두 번째 자리로 물러나야 했다. 나는 어린 동생들과 관련된 것이라도 더 이상 자문하지 않아도 되었다. 다른 아이들이 잠자러 들어갈 때까지 더 이상 깨어 있을 필요도 없었다. 나는 어머니에게서 특권을 누리던 위치를 상실했고 가장으로서의 역할을 맡게 된 아버지에게 갑자기 예속되어버렸다.

나는 아버지를 많이 존경했다. 그는 그간 고초를 겪어 여위었으나 그래도 비교적 건강한 체질이었다. 그는 언제나 뭔가를 했고 특히 파괴되거나 불안정한 사람으로 되돌아오지는 않았다. 슈베린의 소련 군대가 관리하는 감옥에서 그는 자기의 허약함과 맞서 싸웠다고 후에 설명해주었다. 그는 심문을 받으러 불려갈 때면 가끔 떨리는 몸을 억제할 수 없었다고 했다. 아버지는 점차 주변 환경에 적응하면서 안정과 강고함을 얻었다. 아마도 동독정부가 스탈린과 강제노동수용소를 이겨낸 자신에게 더 이상 위해를 가하지는 않으리라고 생각했던 것 같다.

감옥살이를 설명할 때의 아버지는 무기력한 희생자가 아니었다. 아버지는 당시의 일을 원한과 고통이 아닌 풍자와 날카로운 유머를 담아 이야기했는데, 때로 아버지는 감옥의 수감자들로부터 들은 이슬람의 익살꾼 나스레딘 호자* 이야기를 풀어놓곤 했다.

---

* 　13세기 셀주크 투르크에 살았다고 알려진 수피 현자이다. 그는 여러 가지 재미있는 민담과 일화의 주인공으로 잘 알려져 있다. _옮긴이

나스레딘이 어느 날 시장에 앉아 울고 있었다. 사람들이 그에게 와서 "나스레딘, 왜 울고 있나?"라고 물었다. "칼리프가 나의 당나귀가 얼마나 영리한지 나에게 물었다네. 매우 영리하다고 내가 대답했네. 그러자 그는 내 당나귀에게 읽고 쓰는 것을 가르치라고 명령했지. 내가 성공하지 못하면 내 머리를 잃게 된다고 하네."

백성들은 그를 동정했다. 그런데 다음 날 나스레딘이 시장에 앉아 웃고 있었다. 사람들이 그에게 와서 "나스레딘, 왜 지금은 웃고 있나?"라고 물었다. "어제 칼리프를 알현하게 해달라고 부탁했고 그에게 내 당나귀에게 읽고 쓰는 것을 가르치는 것은 매우 어렵다고 말했다네. 그리고 그 일을 위해 25년의 시간을 달라고 했지. 그는 승낙했다네."

사람들은 말했다. "나스레딘, 당신은 바보군. 25년이 지나도 당나귀에게 abc를 가르치지 못하면 목숨을 잃게 되는 것 아닌가." 그러자 나스레딘은 다음과 같이 대답했다. "당신들이야말로 바보로군. 25년이면 내가 죽든지 아니면 당나귀나 칼리프가 죽지 않겠소!"

"그리고 거대하고 잔인한 칼리프인 스탈린은 실제로 죽었지. 그러나 나는 여전히 살아있고 당나귀들은 멸종되지 않았지"라며 아버지는 결말을 지었다.

아버지가 선장 일자리를 구하고 나서 모든 선장이 받는 질문, 즉 동독공산당의 당원이 되지 않겠느냐는 질문을 받았을 때 그는 "공산주의에 대해 토론하기를 원하십니까?"라고 역질문으로 대답했다. 누군가가 아버지에게 '동무'라고 부르며 말을 걸어오면 눈썹을 치켜세우고는 "나를 심문하십니까?"라고 물었다. 아버지는 동독에서 자신의 길을 갔는데, 그것은 저항하는 자의 길이 아니라 체제와 거리를 두는 길이었다. 그렇게 함으로써 필요한 경우 자신이 공산주의와 거리를 둔다는 점을 명백히 알렸다. 우리들에게 새로웠던 사실은 그가 스투르베 목사가 설교하는 로스토크의 수도원 교회에 가끔 출석했던 것이다. 그 목사는 신앙 문제에 대해 시대에 부합하게 설명해주었기 때문에 아버지는 그의 설교에서 뭔가를 얻을 수 있었다.

엄밀히 말해 아버지는 자기 자신을 되찾았고 자신이 지금까지 중요하다고 생각했던 것들의 가치를 전혀 다른 깊이에서 신뢰하게 되었다. 수용소에 억압되기 전까지 아버지는 권위적이고 자기신념이 과도한 경향이 있었으나, 하나님, 예의범절, 정의, 진리와 같은 근본적인 문제에서는 어떠한 꾸밈도 없었다. 아버지는 경우에 따라서는 수용소에도 존경할 만한 사람이 있다는 사실에 대해, 그리고 고통당한 공산주의자들의 존재에 대한 인식이 자기의 신념 때문에 제한될 수도 있다는 사실에 대해 진지하게 성찰했다.

과거를 뒤돌아볼 때 분명히 알 수 있는 사실은 희생자였던 아버지와 사춘기 아들이 대결하기는 어려웠다는 점이다. 나는 처형당한 나치의 희생자들이나 저항운동가 자녀들의 증언을 통해 그 사실을 알게 되었다. 나는 이제 막 성인이 되어가는 젊은이들이 어떻게 종종 신격화에 빠져드는지, 또 어떻게 가족 안에서 신의 제단이 세워지는지를 알고 있다. 우리도 사정은 마찬가지였다. 아버지가 생일잔치나 많은 사람들이 모인 축제에서 자신이 쓴 시를 낭송할 때면 나와 다른 자녀들은 기도하는 마음으로 경청했다.

짚으로 만든 내 담요에서 나온 호밀 이삭은
내 영혼이 병들었을 때 내게 효험이 있었다 ······

감방에서의 불의를 곡식이 익는 밭으로 이토록 놀랍게 묘사할 수 있는 사람, 호밀 이삭에 대한 하나의 완전한 시를 이야기할 수 있는 사람은 그저 경탄의 대상이었다. 나는 크게 감동한 나머지 이 구절들의 결함을 인지할 수 없었다.

아버지는 내적으로 자유로운 영혼이었기 때문에 동독의 정치적 부자유는 그에게 그리 중요하지 않았다. 그에게는 다른 것들이 더 중요했다. 자신의 가족, 정원, 바다, 할머니가 자신에게 주지 못했던 안전한 거처를 마련해준 목회자들이 더 중요했다. 좋은 책들, 예를 들면 북독일 사투리로 쓰인 프리츠 로이터와 루돌프 타르노의 책만 있어도 현실로부터 한걸음 물러나 잘 지낼 수 있었다. 아버지에게 고향은 메클렌부르크포어포메른주의 이러한 면이었지, 자신이 살고 있는 집 대문에 '동독'이라는 표지가 붙어 있는 정치적 서식지가 아니었다. 그는 그런 곳을 한 번도 고향이라고 부르지 않았다.

부모님은 서독으로 이주하려는 시도를 잠깐 했었다. 하지만 함부르크의 예비상담소와 상담한 결과, 서독 상황에서 뱃길 안내원으로 일하기에는 49세인 아버지의 나이가 너무 많다는 결과가 나오자 이를 순순히 받아들였다. 아버지는 뱃길 안내원이 되고 싶어 했다. 다시는 큰 배의 선장이 되어 몇 주간 또는 몇 달간 가족과 헤어져 지내는 것을 원하지 않았던 것이다. 그는 다시 비스마르에서, 그다음에는 로스토크 항구에서 일자리를 얻었다. 이렇게 해서 우리는 동독에 머무르게 되었다. 아버지는 이러한 결정에 대해 그럴듯한 이유를 댔다. "할머니가 여기 있고 외할아버지와 외할머니도 여기에 살잖아. 또 우리는 서독 함부르크에 사는 친구들을 언제나 방문할 수 있고 어디든 가고 싶은 곳으로 여행할 수 있어. 베를린에는 자유롭게 국경을 넘을 수 있는 통로가 있단다."

03

가거나 남거나
서독으로 탈출한
동독인들의 이야기

1955년 ─ 그해 여름은 얼마나 놀라웠던
가! 메클렌부르크포어포메른주 출신의 열다섯 살 소년이던 나는 동년배인
귀스트로 출신의 사촌 게하르트와 함께 파리에 있었다. 단 하루 파리에 머
물렀을 뿐이지만, 우리는 다른 사람들이 꿈에만 그리던 도시를 맘껏 돌아
다니며 엘리제궁전, 개선문, 앵발리드, 노트르담성당, 에펠탑, 오페라하우
스, 뤽상부르공원 등을 구경했다. 우리는 지하철을 타고서 전설적인 배우
제라르 필리프가 공연했던 샤요궁 내 국립민중극장을 보며 넋 나간 듯이
달렸고, 이름도 들어보지 못한 꽃과 생선, 그리고 과일과 채소들로 가득 찬
시장에 서서 어리둥절해했다. 신문 가판대에서 잡지 1면에 큰 가슴을 드러
낸 여인들을 봤을 때나, 탁 트인 길거리에서 태연하게 키스하는 남녀와 마
주쳤을 때는 끝없이 킬킬댔다. 뭐 이런 세상이 다 있는가! 우리는 싸 가지
고 간 빵과 함께 코카콜라를 마셨고, 비싼 그림엽서를 사서 동독에 있는 모
든 지인과 친척에게 대도시 파리에서의 휴가 인사를 써 보냈다.

저녁 8시경 우리는 독일과 프랑스의 국경도시 자르브뤼켄*에서 우리를 파리로 태워준 트럭운전사들을 찾았으나 허사였다. 그들은 우리를 태워준 게 잘못하는 일이라고 생각했을 것이다. 그들은 분명 동독에 대한 감흥을 나누기를 원치 않는 젊은이들과 몇 시간 동안 다투고 싶지 않았을 것이다. 자를란트의 그 운전사들이 눈을 반짝이며 우리에게 노동자와 농민들이 사회주의적 기업이나 농업 생산협동조합에서 얼마나 큰 역할을 하고 있는지, 동독에서 사회주의 건설이 얼마나 진전했는지를 설명해주었다면 우리도 그들의 말을 알아들었을 것이다. 내 사촌과 내가 운전사의 말에 반발하며 1953년 6월 17일 대대적으로 일어난 노동자들의 봉기에 대해, 그리고 시베리아에 억압되었던 아버지에 대해 말하자 운전사들은 침묵 가운데 듣고 있다가 마침내 "네 늙은 아버지가 이유 없이 체포되지는 않았겠지"라고 나직이 말했다. 그 뒤 우리는 간신히 다른 운전사의 차를 얻어 탔는데, 이른 아침 메츠시 근처에서 '우리' 동독의 식육 배달차가 타이어 고장으로 길가에 트럭을 세우고 있었던 것이다. 그 트럭을 발견했을 때 우리는 안도의 한숨을 내쉬었다.

자르브뤼켄은 그 해 여름 우리의 거점이었다. 게하르트는 자신의 친할머니 댁에서 휴가를 보냈고 나는 처음 알게 된 수의사의 집에서 휴가를 보냈다. 아버지가 끌려가 있는 동안 우리 가족에게 도움을 주었던 어머니의 옛 여선생님이 그 의사를 소개해주었다. '동독에서' 온 사내아이를 기꺼이 맞아준 그 수의사는 직업적으로는 내게 큰 감동을 주지 못했지만, 자를란

---

* 독일과 프랑스 국경에 위치한 자를란트주의 수도이다. 자를란트주는 독일과 프랑스 사이에 위치한 관계로 중세시대부터 양국 간 분쟁이 불거질 때마다 주권이 바뀌곤 했다. 제1차 세계대전이 끝난 후에는 1920년 베르사유조약에 따라 패전국 독일에서 떨어져 나가 국제연맹이 감독하는 자치지역이 되었으나, 1935년 주민투표 결과 91%의 찬성으로 독일에 다시 편입되었다. 제2차 세계대전이 끝난 후에는 다시 독일로부터 분리되어 프랑스 보호령하에 있었으나 1955년 국민투표를 통해 다시 독일에 편입되었다. _옮긴이

트 정치에 대한 그의 설명은 나를 매료시켰다. 자를란트는 당시 커다란 흥분에 휩싸여 있었다. 1955년 10월 주민투표가 예정되어 있었기 때문이다. 이는 자를란트가 계속 프랑스에 경제적으로 연결된 자치지역으로 남을 것인지 아니면 독일연방공화국의 일원이 될 것인지를 결정하는 투표였다. 이 사건을 계기로 독일을 위해 활동하는 독일 정당들이 경찰의 개입 없이 처음으로 등장했다. 나를 맞아준 수의사는 나를 여러 정당의 행사에 데리고 다니며 이렇게 말했다. "거기 가서 민주주의가 어떻게 돌아가는지 봐두는 거야!"

나는 시민들이 개방적이고 활기차게 자신들의 견해를 표명하는 모습에 큰 감명을 받았다. 반면 나는 갈등도 느꼈다. 우리 동독 사람들도 자를란트 주민 다수의 선택으로 이미 1935년에 편입된 적 있는 전체 독일 국민의 일원이었기 때문이다.

휴가 후 나는 달라진 모습으로 학교로 돌아왔다. 모든 것이 상대적으로 보였다. 일주일 동안 나는 국기행사들*과 고루한 자유청년단 간부, 국민윤리 교사들 및 그들의 주제와 냉정하게 거리를 두었다. 나는 다소 우쭐해졌고 편협한 세계를 내게서 떼어버렸다. 서유럽 지역을 방문한 것은 지리적으로나 정신적으로나 나를 가두고 있던 문을 여는 계기가 되었다.

당시 많은 동독 시민은 단지 물건을 구매하거나 친척, 친구들을 방문하기 위한 목적이 아니라 진정한 의미에서 다른 일상을 호흡하기 위해 서독을 방문했다. 서독의 공기는 동독과 달랐다. 서독에서는 휘발유와 오일을 혼합해 독특한 배기가스를 내뿜는 2기통짜리 엔진이 사용되지 않았으며, 겨울에는 동독의 광산에서 생산되는 황이 대거 포함된 조개탄 냄새도 나지

---

* 동독에서는 연말 성적증명서를 교부하는 날이나 국제 어린이날처럼 특별한 날에는 국기행사를 거행했다. _옮긴이

않았다. 사람들은 푸르트, 살렘, 또는 카비넷이라고 부르는 값싼 담배 대신 하베, 아스톨, 또는 페터 스투이비산트를 피웠다. 서독에서 온 소포를 열 때면 특별한 냄새가 났다. 오늘날까지도 룩스비누나 야자수기름, 그리고 칼로데르마의 향이 기억난다. 서독에는 제대로 맛을 내는 커피, 진스, 페티 코트, 나이키 등이 있었다. 그와 달리 동독의 옷은 우리를 젊은 은퇴자처럼 보이게 만들었다. 서독에서는 카페에서 속마음을 터놓기 전에 주변부터 살 피는 일이 없었다. 분위기는 편안했고 억압은 찾아볼 수 없었다. 거기서는 동독 시민들마저 수다스러워졌다. 동서독을 오가는 기차가 국경선을 넘어 서독 땅에 들어서자마자 객실에서는 불안한 침묵이 깨졌고 사람들은 버터 바른 빵과 보온병을 꺼내 서로 나눴다. 서독 — 이곳은 안도의 숨을 내쉴 수 있는 곳, 자유가 있는 곳, 특히 우리 젊은이에게는 무한한 가능성이 있는 곳 이었다.

나는 이러한 가능성을 여러 차례 이용했다. 1956년 나는 학급 친구 프랑 크와 함께 함부르크와 슐레스비히홀슈타인 지방으로 자전거 여행을 갔다. 동독의 젊은이들은 서독의 유스호스텔에서 숙식표를 제공받았다. 서독은 사실상 우리를 무료로 체류하게 해주었다. 우리는 제1·2차 세계대전에서 전사한 군인들을 기리기 위해 킬에 세운 해군 기념탑에 올라갔는데, 그곳 에서 북동 해역의 운하를 보고 놀랐다. 그 수로를 따라 운행하는 배들은 마 치 목초지 위를 지나는 것 같았다. 함부르크에서는 성 미가엘교회 종탑에 올라갔으며 유람선을 타고 항구도 구경했다. 마지막 날 저녁에 유스호스텔 주인은 "젊은이들, 쥘트섬*을 구경하지 않겠나?"라고 물었다. 그래서 우리 는 쥘트섬의 노동조합이 청소년들을 위해 운영하는 기숙사에서 2주를 더

---

* 　독일 북해의 가장 큰 섬으로, 관광 명소로 이름이 나 있다. _옮긴이

보냈다.

나는 휴가를 즐겁게 보냈으나 당시에는 서독에 머물러야겠다는 생각은 전혀 하지 않았다. 언제든 갈 수 있는데 왜 내가 사는 곳을 옮겨야 한단 말인가? 내 가족은 로스토크에 살고 있고 로스토크에는 내 친구들이 있었다. 나는 로스토크에서 학교를 마치고 싶었다. 나는 당시 메클렌부르크포어포메른주와 매우 친숙해졌고 발트해를 결코 떠나고 싶지 않았다. 그러나 때때로 서독의 다채롭고 시끄러운 세계에 빠져들고 싶었다. 그 세계는 갈등으로 점철된 동쪽의 내 삶과 대조되는, 가볍고 산뜻한 균형을 이루고 있었다. 나는 내 고향은 진지하게 사랑했고, 서독은 애인처럼 사랑했다.

사촌 게하르트는 1958년 서베를린으로 이주했다. 이로써 나는 '건너편에' 확실한 거처를 갖게 되었다. 게하르트는 처음에는 쇤베르크에 매트리스 말고는 가구도 거의 없는 형편없는 방에 살았다. 그 후 그는 다른 음대생들과 함께 울란트거리로 이사했다. 그곳에서 여자친구들과 함께 살았다. 서베를린은 시끄럽고 거칠 뿐만 아니라 범죄도 많았다. 전후에 등장한 양공주들과 미군들, 그리고 1950년대의 저항적 젊은이들은 동독에서는 알려지지 않았던 관습을 벗어난 삶의 세계를 의미했으며, 다른 어느 곳에도 없던 주거공동체*도 — 당시는 그렇게 부르지 않았을지라도 — 생겨났다.

나는 여러 번 울란트거리에 갔다. 거기서 얼마 떨어지지 않은 쿠담에는 잘 차려 입은 아가씨들이 배회했으며, 레니너광장에는 오토바이를 탄 불량청소년들이 서성거렸는데 그들의 라디오에서는 빌 헤일리의 「록 어라운드 더 클록」이라는 곡이 흘러나왔다. 하루는 동베를린에서 알고 지내던 친구가 베를린 스포츠궁전의 입장권을 얻어왔는데, 그는 유명한 빌 헤일리가

---

* 1860년대부터 독일, 스위스, 오스트리아 등에서 생겨난 것으로, 친인척이 아닌 독립적인 사람들 (주로 대학생들)이 한 주택에 같이 사는 주거 형태를 말한다. _옮긴이

등장한다고 알려주었다. 공연에서 관중들은 황홀경에 빠져 소리치고 춤추고 발을 굴렀으며 마침내 전 좌석을 때려 부수었다. 우리는 영화관에도 여러 번 갔다. 당시에는 제임스 딘이나 장-폴 벨몽도가 연기하는 고독하고 저항적인 스타일의 반항아가 주인공인 영화가 흥행하고 있었다. 동독에 산다는 것을 입증하면 동독 지폐로 영화 입장권을 싸게 살 수 있었으므로 많은 사람들이 개척단이나 자유독일청년단 증명서를 제시했다. 우리는 아이어 샬레 같은 재즈바에서 로큰롤의 황제 엘비스 프레슬리의 노래도 즐겨 들었으며, 그의 음반을 사서 「하트브레이크 호텔」이나 「러브 미 텐더」 같은 노래도 자주 들었다.

내가 대학생이 되어 서베를린에 갔을 때에는 실존주의가 대유행이었다. 우리는 장-폴 사르트르, 알베르 까뮈, 카를 야스퍼스, 마르틴 하이데거 같은 감명 깊고 인상적인 대가들의 책을 읽었다. 그 밖에 내 사촌이 살던 주거공동체 환경도 나를 사로잡았다. 게하르트의 여자친구 유타는 검은 머리의 다정다감한 여자로 차분하고 다소 음침한 매력을 가지고 있었다. 어쨌든 시골 출신의 젊은 신학생이 보기에는 그랬다. 내가 이미 확고한 신념을 갖고 있지 않았더라면 당시의 자유방임주의, 정신적 자유, 방랑기의 유혹에 빠질 수도 있었을 것이다. 나에게 유타는 실존주의의 원형이었다. 그녀는 검은 옷과 때로는 터틀넥 칼라 스웨터를 입었고, 대학생이긴 했어도 학교에 나가는 일은 드물었다. 그 대신 카페나 바, 지하 재즈클럽에서 지내며 늘 담배를 입에 물고 위스키 잔을 들고서 세상의 온갖 고통을 걸머진 얼굴을 하고 있었다.

나중에 알게 되었지만 유타는 작가인 우베 존슨의 처형이었다. 존슨은 유타의 여동생 엘리자베트를 메클렌부르크포어포메른주의 귀스트로에서 알게 되었다. 전쟁이 끝난 후 유타가 메클렌부르크포어포메른주의 알클람에서 도망쳐서 자리 잡은 곳이 바로 이곳이었다. 유타는 1962년 이래 엘리자베트와 함께 서베를린에서 살고 있었다. 유타를 알게 된 덕분에 나는 동독 사람으로는 최초로 존슨의 첫 책 『야곱에 대한 억측들』을 읽게 되었다. 그 책은 동독과 동서의 갈등을 매우 독특한 접근과 언어로 발전시켰기 때문에 존슨은 단번에 유명해졌다.

내가 보기에 유타는 비범하면서도 자신만의 세련됨을 발산했다. 하지만 훗날 나는 그녀가 어린아이처럼 무능했고 서베를린에는 찾아갈 친구도 없는 이방인이었다는 사실을 알게 되었다. 유타와 헤어지고도 그녀와 계속 접촉했던 사촌의 말에 따르면, 그도 그녀의 비극적인 종말만 알 뿐 베를린 장벽이 세워진 후에는 그녀를 보지 못했다고 한다. 유타는 불안정했고 현실에 점점 더 미숙한 모습을 보였다. 그녀는 몹시 야위었으며, 여러 방면에서 제공된 도움을 받으려 하지도 않았다. 1968년 어느 날 그녀는 우베 존슨의 베를린 집에 잠시 머물렀는데, 하루는 담배를 입에 물고 잠이 들었다. 많은 인기를 누리던 작가 존슨은 아내와 함께 미국 뉴욕에 가 있는 상태였다. 자욱한 연기와 함께 화재가 발생했고 그다음 날에야 타버린 침대의 윤곽이 드러났다. 유타는 옷장에서 몇 가지 옷을 꺼내 입고 탈출하려 했던 모양이지만 문 앞에서 실신하고 말았다. 1960년대 유행하던 세련된 옷을 유타에게서 선물 받아 즐겨 입던 잉게보르크 바흐만*이 5년 후에 거의 같은 방식으로 사망한 것은 신기하기도 하고 끔찍하기도 한 일이었다.

존슨 부부는 유타의 장례를 위해 뉴욕에서 왔고, 오래 전부터 유타를 알고 지내던 쿠르트 샤프 주교**가 설교를 맡았다. 사촌 게하르트가 전한 말

---

* 　오스트리아의 작가로 1973년 10월 17일 로마에서 사망했다. 그녀도 로마의 주택에서 담배를 피우다가 잠들었고 그로 인한 화재로 사망했다. _옮긴이
** 　샤프 주교는 1966년부터 1976년까지 독일 베를린 브란덴부르크 지방교회의 주교를 맡았다. 그는 히틀러 시대에 감옥에 갇힌 마르틴 니묄러 목사를 방문해 성만찬을 베푼 용기 있는 성직자였

에 따르면, 장례식에 이어 유타의 친구들은 울란트라는 술집에서 술판을 벌였고 존슨이 술값을 냈다고 한다. 하지만 존슨은 난장판이 된 술집과 잘난 체 떠들어대는 보헤미안들을 피하기 위해 금방 그곳을 떠났다고 한다.

유타의 비극적인 최후는 나에게도 깊은 충격을 주었다. 그녀는 자유를 자신의 대의로 삼았으나 그러면서 방향을 잃었다. 이는 멈출 수 없는 갈망으로 인해 서독으로 갔으나 그곳의 자유에 끝내 정착할 수 없었던 동독 사람들이 겪는 매우 슬픈 이야기 중 하나였다.

1961년 여름 베를린장벽이 세워지기 직전 나는 베를린에 두 번 갔다. 첫 번째는 7월 중순으로 제10차 개신교신도대회* 때였다. 이 대회가 개최되기 며칠 전 동독공산당 정치국은 동베를린에서 이 행사를 열지 못하도록 금지했고 동독 내 민영 버스 회사는 신도대회로 운행을 하지 말라고 지시했다. 동독 시민들을 "냉전시대의 도발"과 "첩보기관"에 의한 방해에서 보호해야 한다는 것이 그 이유였다. 그런데 개회식이 시작되자 동베를린에 있는 세 교회에는 수용 인원보다 많은 사람들이 예배에 몰려들었고, 올림픽 경기장에서 열린 장엄한 폐회행사에서 신도대회 담당인 하인리히 기젠 목사는 6만 명이 넘는 참가자들 앞에서 이렇게 확언했다. "우리 위에 그림자가 드리워 있습니다. 우리는 더 많은 형제자매를 기다리고 있습니다!"

으며, 전후에는 분단된 독일뿐만 아니라 한반도의 통일을 위해서도 노력을 많이 했다. 한국의 정치가 이우재가 무고하게 감옥에 갇혀 있을 때 그를 방문하는 일로 한국정부와 갈등을 빚기도 했다. _옮긴이

* 개신교신도대회는 2년마다 약 2주 간 열리는 신도운동이다. 1849년 루터의 도시인 비텐베르크에서 '개신교 남성들의 모임'이 열렸는데, 이를 개신교신도대회라고 불렀다. 이 대회는 1872년까지 15회에 걸쳐 진행되었다. 제1차 세계대전이 끝난 후 다시 개신교신도대회가 개최되었는데, 이때는 지방교회들의 동참을 이끌어 오늘날 개신교협의회의 전신인 교회동맹을 건설했다. 오늘날의 개신교신도대회는 제2차 세계대전이 끝나고 1949년에 경건주의와 세계 에큐메니컬 운동과 결합되어 처음 열렸는데, 당시 개신교 총회 의장이던 구스타프 하이네만의 제안으로 2년마다 정기적으로 열리게 되어 지금까지 계속되고 있다. _옮긴이

이 일을 계기로 동서독 양 국가 사이의 어조는 매우 달라졌다. 1961년 3월 발터 울브리히트*는 바르샤바조약 국가들의 모임에서 서베를린에서는 인신매매가 이루어지고 있으며 동독의 식료품이 흘러 들어가는 통로 역할을 서베를린이 하고 있다고 말했다. 두 달 후 동베를린 주재 소련 대사 미하일 페르부킨은 동독 시민들의 대량 탈출을 막기 위해 서독으로 가는 문을 닫아걸자는 동독공산당의 계획을 보고했다. 모스크바에 의해 울브리히트의 이 같은 억압적 조치들은 얼마 동안 가로막혀 있었다. 그러나 1961년 6월 흐루쇼프와 케네디가 가진 빈 정상회담 이후 이러한 상황은 바뀌었다. 1958년 말 이래 소련의 공산당 대표는 이미 여러 차례 베를린의 지위를 "자유도시"로 바꾸는 데 서방 연합군이 동의하지 않는다면 — 이는 소련의 4대 강국의 지위를 폐기한다는 통보이자 서구 세력을 베를린으로부터 몰아낸다는 것을 의미했다 — 동독과만 일방적 평화조약을 체결하겠다고 위협했다. 케네디 대통령이 이러한 소련의 최후통첩을 다시 거부하자 울브리히트는 흐루쇼프의 입장과 충돌하는 것을 더 이상 두려워할 필요가 없어졌다. 그는 마침내 베를린장벽을 건설하기 위해 1500명의 인민경찰로 이루어진 '보안 파견대'를 대기시켰고 기동경찰을 4000명으로 증강했다.

내 아내는 쾨니히스베르크에서 피난 온 피난민이었는데, 아내에게는 리자라는 이모가 한 분 계셨다. 리자 이모는 당시 위험을 감지했다. 피난 과정에서 내 아내가 우연찮게 발트해안에 닿는 동안 리자 이모는 서베를린의 파울스보르너가에 도착했다. 당시 연인 사이였던 우리는 친척의 눈을 피해야 했으므로 리자 이모 집에 자주 가지는 않았지만, 주말에 베를린에 가면

---

* 울브리히트는 1949년 동독정부 수립과 함께 부수상이 되었다. 1960년 대통령인 빌헬름 피크의 사망으로 대통령제가 폐지되고 대신 주 의회가 설립되었는데, 울브리히트는 1960~1971년 국가평의회 의장을 역임하면서 국가원수로서의 권력을 행사했다. _옮긴이

가끔 그녀의 집에서 하루를 묵기도 했다.

리자 이모는 공공기관 사무실에서 일했고 영향력 있는 사회민주당원과도 관계를 갖고 있었다. 리자 이모는 자기 당의 동베를린 사무실에서 중요한 직책을 수행하면서 언제나 익명으로 활동했다. 그녀와 같은 사람들은 국가안전부의 통제하에 위험한 생활을 했다. 그들이 하는 일은 난민수용소 마리엔 펠데에서 난민들을 돌보고, 동독의 정치적·경제적 상황을 보고하고, 정보자료를 동베를린으로 보내고, 동독에 있는 첩보원들과 은밀한 관계망을 구축하는 일이었기 때문이다. 서베를린의 여러 정당이 동베를린에 세운 사무소에는 동독 국가안전부 요원들이 침투해 있었고, 사무실은 쉽게 약탈당하기도 했다. 또 그곳 직원들은 공공연히 중상모략을 당했으며, 몇몇은 납치를 당하거나 동베를린에서 열린 대외 공개재판에서 높은 형량을 선고받기도 했다.

리자 이모는 애인을 통해 동베를린의 상황을 전달받았다. 그녀는 동독의 경제 사정이 극적으로 나빠졌다는 사실, 서베를린에서 일했던 동베를린의 '경계인들'이 추방당했다는 사실, 자동차·오토바이·TV·냉장고·세탁기 같은 고가품은 동독에 일자리를 갖고 있다는 게 입증된 사람들에게만 판매된다는 사실을 알고 있었다. 또한 난민의 수가 계속 늘어나 7월에는 1953년 이래 최고 수준에 이르렀다는 소식도 들었다. 약 1만 7500명의 교사가 ─ 그중 850명은 대학 교원이다 ─ 1954년 이래 동독을 떠났고, 3500여 명의 의사, 1400여 명의 치과의사, 300여 명의 수의사에다가 수많은 전문직 종사자, 수공업자, 상인, 농부들이 동독을 떠났다. 그들은 대부분 동독에서 직업교육을 받았지만 그들에게는 일자리가 거부되었다. 이로써 동독은 점차 피폐해졌다.

리자 이모는 공산당 서기장 울브리히트가 사태가 발전하는 것을 더 이상 손 놓고 보고 있지 않을 것이라고 확신했다. 그녀는 다시 경험하고 싶지 않은 일이지만 아마도 러시아인들이 다시 진격해올 것이라고 생각했다. 리자 이모는 동프로이센 출신이었다고 한다. 우리 부부가 1961년 8월 초 다시 방문했을 때 그녀는 서독의 바이에른주로 이주하고 싶다고 털어놓았다. 바이에른주 총리인 프란츠 요제프 슈트라우스는 좀 더 안전한 생활을 보장해줄 것이라고 했다. 만일 리자 이모가 이주하면 우리가 그 주택을 넘겨받을 수 있을지도 모른다는 기대가 든 것도 사실이었다.

그런데 그런 충격적인 행운이 실제로 찾아왔다. 리자 이모의 주택에는 방 두 개, 부엌, 욕실, 수도, 붙박이 옷장이 있었다. 거기서는 서독 냄새가 났고, 그 주택은 서독 자체였다. 당시까지만 해도 우리 부부는 여전히 아이와 함께 외할머니 집 반지하실에 있는 방 하나를 얻어 살고 있었다. 그것도 불법적으로 말이다. 당시 동독에서는 쉽게 주택에 입주할 수 없었다. 전쟁 이후 많은 지역이 폐허가 된 데다 난민이 많았기 때문에 항구적으로 주택 부족 사태가 발생했다. 주택국에는 주택을 찾는 사람들의 대기 명단이 쌓여 있었다. 젊은 가정은 일반적으로 주택을 배당받는 데 10년이 걸렸고, 홀로 사는 사람들은 어디서나 셋집에서 살아야 했다. 게다가 집을 구하려면 회사나 공장에 소속되어 있다는 사실을 입증해야 했다. 결혼식을 올리고 아내와 함께 주택국에 신청하러 갔을 때는 주택을 얻을 기회가 전혀 없었다.

"이렇게 젊은데 벌써 결혼했어요?"

우리는 열아홉 살에 결혼했다.

"지금 어디에 살고 있습니까?"

우리는 각자 부모님 집에 살고 있었다.

"그렇다면 잘 살고 있군요. 도대체 문제가 뭡니까?"

그러나 우리에게는 문제가 있었다. 부모님은 당시 우리 결혼을 인정하지 않았기 때문에 계속해서 각자 부모님 집에 사는 것은 상상할 수 없는 일이었다. 부모님도 우리와 함께 살고 싶어 하지 않았다. 1960년 여름 로스토크에 있는 외할머니의 집 세입자이자 대기업 기술자인 사람이 갑자기 서독으로 이주하자 우리는 주택국과 상의하지 않고 비어 있는 방으로 이사했다. 그 방은 비좁고 지하실에 있었다. 하나 있는 창문도 반만 지상으로 나 있었고 욕실도 없이 세면대만 있었다. 동독의 상황에서 보면 그마저도 과분했지만 서베를린 상황에 비하면 너무나 초라했다.

우리의 결혼은 학생 시절의 사랑에서 발전했다. 우리는 학급축제에서 서로 수줍게 호감을 느꼈다. 하지만 무척이나 조심스러웠고 서로에 대해 의문을 가졌다. 나는 외향적이고, 무례하고, 반항적이고, 종종 공부를 싫어하고, 게을렀다. 나는 소녀, 시인, 정치에 큰 기대를 품었고 바로 그런 삶을 원했다. 그녀는 내향적이고, 수줍어하고, 소심하고, 눈에 띄는 것을 싫어하고, 절도 있으면서도 부지런했다. 그녀는 삶을 불신하고 있었다.

우리를 결합시키고 부부로 만든 것은 문학에 대한 사랑이었다. 나는 헤르만 헤세, 하인리히 뵐, 어네스트 헤밍웨이 등을 좋아했고, 그녀에게 내 다락방에서 라이너 마리아 릴케의 시집 『기수 크리스토프 릴케의 사랑과 죽음의 노래』를 읽어주었다. 그녀는 시를 많이 알고 있었고 연극을 좋아했다. 그녀 덕분에 나는 토마스 만과 베르톨트 브레히트 등을 새롭게 이해했다. 내가 브레히트의 시를 좋아하지 않았던 것은 동독의 압제자들이 그에게 극장을 지어주었고 그의 평범한 시 「수수 기르기」가 의무 독서 목록으로 강요되었기 때문이다. 그녀는 브레히트 작품의 정치적 의미뿐만 아니라 다정다감하고 냉소적이며 부드럽고 도발적인 면까지 나에게 이해시켜주었다. 나는 그 시어들에 푹 빠져들었다.

우리들은 행복했다. 나는 그녀에게 다음과 같은 시구를 써서 보냈다.

■ 내 아내 한지는 동프로이센 출신의 난민 소녀였다. 우리는 같은 학급이었다. 전쟁 이전 시기에는 길게 땋은 머리가 내게 선망의 대상이었는데, 머리를 길게 늘어뜨린 그녀의 모습은 처음부터 내 눈에 띄었다.

숨 쉬듯 쓴 시의 한 운율 한 운율처럼

당신은 나를 위해 나는 당신을 위해 선택받았지

우리 중 하나가 없다면 다른 하나는 아무것도 아니지

우리는 가난하면서도 부유했다. 우리는 서로 신뢰하고 다정했으며 무척이나 낭만적인 사랑을 주고받았기 때문이다. 매정한 부모님, 좋지 못한 상황과 같은 불리한 외부 조건은 우리가 서로를 위했던 마음에 비하면 아무것도 아니었다. 그리고 무엇보다 아내의 이모인 리자의 집은 매우 유혹적이었다. 우리 머리에서는 환상곡이 크게 울려 퍼졌다.

그보다 1년 전 나는 서베를린 슈타인광장의 한 식당에서 동독 로스토크 대학에서 도망친 신학 동창생 둘을 만났다. 나는 다른 동창생들이 그들의 도피를 좋지 않게 여긴다고 말해주었다. 동독의 목사가 두 명 줄어들었기 때문이다. 어떤 이들은 그들에게 중요한 것은 자유가 아니라 더 나은 삶이었다고 추측하기도 했다. 단지 '더 나은 곳'이라면 어디든 가도 좋단 말인가? 나는 그 두 사람의 처지를 부러워하지 않았다. 오히려 그들에게 우월감을 가졌다. 왜냐하면 그들은 쉬운 길을 가면서 불편해했기 때문이다. 선한 것은 도피가 아니라 최전선에 서는 것이라고 나는 생각했다. 그리고 우리 신학자들은 사람들을 내버리고 떠나서는 안 된다. 복음 선포에서 세상의 정당과는 다른 척도를 가지고 과제를 수행해야 한다.

그러나 나를 동독에 남게 만든 것은 뭔가 다른 것이었다. 나는 동독에서의 나를 잘 알았다. 역설적으로 들릴지 모르지만 동독의 정치적 불안정이 나에게는 유리했다. 나는 그곳에 놓인 함정과 그물을 잘 알고 있었고 그것들을 피해갈 수 있는 방법도 알고 있었다. 나는 나의 적대자들보다도 현실을 더 잘 알고 있었던 것이다. 그런데 왜 내가 떠나려고 하겠는가?

1961년 8월 초 리자 이모를 방문했을 당시 불과 며칠 후면 베를린장벽이 세워진다는 것을 미리 알았더라면 나는 어떤 결단을 내렸을까? 그렇게 갑자기 장벽이 세워져 오지도 가지도 못할 것을 알았더라면 나는 어떻게 했을까? 우베 존슨은 자신의 책에서 "그는 난민이 아니었다. …… 도망칠 때 그는 아주 급하고 큰 위협 아래 있는 하나의 움직임을 알고 있었다. [그러나] 그는 도시고속철도를 타고 왔었다"라고 자신을 3인칭 시점으로 묘사했는데, 나도 그런 느낌을 받았다. 중무장한 채 장벽을 감시하고 서베를린으로 향하는 통로들을 차단하고 있는 경비병들을 보았을 때 비로소 우리는 선택의 여지가 없다는 것을 쓰라리게 깨달았다. 서독을 방문 여행할 기회도 사라졌다. 도망치지 못한 사람들은 갇힌 포로 신세가 되었다. 우리는 이제 꼼짝 못하게 되었다.

흐루쇼프가 제3차 세계대전을 감수하더라도 서베를린을 점령할 것이라는 리자 이모의 불안은 다행히도 근거 없는 것으로 드러났다. 더 이상의 전쟁은 없었다. 흐루쇼프는 베를린장벽을 세움으로써 서베를린을 포기했음을 드러냈고 서방의 연합군은 장벽 때문에 전쟁을 감수하려 하지 않았다. 평화를 위한 이 같은 대가는 결과적으로 독일 분단을 고착화했다.

장벽이 세워지기까지 나는 내 주변에서 계속되는 이별을 슬퍼하기는커녕 그저 일상적인 일로 태연하게 받아들였다. 많은 사람들이 사라졌지만 그들은 독일의 다른 편에 살며 연락이 닿았고 그들의 새로운 주거지는 심지어 서독을 여행하는 사람들을 위한 안식처가 되기도 했다. 가까운 이웃에서만도 탈출의 물결 속에 할머니 댁 옆집에 살던 판사와 부모님 집에 세들어 살던 법률가가 사라졌다. 우리 동네에서는 내가 일곱 살 때 처음 뽀뽀를 했던 엘렌 데도브의 가족과 약국집 피퍼 씨 가족, 건축가인 파크 씨 가족, 교사였던 세푸스 씨 가족의 소식을 듣지 못했다. 부스트로 마을에 살던 아버지의 동료들 가운데 선장의 가족으로는 우리만 유일하게 남았다. 마리안네 아주머니와 그의 두 자녀도 떠났고, 셸퍼 씨 가족, 헬트 씨 가족, 쉴링 씨 가족, 솜마르츠 씨 가족도 떠났으며, 라이헤 씨네 네 명의 아들 중 둘이 떠났다.

이 난민들은 거의 대부분 집을 그대로 남겨두었다. 물건을 다른 사람에게 팔거나 넘겨주는 행위는 의심을 살 수도 있었기 때문이다. 그들이 남긴 물건은 사람들에게 탐욕의 대상이 되기도 했다. 당시를 회고하면 오싹한 장면이 많다. 몇 주 동안 집이 비워져 있거나 서독에서 온 편지가 편지함에 그대로 남아 있으면 집 주인이 고향을 떠났다는 사실이 확인된 셈이었다. 그러면 그 집의 친척이나 이웃은 곧 남겨진 집에 들어가 쓸 만한 물건을 가져갔다. 모든 사람이 그런 것은 아니었지만 몇몇은 집 열쇠를 갖고 있기도 했다. 이러한 도둑질은 아무런 양심의 가책도 불러일으키지 않았다. 국가가 국민들을 국외로 추방하고 나서 그들이 남겨놓은 재산으로 치부할 수는 없다. 국가의 담당기관이 전체 재고 품목 리스트를 만들어서 판매하기 전에 물건들을 잘 보관하는 것이 중요했다. 공적 처리장소에서 사람들이 남기고 간 물건들을 접하게 되면 그곳이나 아니면 그것들을 파는 상점들에서 사야 했다.

학급 동창생들이 서독으로 갔을 때도 나는 이를 정상적인 상황으로 받아들였다. 내가 다녔던 괴테고등학교에서 로스토크의 중앙역까지는 멀지 않았다. 창문을 통해 우리는 승강장에 서 있는 기차들을 보았다. 어느 날 나보다 훨씬 말주변이 좋고 훌륭한 의사 집안 출신인 친구 헬게 리히터가 곧 있을 라틴어 시험을 보지 않겠다고 말했다. 그렇게 말하고는 그는 곧 사라졌다. 나는 수업 시간에 갑자기 토할 것 같다는 핑계를 대고 친구 크리스티안 게텐과 함께 밖으로 나가 신선한 공기를 마시게 해달라고 부탁했다.

우리는 헬게를 기차역에서 붙잡았다. 하지만 우리가 시험을 치기 위해 학교로 돌아오는 동안 그는 부모님에게 알리지도 않고 가방도 짐도 없이 기차에 올라탔다. 일주일이 지난 후 엽서가 왔다. "나는 잘 도착했어. 영화관에 가서 엘비스 프레슬리 주연의 영화 〈제일하우스 록〉도 보았지." 이처럼 거주지를 변경하는 것이 비극적일 이유는 전혀 없었다.

1961년 이전에는 '서독으로의 도피'가 대중적인 현상이었다. 1950년대 말에는 고등학교 졸업반인 대다수 학생에게서 그런 결정이 예견되었다. 예를 들어 대학에서 법학 공부를 하는 것은 신념에 찬 공산주의자 젊은이들에게만 허락되었다. 약사나 의사 집안 출신의 학생조차 약사나 의사를 전공할 기회를 거의 얻지 못했다. 그런 과목은 노동자의 자녀에게 우선 허가되었고, 그중에서도 당 간부의 자녀들에게 우선권이 주어졌다. 예를 들어 군인 장성의 자녀는 동독공산당 간부의 자녀처럼 노동자의 자녀로 취급되었으나, 아버지가 철물공에서 공학 학사로 승진했다면 지식인의 자녀로 취급되었다.

학급 친구인 프랑크 제겔리츠의 아버지는 약국을 운영하고 있었다. 프랑크는 서구적인 사고방식을 가졌지만 자유독일청년단에 가입했기 때문에 학교를 졸업하는 데는 문제가 없었다. 그러나 장래를 감안할 때 그는 직업을 가질 기회를 좀처럼 기대할 수 없었다. 그래서 동독을 떠나 서독으로 가서 법률가가 되었다. 우리는 그의 행동을 비난할 수 없었다.

우리 반 담임선생님은 공산당원이었기 때문에 아이들이 사라지는 데 대해 분노를 감추지 못했다. 그렇지만 교사들 가운데는 위장 당원도 있었다. 그런 교사는 서독으로 탈출한 후 "반혁명 집단의 중심"이라며 신문에서 비난을 받기도 했다. 우리가 다니던 괴테고등학교는 대도시의 학교와 통합되었고, 당 노선에 충실한 교육자가 확대된 교과목을 지도하게 되었다. 그 후 교육학적·이데올로기적 훈육이 강화되었으나, 다행히 우리가 다니던 때에는 그런 교육이 행해지지 않았다.

어떤 사람은 동서독 장벽의 건설을 동독의 승리라며 환영했다. 대량 탈출이 중단되었다는 것이다. 동독은 더 이상 피를 흘리지 않아도 되었고 지속적으로 사람을 뺏기지 않으면서 자신의 사회체제를 달성해낼 수 있는 기회를 갖게 되었다. 그러나 대부분의 사람은 충격을 받았고 전체 국민을 노예로 선언한 지배세력의 월권에 분통을 터뜨렸다.

공산당 지도부는 가족을 갈라놓았을 뿐만 아니라 여행의 자유와 모든 교류를 차단했다. 그들은 어리석게도 장벽을 "반파쇼 보호벽"이라고 선전했다. 이로써 공산주의자들은 동독이 선전을 통해 주장한 것처럼 제국주의 공격으로부터 자신들을 보호하는 것이 아니라 국가 자체를 보호하고자 노력했다는 사실을 분명히 알게 되었다.

서독은 철의 장막 뒤편으로 사라졌다. 장벽은 사랑하는 사람, 약혼한 사람, 결혼한 사람, 자녀와 부모, 형제와 자매를 갈라놓았다. 장벽으로 인해 많은 사람이 삶의 기반을 상실했다. 서쪽에서 일하고 동쪽에 거주지를 둔 베를린의 '경계를 넘나드는 사람들'*은 불안정한 사회 구성원이라서 앞으로 동독에서 주요 직책을 맡거나 중요한 기업체에서 일할 수 없었고, 서독에서 가르치던 교사는 동독에서 평생 직업을 가질 수 없게 되었다. 서베를린에서 공부하던 대학생은 생산시설로 보내졌다. 서독에서 학교를 다닌 학생은 직업 교육을 마칠 수 없었고 견습생 생활을 새로 시작해야 했다.

우리 동독은 1961년 이래 그곳으로 들어가거나 나가거나 그 안에서 살거나 하는 모든 권한을 성주가 가진 하나의 성채와 같아졌다. 그간 우리는 동독에서 이념적 압박을 잘 견뎌냈으며 '저편'을 방문할 수도 있고 서독의 방문객을 맞이할 수도 있었으나 장벽이 건설된 이후에는 이러한 보상을 받지 못했다. 여행의 자유는 고등학교, 대학교, 친구집단, 회사 등 어디서 준비하느냐에 따라 허락되거나 거부되었다. 여행은 사사로운 대화에서도 중요한 주제였고 여행이라는 주제를 통해 우리의 일상과 병행되는 독특한 세계가 형성되었다. 하지만 1961년 장벽이 건설된 이후 동독에서 태어난 이들은 이 모든 것을 상상조차 할 수 없었다.

1961년 8월 13일 이후 동독을 빠져 나가거나 동독으로 들어올 수 있는 창구가 사라졌다. 누군가 죽었을 때도 장례식에 참석하러 갈 수 없었다. 어

---

* '경계를 넘나드는 사람들(Grenzgänger)'은 동독 주민으로 동베를린에 살면서 서베를린에서 일하던 사람들을 가리킨다. 예를 들어 서베를린은 큰 건물을 지을 때 동독의 건축 회사에도 입찰 기회를 주었는데 동독 회사가 싼 값에 낙찰을 받으면 동독정부는 노동자들을 버스에 태우고 서베를린 공사 현장으로 데리고 와서 감시하에 일을 시키다가 일이 끝나면 다시 동베를린으로 데려가곤 했다. _옮긴이

떤 종류의 상봉도 없었다. 사적인 전화 통화를 하려면 장거리 교환국에 통보해야 했는데, 그럴 때면 반나절은 접속을 기다렸고 때론 그조차 이루어지지 않았다.

베를린장벽 건설은 때로 동독이 본질적으로 탄생한 시간으로 규정되기도 했다. 1961년 8월 13일부터 우리는 한 곳에만 소속되었다. 동독은 1949년 10월 27일이 아닌, 1961년 8월 14일 장벽 건설로 수립되었다고 인식되었고, 이는 동독 사람들의 태도와 정신상태에 특히 강하게 각인되었다. 너무나 강한 국가기관이 주민들에게 객관적 권력을 박탈하자 이는 주관적 무력함으로 바뀌었다. 그리고 권력에 참여할 제도적 가능성을 박탈당하자 사람들은 점점 자신의 행동에 책임지는 능력을 상실하게 되었다.

1961년 8월 이후 경계선을 넘어간 사람들은 우베 존슨의 말처럼 난민이었다. 사람들은 단지 "위험한 위협하에서"만 나라를 떠날 수 있었다. 동베를린 사람들은 건물 높은 층에서 뛰어내리거나, 화물차를 타고 차단 시설을 통과하거나, 텔토브운하, 하펠강, 슈프레강이나 훔볼트항구를 헤엄쳐서 서독으로 건너갔다. 내가 사는 지방의 사람들은 발트해를 통해 탈출하거나 적어도 그런 시도를 했다. 한 기관사는 열차로 차단 시설을 통과하기도 했고 어떤 사람들은 위조된 외국 신분증으로 국경을 넘기도 했다. 1961년 말까지 13명이 탈출하려다 목숨을 잃었고 3000여 명이 탈출을 시도하다가 체포되었다. 1961년 후반에는 정치적 박해를 받는 사람들의 수가 7200명으로 늘어나 이전의 다섯 배에 달했다.

서독은 위상이 달라졌다. 서독의 절반은 우리가 더 이상 갈 수 없는 곳이었고, 다른 절반은 아직도 서독을 알아주고 귀하게 여겨주는 사람들 속에 있었다. 우리는 그간 서독을 그저 방문했을 뿐인데도 그곳이 고향같이 느껴졌다. 그때부터 두 종류의 서독이 존재했다. 하나는 그 후부터 우리에

3장 가거나 남거나 89

게 알려지지 않은 방향으로 변해간 현실의 서독과, 다른 하나는 동독 사람들이 결단코 떠나기를 원치 않았던, 그들의 내면 한가운데 살아있는 그리운 서독이었다.

갈망은 이처럼 우리 가슴에 자리 잡고 있었다. 서독은 책받침에 끼워놓고 숭상하던 열일곱 살의 여성상과 같았다. 몇 십 년 아니 몇 백 년이 지나도 그녀의 아름다움은 변하지 않을 것 같았다. 우리 가운데 많은 사람은 그녀의 주름과 타락, 자유의 결핍과 제약을 전혀 보지 못했거나 단지 베일을 통해서만 보았다. 우리는 우리가 갖지 못한 것을 이상화했다.

장벽이 건설된 이후 약 10년 동안 나는 때때로 서독에 대한 꿈을 꾸었다. 그런데 이전에는 내가 다른 사람들에게 이야기했던 꿈을 이제는 그들이 나에게 이야기했다. "오늘 밤 내가 서독에 있는 꿈을 꾸었지 뭐야." 이러한 꿈이 반복되는 원인은 안정감과 해방감에 대한 갈망 때문이었다. 사람들은 동독의 국경 통제가 끝나 다시 기차가 다니고 자기 집에서 자동차를 가지고 자유롭게 사는 꿈을 꾸곤 했다. 꿈속에서 우리는 웃고 이야기를 나누며 이런저런 행복한 경험을 했다. 예를 들면 서독에서 좋아하는 음악을 듣고, 읽고 싶은 책이나 신문을 사고, 로마나 런던, 코펜하겐을 여행하고, 함부르크의 번화가 융페른슈티크에 가고, 쾰른의 대성당을 방문하고, 알프스에서 산보를 하는 경험 말이다.

서독에 대한 우리의 상상과 그곳 사람들이 실제로 경험하는 생활은 매우 달랐다. 그들 — 주로 68세대이거나 좌파였다 — 이 동독에 사는 우리를 방문해 서독 사회의 결함을 이야기할 때면 우리는 가끔 저항을 했다. 동독 사람이 서독 사람에게 서구에 대해 설명하고 서독 사람이 동독 사람에게 사회주의를 설명했을 때면 격렬한 논쟁이 벌어지기도 했다. 양측은 각기 나름의 현실과 진정성을 가지고 있었던 것이다.

우리는 서독에서 오는 모든 방문, 편지, 선물에 기뻐했다. 풍요한 그곳 사회에 사는 형제자매는 아마도 그러한 기쁨을 잘 이해하지 못했을 것이다. 장벽 뒤편에 갇힌 채 살아가는 우리에게는 누군가 우리를 기억해주고 어떻게든 함께 소속되어 있다는 표식으로서 그러한 지원이 필요했다. 서독의 이러한 우월성은 가끔 기괴한 방식을 띠기도 했다. 예를 들면 발트해를 찾은 동독의 휴가객들은 해안으로 떠밀려오는 물건을 고대하기도 했다. 나는 볼스*나 유명한 다른 상표가 달린 병이 파도에 밀려오면 이런 병을 잘 씻어서 거실 장식장이나 서가에 놓은 집을 많이 보았다. 서독에서 온 이런 빈병이나 알루미늄 깡통, 플라스틱 봉투, 청바지와 티셔츠 등은 동독에 대한 저항의 표식이 되기도 했다.

이러한 갈망의 이면은 비애임을 대부분의 동독 시민처럼 나도 좀처럼 의식하지 못했다. 그러한 비애는 나를 마비시켰고 그래서 그 비애를 떨쳐버리고 싶었다. 나는 사람들에게 이렇게 말했다. "나를 방해하지 마라. 나는 강하게 살고 싶다." 동독의 많은 사람들은 비록 자신들이 '어두운 감옥'에 갇혀 있지만 적어도 자신들의 생각은 여전히 자유로우며 그 생각으로 장벽과의 경계를 부술 수 있을 것이라고 믿었다.

나의 사고가 감옥과 같은 일상에 익숙해져 반쯤은 체념적인 세계관에 길들여졌다는 사실을 실제로 이해하고 느낀 것은 내가 그 감옥을 떠났을 때였다. 동독 시절 나는 불의, 차별, 이데올로기적 편협성에 대해 분노했지만 일상에서 늘 당하는 굴욕에 대해서는 그다지 민감하지 못했다. 1980년 대 초반 어느 날 오후 교회를 통해 알게 된, 서로 뜻이 매우 잘 맞고 상냥하며 활달한 스웨덴 여교사 세 명은 나와 내 딸과 함께 로스토크의 인터숍을

---

* 주로 칵테일을 만드는 네덜란드의 유명한 주류회사. _옮긴이

방문했다. 네 살짜리 딸에게 특별한 선물을 사주기 위해서였는데, 인터숍에서는 서독의 돈으로만 물건을 살 수 있었다. 자유세계에서 생산된 탐나는 상품들로 가득 찬 이 인터숍은 내국에 있는 외국이자 동독에 있는 서독으로서, 마치 치외법권 지역 같았다. 동독인들은 때로는 거기에 들어갈 수조차 없었으며 때로는 국가에 의해 불리하게 일대일로 교환된 이른바 교환권*을 내고 서독 돈으로 바꾸어야 했다. 그 상점을 찾은 우리 부녀는 서독돈이 없는 관계로 사지도 못할 다채로운 물건을 유리창에 얼굴을 바짝 대고 바라보기만 했다. 스웨덴 여교사들로부터 선물을 받은 어린 딸이 한껏 기뻐하자 세 명의 여교사 중 두 명의 눈에 눈물이 맺혔다.

그들은 왜 울었을까? 이유는 간단하다. 누군가가 다른 누군가보다 더 유리했고, 누군가의 돈으로는 모든 것을 살 수 있지만 다른 누군가의 돈으로는 아무것도 살 수 없었으며, 중산층 스웨덴 사람에게는 별 것 아닌 장난감을 받고 내 아이가 기뻐했기 때문일 것이다. 그들이 눈물을 보인 것은 동서독 장벽, 감시초소, 감옥에서 멀리 떨어진 채 마주친, 그야말로 평범한 일상이 되어버린 동독의 계급 구조와 억압 구조 때문일 것이다. 이러한 조건에서 물건을 산다는 것이 그들에게는 수치스럽게 여겨졌을 것이다. 우리는 그들에게 아픔을 주었던 것이다.

그렇다면 나는? 나는 투쟁적 사명감을 느껴 내 편에서 오히려 그들을 위로하기 시작했다. 왜냐하면 우리에게는 어떤 위로도 필요 없다는 것을 그들에게 확인시켜야 했기 때문이다. 우리는 오래전부터 이러한 상황에 익숙해져 모욕적이거나 수치스럽지 않다고 말했다. 나는 우울증이나 알코올중독, 그리고 자살 충동으로부터 나 자신을 보호한 것을 자랑스럽게 생

---

* 교환권은 동독에서 1976년 도입된 제도로, 국영 상점에서 외제 물건들을 살 때 사용하는 지불 수단이었다. 동서독의 화폐가 환율 차이가 있었음에도 동등하게 일대일로 교환해주었다. _옮긴이

각했다. 그런 나를 나약하게 만든 것은 자기 연민이나 슬픔이 아니라 남보다 유리한 위치를 차지하기 위해 내가 남을 도발하고 반격을 가했다는 사실이었다.

다른 사람들이 삶에서 사소한 개인적 희생을 커다란 행복으로 생각하고 제약된 상황에서 만족을 찾을 때 나는 그들을 비판했었다. 그런데 내가 바로 그런 행동을 했던 것이다. 나는 스웨덴 여성들에게 부스트로와 아렌스호프 사이에 있는 발트해의 가파른 해안을 보여주며 여기가 유럽에서 가장 아름다운 산책로 가운데 하나라고 주장하면서 스스로 오랫동안 작은 행복에 만족했다. 나는 그들 앞에 서서 바다의 뚜렷한 냄새와 풍취를 자랑함으로써 다시 한 번 그들에게 해서는 안 될 일을 했다. 내가 작센 사람이었다면 나는 엘베강의 모래톱과 포츠담의 브란덴부르크성과 상수시공원을 자랑했을 것이다. 이 모든 것이 우리에게 무척 아름답게 보이는 것은 당연했다. 왜냐하면 우리에게는 비교할 만한 다른 것이 없었기 때문이다. 우리는 노르웨이의 해안 절벽이나 그리스의 지중해 해안선을 보지 못했고, 론강을 따라 내려가거나 도버해협의 절벽 위에 서 보지 못했으며, 로마의 베드로성당을 가보지도 못했다. 우리는 서방의 책을 읽고 그들의 음악을 듣고 그들의 옷을 입지만 시골뜨기에 불과했다. 우리는 얻을 수 없는 것에 대한 슬픔을 피하기 위해 우리가 가진 것을 과장했다. 그리고 얻을 수 있는 것에 만족하기 위해 얻을 수 없는 것에 대한 슬픔을 억눌렀다.

1960년대 어느 일요일, 우리 가족은 소풍을 갔다. 그것은 일상적인 가족 나들이였다. 우리는 두 아이의 손을 잡고 바르네뮌데의 방파제 위에 서 있었다. 크고 하얀 배 한 척이 저 너머 발트해로 빠져 나갔는데, 그 광경은 매우 인상적이었다. 아이들은 흥분해서 말했다.

"정말 아름다워요. 우리도 저 배를 타봤으면!"

"그건 덴마크로 가는 배야. 우리는 그 배에 탈 수 없어."

"어째서요? 저기 사람들이 보이는데."

"그래, 그렇지만 그 배는 서독 사람들만 탈 수 있어."

두 아이는 매우 슬퍼했다. 아이에게는 그 사실이 대단히 못마땅했다. 나도 우리가 봉쇄되어 있는 현실이 잘못이라 생각한다고 말하고 싶었으나 그저 아이들이 슬퍼하지 않도록 위로하기만 했다. 아이들이 아주 어리진 않았지만 아이들에게 우리가 갇혀 산다는 사실을 알리지는 않아야 했다. 아이들이 그런 사실을 이해하기에는 너무 어렸으므로 덴마크 아이스크림보다 바르네뮌데 해변의 아이스크림이 더 맛있다며 아이들을 달랬다. 이렇게 우리는 아픔과 분노와 울화에 시달리지 않도록 때로는 비정상을 정상이라고 설명해야 했다. 우리는 스스로를 생활력 있고 엄격하게끔 다스렸으며, 감정이 일상생활을 위태롭게 할 때는 무의식적으로 그런 감정을 금기시하거나 억제했다.

장벽이 건설된 이후 2년 반 동안은 동독으로든 서독으로든 통로가 완전히 차단되었다. 1963년 말에야 비로소 성탄절이나 신년에 서베를린 사람들이 동베를린의 친척을 방문할 수 있도록 국경통행협정이 체결되었다. 1년 후에는 두 번째 국경통행협정이 체결되었다. 1963년부터 서독의 전 독일문제 담당 부처와 동베를린정부의 변호사 볼프강 포겔 사이에 체결된 프라이카우프 협정, 즉 서독정부가 동독의 정치범을 돈을 주고 서독으로 데려가는 동서독 간 '정치범의 석방을 위한 거래'를 통해서도 국경에 작은 틈새가 열렸다. 동독정부는 정치범들의 출국을 허용하겠다고 선언했다. 처음에는 한 사람당 서독 돈으로 8000마르크를 요구했으나 나중에는 9700마르크를 요구했다. 곧이어 동독 개신교회들도 이 일을 시작했다. 이 석방의 목표는 도피 방조범과 장기 금고형을 선고받은 정치범에 해당했다. 그 밖에 수감자의 상호 교환에도 합의했다. 개인적으로는 헤어졌던 내 여동생 자비네 가족이 재결합하기도 했다.

함부르크에 사는 요헨 체크는 내 아버지를 대부로 삼고 있었다. 요헨 체크가 우리를 방문했을 때인 1965년 봄 자비네는 고등학교 졸업시험을 막치렀다. 제2차 세계대전이 끝날 때까지 체크의 가족은 로스토크의 상류층에 속했다. 할아버지인 구스타프 체크의 주도로 가족의 무역업은 크게 확대되어 1906년에서 1922년 사이에 로스토크에 피복과 양탄자 판매점 및 별장을 하나 세웠고, 포메른의 콜베르크와 쾨즐린에는 두 개의 직물 판매점을, 그리고 발트해 해수욕장 바르네뮌데에는 상점을 개장했다. 하지만 전쟁이 끝나자 갑자기 모든 것은 가족의 손을 떠났다. 포메른에 있던 두 개의 상점은 그때부터 폴란드에 귀속되었고, 로스토크와 바르네뮌데의 상점은 몰수되었으며, 로스토크의 별장은 소련군이 점령했다가 나중에 대학으로 넘어갔다. 체크네 가족은 얼마동안 자기 집 지하실에서 살았다. 그때 체크의 아버지는 서독 함부르크로 쫓겨났고 세무사로 직업이 바뀌었다. 체크 집안의 가구와 그림 대부분은 친척과 친지에게 배분되었다. 내 여동생 자비네는 장차 시부모가 될 체크 집안으로부터 얻은 인형 유모차를 어디서나 자랑스럽게 끌고 다녔다.

1965년 여름 자비네는 요헨 체크와 사랑에 빠졌고 초가을에는 임신까지 했다. 내 부모님에게는 충격적인 사건이었다. 부모님은 자기 딸이 대학을 마치기를 바랐다. 부모님에게 무엇보다 고약했던 일은 결혼하지 않은 딸의 아이를 보게 된 것이었다.

자비네도 깜짝 놀랐고 어쩔 줄 몰라했다. 그녀는 동독에서 흔히 하는 것처럼 아침 6시에 아이를 탁아소에 데려다주기는 싫었다. 자비네는 충격에서 얼마간 벗어난 후 적극적인 우리 어머니가 추진하는 대로 내버려두었다. 어머니는 게르다 이모의 남편이자 그동안 동베를린 교회의 총주교가 된 자신의 제부 게하르트를 통해 자비네를 개신교회가 지정한 서독으로의 출국자 명단에 넣었다. 자비네와 요헨 체크가 부부로서 서로 잘 어울릴지는 분명하지 않았지만, 결혼식도 하지 않은 딸이 아기를 낳게 할 수는 없었다. 1965년 10월 첫 서독 출국 신청은 거부되었다. 자비네처럼 진취적인 젊은이를 적국에 보낼 수 없다는 것이 이유였다. 그렇지만 교회와 협상을 진행하는 동안 이모부 게하르트는 조카를 위해 노력을 아끼지 않았다. 1966년 4월 중순 자비네는 긍정적인 답변을 받았고 그해 5월 초에 서독으로 출국했다.

자비네는 특별한 지원 덕분에 행운을 얻었다. 다른 사람들은 무한정 출국 허가를 기다려야만 했다. 자비네가 출국 직전 동베를린 자선병원의 임산부 상담소로 출국 허가 서류를 받으러 갔을 때 한 조산원이 울음을 터뜨렸다. 이 여성은 5년 전부터 서독 이주를 위해 노력해왔지만 허사였다. 남편과 아이들은 서독 노르트라인베스트팔렌주에서 주택과 일자리를 얻기 위해 먼저 출국했고 그녀는 후에 따라갈 예정이었다. 하지만 장벽 건설이 이들의 계획을 가로막아버렸다. 자비네는 서독으로 건너간 후 함부르크-리센의 한 병원에서 귀화 심사를 받았는데, 거기서도 가족과 헤어진 한 조산원을 만났다. 그 조산원은 남편과 자녀들의 이주 준비를 위해 뤼겐에서 먼저 출국했던 것이다. 그동안 남편은 그녀와 이혼했고 그녀는 아이들의 양육권을 박탈당했다.

그런 경우가 수천 건이었다. 원래 나라를 떠날 마음이 없었던 사람들도 동독 체제의 질식할 듯한 압박으로 인해 앞 다투어 출국을 결심했다. 그들 중에는 지빌레 하머도 끼어 있었다. 그녀는 우리 가족과 오랜 친구로, 1967년에 태어난 나의 딸 게지네의 대모였다. 지빌레는 내 여동생 자비네와 함께 로스토크의 체육학교를 졸업하고 독문학과 영문학을 전공한 뒤 베를린-프리드리히샤인에 있는 학교의 선생님이 되었다. 그녀는 그 학교에서 가정 형편이 어려운 아이들을 가르쳤는데 그녀에게는 비교적 많은 자유가 허락되었다. 그녀는 개인적인 일로 1975년 우리 지역인 로스토크-에버스하겐에 있는 제50고등기술학교로 이직했다. 지빌레 하머가 서독으로 출국하기까지의 과정을 서술하자면 다음과 같다.

지빌레 하머의 이야기

나는 6년 동안 동베를린의 학교에서 미미한 자기계발의 가능성에 안주했다. 그렇기 때문에 로스토크-에버스하겐에 있는 제50고등기술학교인 막심 고리키고등학교의 조건은 내 장래를 준비하는 데 맞지 않았고 그래서 힘들었다. 억압은 개별적인 하나하나를 보자면 사소해 보이지만 전체적인 면에서는 내게 감당하기 어려웠다. 그런 일은 내가 신었던 장화에서부터 시작되었다. 사람들이 신시가지로 이주한 후 몇 년 동안이나 도시고속철에서 내려 학교까지 도착하려면 길에 깔린 널빤지를 꼭 지나야 했다. 다른 사람들은 모두 더러워진 구두를 학교에서 바꿔 신었으나, 나는 학교 밖에서나 안에서나 로스토크의 수렵꾼 상점에서 산 가죽장화를 그대로 신었다. 그 장화는 모스크바 붉은광장의 초병들의 것처럼 보였다. 장화에 달라붙은 더러운 진흙탕이 유난히 눈에 띄면 보행로가 좀 더 빨리 정비되리라고 나는 생각했다. 나는 가죽장화가 더 눈에 띄게 하려고 가죽장화에 실크차마 같은 것을 꿰매 붙이고 다녔다. 그러나 학교 교장은 그 장화를 못마땅하게 여겼고 평범한 구두를 신고 오라고 했다. 그러나 나는 그렇게 하지 않았다.

그런 다음 내가 요아힘 가우크의 아이들을 잘 알고 있으며 세 아이 모두 에버스하겐에 있는 제50고등기술학교에 다닌다는 사실이 드러났다. 크리스티안은 나의 영어반 학생이었고, 마르틴과 게지네는 내가 들어간 대체수업 시간에 만났다. 게다가 내가 그 아이들의 가족과 친하게 지내고 자주 그 가정을 방문한다는 사실도 알려졌다. 나는 교장과 부교장에게 불려갔다. "학교 마당을 지켜보니 가우크 목사로부터 견신례를 받은 아이들이나 그의 자녀들과 잘 지내던데 그들을 너무 믿지 말기를 바랍니다."

"그러나 선생과 학생 사이에는 좋은 관계가 요구되지요! 또한 나는 누가 견신례 학습에 참가하는지도 전혀 모릅니다. 게다가 나는 게지네의 대모이기도 하고요."

그러고 나서 집단 봉사활동을 하는 날이 왔다. "나는 봉사활동에 참가할 수 없습니다. 오후에 영어 수업이 있어요"라고 나는 말했다. 교장은 영어 수업보다 집단 봉사활동이 더 중요하다고 생각했고 나는 그 반대로 생각했다. 내가 영어 수업을 히는 동안 다른 사람들은 땅 파기 작업을 했다. 그리고 잔디 씨를 뿌리고 관목을 심었다. 나는 그런 상황이 마음에 걸렸다. 영어수업은 오후 6시 45분으로 연기되었고 처음부터 다시 시작하기로 했다. 그렇지만 예기치 않게 학생들은 영어수업에 왔다. 나는 얼마 지나지 않아서 녹초가 되었고 진정제를 한 움큼 먹고서야 그날 학교 일정을 버틸 수 있었다.

1976년 6월 여름방학 이후 내가 다른 학교로 전근 발령이 났다는 소식이 전해졌다. "카를 마르크스 학교에 가면 동료 교사들이 당신의 이념적 무장을 도울 것입니다."

나는 그 학교로 전근을 가지 않고 사임해버렸다. 교사직을 그만둔 후 동 베를린의 내 집으로 돌아왔다. 나는 임시로 우체국에서 밤마다 우편물을 정리하는 일을 했고 그 뒤에는 독일영화주식회사에서 단기 계약직으로 일했다.

나는 탈출하고 싶었다. 나는 굴종을 당해야 했다. 나는 기가 꺾였고 이는 곧 파멸을 의미했다. 이 체제는 나의 자율성을 침해하고 있었다. 출국 신청은 고려하지 않았다. 그렇게 되면 나는 그들의 자비심에 매달려야 했기 때문이다. 나는 장벽 근처에서 총살당하기도 원하지 않았다. 그래서 나는 동서독을 오가는 통로를 택했다. 언제나 탈출을 돕는 사람들이 있었고 그런 기회도 있었다.

삶은 원하는 대로 되기 마련이다. 나는 세 살짜리 아들과 함께 역시 탈출을 꿈꾸던 옛 학교 친구를 만났다. 우리가 언젠가 동서독 사이의 구간을 통과할 때 이상하게 보이지 않으려고 주말마다 라이프치히, 드레스덴, 로스토크로 히치하이크를 시작했다. 당시 많은 사람들이 자동차를 얻어 탔다. 그때는 히치하이크 문화가 횡행하던 때였다. 그 밖에 우리는 위장으로 직업교육을 받기 위해 바벨스베르크에 있는 영화전문학교에 입학했으며, 헝가리에 휴가처를 예약했고 돈도 지불했다. 심지어 나는 운전학원에도 등록했다. 이렇게 우리는 동베를린에서의 미래를 우리의 현실인 것처럼 위장했다.

어느 날 서베를린에 살고 있던 자비네 가우크에게서 연락이 왔다. 1977년 6월 17일이 디데이라는 것이었다! 내 친구는 저녁 7시 30분에 헬름슈테트 방향으로 가는 미헨도르프 주유 휴게소에 나와 있고 나는 하루 늦게 같은 시각 같은 장소로 나오되 고속도로 반대편, 즉 베를린 방향에 있으라고 했다. 탈출을 돕는 사람이 친구와 그녀의 아들을 하노버로 데려다줄 것이며 돌아오는 길에 나를 서베를린으로 데리고 간다는 것이다.

동독에 남아 있는 친구들과 헤어지는 것이 나에게는 큰 짐이었다. 나는 그들을 위험에 처하게 하고 싶지 않았다. 왜냐하면 동독정부는 "서독으로의 탈출을 공모하거나 지원하는" 사람들을 즉각 처벌했기 때문이다. 나는 다른 사람들에게 알리지 않고 그들과의 관계에서 벗어나야 했다. 우리가 작별인사를 나누면 그들이 은퇴자가 되기까지 적어도 30년 동안 서로 만나지 못하리라는 것을 나는 알고 있었다.

처음은 내 친구 차례였다. 그녀는 떠날 채비를 제대로 했다. 친구는 서독산 물건만 챙겼고 지갑에 동독 돈은 한 푼도 없이 서독 돈만 가지고 있었다. 친한 소아과 의사가 그녀의 세 살짜리 아들에게 르노4 자동차 짐칸에서 잠들어 있도록 수면제를 탄 오렌지 주스를 먹였다. 나는 그 두 사람을 베를린 쇠네펠트로 가는 국경선까지 데려다주었고 거기서부터 그들은 히치하이크로 미헨도르프로 가야 했다.

그날 저녁 나는 마지막으로 극장을 다녀온 후 흥분된 마음으로 집안에 앉아서 기다렸다. 마침내 자비네 가우크가 전화를 걸어와 이렇게 말했다. "내 여동생이 생일을 베를린에서 지내려고 합니다." 그것은 서로 약속된 암호였다. 이로써 내 친구와 그녀의 아들이 하노버에 잘 도착했다는 것을 알게 되었다.

다음 날 내 차례가 왔다. 나는 다음과 같은 정확한 지침을 가지고 있었다. 주유소 옆 휴게소로 가서 한 번도 보지 못한 탈출 안내인을 기다린다. 그는 내 사진을 갖고 있으므로 나를 알아볼 것이다. 그는 내 친구의 금반지를 책상 위에 내던지면서 왜 약혼반지를 또 다시 자동차 안에 잃어버리고 다니느냐고 나를 나무라기 시작할 것이다.

나는 집을 떠나기 전 열쇠를 슈프레강에 던져버렸다. 누군가 탈출자를 도운 사람으로 고발당하거나 국가안전부 요원이 쉽게 내 집으로 밀고 들어오는 것을 막기 위해서였다. 그러고 나서 나 역시 서독식 옷을 입고 쇠네펠트에서 히치하이크를 시작했다. 그곳에서 바르트부르크에서 온 운전자를 만났고 그가 미헨도르프까지 나를 태워주기로 했다. 운전자는 나에게 추근

거리더니 고속도로 한가운데서 무례하게 내 무릎 위에 손을 올려놓았다. 내가 소리를 지르자 그는 나를 고속도로 중간에 내려놔버렸다. 다행히 반대편 자동차 도로에서 한 영국인이 냉각수를 채우기 위해 차를 세워놓은 것을 발견했다. 나는 그 영국인의 아내에게 무례한 운전자의 행태와 미헨도르프에서 나를 기다리고 있을 친구에 대해 설명했고, 그녀는 차에 빈자리가 없음에도 나를 무릎에 앉혀서 짧은 구간을 태워다주었다.

나는 미헨도르프에서 화장실에 들러 처음으로 가슴을 쓸어내렸다. 그런 다음 냉철하게 계획을 짰다. 나는 탁자에 앉아 2인분의 식사와 물과 커피를 주문한 뒤 얼굴도 모르는 약혼자를 기다렸다. 당시 국가안전부 요원들은 노란색 셔츠를 즐겨 입고 헨켈회사가 만든 가방을 들고 다녔다. 그들은 휴게소에서 두 개의 식탁을 차지하고 앉아 빈 커피 잔을 앞에 놓고 ≪노이엔 도이칠란트≫라는 동독 신문에 실린 기사를 건성으로 읽고 있었다. 나는 가능한 한 눈에 띄지 않으려고 노력했다. 드디어 어떤 사람이 내게 접근해왔다. 그는 식탁 위에 금반지를 내던지고는 목소리를 높이며 나를 비난했다. "벌써 두 번이나 일을 저지르다니! 당신은 내가 준 선물에 전혀 신경을 쓰지 않는군. 두 번씩이나 자동차에 반지를 두고 내리다니 말야!" 그러자 내가 말했다. "그렇게 말하지 말아요. 그런 일이야 일어날 수 있잖아요!" 그렇게 거친 말을 주고받고 나서 내가 여종업원을 불러 "계산할게요"라고 말했고 그 남자가 서독 돈으로 지불했다.

나는 우선 르노4 자동차의 조수석에 앉았다. 미헨도르프와 베를린-드라이린덴 사이 어딘가에서 나는 자동차 뒤편의 모자걸이가 열리도록 끈을 잡아당겼고, 그다음 뒤편 의자를 지나 짐칸으로 기어들어갔다. 좁은 짐칸에서 나는 거의 공황 상태에 이르렀다. 누군가가 우리 신분을 파악해 끌고 가기라도 한다면 나는 피를 토하고 죽겠다고 생각할 정도로 불안이 엄습해왔다. 아무도 나를 발견하지 못하겠지. 그리고 국경검문소에서 기침이 나올까봐 두려웠다. 나는 자비네가 서베를린에서 보내온 기침약을 삼켰다. 나중에 알게 된 사실인데 나는 플라시보 효과를 노린 가짜 약에 돈을 지불했던 것이다. 사실 그 약은 기침에 아무런 효과도 없었다.

동독 쪽 검문소에서 일차 검문이 있었다. "신분증과 증명서 봅시다!" 나는 모든 것을 듣고 있었다. 그러고 나서 서독 쪽에서 검문이 있었다. 그러고 나니 조용해졌다. 나의 탈출 안내자는 차를 우측으로 세우고 나를 짐칸에서 나오게 했다. 나는 주위를 둘러보고 히스테리적인 발작을 일으켰다. "왜 나를 속인 거죠? 여기는 서베를린이 아니잖아요! 서베를린은 대도시예요. 거기에는 나무들이 없다고요!"

그는 나를 흔들며 소리쳤다. "거리를 봐요! 자동차 번호판을 보라구요!" 우리는 포츠담의 넓은 도로 위에 서 있었는데, 도로 양편으로 나무들이 서 있었고 모든 자동차는 서독 번호판을 달고 있었다. 나는 간신히 진정할 수 있었다. 그는 나를 크로이츠베르크에 있는 한 카페로 태우고 갔고 거기서 나는 뜻밖에도 내 친구를 만나게 되었다. 그녀는 하노버로부터 베를린으로 날아왔던 것이다. 그것은 마치 할리우드 영화의 한 장면 같았다. 우리는 흐느끼면서 끌어안았다.

나는 1978년 1월 지빌레가 탈출한 지 9개월이 지나 베를린에서 그녀를 만났다. 여동생 자비네가 두 번째 결혼할 당시 나는 기대치도 않았던 10일간의 서독 방문을 허락받았다. 내 첫 여행 후 17년 만의 서독 방문이었다. 나는 지빌레 같은 이들을 자랑스럽게 여겼다. 그녀는 동독정부의 결속력이 허약하며 모든 시민이 굴복한 것은 아니라는 사실을 보여주었기 때문이다. 그러나 내 안에는 아픔도 자리 잡고 있었다. 그녀처럼 점점 더 많은 사람이 우리를 어려운 처지에 버려둔다면 어떻게 될 것인가? 성실한 사람들이 점점 더 약해지면 어떻게 될 것인가?

"그래도 마지막에는 진리가 승리한다는 사실을 보증하는 누군가가 분명 남아 있어야 합니다. 상황을 바꾸는 것이 당신에게는 더 이상 중요하지 않다는 건가요?" 하고 내가 항변하자 지빌레는 이렇게 물었다. "내가 컨베이어 벨트에 얽매인 것 같은 삶을 살아가야 할까요? 아니면 출국 허가를 받은 다른 신청자들처럼 교회의 보조원으로 일해야 할까요? 모든 것은 전적으로 나의 가능성에 달려 있지 않을까요? 당신은 쉽게 그렇게 말할 수 있죠. 교회를 배경으로 가지고 있으니까요."

목사들은 동독을 떠나서는 안 되었다. 동독을 떠날 경우 신학적으로 부과된 서약 의무를 파괴한 데 따른 결과를 감당해야 했다. 즉, 1975년부터 1989년까지 동독을 떠난 100여 명의 목사는 서독에서 아무리 빨라도 2년이 지나고 나야 그곳 지방교회와 상의한 후 목사로 취임할 자격을 승인받았다. 위협적인 형벌을 감안할 때 동독에 남는 것은 강제징집처럼 보였던 만큼 이러한 규정은 적잖은 사람들의 비판을 받았다. 그러나 나는 강압 때문이 아니라 스스로 원해서 동독에 남았다. 나는 교회 안에서 자유와 보호의 공간을 가졌기 때문에 남았고, 교회 밖에서는 이러한 자유의 공간을 허락하지 않았기 때문에 지빌레는 떠났다. 나는 이론상으로는 이주의 권리와 자유를 요구할 수 있었으며 개인이 이러한 권리를 사용하는 것을 비난할 수 없었다. 그러나 실제로 나나 우리 교회는 그것을 잘못된 것으로 받아들였다. 우리는 출국하려는 사람들을 지원하지 않았거나 또는 제한적으로만 지원했다. 우리 지방교회의 슈티어 주교도 나에게 동독에 남을 것을 권하면서 다음과 같이 말했다. "하나님은 바로 여기서 그의 사랑의 메신저와 도구로 우리를 필요로 합니다."

그렇지만 교회의 동료 일꾼들도 종종 떠났다. 예를 들면 첫 남편을 질병으로 잃은 교회의 오르간 연주자 크리스티네도 떠났다. 남편이 죽은 다음 그녀는 더 이상 간호사 일을 원치 않았고 교회 안에서 할 일을 구했다. 1980년 그녀는 바르네뮌데에서 교회 사찰 자리를 얻었는데 이후 에버스하겐에 있는 우리 교회에 사회 봉사자로 일하러 왔다. 크리스티네는 남편을 잃은 슬픔에서 벗어난 다음 현대적이고 명랑한 여인이 되었다. 신앙생활도 세상을 멀리하는 방식이 아니라 매우 자연스러운 방식이었다. 그녀는 꿋꿋하게 헤쳐 나갈 능력과 용기와 관용을 지닌 사람이었다. 그녀는 내가 청소년들과 같이 하는 활동을 돕고 예배를 도왔다. 그녀는 교회 간에 오가는 서신을 작성하는 데도 참여했고 행사도 준비했다. 그녀는 다른 교회에서 저항단체의 사람들을 찾아 만났으며 서독과도 접촉을 많이 했다. 어느 날 갑자기 누군가로부터 그녀의 주소를 받은 한 미국인이 ─ 동독 여행에서는 흔하지 않게 ─ 그녀를 찾아왔다. 그들은 곧 사랑에 빠졌고 크리스티네는 그 사람 때문에 동독을 떠나기로 결심했다. 이는 그녀에게 매우 어려운 결정이었기에 마지막에 가서야 교회 청소년들에게 그 사실을 알렸다. 우리는 매우 슬펐고 몇몇은 크게 실망했다. 남자는 동독에서도 찾을 수 있지 않은가 하고 우리는 생각했다.

처음에 크리스티네는 결혼을 핑계로 출국한다는 인상을 국가안전부에 주지 않기 위해 동독에서 결혼식을 올리길 원했다. 또한 미국인 남자친구는 예비 장인장모를 만나서 그들과 익숙해지려고 했다. 그런데 이미 교부된 결혼허가서가 취소되고 말았다. 크리스티네에 관해 국가안전부가 작성한 문서에 따르면 이웃 교회의 한 젊은 정보원이 자신의 상관에게 큰 축제가 계획되어 있다는 사실을 신고했다는 것이다. 그러나 그런 일을 전혀 일어나지 않았다. 왜냐하면 동독에서는 외국인과 결혼해 외국으로 나가는 것이 가능하다는 것을 모두 알고 있었기 때문이다. 크리스티네는 2주 안에 나라를 떠나야 했으며, 그녀의 형제자매는 가족 상봉을 위한 어떤 신청도 하지 않겠다는 서약을 해야 했다. 문서로 이를 서약한 사람도 있고 안 한 사람도 있었지만, 결국엔 하나 안 하나 마찬가지였다.

출국 전날 밤 성 안드레아교회에서 송별모임을 가졌다. 우리는 아주 많은 촛불을 밝히고 둥글게 앉아 그녀와 함께 성만찬을 나누었다. 나는 명상을 인도했고 고매한 시구와 성서 말씀을 인용하면서, 열심히 일하면서 청소년들과 사랑을 나누었던 한 사람을 보내야 하는 슬픔을 감추려 애썼다. 함께 싸우고 걱정하면서 신앙의 확신을 같이 나누던 사람과 헤어져야 한다고 생각하니 마치 나 자신의 일부가 떨어져나가는 것 같다. 그다음 날 아침 6시 반에 나는 그녀를 세관까지 데려다주었다. 크리스티네는 배낭 하나만 가지고 있었다. 그녀에겐 더 이상 동독 생활에서 가지고 갈 것이 없었다. 나는 그녀에게 약혼자가 기다리는 쾰른까지 갈 수 있도록 서독 돈 20마르크를 비상금으로 주었다. 그리고 그녀는 떠났다. 그녀와 같은 일꾼을 교회에서 다시 찾기란 쉽지 않았다.

나는 당시 이런 생각을 했다. 얼마나 많은 곳과 많은 교회에서 이와 같은 이별이 일어나고 있을까? 동독은 사람들이 서로 헤어지고 떠나가는 나라가 되었다. 아니면 동독은 이미 항상 그런 나라였던 것일까?

1983년 이후부터는 이산가족 상봉이나 결혼을 위한 출국 신청을 할 수 있게 되었다. 이러한 규정은 은밀히 다른 사람들에게도 확대되었다. 변호사 포겔은 국가안전부와 협조해 '작성을 끝낸' 이주 희망자의 명단을 본으로부터 확보했다. 그 명단에 따르면 1989년까지 약 25만 명이 동독 시민권을 버렸다. 그 가운데는 나의 네 자녀 중 세 명이 들어 있었다.

나의 아들 크리스티안과 마르틴은 거의 같은 시기에, 그러나 각자 독립적으로 1984년 봄 동독을 떠나 서독에서 새로운 삶을 살기로 결심했다. 아내와 내가 그들에게 설명했던 동독에 대한 반대급부로서 자유와 민주주의를 위해서 노력할 것이라는 점을 고려했다. 두 아들은 훗날 자신들은 본래 서독에서 성장한 것이나 마찬가지였다고 말했다. 우리 가족은 서독의 라디오만 듣고 서독 TV만 시청했다. 동독 TV는 기껏해야 축구 중계나 옛날 영화를 시청할 때만 틀었다. 그렇지만 두 아들이 서독으로 출국 허가를 신청한 것은 하나의 충격이었다. 그들의 소원을 받아들이고 지원하는 것이 나에게는 힘든 일이었다.

두 아들은 1976년부터 동독에서 효력을 갖게 된 유엔의 '시민적·정치적 권리에 관한 국제협약'에 따라 이주 신청을 냈다. 그 협약에 따르면 개인은 누구나 1975년의 헬싱키최종조약과 1983년 마드리드 후속 협정문에 근거해 "자기 나라를 포함해서 모든 나라를 떠날" 자유를 갖는다. 두 아들은 일정한 간격을 두고 시의회 내무 부서로 불려갔는데, 거기서 그들의 신청에 대해 구두 형식으로 부정적 결정을 내렸다. 헬싱키조약과 다른 국제 문서들이 승인될 때의 문제점은 출국 의도를 설명하는 일이 의무가 아니라는 점이었다. 동독에서는 가족 상봉과 결혼을 위한 출국만 법적으로 허용되었던 만큼 두 아들은 여기에 해당하지 않았다. 담당자들은 내 아들들에게 "서독에서 무슨 일을 하길 원하는 거요? 테니스공을 주워 모으는 일?"이라거나 "이렇게 분별없이 계속해서 신청서를 내면 관료들을 협박하는 것으로 간주하고 당신들을 처벌하는 절차를 밟을 수도 있소"라고 말하기도 했다.

마르틴은 출국 신청에도 불구하고 징병검사를 받게 되자 더욱 삐뚤어졌다. 그는 자신이 떠나고 싶은 국가의 깃발에 서약하거나 무기를 들고 군 복무를 하지 않으려 했다. 이유는 분명했다. 정형외과 기술자였던 마르틴은 거의 매일 의족이나 의수를 단 사람, 제2차 세계대전, 심지어 제1차 세계대전에서 부상당한 사람, 동독정부가 받아들였던 남미 니카라과의 산디니스타 민족해방전선의 투사를 대해야 했다. 그 일을 하면서 마르틴은 자신은 절대 사람에게 총을 겨누지 않겠다고 다짐했다. 그가 이러한 생각을 담은 문서를 제출한 후 징병검사 당국은 더 이상 징병을 통보해오지 않았다.

두 아들은 거의 4년이나 기다려야 했다. 이 4년 동안 그들은 양 독일 사이의 협상 진행 과정과 출국 기회에 대한 정보를 얻기 위해 매일같이 뉴스에 귀를 기울였다. 마르틴은 적어도 외적으로는 침착하게 잘 견뎌냈다. 그는 자기 일을 계속했으며, 마르틴의 출국을 비난하라는 회사 책임자의 요구를 거부한 채 자신을 지지했던 동료들에게서 보호받는다고 느꼈다. 그는 온전히 혼자서 그 과정을 헤쳐 나갔고 내게는 어떤 도움도 청하지 않았다. 그는 기다리기만 하면 된다는 확신을 가졌다. 사방에서 출국 허가를 받았다는 소식이 전해졌으므로 자신이 허가를 받는 것도 단지 시기의 문제일 뿐이라고 생각했다.

반면 크리스티안은 기다리는 시간을 한층 힘들어했다. 왜냐하면 그는 기다림에 지쳤고 굴욕감마저 느꼈기 때문이다. 이미 시작한 정형외과 전문기술자 교육도 그만두었다. 그는 정치적으로 부정적인 태도를 보였다. 나중에 발견된 국가안전부 문서를 보면 크리스티안은 회사로부터 환자들에게 친절하고 실력도 갖춘 전문가라는 평가를 받은 것으로 되어 있었다. 크리스티안은 자신의 전문 지식으로 인해 동독에서 필요불가결한 인물로 분류될까 봐 걱정해 중앙의료센터를 그만두고 임시직 일자리로 버텨나갔다. 그는 전국을 돌아다니며 몇몇 개인이 운영하는 커다란 상점의 가사용품을 배달하기도 했고, 교회에서 열리는 평신도대회의 총무로 일하기도 했다. 그는 자신이 체제에 잘 적응하지 못하며 따라서 동독에서는 더 이상 쓸모

없는 인간임을 보여주려고 노력했다. 그는 우울했고 활기를 잃어갔다. 자신에게 아무런 전망도 제공하지 않는 이 나라, 동독의 복지기관 '인민연대'에 거주하는 노인들에게 배식 봉사하는 것도 허용하지 않는 이 나라 — 그들에게 부정적인 영향을 줄 수도 있다는 이유로 — 에서는 자신이 마비되어가고 있다고 느꼈다.

몇 주 간격을 두고 크리스티안은 로스토크 시의회의 국내 담당 부서, 시장, 내무상, 그리고 국가 최고지도자 에리히 호네커 수상에게 — 마치 어머니가 아버지의 석방을 위해 그랬듯이 — 진정서를 제출했다. 크리스티안은 거듭해서 "동독에 사는 우리에게 결여된 발전 가능성"에 대해 청원을 넣었다. 크리스티안은 네 식구와 함께 한 칸 반짜리 방으로 된 주택에서 살고 있었고 크리스티안의 큰 딸은 곧 학교에 들어갈 예정이었다. 크리스티안은 호네커 수상에게 이렇게 썼다. "물론 조만간 학교에서는 모든 사람이 싫어하고 방해받을 문제들이 생길 것입니다." 그는 또 다른 편지에서, 헝가리나 동서독 국경 지대에 체류하는 것은 금지되어 있지만 비자 없이도 갈 수 있는 체코슬로바키아로 국경을 넘는 것은 허락되느냐고 문의했다. 진정서에서는 그의 어조가 더욱 날카로워졌다. 그는 더 이상 부탁하지 않고 "당신들이 계속해서 내용 없는 말로 얼버무리는 데 지쳤습니다"라고 퍼부었다. 그는 자신이 조직적으로 바보 취급당하고 있다는 인상을 지울 수 없었다고 한다. 그는 서독에 아무 친척도 없고 자기보다 늦게 출국 신청서를 제출한 사람도 이미 출국했다는 사실을 알게 되었다. 면담할 때마다 기다리라는 말을 들었지만 그는 더 이상 조용히 기다릴 수 없었다.

당시 나와 크리스티안 간에는 갈등이 생겼다. 나는 교회의 청년들을 돌보면서 메클렌부르크포어포메른주 평신도대회의 책임자로서 서독과 연락망을 갖고 있었고, 때로는 직무상 그곳으로의 여행이 허락되었다. 또한 리하르트 폰 바이츠제커* 서독 대통령이나 힐데가르트 함-브뤼커** 의원을 잘 알고 지냈다. 내 교회의 청년 두 사람이 징역형을 선고받았을 때 나는 바이츠제커에게 이 젊은이들을 위해 힘써달라고 부탁했다.

크리스티안은 화를 냈다. "아버지라는 사람이 다른 사람들을 위해서는 애쓰면서 본인의 아들들에게는 그렇게 하지 않는군요!"

그것은 맞는 말이다. 내가 나의 길을 갔던 것처럼 내 아들들도 자신의 길을 가야 한다는 것이 나의 생각이었다. '물론 너희가 감옥에 가게 되면 너희를 빼내기 위해 갖은 수단을 쓰겠지.'

크리스티안의 말이 맞긴 했지만 내 마음속 깊은 데서 저항감이 일어났다. 나는 그들이 남아서 다른 생각을 하는 많은 사람들에게 힘을 보태기를 바랐다. 이곳, 우리가 사는 동독에서 말이다. 나는 마음속으로 말했다. 내 아들들은 분명 우리에게 속해 있다고. 내 아들들도 모든 것을 바꾸려는 사람들, 도피하지 않고 버텨내는 사람들, 희망이 사라져도 희망하는 사람들, 우리가 부르는 노래를 부르고 우리가 사랑하는 시구의 모호한 여운을 알고 있는 사람들에게 속한다고 말이다. 우리가 지치더라도 아들들은 여전히 싸울 것이고, 우리가 쓰러지면 아들들이 우리를 지탱해줄 것이고, 죽음에 이르면 아들들은 우리를 장례 지내줄 것이다. 우리는 본 것을 잊지 않고 증언해주고 다른 사람들이 스스로를 팔아먹어도 늘 신실하게 남아 있을 아들딸이 꼭 필요했다. "아니오, 아닙니다"라고 수만 번이라도 자기 입장을 말할 수 있는 사람이 필요했다.

하지만 나는 아들들의 의견을 존중했다. 아들들에게는 자신의 삶에 대한 합당한 권리가 있었다. 내가 무슨 권리로 그들의 권리를 방해할 수 있겠

---

* 기민당(CDU) 의원이었으며, 1984~1994년 서독 대통령을 역임했다. _옮긴이
** 자유민주당(FDP)의 여성 국회의원이었다. _옮긴이

는가?

이제 이를 성사시키는 일만 남았다. 나는 로스토크시의 교회문제 담당자와 이야기를 나누던 중 내 아들들의 서독 이주 신청에 대한 질문을 받고 신랄하게 대답했다. "국가기관 간부들의 자녀도 이주 신청을 냈습니다. 왜 목사의 경우는 달라야 합니까? 우리는 그런 점을 받아들여야 합니다. 하지만 나 자신은 결코 동독을 떠나지 않을 것입니다."

기다리는 시간은 남아 있는 이들의 신경도 쇠약하게 했다. 내 딸 게지네는 "모든 것이 정말 이해할 수 없다"라고 일기에 썼다. "매주가 한참 남은 것 같다고 생각할 때마다 나를 덮쳐오는 감정은 끔찍하기만 하다. 나는 그 감정을 멀리 밀쳐냈지만 그럴 때마다 그 감정은 다시 가까이 다가왔다. 그들과 헤어져야 한다는 것이 엄청나게 두렵지만 새로운 시작을 위해 건너편에 가 있을 수 있다면 그들에게는 좋은 일일 것이다. 하지만 나는 너무나 고통스럽다."

그런 뒤 모든 일은 빠르게 진행되었다. 1987년 11월 두 아들은 시민권 포기를 위한 신청서를 내라는 연락을 받았다. 14일 후에는 긍정적인 답변이 돌아왔고 며칠 지나면 그들은 동독에서의 삶을 청산해야 했다. 그들에게는 어떠한 부채도 없어야 했다. 그들은 여기저기에 퇴거 신고를 하고 이삿짐 목록을 작성했다.

게지네는 1987년 12월 2일자 일기에다 이렇게 써놓았다. "두 시간 전에 엄마가 전화해서 말했다. '우리 아들들이 이제 출국해도 된단다.' 수화기를 놓자마자 나는 울음을 왈칵 터뜨렸다. 나는 사람들 앞에서 이렇게 울어본 적이 없었다. 이제 막 성탄절인데 모두가 떠난다니 가슴이 아팠다. 무력감이 엄습해왔다. 오빠들이 국경선을 넘더라도 정기적으로 서로 방문할 수 있다고는 하지만 우리의 관계가 지금까지와 같지는 않을 것이다. 절대로!

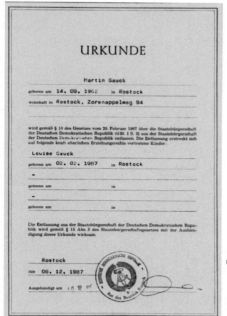

서독으로 이주하는 아들 마르틴의 동독시민권박
탈증명서. 이 증명서가 이때보다 간절한 적은 없
었다. 내 아들 크리스티안과 마르틴은 거의 4년간
출국과 동독 시민권 면제를 위해 싸웠다. 그들은
꿈을 이루었지만 남은 우리는 더 가난해졌다.

모두가 내게서 떨어져나갈 것이다. 우리가 금세 다시 만날 수 있다지만 그
것은 그저 하나의 소원으로 남고 말 것이다."

　　당시 우리가 느낀 감정은 가수 베티나 베그너가 부른 「떠나간 친구들」
이라는 노래에 잘 드러나 있다.

　　　너무나 많은 이들이 우리를 떠났네

　　　아, 누구도 결코 그렇게 시작하지 않았더라면

　　　슬픔과 분노, 그것이 그대들을 쫓아버렸네

　　　그대들 모두가 여기 남아 있다면 얼마나 좋을까

　　　그대들에게, 우리에게, 그리고 나에게도

……

나는 이 노래를 그저 콧노래로 부르다가

어느 날엔가 아마 완전히 침묵하겠지

침묵한 채 작은 글씨로 상실이라고 적어놓겠지

그저 내가 확실히 아는 것은 머물러야 한다는 것

우리의 무력함이 그다지 커지지 않는다는 것

우리의 무력함이 그렇게 더 커지지 않는다는 것!

우리가 무력하게 슬픔에 잠겨 있는 동안 크리스티안과 마르틴은 활동적으로 바뀌었다. 그들은 할머니가 쓰던 에리카타자기로 책상 램프부터 책 한 권 한 권에 이르기까지(저자·책 이름·출판사·출판연도를 모두 기록해야 했다) 가져갈 물건의 명단을 작성하느라 여념이 없었다. 그들의 아이들까지도 이러한 소란에 휘말렸다.

1987년 12월 아내와 나는 하룻저녁에 두 번이나 로스토크 중앙역 9번 승강장에 아들을 배웅하러 나갔다.

"울지 마시오." 나는 아내에게 말했다.

나는 떠나는 이들의 들뜬 기대와 열기에 면역력을 만들어주었고 그들이 남은 사람들의 슬픔까지 떠안고 가지 않았으면 했다. 그 대신 아내에게 세상사를 설명했다. "애초부터 자식들은 성장하면 부모와 고향을 떠나 세상으로 나간다오. 이 모든 것이 정상인데 무엇을 슬퍼하오?"

나는 세상사에 밝고 무감각한 양 아내의 눈물 앞에서 의연하게 버텼다. 아들들의 눈물을 나는 보지 못했다. 기차가 떠나려고 움직이기 시작하자 크리스티안은 허물어지듯 쓰러졌다. 지난 몇 년 동안의 긴장감, 즉 불안,

분노, 반항심, 갈망이 그에게서 한꺼번에 빠져나간 것이다. 그런 때는 지나 갔다. 그는 자신의 날개를 묶어놓았던 자들에 대해 더 이상 방어하거나 저 항하지 않아도 되었다. 그는 꿈속에서 늘 그려왔던 길을 가게 될 것이고 의학을 공부하게 될 것이다. 그는 겨울 학기부터 함부르크대학교에서 공부를 시작할 예정이었다. 지금 그는 함부르크의 한 병원에서 정형외과 수석의사로 일하고 있다.

항상 침착했던 마르틴도 기차가 헤렌부르크에서 국경선을 넘어 뤼벡으로 향하자 눈물을 억제하지 못했다. 그는 기차의 창밖으로 카드놀이 그림이나 자신의 방에 걸려 있는 포스터로만 접했던 자동차들이 거리를 내달리는 것을 보았고, 아름답게 채색된 집, 다채로운 광고 간판, 그리고 TV로만 보던 잘 차려 입은 사람들도 보았다. 얼마 안 가 그들은 목적지에 도착할 터였다. 그는 기차에서 내려 어린 딸 루이제를 안고 아내와 함께 서독 땅을 밟을 터였다. 그의 삶에서 처음으로.

이제 그들은 정말 고향을 떠났다. 1987년 성탄절 전야에 우리에게 가장 사랑스러운 사람들 중 일곱 명, 즉 두 아들과 두 며느리, 그리고 세 명의 손주가 떠나갔고, 어머니와 아버지, 그리고 나의 두 딸, 이렇게 네 명만 성탄 트리 앞에 남아 있었다.

게지네는 오빠들이 동독을 떠날 당시 그라이프스발트에 있는 교회에 소속된 초등교원 양성소에서 어린이 담당 부목사가 되기 위한 직업 교육을 받고 있었다. 방학 때 그녀는 교회의 어린이 밴드와 함께 메클렌부르크포어포메른주의 마을들을 행진했다. 그녀는 오빠들과는 다른 결단을 내렸다. 게지네는 일기장에 "나는 여기 살면서 여기 사람들을 위해 뭔가를 하겠다. 어린이들과 음악은 어디에나 있다. 다만 가끔씩 그리움과 먼 곳에 대한 동경이 솟아오른다. 쉽지 않은 일이다"라고 써놓았다. 우리는 점차 우리에게서 확고한 중심 같은 것을 느꼈다. 누군가 떠나 교회 식구가 줄어들면서 그런 감정을 더 자주 느끼게 되었다. 그러나 게지네는 확고했다. "나는 여기에 남아 있겠어."

그녀는 오빠들이 떠나고 난 반 년 후 브레멘에서 교회의 아이들을 데리고 로스토크를 방문한 한 젊은이를 알게 되었다. 하이코라는 이 청년은 돌아갔다가 곧 다시 왔다. 그들은 사랑에 빠졌고 함께 있기를 원했다. 하이코는 사랑 때문에 심지어 로스토크로 이주하려고까지 했다. 서독의 젊은이는 동독에서 잘 적응할 수 없다면서 사람들이 말리자 비로소 게지네는 서독으로 출국하겠다는 무거운 속내를 털어놓았다. 그녀는 심한 갈등 가운데 고민했다. "많은 사람들이 떠나지만 나는 여기에 머물면서 뭔가를 하겠다는 높은 이상을 가졌다. 하나님이 씨를 뿌린 곳에서 꽃을 피워야 한다고 생각했다. 내 자신을 거스른다는 것은 쉽지 않다. 나는 떠나기 전에 그 점을 분명히 해야 한다. 왜냐하면 한 번 결단을 내리면 더 이상 결코 불평해서는 안 되기 때문이다. 내일 나는 할머니 할아버지와 상의할 것이다. 그게 너무도 힘들다. 오빠들이 떠날 때 보았던 할아버지의 얼굴이 눈에 선하다. '적어도 너라도 여기 있으니 다행이다'라고 쓰여 있었다. 그런데 나는 또 다시 그들의 마음을 아프게 만들게 되었다." 그녀는 마침내 자기 나라가 마음에 들지 않거나 편한 삶을 살기 위해 이곳을 떠나는 것이 아니라 자기 남자에게 가기 위한 것이라고 선언함으로써 스스로를 정당화했다. 그렇게 함으로써 그녀는 자신의 이상을 배반하지 않고도 떠날 수 있다고 믿었다. 아내와 남편은 한 몸이기 때문이다.

1989년 6월 하이코는 자동차로 그녀를 데리러 왔다. 우리는 게지네와 작별을 고하며 자동차에 짐을 가득 실었다. 그녀는 자동차에 올라 문을 닫고는 손을 흔들었고 우리도 그들을 향해 손을 흔들었다. 막내딸 카타리나와 나와 아내는 이 세 번째 이별을 막을 도리가 없었고 게지네는 그렇게 떠났다. 나중에 게지네는 일기장에 이렇게 써놓았다. "모든 것이 매우 미묘했다. 한편으로는 끝없는 기쁨이, 다른 한편으로는 이별의 고통, 눈물, 우리를 위한 아빠의 축복의 말이 서로 뒤얽혀 있었다. …… 쉬운 일이 아니었다. 모든 것이 이해되지 않았다."

동독에서는 출국을 허가하는 전제조건이 결혼식을 치르는 것이었다. 나는 브레멘으로 가서 교회의식으로 새 부부의 결혼식을 집례해야 했으므로 우리 세 식구는 결혼식 참석차 출국 허가를 받았다. 아마도 신혼부부는 내가 서독에 머물기를 바랐던 듯하지만 나는 그렇게 하지 않았다.

1989년 8월 말 우리는 동독으로 돌아왔고 그로부터 두 달 후 나는 서독으로 건너간 아이들에게 편지 한 통을 썼다. 그동안 나는 아이들에게 편지를 보낸 사실을 완전히 잊고 있었는데 게지네는 그 편지를 지금껏 보관하고 있었다.

1989년 10월 27일 저녁

서독에 사는 사랑하는 너희들에게

아주 오래 전 볼프 비어만*은 「격려」라는 굉장한 노래에서 이런 가사로 노래했지. "가지들에서 녹색 순이 움터 나오네. 우리는 그것을 모든 이에게 보여주려네."

그래, 지금 우리에게서 바로 그런 일이 일어나고 있지. 녹색 순이 가지에서 움터 나온단다. 서리가 내려서 다시 그 순이 죽게 될지 아니면 거기서 꽃이 피고 열매가 익어 자랄지 우리는 아직 모른단다. 우리 안에는 불안과

---

* 함부르크 출신의 음유 시인이자 구동독의 반체제 저항 시인이다. _옮긴이

공포, 새로운 희망과 용기가 크게 뒤섞여 있어. 앞으로 어떻게 될까? 이러한 물음에 대한 대답이 열려 있다는 것은 커다란 놀라움이지. 두 달 전만해도 이 "이 정권"은 결코 바뀌지 않는다는 것이 일반적인 확신이었어. 그래서 누구도 미래를 긍정적으로 예측하지 못했지. 이제 그 대답이 바뀌었는지 우리는 알지 못해. 말들만 가지고는 알 수 없지. 그러나 새로운 사실은 우리 민중은 변했고 날마다 더 변하고 있다는 점이란다. 내일 모든 것이 끝나더라도 너희들이 떠났던 그때처럼 되돌아가지는 않을 것이야. 둔한 무감각과 막연한 분노는 사람들을 다른 형태로 바꾸고 있단다. 시민적 용기가 대학에서, 직장에서, 거리에서 드러나고 있어. 신문은 읽을 만하고 TV는 시청할 만해. 정치가와 사업가는 이전과 꼭 같아 보이지만 민중은 일어서고 바른 길을 배우고 있어.

지난 목요일 나는 젊은 직장인, 대학생과 함께 성 마리아교회와 성 베드로교회에서 동시에 진행하는 예배를 드렸단다. 마리아교회에는 6000명이 참석했고 교회 건물 앞에도 2000명이 더 모였지. 베드로교회에는 2000명이 모였어. 그러고 나서 로스토크에서는 처음으로 자연발생적인 시위가 일어났지. 6000명이나 되는 사람이 열을 지어 행진을 했어. 다음 날 아침 나는 슬픔과 분노의 눈물을 고통스럽게 흘렸고 낮에도 다시 여러 번 울었단다. 나는 크리스티안 네가 생각났다. 네가 이 모든 것을 마음과 힘을 다해 환영하고 추구하고 지지했기 때문이지. 마르틴과 게지네 생각도 똑같겠지. 그런 때 크리스티안이 가장 먼저 들고 일어났을 것이고 그리고 언제나 내곁에 있었겠지. 나는 너의 마음을 감동시켰을 이 모든 것을 네가 경험하지 못한다는 사실에 분노와 아픔을 느꼈단다. 가장 사랑하는 자녀들을 이 나라에서 몰아내고도 그 자녀들을 경멸하고 비웃고 욕하고 상처 주는 말을하는 이들에게 나는 분노를 느낀다. 그건 정말 참을 수 없는 일이다.

추신: 11월에 서베를린에 가게 될지 아직은 모르겠다. 지금은 여기가
더 흥미진진하단다.

1949년과 1989년 사이에 약 300만 명이 동독을 떠났다. 다섯 명 중 한
명이 떠난 셈이다.

04

길을 찾다
신학 공부와 첫 목회 활동

메클렌부르크포어포메른주는 귀스트로
인근의 뤼소 읍내를 중심으로 열네 개의 적은 마을로 구성되어 있는데, 나
는 이곳의 가장 큰 교회 중 한 곳에서 목회를 시작했다. 목사관의 창문은
매우 낡았으나 공기는 잘 차단해주었다. 마루도 낡았지만 크게 파손된 곳
은 없었다. 뒷문 곁에 이어 지은 곳에 화장실이 있었는데, 인수인계서에는
'2인용 양동이식 화장실'이라고 적혀 있었다. 옛날에는 그 양동이에 분뇨가
차면 심부름꾼이 바깥 어디엔가 이를 버렸는데 1960년대에는 목사가 이 일
을 직접 해야 했다. 각 방에는 타일로 만든 난로가 있었는데, 견신례 교육
이나 교리 공부가 진행되던 가로 5미터 세로 10미터짜리 큰 방은 일명 교회
강당이라고 불렸다. 교회당의 온도가 영하로 내려가는 겨울에는 그곳에서
예배를 드렸기 때문이다. 매년 트럭이 와서 조개탄을 집 앞에 내려놓으면
우리는 외바퀴 손수레와 등짐 광주리로 집 옆에 반쯤 무너져가는 마구간으
로 석탄을 옮겨놓았다.

더운 물과 찬물이 나오는 수도는 물론 없었으며 펌프로 귀한 지하수를 끌어올려 사용했다. 다행히 펌프가 아주 넓은 부엌 내에 있어 비나 눈이 올 때 마당으로 나가지 않아도 되었다. 프로판가스를 사용하는 화로에서 요리를 했고 가스통을 정기적으로 채워놓았다. 간단한 목욕탕을 설치하기 전에는 그 부엌에서 몸을 씻었다.

우리는 건물 1층의 한쪽에서 살았다. 거기에는 아이들 방, 거실, 침실이 모여 있었고 부엌은 그 반대편에 있어서 차가운 마루와 교회 강당을 지나야 부엌에 갈 수 있었다. 내 전임자는 이전의 음식물 저장실을 개조해 집무실로 사용했다. 후에 우리는 지붕 밑에 작은 손님방을 만들었다.

우리 말고도 목사관 위층에는 폴란드 단치히에서 온 피난민 미망인이 아들과 함께 살았고, 1층 왼편에는 전쟁 중 사망한 목사의 부인이, 좀 더 왼편에는 가벼운 장애를 가진 리젠 아주머니가 살고 있었다. 두 명의 여성 교리교사도 거주하고 있었는데, 동프로이센 출신의 에르나 슐루스누스가 먼저 들어왔고 메클렌부르크포어포메른주 출신의 카린 마크바르트가 그다음에 들어와 살았다. 두 사람은 매일 자전거로 마을을 돌아다니며 아이들에게 교회의 초등학생 종교 수업으로 기독교 교리를 가르쳤다.

우리를 방문하는 친구나 친척은 절기에 따라 환호하기도 했고 크게 놀라기도 했다. 겨울에는 시골 생활이 너무 시대에 뒤진 것으로 보였으나 여름에는 가장 순수한 목가적 삶으로 보였다. 우리는 정원에 꽃 말고도 감자, 토마토, 딸기, 완두콩, 당근, 푸른 콩, 오이, 양상추, 시금치를 심어 자급자족했다. 노루가 우리 땅 근처에까지 나타났고 낡은 목사관 헛간 건너편에는 황새가 집을 짓고 살았다. 도시의 아이들은 황새가 딱딱 소리를 내는 것을 한 번도 듣지 못했으므로 시골 생활을 무척 경이롭게 여겼다. 남자 아이들은 바람 부는 밖에서 놀았고 여름에는 맨발로 뛰어다녔다. 아이들은 풀

■ 아이들 어렸을 때 모습. 휘소에 있
는 목사관에서 생활할 당시 찍은
것으로, 크리스티안이 7살, 마르
틴이 5살, 게지네가 갓난아기였을
때이다.

밭과 숲, 그리고 우리 땅에 속한 작은 개울에서 이리저리 뛰어다녔다. 개울
에는 물고기가 헤엄쳤고 가끔 그 위로 물총새가 내려 꽂혔다.

　외적인 조건으로 보자면 교회가 지불하는 월급은 아주 보잘것없어 젊은
목사가 생활해나가기에는 너무나 힘들었다. 나는 이러한 조건에서 세 아이
를 키우는 젊은 아내의 감정에 대해 모른 체했다. 우리가 사랑하던 초기에
는 아내를 수줍은 보호자라고 생각했는데, 한참 후에야 그녀의 수줍은 본
성 뒤에 숨겨진 바를 온전히 파악할 수 있었다. 내 아내 한지의 가족은 동
프로이센의 수도인 쾨니히스베르크 출신이다. 전쟁 중 아내의 조부모님은
며느리, 손녀와 함께 체코 땅인 뵈메발트로 이주할 수밖에 없었다. 1945년
2월 그곳에서 한지의 여동생 부루니가 태어났다. 몇 주 후 그들은 체코슬로

바키아에서 추방당했는데 그동안 아기는 굶어죽었다. 시신은 길가에 버려졌는지 아니면 공동묘지에 묻혔는지 당시 다섯 살 난 한지는 기억하지 못했다. 그녀에게 프라하는 독일인 난민 행렬이 욕을 먹고 얻어맞고 돌팔매질 당한 곳이자 몰다우다리에서 강물로 그들의 짐이 내던져진 곳으로 기억되었다. 난민들은 몸에 지닌 것만 챙겨서 될 수 있는 한 먼 이곳 바닷가, 즉 바르네뮌데 근처 발트해까지 도망쳤다.

그들은 우선 한 미망인의 집에 거처를 구했다가 그 뒤에 큰 주택으로 이사를 했다. 집안의 가장이던 아내의 아버지는 감옥에서 풀려나 집으로 돌아왔다. 그러나 그는 폐인이 되다시피 했다. 아내의 아버지는 수입 식료품 상점 일을 그만두고 조선소의 직원이 되었다. 아내의 어머니는 남편과의 관계에서나 외지에서의 생활에 적응하지 못했다. 어느 날 열 살 난 한지는 학교에서 집으로 돌아와 문을 열었을 때 아침까지만 해도 어머니였던 사람이 죽어 있는 것을 발견했다. 어린 한지가 겪은 씻을 수 없는 이 경험은 그녀의 영혼에 '내가 사는 곳에 행복은 없다'는 상처로 남았다. 그녀는 다른 아이들처럼 놀지 못했으며 반항적이고 폐쇄적으로 변했다. 그녀의 깊은 심연을 감지한 나는 다가오는 불행으로부터 그녀를 지켜주어야 한다고 생각했다. 고향을 상실한 아이는 사랑으로 만든 가정에서 고향을 다시 찾아야 했다.

내가 대학 공부를 시작하자마자 우리는 결혼했다. 아버지에게 이 사실을 알리자 크게 놀라며 결혼식에 안 오겠다고 을러댔다. 열아홉 살밖에 안 된 젊은이가 결혼을 한다는 것, 게다가 자의식도 말주변도 부족하고 예의도 모르는 젊은 여자아이와 결혼을 한다는 것을 받아들일 수 없었던 것이다. 그러나 결국 어머니의 압력에 굴복해서 로스토크의 수도원 교회에서 열린 우리의 결혼식에 모습을 보였다. 1년 후 첫 아들 크리스티안이 태어났고 둘째 마르틴은 1962년에 태어났다.

다섯 식구에 대한 책임을 떠맡은 것은 한지였다. 내가 대학에서 공부하는 동안 주로 그녀가 돈을 벌었기 때문이다. 그러나 수줍음 많고 불안 속에서도 나를 사랑으로 대하며 내 편이 되어주던 여인은 나의 직업에 의해 규정된 '목사의 아내'라는 삶에 들어설 준비가 되어 있지 못했다. 그녀는 내 결단을 따랐으나 자발적이고 끈기 있는 목사의 내조자로서 대가 없이 24시간 봉사만 하는 전통적인 목사 부인의 역할을 감당할 능력이나 의지가 부족했다. 후에 가서야 그녀는 나름대로 목사 부인의 역할을 찾았다.

내가 일했던 시골 교회에는 세 곳의 예배처가 있었다. 나는 매주 오전 10시에 뤼소교회에서 설교했으며, 다른 두 교회에서는 한 달에 한 번만 오후에 설교했다. 이후 파룸에 있는 작은 교회까지 맡아 목회를 했는데 거기서는 2주에 한 번씩 오후에 예배가 열렸다.

나는 로스토크에서는 교사직을 얻으려는 학생들에게만 요구되던 독문학 공부에 시간을 바쳤다. 하지만 독문학과 역사학을 지원한 것은 어리석은 시도였다. 왜냐하면 나는 어떤 학교에서도 교사로서 추천받지 못했기 때문이다. 내 성적은 2.0으로 그다지 뛰어나지 않긴 했지만, 내가 자유독일 청년단의 회원이었더라면, 제멋대로 의사 표시를 하거나 조심성이 부족한 나의 여러 가지 결점이 드러나지 않았더라면 나에게도 기회가 주어졌을지도 모른다. 나는 예상했던 대로 교사 추천에서 거절당했다. 나에 대해 괴테 고등학교의 교장은 "대체로 활동적이고 흥미가 많으며 성적이 좋고 훌륭한 판단력과 뛰어난 정의감을 지니고 있다"라고 인정해주긴 했다. 그렇지만 교장은 아버지의 구금이 가우크 학생에게 "주변 세계와의 비판적 대결의 단계"에 있도록 작용한 것으로 판단된다는 의견을 적어놓았다. "올바른 교육적 계발을 고려할 때 그는 확실히 발전 가능성이 있다"라고 긍정적으로 예측하면서도 실제로는 "예비선발위원회의 결정을 감안할 때 (독문학) 공부에는 추천할 수 없다"라는 치명적인 결론을 내렸다.

교사 추천을 거절당한 뒤 나는 언론인이 되고 싶었으나 당시의 일반적인 조건하에서는 언론인이라는 직업을 선택하기가 쉽지 않았다. 나는 순응에 적합한 인물이 아니었기 때문에 단 세 가지 가능성만 남아 있었다. 첫째, 견습 생활을 시작해 직업 능력을 습득하는 방법, 둘째, 서독으로 도피하는 방법, 셋째, 신학을 공부하는 방법이었다.

신학 공부를 시작할 당시만 해도 목사가 되려는 생각은 하지 않았다. 목사가 되는 것은 너무 세속적으로 여겨졌다. 나는 신학을 오히려 철학의 한 분야라고 보았다. 나는 내가 지금까지 단지 추측과 암시로만 신에 대해 생각했던 것을 검증하고 세계에서의 나와 나의 위치에 관해 더 경험해보고 싶었다. 특히 당시 지배적이던 마르크스주의 이데올로기에 반대하는 논거들을 얻고자 했다. 나는 강단에 서서 하나님 나라를 알리는 소명을 받았다고 느껴서가 아니라, 오히려 개인적이고 정치적 이유로 신학과를 선택했다. 신학과는 국가와 당의 직접적인 간섭을 받지 않는 유일한 공간이었고, 독립적 사고가 가능하고 어디에도 얽매이지 않는 공간이었다.

신학을 향한 나의 길은 동독에서는 유별난 것이 아니었다. 나 이전에도 이후에도 많은 사람들이 유사한 이유로 이 직업을 선택했다. 1989년에 일어난 정치적 변혁에 많은 목사들이 열렬히 참여했던 것이 이를 설명해준다. 고등학교 시절 우리 반 학생 28명 가운데 나 말고도 6명이나 신학 공부의 길을 선택했다. 평균 점수 1.0으로 학급 최고 성적을 받은 여학생 자비네 파울리도 자유독일청년단 단원이 아니었기 때문에 대학에서 의학 공부가 거부되었다. 물론 거센 항의 후 의학과 입학이 허락되었지만, 자비네는 신학 공부를 선택했고 나중에 로스토크대학 신학부의 강사로 연구하고 가르쳤다. 마르틴 쿠스케, 한스-페터 슈바르트, 그리고 나는 개신교의 목사가 되었다. 한 여학생은 가톨릭교회의 교리교사가 되었고 한 남학생은 가톨릭 교회의 부제副祭가 되었다. 신학을 선택했던 또 다른 고등학교 동기는 공부를 마치고 산림청 고위 관리로 직업을 바꿨다.

부모나 국가의 권위와 달리 신앙은 어느 누구도 명령하거나 박탈할 수 없는 진리를 신뢰하게 만든다. 그 신앙은 우리로 하여금 약자의 처지를 옹호하고 다른 사람들이 순응하는 곳에서도 용감하게 행동하게 만들며, 단정함과 신실함과 믿음을 부유함과 업적과 외적 성공보다 더 중요하게 여기는 숨겨진 힘을 매개해준다.

아버지는 내가 목사직을 선택한 것을 처음에는 달가워하지 않았다. 자녀들이 배우나 목사가 되겠다고 하면 아버지는 특유의 비꼬는 방식으로 반대 의사를 표명했다. "그런 직업에는 대단한 것이 없어." 아버지는 구금 생활 중 자신이 발견한 신앙에 대한 새로운 접근법을 근거로 우리를 이해했던 듯하다.

우리 집안은 그다지 종교적이지 않았다. 그러나 시대 상황과 여러 부류의 사람들은 우리를 신앙과 교회 가까이로 인도했다. 소년 시절 나는 우리 동네에 있는 야르마츠 아저씨의 차고를 자주 찾았다. 좁고 긴 나무의자에 20~30명의 아이들이 어김없이 앉아 있었다. 그러면 깔끄러운 수염과 슬픈 눈을 지닌 40대의 남자가 먼 지방에서 일어난 기적 같은 사건과 수수께끼 같은 일들을 이야기해주었다. 나는 그로부터 에서, 모세 같은 낯선 이름과, 낙원의 뱀, 산 위의 도시 예루살렘에 관해 들었다. 어른이 하나님에 대해 마치 한 인간을 만나듯 이야기해준 것은 나에게 처음 있는 일이었다.

이야기를 할 때면 야르마츠 아저씨에게서 슬픔, 굶주림, 추위 같은 것이 사라졌고 귀중한 몇 분 동안 그는 한 사람의 메신저가 되었다. 그는 하나님을 우리를 사랑하고 돌보는 아버지로 묘사했다. 우리에게 그것은 하나의 계시였다. 많은 아버지들이 죽거나 여전히 전쟁 포로 신세였고, 귀향한 아버지들은 권력자처럼 행동하고 매질을 하며 술에 취해 있거나 만사를 아는 체하기 일쑤였다. 야르마츠 아저씨가 예수는 단지 하나의 인간이 아니라 신이라고 말하면 차고 안은 '인간들 안에 있는 하나님의 거처'로 변했고 하나님은 증언자의 눈과 말 속에 있었다. 그 순간 피난민의 아이들은 고향을 느꼈고 배고픈 아이들은 배가 불러졌다.

어느 날 야르마츠 아저씨는 갑자기 사라졌다. 그러나 남아 있는 우리는 야르마츠 아저씨가 들려준 이스라엘에서 살아남은 자들 및 부활에 관한 이야기, 갈대 바구니에 담겨 강에 버려진 아기가 이집트 공주에게 구출되어 자기 민족의 위대한 지도자로 자라난 이야기를 통해 위로를 받았고 영혼에 빛을 얻었다. 차고 안에 있던 아이들이 바로 굶주리고 고향을 잃고 곤궁한 처지였으니 그와 같은 이야기들을 어떻게 쉽게 잊을 수 있었겠는가?

고등학교 상급반 학생이던 때 나는 1950년대 중반에 이웃 교회인 성 야곱교회 청년단에 들어갔다. 그 단체는 비교적 작았다. 1952~1953년에 동독공산당은 교회청년회*를 서독에 의해 조정되고 지원받아 '전쟁을 선동하고 태업과 스파이 활동을 하는 위장 단체'로 규정하고 교회의 영향력을 억제하기 위해 교회청년회에 대해 단호한 조치를 취했다. 그 후 청년들이 위축되어 그 단체에서 탈퇴하거나 출국했다. 교회청년회의 신앙고백의 상징인 지구본 위에 십자가를 단 표지는 금지되었고 약 3000명의 고등학생과 대학생이 학교에서 추방되었다.

---

* 교회청년회는 1950년대 초에 동독 개신교 교회의 젊은이들이 조직한 단체로, 주로 교회 청년들 사이에서 의식화와 민주화운동을 전개했다. 이 때문에 동독공산당으로부터 불법 단체라는 공격을 받았고 당의 외곽 기구인 자유독일청년단과 대치했다. 1990년 동독에서 평화적 혁명이 일어난 후에도 이 명칭은 계속 유지되었다. _옮긴이

나는 이후 이모부 게하르트가 본당 교회 목사로 있던 귀스트로에서 당시 사건들의 자세한 내용을 알게 되었다. 우베 존슨은 소설 『잉그리드 바르벤데레데』에서 욘-브링크만고등학교의 어두운 강당에서 자유청년단 간부들이 교사들과 학생들 앞에서 교회청년회의 '주모자들'을 고발하는 장면을 묘사한 바 있다. 그 주모자들이 "종교의 가면을 쓰고" 미국 제국주의를 위해 간첩 활동을 한다는 것이 자유청년단 간부들의 주장이었다. 12학년 학생 헬무트 체디스, 11학년인 잉그리트 라인케, 10학년인 기젤라 쿠겔베르크가 학교의 즉각적인 조치로 퇴학당했다. 하지만 어느 선생도 그들을 자의적이고 잘못된 비난에서 보호해주지 않았고 학생 단체는 그들의 추방을 절대다수의 찬성으로 승인했다.

하지만 체디스는 모스크바에 사는 큰 형과 귀스트로의 용감한 부모님 덕분에 대학 입학시험을 허락받았다. 동독공산당 기관지 《노이에스 도이칠란트》는 1953년 6월 10일 자 기사에서 '새로운 노선'의 정책과 관련해 교회청년회에 일어난 사건은 부당하다는 사실을 인정했다. 모스크바는 '교회 투쟁'이라는 공격적인 전술을 용인하지 않았다. 이로 인해 체디스는 퇴학당했던 다른 모든 학생과 마찬가지로 학교로 돌아왔다. 그리고 역사나 사회 과목에서 성적이 부족해 대학 입학시험에 합격하지 못한 20여 명의 학생에게 재시험을 치르게 해달라는 귀스트로 학부모들의 요구로 체디스도 같은 해 그들과 함께 대입 시험을 치렀다.

자유독일청년단 단원이었던 우베 존슨은 당시 교회에 대해 비판적 태도를 취했으나 로스토크대학 철학과의 '저항 시위'에 참여해 귀스트로의 교회청년회를 반국가적이라고 정죄하고 회원들을 고발해 재판으로까지 이어지게 하는 것은 잘못이라고 밝혔다. 존슨은 교회청년회에 반대하는 캠페인은 동독 헌법이 보장하는 사상과 종교의 자유에 반한다고 말했다. 그 후 그는 대학에서 제명되었다. 로스토크대학은 '새로운 노선'에 따라 존슨의 등록 말소를 거두어들였지만 존슨은 보란 듯이 자유독일청년단을 탈퇴하고 라이프치히대학으로 옮겼다.

당의 '새로운 노선'은 잠깐 동안만 유지되고 곧이어 국가성년의식* 제도가 도입되었다. 다수 교회의 직무 담당자들은 기독교 교육과 사회주의 교육은 병립할 수 없으며 개신교회 청년단과 사회주의 단체에 동시에 회원이 될 수 없다는 입장을 천명했다. 당시 국가는 전통적인 견신례를 치르는 시기를 겨냥해 우선 국가성년의식을 거행한 다음 몇 달 후에 견신례를 치르도록 했는데, 이후에는 이런 관습이 일반화되었지만 당시만 하더라도 교회의 직무 담당자들은 이를 전혀 받아들일 수 없었다. 이모부 게하르트도 동독정부의 이중 정책에 반대해 용감하게 투쟁했다. 그는 견신례가 전 생애를 건 의식적인 결정임을 알리기 위해 학부모들을 초청한 교회 저녁모임에서 다음과 같이 말했다. "나는 이러한 무리한 요구가 터무니없고 진리에 반한다고 생각합니다. 하나님을 부정하는 이들은 국가성년의식을 치르십시오. 하나님을 믿고 그에게 기도하고 그에게 속한 이들은 견신례를 받으십시오. 그 결과가 어떻게 될 것인지 나에게 묻는다면 나는 이렇게 대답하겠습니다. 기독교인이 신앙을 고백하려면 그에 따라 주어지는 결과도 받아들여야 합니다. 따라서 믿음으로 인한 고난을 받을 각오를 해야 합니다."

성 야고보교회에서 우리 단체를 지도했던 신학생 또한 이와 비슷한 신앙의 용기를 요구했다. 한 번은 열일곱 살 된 신입생이 스포츠와 기술 단체**에서 어깨에 총을 메고 단체로 행진하는 것을 보고 그 신학생은 신입생

---

* 국가성년의식은 1954년부터 동독에서 기독교의 견신례를 대체해 14세가 되는 해에 실시한 국가 의식으로서, 국가에 충성하게 하려는 목적으로 만들어졌다. 국가성년의식을 치르지 않고 교회에서 견신례를 받은 청년에게는 교육, 일자리 등에서 여러 가지 불이익이 따랐다. _옮긴이
** 스포츠와 기술 단체(Gesellschaft für Sport und Technik: GST)는 1952년에 조직된 동독의 대중

에게 다음과 같이 결단을 요구했다. "스포츠와 기술 단체에 남아 있으면 나는 너를 우리 교회청년회 회원으로 여기지 않을 것이다." 그러나 그 신입생은 두 단체 모두에 속하기를 모두 원했다. 즉, 교회청년회에 남아 있으면서 준군사 단체인 스포츠와 기술 단체에 참여해 사격과 군사 훈련, 항해하는 법, 작은 범선과 오토바이를 타는 방법 등을 배우고 싶어 했다. 나는 교회의 지도자들이 그 신입생에게 다리를 놓아주는 것이 좋겠다고 생각했다. 그러나 그는 우리를 떠나야 했다. 우리 모두가 항상 하듯 일어서서 원을 만들고 서로 손을 잡고 다음과 같이 외칠 때까지 그는 거기에 남아 있었다.

> 대오를 이루자
> 신실하자
> 우리가 비웃음의 대상이 되더라도
> 하나님에게 신실하자

'하나님에게 신실하자.' 이 말을 하고 나면 얼마간 늘 고요했다. 보통의 젊은이들처럼 묻고 때로는 불안해하고 떠들고 만용을 부릴 때와는 달리 어느 정도 '다른 존재'가 되었던 것이다.

1학년부터 12학년까지 내내 동급생이었던 한스 페터는 우리 단체에 남아 있었다. 당시 그는 목사가 되기를 원했기에 나는 그를 부러워했다. 그는 확실히 세속적인 젊은이이던 나보다 서약을 따르고 신실하게 행동하기가 더 쉬웠을 것이다. 그러나 나는 자기 신앙이 확고하게 서 있는 사람들만 부름을 받는 것은 아니라는 점을 감지했다.

단체로서, 스포츠와 기술에 관심 있는 젊은이들이 공동으로 여가를 보내도록 돕는 역할을 담당했다. _옮긴이 당시 오랫동안 닫혀 있던 내 영혼에 다음과 같은 성경 구절이 들어와 자리를 잡았다. "추수할 것은 많은데 일꾼이 적으니 일꾼들을 보내어주소서 하라"(마가 9:37~38). 이 말씀은 나를 두고 한 말이 아닌가?

복음서에 나오는 다음과 같은 구절도 내 안에 자리 잡았다. "이러므로 제자 중에 많이 물러가고 다시 그와 함께 다니지 아니하더라. 예수께서 열두 제자에게 이르시되 '너희도 가려느냐?' 시몬 베드로가 대답하되 '주여, 영생의 말씀이 계시매 우리가 뉘게로 가오리이까? 우리가 주는 하나님의 거룩하신 자신 줄 믿고 알았삽나이다'"(요한 6:66~69).

그 순간 우리는 언제 첫 입맞춤을 하게 될까, 언제 수학 시험에서 최고 점수를 받게 될까를 더 이상 생각지 않았고 오히려 생명의 말씀을 언제 들을 수 있을까를 생각하게 되었다.

이와 같은 상황에서 나는 구약성서의 예언자 엘리야가 했던 놀라운 묘사를 발견하고 감동을 받았다. "여호와 앞에 크고 강한 바람이 산을 가르고 바위를 부수나 바람 가운데에 여호와께서 계시지 아니하며 바람 후에 지진이 있으나 또 지진 후에 불이 있으나 불 가운데에도 여호와께서 계시지 아니하더니 불 후에 세미한 소리가 있는지라"(열왕기상 19:12). 그리고 엘리야는 동굴 밖으로 걸어 나와 얼굴을 가렸다. 하나님이 그에게 말씀하셨기 때문이다. 엘리야는 하나님의 임재를 엄청난 위협 속에서 감지하지 않고 오히려 그 영원하신 분을 지나가는 숨결 속에서 부드럽고도 직접적으로 마주쳤다. 우리도 초라한 교회 공간에서 이러한 숨결을 감지했던 것이 아닐까? 야르마츠 아저씨의 차고에서 내가 경험했던 것과 나에게 의미를 주었던 주제들과 사람들, 그리고 영원한 것의 증인들과의 계속적 만남들에서 발견되었던 것은 계속되지 않을까?

교회청년회는 나에게도 중요했다. 왜냐하면 그곳에서 처음으로 나치와 비판적으로 대결했던 문헌을 접했기 때문이다. 나는 볼프강 보르헤르트가 쓴 반전反戰 희곡『문 밖에서』를 읽었다. 이 책은 전쟁으로 부상을 입고 귀향한 사람의 이야기를 다루고 있다. 조국은 그를 속였고 아내는 그를 버리고 떠났으며 전후 사회는 그를 배제했다. 나는 유대인 학살의 증인이면서도 이를 방관한 죄책감에 시달리는 소박한 정육점 여주인에 관한 이야기를 다룬 알브레히트 괴스의 소설『번제물』도 읽었다. 또한 로스토크의 인민극장에서 유대인 소녀 안네 프랑크의 일기를 다룬 연극도 보았다. 그녀는 일기에서 삶을 긍정하는 희망에 가득 찬 문장들을 써내려갔지만 독일인의 고발로 체포되어 처형당했다.

나는 그때까지 유대인 희생자들을 만나보지 못했다. 왜냐하면 공식적인 반파시즘에서는 공산주의자와 소수의 사회민주주의자만 희생자로 인정했기 때문이다. 숄 남매*도 그중 하나였을 것이다. 자기 민족, 계몽주의, 문화를 퇴락시키는 힘을 접하면서 나의 사고와 신앙은 위기를 맞았다. 청년인 나에게 중요했던 모든 것이 흔들렸다.

우리 부모님은 거의 모든 부모처럼 "우리는 일어났던 모든 일에 대해 전혀 알지 못했다"라고 단언했다. 부모님은 둘 다 나치 당원이었다. 물론 열성 당원은 아니었지만 협력자였다. 그들은 나치 정권의 사회정치적 성과에 감동해 장차 있을 마지막 승리에 기대를 걸었다. 아버지는 전선에 나가 싸우지는 않았지만 점령된 폴란드에서 약간의 이익을 챙겼다. 부모님은 개별적인 사례를 전체인 양 단정하지 않고 자신들이 직접 처한 환경에서 어쩔 수 없이 관여한 것 이상으로는 결코 알고 싶어 하지 않음으로써 다른 많은 부

---

*　한스 숄과 조피 숄은 제2차 세계대전 당시 독일의 남부 도시 뮌헨에서 나치에 반대하는 운동을 전개하던 백장미단의 회원으로, 주로 히틀러의 전쟁과 독재에 반대하는 전단지를 대학 내에 살포했다. 그들은 체포되어 1943년 2월 22일 사형 선고를 받았으며 같은 날 처형되었다. _옮긴이

모들처럼 스스로를 보호하려 했다는 사실을 훗날 나는 믿게 되었다. 1960년대 말 나는 부모님의 책상 위에 『노란 별』이라는 책을 올려놓았는데, 200여장의 사진과 함께 간략한 해설을 담은 이 책은 유대인 박해에 대한 강렬한 다큐멘터리 사진집이었다. 그들은 그 책을 보고 자신들은 당시 실제로 아무것도 몰랐다고 말했다.

10년 후인 1978~1979년 서독 TV가 바이스 가족의 이야기를 담은 미국의 홀로코스트 시리즈를 방송했을 때 부모님은 "어떻게 저런 일이 일어날 수 있지?"라며 눈물을 흘렸다. 오늘날에 와서야 그들은 비로소 로스토크에 살았던 유대인들, 말하자면 백화점 주인, 공장주, 법률가, 의사, 변호사, 시의회 의원과 학급 친구들에 관해 이야기했다. 크뢰펠린의 상점가에 있던 베르트하임백화점은 1938년 제국의 수정의 밤* 사건으로 인해 파괴되고 약탈당했다. 슈미테거리의 피쉘린제화점, 로게르베르거리의 카페와 백화점, 도베라네르거리의 시계 상점도 같은 운명을 겪었다. 아우구스텐거리의 유대인 회당도 불탔다. 1932년 유대인 공동체에 속해 있던 320명의 유대교인 중 120명이 홀로코스트에서 살아남지 못했고, 나머지는 이민을 떠났다. 로스토크 사람들은 그들과 함께 살았으므로 그들의 실종을 몰랐을 리 없다. 그러나 그들은 이를 마음에 담아두지 않았다. 따라서 당시 자신들이 잘못을 저질렀을 수도 있다는 사실은 그들의 뇌리에 남아 있지 않았고 결국 기억에서 사라졌다.

나는 교회청년회 활동을 하면서 생존자들과의 개인적 관계 또는 문학을 통해 반파시즘의 길을 발견했던 사람들을 접했다. 아우슈비츠에서 순교한

---

* '제국의 수정의 밤(Reichskristallnacht)'은 1938년 11월 9일 밤 나치 정권이 독일 제국 내에 있는 유대인들에게 단행한 폭력적 조치를 말한다. 당시 약 400명의 유대인이 살해되었고, 1400개의 유대인 회당과 집회 장소, 상점, 주택, 그리고 묘지가 파괴되었다. 그리고 약 3만 명의 유대인이 체포되어 집단수용소에 구금되었으며 그중 100여 명이 살해되었다. _옮긴이

막시밀리안 콜베 신부에 대해 들었으며, 고백교회*의 회원들, 일찍이 히틀러 숭배를 비판하며 교회에 저항을 요구했던 디트리히 본회퍼의 글도 접했다.** 그중에는 이런 글이 있었다. "국가가 질서와 정의에 대한 권력을 너무 지나치거나 너무 미약하게 집행한다고 여겨지면 교회는 차 밑에 깔린 희생자를 싸매주는 데 그치는 게 아니라 차바퀴 자체를 멈추게 해야 한다."

고백교회의 많은 사람과 달리 본회퍼는 세례를 받아 기독교인이 된 유대인뿐만 아니라 전체 유대교도 옹호했다. "자기 육신의 경험이 아닌, 그리스도께서 그들을 위해 수난당한 형제들의 경험이 그리스도인을 행동하고 참여하도록 부른다."

본회퍼를 통해 나는 "가장 사악한 것, 가장 선한 것, 이 모든 것을 만들어 낼 수 있는" 하나님 상으로 인해 인간은 하나님 안에 고향을 갖게 된다는 것, 아버지인 그를 최후의 피난처를 가짐으로써 인간은 강해진다는 것을 느꼈다. 세상에서 재산을 탕진하고 돼지우리에서 살다가 마침내 실패한 자로 돌아왔던 잃어버린 아들처럼, 나는 내쳐지지 않고 그가 벌린 팔에 안기는 느낌을 받았다. 아버지는 둘째 아들을 참고 받아주었을 뿐만 아니라 잔치까지 열어주었다. 자기의 능력을 상실한 무가치한 사람이 다시 가정의 따스한 품으로 돌아갈 수 있었던 이유는, 모든 것을 주재하는 것은 심판하는 운명이 아니라 사랑이기 때문이다(누가 15:12 이하).

그렇지만 그러한 따스함도 일상생활의 모든 어려움을 해결해주지는 않으며 자동으로 개인의 결함을 제거해주지도 않는다. 나는 착실한 학생이 아니어서 갖은 노력 끝에 겨우 공부를 마쳤다. 이는 재능이 부족해서라기

---

* 　고백교회(Die Bekennende Kirche)는 교리와 조직을 획일화하고 통제하려는 나치 시대 독일적 개신교회(히틀러를 추종했던 독일적 기독교인)의 시도에 맞서 싸운 개신교 기독교인들의 저항 운동체이다. _옮긴이

** 　본회퍼 목사의 선집 전 8권은 2010년 대한기독교서회에 의해 출간되었다. _옮긴이

보다는 나의 무절제 때문이었다. 나에게는 공부보다 다른 것이 더 중요했다. 나는 핸드볼을 좋아해서 친구들과 함께 핸드볼 팀을 조직했다. 그 일은 많은 시간을 잡아먹었다. 거기에 내 가족도 큰 부담이었다. 그러나 그것이 내가 강의에 자주 빠지고 세미나 준비를 제대로 하지 못한 핑계가 될 수는 없었다. 학업에 충실하지 못한 채 몇 학기가 지나니 졸업시험이 큰 장애물처럼 내 앞에 다가왔다. 나는 아주 힘겹게 시험을 두 번이나 연기한 후에야 졸업할 수 있었다.

당시 신학과는 독특한 세계였다. 전후 로스토크대학교의 신학과는 단지 두 명의 교수만 가르치고 있었음에도 베를린, 그라이프스발트, 할레, 예나, 라이프치히 등 다섯 개 대학교의 신학과와 함께 존속되었다. 그러나 지방교회의 영향력은 점점 줄어들었다. 우리 신학생들은 교직 과목을 듣는 학생들과 함께 마르크스주의-레닌주의를 담당하는 교수의 강의와 세미나에도 정규적으로 참여해야 했다. 다행히도 로스토크대학교의 신학부에는 동독에서 '진보적인', 즉 당과 우호적인 관계의 교수들이 영향력을 미치는 데 결코 성공하지 못했다. 1961년 조직신학 교수이며 신학과 과장이던 하인리히 벤케르트 교수는 베를린장벽 건설과 소련의 핵무기 실험 재개를 용인하는 상원의회의 선언에 서명하지 않았다. 몇 년 후 신약성서학 교수인 콘라트 바이스는 서독의 기독교인들 및 '나토 교회'*와의 협력 관계를 해소하는 데 동의하지 않았다. 그리고 1968년 신학과 과장인 에른스트 뤼디거 키조와 신약학 연구소의 수석 조교 페터 하이드리히 박사는 바르샤바조약군의 체코슬로바키아 침공에 찬성하는 서명을 거부했다.

로스토크대학을 빌헬름 피크대학**으로 개명하려는 계획에 대해 신학

---

* 1958년부터 1968년까지 동독의 공산당은 국가와 교회 간의 관계를 행정적 조처로 규정하면서 동독과 서독의 개신교회를 당시 나토(북대서양조약기구)의 앞잡이로 규정했다. _옮긴이

부가 저항한 일은 아직도 기억에 생생하다. 대학 측은 이미 새로운 이름을 넣은 그림엽서까지 만들었다. 나는 그 엽서 한 장을 아직까지 보관하고 있다. 1961년 1월 초 베케르트 교수는 강의를 시작하면서 이름 변경에 대한 반대집회라도 하자고 했다. 그렇지만 그가 대학의 이름 변경에 대한 신청이 신학부의 반대로 취소되었다고 알려주었을 때는 소동이 벌어지기도 했다. 공산당이 대학 이름을 실제로 변경하기까지는 15년이 더 걸렸다.

대학을 졸업할 때까지도 나는 여전히 목사가 되겠다는 결정을 내리지 못하고 있었다. 결심은 실습목사로 있으면서 교인들과 만나는 동안 무르익었다. 당시 나는 로스토크 근처의 소도시 라게로 가게 되었다. 처음에는 상당히 불안했다. 나는 정말 깊은 믿음을 가졌는가? 나는 사람들에게 모범이 될 수 있을까? 앞으로 믿음에 대한 회의가 나를 불안하게 하지는 않을까? 그렇지만 사람들은 나를 매우 다양한 방식으로 목사와 깊은 신앙의 길로 이끌었다.

처음 나의 설교는 너무 학문적이었다. 한 번은 설교 원고를 충분히 다듬지 못한 탓에 중반부터는 원고 없이 설교를 이어갔는데 내 안에 있던 차디찬 신앙 지식을 덧붙이고 말았다. 나는 설교와 같은 성스러운 일을 귀찮은 학교 숙제처럼 다루었기 때문에 매우 부끄러웠다. 그런데 그 설교 후 교회 장로 한 분이 "부목사님, 오늘 설교는 정말 좋았습니다"라고 나를 칭찬해주었다.

나는 때로는 문학적 인용과 성찰을 하면서 밤늦게까지 힘들여 준비한 세련된 설교 원고를 낭독하는 것보다, 사람들이 제대로 이해할 수 있는 설교를 하는 것이 더 중요하다는 사실을 깨닫게 되었다. 설교문이 실제로 이

**　　** 프리드리히 빌헬름 피크는 독일의 정치가이자 사회민주당원이며, 나중에는 공산당원이 되었다. 그는 1949년부터 1960년 사망할 때까지 동독의 초대 대통령을 지냈다. _옮긴이

지역 주민들에게 적합한가 여부는 교회 신도들을 한 번 잘 살펴보는 것으로 충분하다. 교회당에 여덟 명 정도가 앉아 있다면 그들은 평범한 노파, 글을 읽지 못하는 여성, 술주정뱅이, 철공소에서 일하는 사람, 목사 부인, 교리교사와 장로일 것이다.

부목사로 일하면서 나는 거창한 수수께끼를 해명하기 전에 지상의 구체적인 도전을 처리해야 한다는 사실을 알게 되었다. 예를 들면 라게에는 매우 점잖고 신실하지만 다소 고루한 목사가 있었는데, 그는 견신례 교육을 받는 청소년이 거칠게 굴자 그들을 어떻게 다루어야 할지 몰라 당황했다. 그런데 내가 그들을 규율로 잡아주자 그 목사는 매우 기뻐했다. 당시 내가 생각한 것은 그 청소년들을 좀 다른 방법으로 대해야겠다는 것이었다. 나는 나 자신의 교회를 꿈꾸기 시작했고 이를 실험해보고 싶었다.

그러고 나자 많은 일이 생각했던 것보다 쉽게 잘 풀려갔다. 내가 첫 목사직을 뤼소에서 시작한 지 1년이 되자 한 여교사가 귀스트로의 국가안전부 지부에 다음과 같이 신고했다. "국가성년의식이 도입된 이래 뤼소 지역에 속한 학교의 학생은 100% 국가성년의식에 참여했다. 그런데 1967년 가우크 목사가 뤼소에 들어와서 활동을 시작한 후부터는 국가성년의식 참여자가 눈에 띄게 줄었다. 가우크는 기발한 방식의 교류와 소통, 주말 모임의 조직화, 근교로의 나들이 등을 통해 특히 7, 8학년 여학생에게 큰 영향을 주고 있다."

내가 신앙과 지식을 통해 배운 아주 미미한 것들마저도 방향을 잃고 고향을 상실한 사람들에게는 많은 도움이 되었던 듯하다. 그곳에서 나는 현실을 참고 견디며 살아남는 데 도움을 줄 수 있는 사람이었다. 그러나 달리 생각하면 나는 많은 것을 받는 사람이었다. 당시 나는 종종 베사라비아나 힌터포메른에서 온 피난민들도 만났다. 그들은 하나님에게 전적으로 의지해서 살고 매일 기도하고 정기적으로 성서를 읽으며 나로서는 여전히 얻지 못한 힘을 가지고 행동하는, 소박한 언어와 예절을 지닌 단순한 사람들이었다. 그들의 확고한 믿음을 대하다 보면 학문적으로 교육받은 젊은 내가 그동안 수사학적이고 신학적 지식을 가지고 그들을 대했던 것을 다시 한 번 반성하게 되었다. 나는 이 사람들이 가진 능력, 선함, 신실함을 알지 못했기 때문에 그들 앞에 불쌍하게 구걸하는 자처럼 말하고 행동했었다. 나는 어떻게 신앙을 견지할 수 있는지, 또는 신앙에 대한 의심을 극복할 수 있는지를 비판적으로 묻지 않고 그저 소박하게 살아가는 사람들의 삶과 마주했다. 이 사람들은 나에게 진정한 삶의 모범을 보여주었다. "그렇다, 하나님과 함께하는 삶은 하나의 평범한 길이다. 너는 거기에 의지할 수 있다." 베사라비아에서 온 난민들은 의심으로 생기는 시련과 세상의 불행은 견뎌낼 수 있으며 그럼으로써 그런 시련과 불행이 지닌 악마적이고 반신적인

■ 일요일은 교회 가는 날이다. 수습 목사이더라도 예배를 주관해야 한다. 아들 마르틴이 엄마와 함께 교회를 찾아왔다. 마르틴은 처음으로 자기 아빠가 예복을 입은 모습을 보고 "진짜 아빠야?"라고 말했다.

힘이 상실된다는 것을 보여주었다.

내가 그런 사람들과 만나면서 배운 진리는 사실적 진리를 뛰어넘는 관계의 진리였다. 내가 그간 배운 비판적 사고는 삶에서 가장 중요한 것 또는 궁극적 진리가 아니었다. 비판적 사고는 만족을 줄 수 없으며 종종 신앙과 사랑으로부터 나오는 능력에 미치지 못했다. 왜냐하면 비판적 사고는 계산하는 것인 반면 신앙은 우리의 현 존재에서 신뢰를 만들어내는 것이기 때문이다. "불합리하므로 믿는다Credo quia absudum"*라는 일견 모순된 고백은 따라서 신앙을 반박하는 논증이 아니며, 논리에 의해 규정되는 세계보다 더 복

---

*　"불합리하므로 믿는다"라는 신앙고백 도식의 기원은 정확히 알 수 없으나 아우구스티누스나 테르툴리아누스가 사도 바울의 고린도전서 1장 18~25절을 해석하는 데서 비롯되었다고 알려져 있다. 바울은 헬레니즘 세계에서 선교하면서 그리스 철학사상의 기반인 '이성'과 히브리 사상의 뿌리인 '신앙'을 변증법적으로 대결시켰다. _옮긴이

잡한 현실을 묘사한다. 이때 신앙은 이성과 다투지 않고 함께 공존한다.

나는 대학 시절부터 항상 스스로 질문을 던지고 연구하는 태도로 자신의 불확실성을 보상받으려는 인간으로 살아왔다. 그러나 교인들과의 만남을 통해 나는 나 자신이 회의에 빠지지 않을까 하는 불안에서 벗어났다. 나는 영적으로 성장했고 스스로 뭔가를 드러낼 수 있었다. 신앙은 본래 '불구하고의 신앙Dennoch-Glaube'이며, 겉모습을 보지 않는 것, 의심을 가지고도 믿는 자들 가운데로 들어가는 것, 아니, 의심을 가지고 살며 설교하는 것이라는 사실을 나는 배웠다. 이러한 경험이 없었다면 나는 목사로서의 삶을 견지할 수 없었을 것이다. 왜냐하면 나는 자주 신학적이고 인간적인 한계에 봉착했기 때문이다.

한번은 어느 여름 뤼소 외곽에 있는 마을에서 결혼식 주례를 맡았다. 내가 오토바이에 오르려 하는데 경찰서에서 전화가 걸려왔다. 신랑이 결혼식장으로 가는 도중 치명적인 사고를 당했다는 것이었다. 나는 이 사실을 신부의 집에 알려야 했다. 나는 신부 집을 방문했고, 신부 어머니가 문을 열자 젊은 신부는 흰 드레스를 차려입고 기대와 흥분 가운데 환한 표정을 지으며 어머니 뒤에 서 있었다. 그녀는 내가 결혼식에 앞서 최종 혼인 의사를 확인하러 왔다고 추측했다. 그러나 나는 말했다. "신랑은 오지 못하게 되었습니다."

그 순간 모든 이가 알고 있고 또 모두를 혼란스럽게 만드는 생각이 나를 강하게 지배했다. 찬송가에 나오듯 "모든 것을 이렇게도 찬란하고 아름답게 다스리는" 전능하신 하나님이 어떻게 그런 일이 일어나도록 내버려둔단 말인가! 하나님은 세상에서 악한 것을 용납하지 말아야 한다. 하나님이 악한 것을 제거하기를 원하면서도 그렇게 할 수 없다면 그는 연약한 존재이다. 아니면 그렇게 할 수 있으나 의지가 없다면 그는 악의적이다. 그러나

약하거나 또는 악의적인 하나님은 선함이나 전능함과 모순된다. 20세기에 들어와서는 이러한 낡아빠진 물음이 다시금 더욱 날카롭게 제기되었다. 아우슈비츠 이후에도 우리는 하나님을 여전히 믿을 수 있는가? 가장 형편없는 신학생들이라도 실패하지 않는 이유는 회의적 지식을 가지고도 의심하면서 신앙을 발견할 수 있기 때문이다.

'그럼에도 불구하고'의 길이 열려 있다는 것은 그야말로 하나의 기적이다. 나는 내가 지도하던 청년회원이자 17살인 학생이 자살했다는 소식을 듣기도 했고, 우리 교회의 한 청년이 인민군대에 복무하던 중 알 수 없는 이유로 사망했다는 소식을 전해 듣기도 했다. 그 청년의 어머니에게는 아들을 마지막으로 볼 수 있는 절차인 관의 개봉조차 허락되지 않았다. 그녀는 아들이 실제로 그 속에 있을 것이라고 확신할 수 없었다.

나는 다음과 같은 사실을 인정했기 때문에 그와 같은 상황을 견뎌낼 수 있었다. "곤경에 처해 있어도 나는 당신 하나님 앞에, 그리고 슬퍼하는 그대들 앞에 머물러 있다. 사건의 의미는 나와 우리에게 숨겨져 있다. 그렇지만 신앙은 본래 비이성적이며, 더 엄밀히 말해 이성과 병행된다고 하더라도, 나는 하나님 '없이'보다 하나님과 '함께' 세상을 더 쉽게 이해할 수 있다."* 믿는 것과 믿지 않는 것 ─ 이 둘은 모두 설명하기 어렵다. 그렇지만 자신의 신앙에 스스로 확신이 없더라도 우리는 영적 진리, 즉 관계의 진리를 삶 어디에선가 만나게 된다. 그 진리는 우리의 삶과 분리된 진리나 논리가 갖는 화려함을 뛰어넘는다. 나는 이런 경험을 다른 신자들과 나누었다.

의심이 나를 삼켜버릴 것이라는 불안을 떨쳐버릴 때 능력이 강해진다. 나는 그러한 상황으로부터 도망치지 않았고, 이로 인해 누군가가 내가 어

---

* 디트리히 본회퍼, 『저항과 복종(옥중서간)』(대한기독교서회, 2010), 607쪽 이하를 참조할 것. _ 옮긴이

떤 절망 앞에서 도망치는 것을 알아차릴까 봐 더 이상 걱정하지 않아도 되었다. 나는 의심을 뛰어넘어 스스로를 믿었고, 이상적으로만 고양된 신앙으로부터 '그 모든 것에도 불구하고'라는 신앙에 도달했다.

05

선교지를 개척하다
동독에서 시작된
교회의 사회변혁운동

　　　　　　　　　　　내 아내 한지는 로스토크의 인민 서점에
서 실습생으로 일하면서 노동자주택건설조합에 가입할 수 있는 기회를 얻
었다. 우리는 몇 년 동안 조합비를 냈고 나는 공사현장에서 노력봉사도 —
이 역시 의무였다 — 했다. 그 결과 마침내 우리에게도 로스토크-에버스하겐
지역에 있는 신시가지에 방 세 칸짜리 주택이 배당되었다. 그 후 나는 다른
교회로의 전출을 요청했다. 메클렌부르크포어포메른주의 교회 본부가 나
를 어떻게 평가했는지는 잘 모르겠지만 나의 전출을 허락했다. 교회는 내
가 살게 된 신시가지에서의 활동 기회를 이용하기 위해서는 나의 전출을
허락할 수밖에 없었다. 동독공산당 지도부는 그 지역에 교회나 목사관, 교
회 부속 건물을 건축하기 위해 부지를 배당하는 데에는 아무런 관심이 없
었다. 신시가지 지역의 주택은 자유롭게 사고팔 수조차 없었다.

　신시가지로 이사를 가는 것은 가족에게 하나의 충격적인 일이었다. 시
골에 살 때는 아이들이 밖에서 뛰어놀 수 있었으나 이제 다섯 식구에게 배

당되는 평균 85m³ 크기의 아파트에서 비좁게 살아야 했다. 내 사무실은 거실 한편에 서판이 달린 폭이 좁은 책꽂이로 꾸몄다. 할머니의 커다란 책상과 책꽂이는 치우고 좀 작은 가구를 그 자리에 놓았다. 출입구가 작아서 할머니의 유품들은 들여놓을 수 없었기 때문이다.

커다란 상점, 탁아소와 학교는 있었지만 8000채가 넘은 아파트에 2만 2000여 명의 주민들이 사는데도 영화관은 하나도 없었으며 식당도 한두 개 뿐이었다. 건물은 단조로웠으며, 대개 6층으로 된 집에 엘리베이터는 없었다. 시골에 살 때는 집에서 나오면 그대로 자유로운 공간이었지만, 이제 날마다 몇 번이고 계단을 오르내려야 했다. 우리는 맨 꼭대기 층에 살았기 때문이다.

세입자들은 정해진 규칙에 따라 주택을 관리해야 했다. 다른 사람들과 마찬가지로 우리도 한 달에 한 번씩 공용 현관과 출입구 계단을 청소했고 자기 층으로 올라가는 계단은 세입자 책임하에 관리되었다. 외부 방문자는 우리가 이사 올 때 신고했던 가옥대장에 명단을 의무적으로 기재해야 했으며 그 명단을 경찰서에 정기적으로 보고해야 했다. 동독에 사는 손님이 올 때는 그다지 신경 쓰지 않았지만 서독에서 손님이 올 때는 늘 그 규칙을 엄격하게 지켜야 했다.

그러다 보니 우리의 적응력에 한계가 왔다. 5월 1일 노동자의 날, 10월 7일 동독 건국일, 5월 8일 나치로부터 해방된 날 등에는 문 앞에 국기를 게양해야 했으나 우리 가족은 그러고 싶지 않았다. 주거공동체는 빨강, 검정, 노랑으로 된 깃발이나 공화국 깃발 대신 특별히 눈에 띄는 색다른 것을 내걸기로 결정했다. 20미터가 넘는 커다란 깃발을 계단 현관 외벽에 6층에서부터 1층까지 내걸기로 한 것이다. 그렇지만 목사 가족인 우리는 거부했다. 그러자 "당신들은 도대체 깃발을 가지고나 있소?"라며 인민경찰관들은 물었고 국가에 충성스러운 이웃들은 노골적으로 불쾌해했다. 우리는 결코 깃발을 가져본 적이 없으며 어떠한 깃발도 갖춰놓고 싶지 않았다. 그러자 상황이 분명해졌다. 대부분의 사람은 우리와 거리를 두었으나 아래층에 사는 선원의 가족은 오히려 기뻐했다. 그 선원과 함께 특히 선생인 그의 아내는 우리를 이해했다. 다른 사람들 앞에서는 표시를 내지 못했지만 그는 우리 가족의 행동을 옳다고 여겼다. 그의 아이들은 우리 아이들과 친하게 지냈다.

주거공동체가 되려는 시도는 신시가지 내에 우리가 사는 구역뿐 아니라 다른 구역에서도 환영받지 못했다. 같은 출입구를 이용하는 10~11집의 가족이 공동으로 뭔가를 시도한다면 정말 좋겠지만 이웃을 자기 집에 들이기를 원하는 사람은 거의 없었다. 첫째, 방들이 너무 작았고, 둘째, 누구와 사귈지에 대해 아주 조심스러웠다. 그렇지만 사람들의 요구를 충족시키려면 지하실 세탁실의 벽을 도배하고 의자들을 들여놓아 그 공간에서 지낼 만한 분위기를 만들어야 했다. 그 상태로는 축제를 벌이거나 주거공동체의 일부 사람이라도 안락하게 둘러앉기에 너무나도 열악한 환경이었다. 우리가 다른 주민들과 만날 때는 청소 당번을 어떻게 정할지, 누구를 건물 대표로 할지, 누가 주거 대장을 관리할지를 의논할 때뿐이었다.

규격화된 건축자재로 엉성하게 지은 아파트들 사이로는 다른 어느 곳보다도 비바람이 강하게 불어 닥쳤다. 이곳에서는 고향과 같은 정취를 느끼기가 힘들었다. 많은 사람들은 가능한 한 빨리 다시 이사를 하거나 적어도 자동차를 사서 주말이면 시골에 계신 할머니 할아버지한테로 가기를 꿈꾸었다. 어떤 이들은 나중에 신시가지 외곽에 생긴 작은 주말농장*을 가꾸기

---

* 슈레베 정원 가꾸기 운동 또는 주말정원 가꾸기 운동이라고도 한다. 1893년부터 시작된 주말정원 가꾸기 운동은 오늘날까지 계속되고 있다. 이 운동은 산업화 과정에서 도시로 모여든 노동계

도 했다. 이는 주민들을 위해 로스토크의 도시계획자들이 낸 최상의 아이디어였다. 주말농장을 통해 봄과 여름에는 아파트의 답답함을 벗어나 정자 건물과 화단 시설에서 창조성을 발전시킬 수 있었다. 물론 그것도 꽃과 야채를 키우기 위해 주말농장연합회가 제시한 규율의 틀 안에서 이루어졌다.

우리는 이러한 주말농장을 갖지 못했다. 우리는 주말에는 녹음이 우거진 교외 지역 브링크만스도르프로 부모님을 방문하거나 뤼소 시절에 알게 된 친구 베아테를 찾아갔다. 여름휴가 때는 부스트로의 바닷가에 사는 친구 집을 방문했다. 아이들은 거기에서 즐거운 시간을 보냈다. 아이들은 내가 자신들을 위해 시간을 많이 내주지 못한 것을 오늘날까지도 불평하고 있다. 나는 가족보다 교회 일에 관심을 더 많이 쏟았다.

솔직히 말하자면 나는 가족을 직업보다 후순위에 두었다. 에버스하겐에는 일이 많았다. 내가 일했던 시골 교회에서는 거의 모든 사람이 교인이었지만 이제는 교인을 찾아내야 했다. 이는 선교지로 파견된 것이나 마찬가지였다.

1955년 이후부터는 국가성년의식이 교회의 견신례를 거의 대신했고 국가는 종교 교육을 일찍부터 학교에서 금지했다. 그 밖에도 국가는 교회가 세무서를 통해 교회세*를 징수하지 못하게 했다. 따라서 우리는 교인들이 교회세를 직접 징수부에 내고 납세액을 정확히 보고하도록 지시받았다. 하

급이 정원 없는 작은 주택에 거주하는 데서 오는 불편과 스트레스를 해결하기 위한 것으로, 정부가 소유한 땅을 개인에게 나누어주어 오두막을 짓고 주말에 꽃, 야채, 과일 등을 재배할 수 있도록 한 것이다. _옮긴이

* 1919년 바이마르 공화국 시절에 도입된 교회세는 제2차 세계대전이 끝난 후 1949년에 다시 동서독에서 도입되었다. 이 교회세는 각 지방정부가 거두어 가톨릭교회와 개신교회(루터교와 개혁교의 연합교회)에 분배하는데, 지방에 따라 주민 소득세의 약 8~10%를 거둔다. 개신교회의 경우 감리교회, 침례교회 등은 자유교회라서 교회세를 거두거나 분배받지 못한다. 2015년 독일에서는 가톨릭교회는 약 60억 유로, 개신교회는 약 64억 유로의 교회세를 거두었다. _옮긴이

지만 많은 사람들이 이를 제대로 수용하지 못했고 교회도 그 정확성을 강요하지 않았다. 익명의 주택지는 교회의 울타리에서 벗어나거나 교회 탈퇴 선언을 피하려는 사람에게 특히 유리했다. 그들은 교회세를 내지 않아도 되었다. 로스토크 지역에 있는 교회는 이러한 방식으로 인해 1959년 120만 명에서 1989년에는 45만 명으로 교인 수가 거의 3분의 2로 줄어들었다. 동독에서 교인의 수는 1989년에 510만 명으로 줄었는데, 이는 전체 주민의 30%에 해당했다. 국민 전체가 기독교인이던 동독의 개신교회는 국민 교회에서 소수자의 교회 또는 하나의 고백공동체가 되고 말았다. 나는 사람들이 결혼하는 과정에서 이러한 변화를 가장 뚜렷하게 실감했다. 지난 20년 동안 내가 교회에서 결혼식을 집례한 수는 열 쌍 남짓이었다. 교회에서 결혼 상대자를 찾는 일도 극히 드물었다. 우리는 장례의식과 비슷하게 결혼식 예배를 드림으로써 대책을 강구하려고 했다.

내가 에버스하겐으로 이사 온 후 그 지역에서는 얼마 안 되는 신자들이 서로 만나지도 못했다. 거기에는 예배당은커녕 교회 부속 건물도 없었고, 교회운영위원회도 동역자도 없었다. 이러한 미지의 세계에서 목회 일을 시작하는 것은 결단과 개방성과 투지력을 필요로 했다. 나는 새로운 여행을 커다란 감격과 기쁨과 호기심, 무엇보다도 이 도전을 극복하겠다는 굳은 의지로 시작했다.

메클렌부르크포어포메른주의 다른 젊은 목사들과 마찬가지로 나는 훗날 우리 지방교회*의 주교가 된 하인리히 라트케 목사의 사례를 따랐다.

---

* 독일의 개신교회는 24개의 독자적 지방교회의 통합체로서, 신앙고백의 특성에 따라 루터파, 개혁파 이 두 개의 파를 합한 연합파로 분류된다. 2012년 말 기준 독일 전체 인구 중 2340만 명의 개신교 신자들이 1만 4800개의 개별 지방교회에 속해 있다. 지방교회(Landeskirche)라는 명칭은 종교개혁과 더불어 로마 교황에게서 벗어난 개신교회들이 독일 지방영주(Landesherrn)의 통치 영역에 소속된 데서 유래했다. 당시 지방교회란 곧 지방영주에게 소속된 교회를 뜻했다. 1918년 민주화혁명 이후 이 교회들은 영주의 손에서 벗어나 교회 헌법을 가진 독자적인 지방교회로 운

하인리히 라트케는 1960년대 초 메클렌부르크포어포메른주의 신시가지에서 목사로서의 경험을 쌓았다. 남부 도시인 그곳에는 2만 명이 넘게 거주했으며 콘크리트 건축 양식으로 지어진 로스토크 최초의 대형 주거구역이었다. 그곳에는 병원, 영화관, 우체국, 극장 등 모든 것이 들어섰으나 교회 건축만 제외되었다. 따라서 첫째로 할 일은 개신교 신자들을 찾아내는 것이었다. 라트케 목사는 저녁이면 층층마다 집집마다 찾아가서 무작정 초인종을 눌렀고, 응답하는 사람에게는 멀리 떨어져 있는 도시 교회에 와서 예배를 보도록 초청했다. 교회 건축 신청이 로스토크시에 의해 거절당하자 라트케 목사는 임시로 신시가지 변두리에 있는 사유지에 서커스 차량을 세운 뒤 간단한 십자가를 걸고 소박한 책상을 제단 삼아 예배당을 만들었다. 이렇게 해서 1963년 5월 12일 단 53명만 참석한 가운데 첫 예배가 시작되었다.

나는 서커스 차량을 세워두는 일은 하지 못했다. 대신 5킬로미터 떨어진 마을 로이터스하겐에 있는 작고 소박한 전용 건물인 성 안드레아교회로 사람들을 초청했다. 초기에 한 번은 개량한 어선에서 성탄절 저녁예배를 드리기도 했다. 한편 나는 라트케 목사처럼 집집마다 찾아가서 초인종을 누른 뒤 나를 개신교회 목사라고 소개하고 우리가 교회를 세우려 한다고 알리면서 "혹 개신교인이시면 좀 얘기를 나누어도 될까요?"라고 허락을 구했다. 이러한 첨언이 필요했던 것은 당원이나 비기독교인을 방문해서는 안 되었기 때문이다. 그런 사람들은 귀찮게 군다는 이유로 우리를 고소할 수도 있었고 가끔 그러는 사람도 있었다. 그러나 다른 한편 나는 교인이 아닌 사람들과 매우 흥미로운 대화를 나누기도 했다.

영되고 있다. _옮긴이

약 2년 후 최초로 교회운영위원회가 조직된 것은 커다란 성과였다. 이로 인해 적극적인 교인들이 다른 구역에서 참여하기가 용이해졌다. 게다가 그들은 교회에서 책임 있게 행동해 우리에게 용기를 북돋워주었다. 은퇴한 여교사는 그다지 모험적이지 않았으나 대학을 나온 엔지니어, 의사, 물리학자 등은 교회에서 큰 역할을 했다. 그리고 마침내 가장 중요한 기구들을 만드는 데 성공했다. 이에 1975년 12월 국가안전부의 비공식적인 협력자이자 우리의 동역자였던 뢰머는 상부에 이렇게 보고했다. "가우크 목사의 활동은 커다란 성공을 거두었음이 틀림없다. 주교의 칭찬이 자자하다." 교회 지도층은 신시가지 교회에서 비교적 짧은 기간에 그러한 교회활동이 전개되었다는 사실에 깜짝 놀랐다고 한다.

민주주의 사회에서는 교회가 당연히 공적 생활의 일부이고 다양한 사회적 계층을 결합시키는 역할을 하지만, 동독의 교회는 정치적으로 소외된 자들을 대변하는 역할을 담당했다. 그들은 삶에서 계층이나 경력이 향상되리라는 희망을 포기해야 했기 때문에 아무것도 말해서는 안 되었다. 반면 동독에서 특별한 재능을 가졌거나 야망 때문에 상층을 향한 길을 추구하는 사람들은 일반적으로 교회를 멀리했다. 한 여의사의 아들은 청소년기에 교회의 일원이 되고자 세례를 받고 싶어 했으나 그 의사는 종교생활이 아들의 발전에 도움이 되지 않을 것이라고 나에게 말했다. 그리고는 아들의 교회 활동을 금했다.

나의 교회에는 몇몇 의사와 약사, 교수 한두 명이 출석했다. 내가 목회하는 전 기간 동안 딱 한 번 한 장교 가족의 어린이들이 교리 공부에 참석한 적이 있다. 당원들은 사실상 의무적으로 교회를 탈퇴해야 했고, 법률가, 변호사, 그리고 판사도 국가 정책에 따라야 했다. 이는 관공서나 군대, 인민 경찰에 속한 상급 공무원, 국영 기업의 간부와 교사에게도 해당되었다. 교사로서 기민당*의 당원인 경우 애초부터 그리스도교 신자로 살아가기가 거의 힘들었다. 그렇지만 예배에 참석하고 자녀들을 교리 학습에 보내는 사람들의 경우 확고한 신앙고백을 하거나 고난을 각오한 사람들이었다. 루비콘강을 건너버린 그들은 신앙에 대한 놀라운 성실성을 갖고 있었다. 물론 교회에 대한 전통 때문에 신앙을 유지하는 사람도 많았는데, 특히 시골 출신이거나 할머니를 실망시키지 않으려고 유아세례를 받는 경우가 그랬다. 그러나 교인들의 대다수는 자신들의 신념을 부정하면서까지 체제 안에서 우위에 서려 하지 않았다는 점에서 일치했다. 이로 인해 그들은 결코 출세할 수 없었으며 지속적으로 불이익을 감수해야 했다.

이 때문에 교회에서는 특별히 대담한 사람들을 만날 수 있었다. 예를 들면 교회의 장애자 사업을 돕고 교회운영위원회의 위원이며 홀로 아이를 기르는 바이어 부인의 예를 들어보자. 과단성 있고 소통을 잘하는 이 부인은 보험관리인으로서 돈을 잘 벌었는데, 무언가에 대해 그 누구로부터도 통제당하는 것을 싫어했다. 이는 국가안전부에 대해서도 마찬가지였다. 1981년 12월 13일 서독 수상 헬무트 슈미트가 귀스트로시를 방문할 예정인 관계로 국가안전부는 사람들이 귀스트로를 방문하지 못하도록 차단했다. 그러나 바이어 부인은 그날 로스토크 중앙역에서 귀스트로행 기차표를 요구했다. 그녀는 서독 수상을 꼭 가까이서 보고 싶었다.

기차표를 파는 역무원은 머리를 흔들면서 "오늘 어떤 기차도 귀스트로로 가지 않습니다"라고 말했다.

"나는 기차가 운행하느냐고 묻지 않고 차표를 달라고 했어요."

---

* 독일의 초교파적 정당인 기독교민주연합(Christlich-Demokratische Union Deutschlands: CDU)은 동독 내의 연합정당으로, 기민당으로 불린다. 1945년 6월 소련의 점령 지역에서 창립된 이 정당은 처음부터 독일 공산당에 협조했으며, 1990년 독일이 통일된 후에는 서독의 기민당과 통합했다. 요아힘 가우크 목사나 독일 총리 앙겔라 메르켈도 기민당의 당원이다. _옮긴이

"기차가 다니지 않는데 왜 표가 필요합니까?"

"그건 내 사정이에요. 나는 귀스트로로 가는 표를 원해요."

철도 경찰들은 그녀가 기차에 타는 것을 막지 못했고 기차는 귀스트로 행 선로에 서더니 실제 운행 시간대로 출발했다.

귀스트로에 도착한 바이어 부인은 곧장 시장 방향으로 발걸음을 재촉했고 눈발이 옅게 깔린 차도 한가운데로 들어섰다. 왜냐하면 좁은 인도에는 인민경찰들이 꽉 들어차 있었기 때문이다.

"어디로 가려고 합니까? 찻길 한가운데로는 다닐 수 없습니다!" 사복 차림의 경찰이 그녀를 제지하려고 다가왔다.

바이어 부인은 반격을 가했다. "당신이 여기서 뭘 하는지 내가 묻기라도 했나요?"

광범위하게 차단된 그 지역에서는 국가안전부의 증명서를 가진 주민들과 언론인만 통행이 허용되었지만 사복 경찰은 더 이상 그녀에게 합법성 여부를 따질 수 없었다. 이렇게 버젓이 행동하는 사람은 '회사'*에 다니는 사람들뿐이었다.

귀스트로는 유령도시 같았다. 3만 5000명이 넘는 국가안전부 요원들과 인민경찰이 이 도시로 파견되었고, 잠재적 '소요자들'은 일시 추방되거나 체포되거나 가택연금을 당했다. 주민들은 거리 쪽으로 난 창문으로 도로를 내다보지도 말아야 했고 '도발적 행동'이 걱정되어 모든 집 창문은 차단되었다. 1970년 에르푸르트에서 일어났던 일이 반복되어서는 결코 안 되었다. 당시 수천 명의 동독 시민들은 서독 수상 빌리 브란트를 보고 크게 환호했고 안전요원들은 그 많은 사람들을 겨우 제지했다.

---

*   여기서 회사란 동독 국가안전부의 다른 이름이다. _옮긴이

성탄절에 열리는 시장에서는 경비대 간부들이 돌아다녔고 특별 지시를
받은 '사회적 세력'이 국가안전부의 지시에 따라 '주민들'을 감시했다. 바이
어 부인은 그럼에도 불구하고 자신의 목적을 달성했다. 그녀는 서독 수상
과 악수를 나누지는 못했지만 적어도 국가안전부 요원들이 둘러싼 곳을 뚫
고 서독 수상을 생생하게 볼 수 있었다. 그것은 그녀에게는 하나의 커다란
승리였다.

그러한 상상력과 담대함, 그리고 때로는 슈베이크 병사*식의 기지로 규
격화를 파괴하는 사람들은 많지 않았다. 그리고 이러한 사람들은 종종 우
리 곁을 떠나갔다. 언젠가 바이어 부인도 서독의 친지를 방문하러 갔고 지
금은 그곳에서 살고 있다.

교회 공간이 부족한 관계로 신시가지에서의 우리의 활동은 이른바 가정
모임으로 지탱되었다. 이런 모임에서는 목사의 역할보다 개별 기독교인의
활동이 더 중요했다. 성서모임과 여성들의 저녁모임, 교리 공부와 견신례
교육이 목사의 집뿐만 아니라 교인들의 집에서도 열렸다. 그러면 10~15명
의 어린이가 좁은 부엌에서 쪼그리고 앉아 있곤 했는데, 때로는 교리 담당
여교사 부버가 아이들을 무릎에 앉혀놓고 예수에 관한 이야기를 열심히 읽
어주었다. 집에 들어가기 전에 신발을 벗는 것은 새로운 거주지에서는 흔
한 일이 아니었기 때문에 이런 모임은 다른 사람들의 눈에 잘 띄었다. 교리
공부를 하는 동안 20~30켤레의 신발이 문 앞에 놓여 있었지만 이러한 모임
을 위한 사적 공간을 찾는 데는 아무런 문제도 없었다.

가정모임이 좋은 점은 이를 통해 교인들 사이의 관계가 매우 돈독해진

---

* 『용감한 병사 슈베이크』는 체코 작가 야로슬라브 하셰이 쓴 반군사주의적이고 풍자적인 소설의
제목이다. 이 소설의 주인공 슈베이크는 전형적인 프라하 사람이자 기지와 위트가 넘치는 인물이
다. _옮긴이

다는 것이었다. 이들 사이에는 특별히 '우리'라는 감정이 형성되었는데, 이는 오늘날 후기 공산주의 국가들에서 많은 사람이 몹시도 그리워하는 감정이다.

이러한 모임의 단점은 성격이 폐쇄적이라서 참여자들 사이의 행동 영역 및 외부로의 효과에 제약을 받는다는 것이었다. 여가시간은 오직 국가적 제도의 과제로서만 허용되기 때문에 종교 공동체인 교회는 가능한 한 예배라고 불릴 만한 종교적 활동에 한정되어야 했다. 한 예로 우리는 청소년들과 함께 캠핑을 해서는 안 되었다. 캠핑을 하려면 이웃 나라인 폴란드로 가야 했는데 폴란드의 자유노조 활동으로 국경이 폐쇄되자 체코슬로바키아로 가야 했다. 그래서 우리는 여가시간이라는 이름 대신 수양회 또는 성서수양회라는 이름을 사용했다. 동독공산당은 1970년대 초부터 이러한 활동을 신고하거나 허락받도록 했는데, 우리는 이러한 방법으로 우리의 활동을 신고하거나 허락받지 않아도 되었다.

'수양회'라는 명칭은 종교적 성격을 분명하게 드러내기 때문에 이런 모임에 대한 반대는 거의 없었다. 하지만 수양회의 주제를 한정짓지 않았고 따라서 종교적 문제에만 국한하지도 않았다. 우리는 정치, 다양한 체제, 전쟁과 평화, 관용은 물론, 문학, 불안, 용기, 비겁함, 적응, 자유, 복종과 불복종, 사랑, 성의 형식, 혼전 성관계에 대해서도 토론했다.

교회는 점차 국가가 배제하거나 터부시하는 주제들, 즉 학교 안에서의 군사교육과 훈련, 체르노빌 참사 이후의 원자력 이용, 환경문제, 인권과 시민권 문제, 핵 시대의 평화 문제와 씨름했다. 유대인들의 묘지도 연구했는데, 11월 9일 '수정의 밤' 추모 행사를 로스토크의 한 유대인 묘지에서 가지기도 했다. 국가기관은 그러한 행사를 지시한 바가 없었기 때문에 국가안전부 요원들이 우리를 감시했다. 우리는 생태학적 의식을 고취하기 위해 나무를 심기도 했고 '자동차 없는 이동'을 선전하기도 했다. '자동차 없는 이동'에는 100여 명의 청소년이 부모님의 지원을 받아 참여해 자전거를 타고 행진하기도 했다.

정부에 대한 반대 여부를 기준으로 동독에서의 교회 활동을 판단하는 사람은 교회의 본래적 사명을 제대로 이해하지 못했다. 교회는 정치적 프로그램을 가진 정당이 아니며 정권을 붕괴시키는 지하조직도 아니었다. 동독에서도 교회의 생각과 행동의 중심에는 하나님과 예수 그리스도가 자리 잡고 있었다. 중요한 것은 하나님의 말씀을 사람들에게 전하고 그들을 신자로 만드는 것이었다. 물론 교회는 국가와 정당의 간섭으로부터 벗어난 독자적이고 독립적인 기구였고, 열린 대화가 가능한 유일한 장소였으며, 주제나 의견이 금기시되거나 검열받지 않고 독립적으로 사고하고 행동하기 위한 교육의 장이었다. 그만큼 정부에 반대되는 위치에 있었다.

교회는 사람들을 자유롭게 만들었으며 체제에 의해 오도되지 않았다. 교회는 국가의 가치와 다른 가치가 성립될 경우 국가와 대립한다. 교회는 국가가 취급하는 주제와는 다른 주제에 역점을 둔다. 교회는 콘서트나 작가 초청 낭독회를 통해 자신들과 정치적으로 다른 생각을 가진 사람, 예술가, 동성애자, 그리고 심지어 아무런 활동도 하지 않지만 현재의 조건과 정신적 압박으로 인해 고통당하는 사람과도 만난다. 교회는 지금도 이렇게 다양해지려고 할 때 다른 곳에서는 금지된 것을 말하고 들을 수 있다는 희망이 그들 모두를 하나로 묶는다. 교회는 우리의 영혼이 갈망하는 바를 고백할 때 생겨나는 특별한 마력을 추구한다.

나는 본래 에버스하겐에 예배당을 짓고자 했다. 그렇지만 교회에는 주택이나 목사관, 차고를 건축하지 못하도록 규정되어 있어 이러한 희망을 이룰 수 없었다. 그런데 동독에 엄청난 외화 부족 사태가 일어나자 예상 밖

교회청년회가 밀가루 반죽으로 'Happy Birthday'라는 문구를 승용차에 써놓고 축하하고 있다. 자동차 앞의 가방 두 개에는 목사 예복, 십자가, 그리고 촛대가 담겨 있다. 구호시설의 한 예배에서 돌아오는 길에 맞이한 깜짝 이벤트였다.

의 가능성이 생겨났다. 동독의 자매교회를 지원하던 서독의 교회들이 동독에 예배당, 교회 부속 건물, 복지시설 등의 건축을 지원하겠다고 나선 것이다. 서독의 돈이 손짓을 하자 동독의 고위층도 기꺼이 이를 승낙했다. 우선 전쟁 중 현대적이고 화려하게 꾸며진 '공화국의 궁전' 건너편 도시 한가운데 있는 베를린대성당처럼 전쟁 중 파괴되어 수리가 시급한 낡은 교회들이 복구에 착수했다. 어려운 협상 끝에 수십만 명의 주민이 살고 있는 콘크리트 양식의 주거 지역에도 몇 개의 예배당 건축이 허가되었다.

그렇지만 개신교회는 가난한 형제로 인식되기를 원치 않아서 동독 국가와의 협상을 통해 건축비의 반을 동독마르크로 지원받았다. 그러나 로스토크-에버스하겐의 가톨릭교회는 보조금을 모두 서독마르크로 받았다.

개신교회 부속 건물은 다른 지역에 지어졌으나 1985년에 성 안드레아 교회로부터 5킬로미터 떨어진 우리 지역으로 이사할 수 있었다. 우리는 새로 지은 가톨릭교회인 토마스 모어교회의 공간도 같이 사용할 권리를 가졌기 때문이다. 주인인 셈인 가톨릭교회를 배려해 우리는 아침 8시 반에는 일요예배를 시작했다. 하지만 이른 시간인데도 예배 참석자들은 상당히 많았다.

내가 도착했을 당시만 해도 존재하지 않던 교회였으나 벌써 신자가 약 4500명에 달하게 되었다. 그 중 일부는 내가 가정 방문을 통해 전도했고 다른 일부는 새로운 지역으로 이사 오면서 교회를 찾아왔거나 기관을 통해 우리를 알게 되었다. 새로 태어난 아기 외에 청소년과 청장년들에게도 나는 세례를 베풀었다. 한번은 인민 군복을 입은 젊은이가 세례대 앞으로 나와 세례를 받고 난 후 스트랄준트에 있는 군부대로 교회 신문을 주문하고 매주 일요예배에 참석하기 위해 외출 신청을 해서 나와 교회를 감동시킨 일도 있었다.

몇 년이 지나는 동안 신학을 공부하려는 젊은이들도 생겨났다. 추수감사절에 우리는 자연에서 거둔 수확에 대해서뿐만 아니라 교회 안에서의 수확에 대해서도 감사했다. 교회본부는 결국 나와 같이 일할 두 번째 목사자리를 허락해주었다. 목사가 한 사람 더 늘어난 것이다.

우리가 살던 에버스하겐의 마지막 아파트는 로만 목사 가족에게 넘겨주고 우리 가족은 구시가지에 있는 니콜라이교회와 가까운 낡은 집으로 이사했다. 그 집의 정원은 도시의 옛 성벽과 경계를 맞대고 있어 아내에게 큰 기쁨을 주었다. 나는 이제 동료 목사의 지원 덕에 개신교신도대회의 의장단으로서 과제들을 한층 잘 수행할 수 있게 되었다.

개신교신도대회는 지방교회의 가장 큰 행사였다. 국가 지도층은 특정한 공간의 사용을 불허하거나 주제나 조직에 대해 염려를 표하는 방식으로 신도대회에 제약을 가하기 위해 온갖 시도를 가했다. 따라서 동독 전체를 아우르는 개신교신도대회는 전혀 허락되지 않았다.

1983년 마르틴 루터의 해를 맞아 동독 교회에서는 당시까지 좀처럼 기대할 수 없었던 가능성이 처음으로 열렸다. 루터가 공식적인 역사 인물로 재평가됨에 따라 교회는 수혜자가 된 것이다. 1950~1960년대에는 '농민들의 배반자' 또는 '영주들의 종'으로 비난받던 종교 개혁자가 이제 '독일 민족의 위대한 인물들 가운데 하나'로 평가되었다. 프로이센의 르네상스와 루터에 대한 숭배는 동독의 대외 정치적 위상을 끌어올렸다. 로스토크의 의사당 앞과 부둣가에는 교회의 거대한 깃발들이 휘날렸고 이러한 흔치 않은 광경은 우리에게 기쁨과 만족을 주었다.

1983년 '신뢰를 모험하자!'라는 슬로건으로 열린 로스토크의 개신교신도대회에는 자원봉사자만 3500명에 달했으며, 대회 참석자는 3만 명에 가까웠다. 무엇보다도 외국에서 온 손님들이 크게 환영받았다. 세계교회협의회를 대표하는 남미의 성직자, 파리의 주교가 참석했으며, 스웨덴, 스위스, 오스트리아, 소련, 체코슬로바키아, 폴란드, 서독에서도 많은 사람이 참석했다.

가장 흥분을 자아낸 순간은 대회장에서 열린 '만남의 저녁' 행사에서 한 미국인 참가자가 「우리 승리하리라」라는 노래를 시작하면서였다. 항구 근처 공원에서 야외 행사로 열린 폐회 예배에서 우리는 거대한 축제 분위기를 경험했다. 2만 5000여 명의 기독교인들은 주 하나님을 고백하고 찬양하면서 한목소리로 주기도문을 암송했다. 지방교회 라트케 주교가 말했듯이, 무신론 국가의 한가운데에 있는 열린 광장, 즉 "차단하거나 가로막는 장벽이 없는 야외"에서 그런 일이 일어난 것이다.

그 행사는 동독 사회에서 하나의 운동으로 이어졌고, 5년 후에 열린 로스토크의 신도대회에서는 그 열기가 부풀어 올랐다. 로스토크에서 열린 그 대회는 '다리를 놓자'라는 주제 아래 열렸다. 당시는 미하일 고르바초프가 중앙통제경제를 완화하는 페레스트로이카를 실시했을 뿐만 아니라 사회의 개방 정책인 글라스노스트를 선언한 시기였다. 우리는 '다리를 놓자'라는 주제 아래 우선적으로 기독교인과 마르크스주의자 간의 대화를 시도했는데, 동독의 공산당과 서독의 사회민주당은 이미 이러한 시도를 했고 1987년 여름 대화록을 통해 그 결과를 발표한 바 있다. 헬무트 슈미트는 훗날 자신의 회고록에서 당시의 대화록을 "도덕적으로나 정치적으로" 잘못된 것이라고 평가했다. 낡은 반공주의적 사고를 가진 사회민주당 당원과 기민당 당원이 당시 슈미트의 논평과 정치적 환상, 그리고 그러한 불쾌한 협력을 비판한 것은 타당했다. 그렇지만 우리는 대화록의 고유한 문구를 정당에 압력을 행사하는 데 사용했다.

우리는 제약 없는 대화를 요구했다. 우리는 동독공산당에 평화, 환경, 인권 등의 주제에 대해 입장을 내놓으라고 강하게 요구했다. 물론 그들이 이러한 주제에 대해 확신을 갖고 지원하리라는 기대는 하지 않았으나 적어도 자신들의 속내는 드러내놓아야 했다. 그렇지만 어떠한 대화도 없었다. 동독공산당의 고위층은 언제나 자신들이 진리를 독점하고 있다는 착각에 빠져 있었다. 그들은 파트너십이 아니라 추종만을 요구했다. 그들은 종교 문제를 연구한 세 명의 마르크스-레닌주의 전공 교수를 정부 대표자들을 대신해 우리에게 보냈다. 훗날 동독공산당 지도부는 몰락을 맞이하게 되자 비로소 대화에 응했으나 이미 때는 늦었다.

기독교인과 유대인 사이에 대화가 진행되면서 내게 인상 깊었던 경험은 로스토크 출신의 한 유대인 생존자와 처음 만난 일이었다. 제2차 세계대전이 발발하기 직전 상인의 아들이었던 15살 소년 알브레히트 자크 추커만은 나치를 피해 팔레스타인으로 이주하는 데 성공했다. 1984년 그는 야코브 추르라는 이름으로 로스토크로 돌아왔다. 동독의 전환기 이후 그는 첫 명예시민이 되었으며 로스토크에 유대인들의 역사와 문화를 위한 만남의 장소를 세우는 데 결정적인 역할을 했다. 나는 이후 이스라엘에서 다시 한 번 그를 만났다.

1987년 6월 동베를린에서 열린 개신교신도대회에서 저항 단체들은 '아래로부터의 신도대회'를 조직했고 폐회식에서 플래카드와 시위 행동을 통해 주목을 끌었다. 메클렌부르크포어포메른주에 있던 우리는 교회 내에서 그와 같은 분열이 일어나지 않도록 하기 위해 주제도 참석자도 배제하지 않기로 결정했다. 만일 동독에서 소수집단이던 기독교인들이 다시 한 번 분열한다면 이는 우리의 전술적 패배로 생각되었을 것이다. 그래서 급진적으로 행동했던 출국 신청자나 반체제 인사조차 신도대회에 함께 통합시켰다. 우리는 "아래로부터의 교회, 그것은 우리들 모두이다"라고 말했다. 메클렌부르크포어포메른주 지방교회의 주교와 교회 인사들은 우리의 신뢰를 얻었다. 베를린-브란덴부르크의 지방교회나 그라이프스발트의 지방교회와 달리 메클렌부르크포어포메른주의 지방교회는 교회의 주변에서 활동하는 기초 단체들에 대한 보호를 철회하지 않았고, 그들도 교회 내의 반대파가 될 필요가 없었다.

1988년 개신교신도대회에서 가장 관심을 끈 것은 전 서독 수상 헬무트 슈미트의 참석이었다. 우리는 1981년에 그가 귀스트로를 방문했을 때와는 다른 메클렌부르크포어포메른주의 매력을 그에게 보여주려고 했다. 헬무트 슈미트는 서독의 사회당 내에서는 그다지 지지를 얻지 못했으나 동독에서는 매우 인기 있는 정치가였다. 그가 개신교신도대회에 참석하는 데 대해 동독 국가뿐만 아니라 그쪽 진영도 크게 반대했다. 하지만 그의 참석을 관철시키기 위해 해당 지역의 위원회와 불편한 협상을 시작했다. 교회 측에서는 메클렌부르크포어포메른주와 그라이프스발트 지방교회에서 각각 두 명의 대표가 참여했다. 국가 측 인사들이 슈미트의 방문에 대해 여러 차례 염려를 표시했을 때 그라이프스발트 지방교회의 주교인 긴케가 갑자기 끼어들어 이렇게 말했다. "정부에서 온 분들이 전 서독 수상의 입국을 그렇게도 걱정한다면 그 사정을 이해하고 아마도 취소해야겠군요."

슈티어 주교와 나는 귀를 의심했다. "긴케 주교님, 그 문제는 우리가 여기서 의논할 일이 아니지요. 거기에 대해서는 우리끼리 합의를 봐야 하지 않겠습니까?" 그 후로 날선 논쟁이 오갔으나 슈티어 주교와 나는 굽힐 수 없었다. 왜냐하면 신도대회가 우리 지방교회에서 열리기 때문이었다. 우리는 국가로부터 더러운 작업을 넘겨받지 않을 것이고 슈미트의 초청을 철회할 수 없음을 확실히 말해두었다. 훗날 공개된 국가안전부의 문서에서 밝혀진 바에 따르면, 국가안전부는 긴케 주교와 그 밑에서 일하는 고위성직자들을 자신들의 비공식 협력자로 간주하고 있었다. 국가 측은 슈미트의 개신교신도대회 참석을 거부했지만, 우리 지방교회 주교인 슈티어는 슈미트에게 편지를 보내 초청은 여전히 유효하다고 전했다.

그리고 마침내 헬무트 슈미트가 왔다.

1988년 6월 18일 그는 마리엔교회에 모인 2500여 명의 청중 앞에서 연설했으며, 성령교회에 모인 1000여 명의 방문객과의 토론에도 참가했다. 그의 인사말에 대해 국가안전부의 비공식 협력자는 "환호와 함께 오랫동안 폭풍 같은 박수갈채"가 이어졌다고 적었다. 슈미트는 냉전 시대에는 적에 대한 이미지가 존재했지만 강대국의 지도자들이 개인적으로 서로를 알지는 못했다면서 다음과 같이 말했다. "이러한 원수 상들은 이제 극복된 것 같습니다. 그러나 여기서 우리는 한 가지를 배워야 합니다. 즉, 상대방에게 귀를 기울이고 상대의 대답을 경청할 때만 상대방을 이해할 수 있으며, 내가 상대방의 물음에 대답할 때만 상대방도 나를 이해할 수 있다는 사실입니다." 슈미트는 독일 분단과 같은 까다로운 주제도 피하지 않았다. "우리는 분단을 강제로 없앨 수 없다는 것을 누구나 알고 있습니다. …… 그렇지만 우리들 개개인은 독일 민족이 가져야 할 공통의 지붕(삶)에 대한 희망을 확고히 해야 합니다."

개신교신도대회는 중요한 행사라서 서독의 방송국까지 와서 취재 보도했다. 당시 우리는 마지막 집회를 위해 도시 외곽에 있는 공원으로 나왔다. 당시는 루터를 기념하던 때처럼 도시 중심에서 대회를 열어서는 안 되기 때문이었다. 약 4만 명의 군중이 야외에 모였는데, TV로 중계되지 않았더라면 이 거대한 군중은 아주 제한적으로만 관심을 끌었을 것이다.

개신교신도대회의 준비 단계에서부터 대회위원회는 소극적인 자세를 취하거나 주제에 대해 당당하게 말하지 못하는 주교가 폐회 설교를 맡아서는 안 된다고 결의했다. 교회의 중심에 있는 목사가 맡아야 했는데, 그 결과 내가 폐회 설교를 맡게 되었다.

나는 믿을 수 없을 정도로 흥분되었다. 나는 그렇게 많은 청중 앞에서 말해본 적이 없었다. 나는 당시의 일상화된 비판에 대해 침묵하지 않으면서도 국가가 앞으로 있을 신도대회를 금지시키거나 적어도 강하게 반대하지 않도록 해야 했다. 나는 모든 것을 조심스럽게 영적으로 포장했으나 몇 안 되는 교회의 고위층만 알아들을 수 있는 핵심 개념과 주제 영역을 언급하기도 했다. 이로 인해 나는 북부 지방에서 청소년활동을 하는 사람이라는 명성을 얻었다. 심지어 튀는 문장 덕에 서독 지상파 TV의 메인 뉴스에까지 등장했다. 나는 동독의 고위층에게 다음과 같이 전달했다. "우리에게 탈출이 허락되더라도 우리는 동독에 머물 것입니다."

그 해는 동독이 예기치 못한 종말에 직면한 해였다. 물론 청년들 사이에서 동요가 있었지만, 기독교인들은 1988년 초 이래 '평화, 정의, 창조질서의 보전'이라는 주제를 내건 에큐메니컬 운동 과정을 통해 자신의 체제에 대한 비판을 점점 더 분명하게 감행했다. 그러나 수십 년이 넘도록 형성된 불안-적응 증후군은 대규모 행동을 여전히 방해했다. 당시에는 개방과 '새로운 것'에 대한 희망에 과부하가 걸렸었다.

나는 많은 사람들이 감히 모험하지는 못했지만 다른 삶에 대한 꿈을 갖고 있음을 보여주려 했다. 사람들의 마음속에서는 자유에 대한 갈망이 이미 자유에 대한 욕구로 바뀌어 있었다. 이러한 상황에서 하나님의 말씀과 인간의 기대는 하나가 되어야 했다. 나는 내 설교에서 이러한 감정, 불안, 소원을 표현하려 애썼다.

극야極夜*가 몇 십 년 동안 모든 민족과 특정한 집단 위에 내려앉았습니다. 이는 수많은 사람들의 영혼과 마음을 빙하기에 가두었습니다. 태양과 기후 지대가 지구를 불균형하게 나누어놓았고 인간의 삶도 풍요와 결여로 불균형해졌습니다. 빛이 들기 전에는 밤이 지배합니다. 그러나 밤이 깊을수록 깨어 있는 사람에게는 빛에 대한 갈망이 더욱 강해집니다. 그런데 이러한 간절한 갈망은 아침만 되면 곧장 잊힙니다. 이는 과연 바람직한 일일까요?

빛은 우리를 보게 하고 우리 안에 일어나는 일들을 보게 합니다. 그렇다면 어둠을 진지하게 받아들여야 하며, 밝은 빛에 대한 갈망을 잊지 말고 삶

---

* 극지방에서 겨울철에 해가 뜨지 않고 밤이 지속되는 현상을 뜻한다. _옮긴이

속에 간직하고 살아가야 합니다. 왜냐하면 우리를 괴롭혔던 밤을 견디내야 하기 때문입니다. 모든 것을 잊는다면 우리는 새로운 갈망을 발견해낼 수 없습니다. 나는 우리가 갈망하기를 원합니다. 그래야만 희망을 발견할 수 있기 때문입니다.

희망은 '소유'에서가 아니라 '존재'를 향한 갈망에서 자라납니다.

희망이 참된 것이 되려면, 무언가를 감행해야 합니다. 목가적인 전원시가 아닌 변화를 통해 희망이 생겨납니다. 희망의 자매는 소요라는 이름입니다. 온갖 불의에 대한 침묵이 우리를 어디로 끌고 왔는지 놀라지 말고 깊이 생각합시다. 안주하는 기독교인들과 시민사회는 오히려 소요를 일으키는 이들에게 감사해야 합니다. 그들은 우리가 처한 곳과 타협하지 말 것을 가르쳐줍니다.

개인에게 중요한 것은 사회에도 중요합니다. 불의를 직시하고 새로운 삶을 시작합시다. 새로운 사회에서 공동체적 삶을 사는 것이 우리의 간절한 희망입니다. 오늘날 새로운 사회적 대화를 뒷받침하는 기둥은 군비 축소와 긴장 완화입니다. 대외 정책적으로는 군비 축소가 더욱 중요한데, 이는 우리나라에서부터 실행해나가야 합니다.

이렇게 많은 심연이 행동하고 참여하는 사람들이 만들어갈 가교를 기다립니다.

—자연은 착취되지 않고 보호되어야 합니다.

—우리의 숲에서 미사일이라는 악마의 장난감이 추방되어야 합니다.

—우리의 학교에서 흑백의 고정관념을 추방합시다.

—우리 공화국은 추방하지 않고 받아들이는 나라가 되기를 바랍니다.

출입국이 자유롭게 허락될 때 사람들은 머물고 싶어집니다.

—착취, 인종 차별, 억압은 사랑하는 이들 간에 증오를 불러오며, 모든

사회의 희생자들에게 우리는 그 이름에 합당한 형제자매가 되어야 합니다.

친구들이여, 순응이라는 위장된 옷을 입고 살아가는 존재를 떨쳐버립시다. 그리고 주 예수 그리스도가 우리를 이끄는 생명의 다리로 나아갑시다!

06

사회주의 내에서의 교회
기독교와 사회주의 간의
대결과 대화

　　　　　　　　　동독 체제가 시작된 지 20년째 되던 무렵, 교회 직무를 준비하던 사람에게는 항상 주변에 강한 신념으로 무장된 목사나 부목사가 있었다. 우리 지방교회에서는 하인리히 라트케 목사가 신학적·정치적 관점에서 문하생들에게 하나의 본보기였다. 1928년 메클렌부르크포어포메른주의 목사 가정 출신인 그는 1944년 해군 조교로 복무하다가 영국군의 포로가 되었다. 전쟁이 끝난 후에는 뤼벡에서 고등학교를 마치고 서독의 대학에서 신학을 공부했다. 그 후 바이에른주로 갔고 그곳에서 결혼했다. 그는 서독에 안착했으나 1952년 6월 17일 이후 동독 교회의 요청에 따라 100여 명의 목사와 함께 자신의 옛 고향 동독으로 돌아왔다.* 1956년 그는 로스토크대학에서 박사학위를 받았고 귀스트로 근처의

---

* 　앙겔라 메르켈 독일 수상의 아버지인 호르스트 카스너도 목사 부족으로 어려움을 겪던 동독 교회의 요청으로 1954년 딸 앙겔라가 태어난 몇 주 뒤에 동독으로 이주했다. 즉, 이 책의 저자이자 통일 독일의 대통령이 된 가우크와 수상 메르켈은 모두 동독 출신이다. _옮긴이

6장 사회주의 내에서의 교회　163

마을 바른켄하겐에서 교회 목사로서 일하기 시작했다. 1962년부터는 로스토크의 신시가지에서 목회를 하다가 메클렌부르크포어포메른주 지방교회의 주교로 선출되었다. 1984년 그는 교회 주교로서는 최초로 일반 목회자로 자리를 바꿨다.

라트케 목사가 1953년 서독에서 동독으로 옮긴 것은 쉽지 않은 결정이었다. 그의 고향 동네인 말호에서는 소련군이 진입할 당시 젊은이들의 3분의 1이 사살되었다. 이는 그에게 큰 부담이 되었다. 동독공산당이 실천했던 사회주의를 그는 받아들일 수 없었다. 그는 1950년대 개신교회 내에서 오토 디벨리우스의 철저한 반공주의와 카를 바르트의 친사회주의적 자세라는 두 개의 극단적 입장 사이 어딘가에 자기의 위치를 설정하려고 했다.

독일개신교협의회 의장이었고 보수적인 오토 디벨리우스는 정치적 권위에 관한 자신의 글에서 동독 체제를 전체주의적 불법 국가로 싸잡아 비난했다. 그는 하노버의 지방교회 주교인 한스 릴리에게 보낸 편지에서 동독을 교통신호를 지키지 않는 국가라고도 했다. 반대로 스위스의 개혁교 신학자이자 '20세기의 위대한 교부'인 카를 바르트는 「독일민주주의공화국(동독)의 한 목사에게 보내는 편지」에서 동독의 사회주의적 상황이 개선될 것이라는 희망을 피력했다. 그는 물론 그 편지에서 그 희망이 ─ 하나님에 대한 희망과 달리 ─ 오류로 나타날 수도 있다고 첨언했다.*

라트케는 두 길 가운데 어느 하나도 선택하지 않았다. 그는 사회주의 체제를 완전히 거부하지도 않았지만 그 체제에 순응하지도 않았다. 그는 튀

---

* 바르트는 1947년 '다름슈타트 선언'에서 마르크스주의를 하나님 나라의 차안성의 빛에서 기독교인들의 갱신으로 규정하면서, 당시 등장하던 냉전체제하에서의 반공주의를 반대하고 전체 독일이 민주적 사회주의로 나아갈 것을 주장했다. 그는 「동서 사이에서의 교회」라는 논문을 통해 공산주의와 자본주의의 투쟁은 단지 세계를 지배하려는 무저갱에서 나온 거대한 용들(계시록 20:2)의 권력 투쟁이라고 평가하면서 기독교인은 어느 편에 서서도 안 된다고 경고했다. _옮긴이

링겐의 지방교회 주교 모리츠 미첸하임이 강조했던, 가능한 한 국가에 충성한다는 '튀링겐식' 길과도 거리를 두었다. 다른 한편으로 그는 사회주의 국가를 부정하지 않았으며 동독정부도 비판과 저항의 대상으로 삼는 국가 시민적 행동의 출발점으로 보았다. 라트케 주교는 물론 근본주의자도 기회주의자도 아니었다. 그의 특징은 진정성이었다. 즉, 그는 자신을 팔지 않고도 타협할 수 있는 현실주의자였다. 그에게는 국가와 자신을 완전히 동일시하지 않고도 동독에서 살아갈 수 있는 하나의 가능성이 존재했다. 거부와 적응 사이에서 독자적이고 독립적인 교회 활동의 길을 찾는다는 것은 동독 시절 내내 어려운 시도였다.

1969년 독일개신교협의회는 전체 독일의 통일성을 포기하고 동독 지역에 따로 개신교연맹을 창설했다. 왜냐하면 동독이 새로운 헌법에 따라 국경을 초월하는 모든 단체나 조직을 불법화하고 서독의 개신교회협의회를 "나토의 교회"라고 규정했기 때문이다. 동서독이 분단된 후에도 '하나의 통일된 개신교회'를 견지했던 독일교회가 동독과 서독에 각각 독자적인 교회연맹과 교회협의회를 조직하고 기구를 분리시킨 것을 동독정부에 대한 굴복으로만 볼 수는 없다. 동독교회연맹 헌법 4장 4절에 보면 동독의 지방교회는 독일 전체 그리스도인들의 영적 공동체라고 분명히 밝히고 있다. 그러나 동서독 교회를 조직상 분리함에 따라 동독교회가 사회주의 내에서 '소수자들의 교회'라는 특별한 조건하에 존재한다는 사실이 더 명확해졌다. 우리는 국가가 동독의 그리스도인을 서독의 식민지로 간주하지 않고 서독교회에서는 당연시되었던 방송 예배나 목회를 허락해주기를 바랐다. 다른 한편 서독에서 국가와 교회 사이에 체결되어 시행되는 군목 제도를 동독교회는 받아들이지 않기를 바랐다.

하인리히 라트케가 지방교회의 주교직에 취임함에 따라 신선하고 낙관적인 분위기가 만연해졌다. 라트케는 우리가 소수자들의 교회로서 내적으로 강화될 때 외적으로 자신을 차단해서는 안 되며 옛 교인들을 유지하는 것뿐만 아니라 새 교인들을 끌어들이는 데에도 관심을 기울여야 한다는 것을 분명히 했다. 따라서 교회 안에서 벌어지는 청소년활동은 그에게 언제나 매우 중요했다. 그는 교회가 비기독교인에게도 관심을 갖고 그들에게 전파력을 발휘해야 한다고 생각했다.

이러한 사고와 더불어 라트케는 1943년 체포되어 전쟁이 끝나기 며칠 전에 처형당한 고백교회의 일원이자 매우 독특한 개신교 신학자인 디트리히 본회퍼의 전통에 서 있었다. 그리스도를 '타자를 위한 인간'으로 이해했던 본회퍼에 따르면, 교회는 자기 보존을 위해서뿐만 아니라 세상에서 추방당한 자, 멸시당하는 자, 박해받는 자 ─ 비록 그리스도인이 아니더라도 ─ 들을 위해 존재해야 하며, 목회 활동을 뛰어넘어 사회적·정치적 문제에도 참여해야 했다.

하인리히 라트케는 1971년 아이제나흐에서 열린 전체 독일 개신교 총회의 강연에서 이러한 구상을 좀 더 정교하게 표현했다. "교회는 '타자에 '반대하는' 교회'로 자기를 이해해서는 안 된다. 이는 교회가 기독교적 규범을 위반하는 것이다. 교회는 '타자 '없는' 교회'로 자기를 이해해서도 안 된다. 이는 자기 이익만 지키는 자족적 교회가 되는 것이다. 마지막으로 교회는 '타자와 '같은' 교회'로 자기를 이해해서도 안 된다. 이는 지배적인 상황에 기회주의적으로 순응하는 것이다." 마지막 명제는 물론 논란의 여지가 있었다. 그래서 1973년 슈베린에서 열린 전국 개신교 총회에서도 명료한 도식화가 채택되지 못했다. 그래서 나온 도식은 다음과 같다. "우리는 사회주의와 나란히 있거나 사회주의를 반대하는 교회가 아니라 사회주의 내에 있는 교회가 되려고 한다."

그러나 '사회주의 내에 있는 교회'란 무엇을 의미하는가? 사회주의적 교회라는 말 자체에 모순이 존재하는 것 아닌가? 이는 필요할 경우 사회주의적 조건을 받아들이는 교회를 뜻하는가? 아니면 동독공산당의 강령에 따라 말하고 행동하는 교회를 뜻하는가? 아니면 불이익을 당한 사람들을 특별히 고려하면서 인간의 자유롭고 평등한 공동의 삶이라는 윤리적 전망을 목표로 하는 교회를 뜻하는가? 공식적인 표현에 대한 지방교회 간 의견이 분분해 이 논의는 결론에 이르지 못했다.

라트케는 1971년부터 1984년까지 지방교회의 주교로 있는 동안 '사회주의 내에 있는 교회'라는 도식을 사용하지 않았고 메클렌부르크포어포메른주 지방교회의 대다수의 성직자 역시 이를 사용하지 않았다. 그 도식은 너무나 불분명했고 너무 많은 차이가 배후에 숨겨져 있었다. 내 주변에 있는 많은 사람들도 나와 비슷한 생각이었다. 따라서 우리는 이 도식을 단지 위치 규정으로서만 이해하려 했다. 즉, 우리는 개혁될 수 없는 사회주의 국가인 동독에 있는 교회라고 말이다. 반면에 에르푸르트에 있는 교회의 총사제인 하이노 팔케는 1972년 총회에서 사회주의에 대해 동독에서 고착된 하나의 현실이 아니라 "개선될 수 있는 사회주의"라는 비전이라고 해석했는데, 이는 동독공산당의 분노를 자아냈다. 왜냐하면 현실로 존재하는 사회주의가 정치적 적대자에 의해 개선 가능한 것으로 설명되었기 때문이다. 팔케는 1980년대에 이르러 "개선될 수 있는" 체제가 중요하지만 교회 안에는 현실 사회주의에 반대하고 이상적 사회주의를 추구하려는 사람들이 여전히 존재한다는 확신을 상실했다.

라트케 목사의 논제는 다음과 같았다. 교회는 사회주의에 대해 소극적 개방이 아닌 적극적 개방을 지향해야 한다. 사람들이 모두 우리처럼 생각하지는 않지만 우리를 이해할 것이라고 말할 권리는 우리에게 있다. 우리는 예배와 교의적 전통이라는 종교 의례의 감옥에 머물러서는 안 되고 이웃 사랑의 메시지를 모든 사람이 이해할 수 있는 말로 표현해야 한다. 본회퍼의 의미에서 보면 점점 세속화된 세계에서 믿음이라는 거창한 주제를 말하고 믿음을 상실한 세상에 믿음을 이해시키기 위해서는 하나님에 대해 비종교적으로 말하는 것도 이웃 사람의 메시지에 포함된다. 이러한 논제는 국가에 영합하는 것과는 무관하며, 교인들, 특히 반체제적인 젊은이들의 정서에 가깝다.

메클렌부르크포어포메른주의 교인, 목사, 그리고 교회 지도자들은 대부분 자신을 '아래로부터의 교회', 즉 통로 없는 자들을 위한 지원 단체로 이해했다. 1980년대 후반 베를린과 다른 도시들에서는 기초공동체와 교회 지도층 사이에 심각한 긴장을 유발되었는데, 다행히 메클렌부르크포어포메른주에서는 이러한 대결이 절제되었다. 교회 지도층이 국가와의 원만한 관계에 신경을 쓸 때면 — 교회 지도층이 국가안전부의 비공식 협력자로 활동하는 사람들에 의해 이러한 방향으로 빠져들면 — 교회 지도층은 지역의 교회와는 아무런 관계가 없으면서도 한층 급진적으로 행동하는 개인이나 집단에 의해 자신들의 공간이 오용된다고 보았다. 교회 지도층은 자신들과 생각을 달리하는 민권운동가, 평화운동가, 저항운동가를 지원하기보다는 "교회는 모든 사람을 위해 존재하지만 모든 것을 위해 존재하지는 않는다"라는 노선에 따라 그들과 경계를 그었다. 따라서 기초공동체는 국가와 너무 가까이 있다고 자신들이 비난하던 교회 지도층에 의해 종종 버림받았다고 느꼈다.

라트케의 솔직성과 개방성 덕택에 1960~1970년대 메클렌부르크포어포메른주 교회에서는 상층과 하층 사이에 분열이 생기지 않았다. 라트케는 동료들 가운데 으뜸으로 등장했고 함께 직무를 수행하는 성직자들과 밀접

한 관계를 유지했으며 언제나 그들과 대화를 추구했다. 메클렌부르크포어포메른주 지방교회에서도 중도적 입장을 취한 교회 본부나 교회의 용기 있는 목사들에게 재갈을 물리려고 하거나 개별 목사들이 너무 앞서 나간다고 생각해 그들과 연대하기를 거부하면 긴장이 발생했다. 라트케는 서독으로의 출국이나 환경 문제 같은 민감한 주제를 언제나 인내심을 가지고 다루었으며, 교회 안에서 불편한 개인이나 집단과 늘 접촉을 유지하면서 그들이 국가로부터 박해를 받아 최종적으로 '기초공동체'를 교회 지도층과 반목시키려는 시도가 실패하면 그들 앞에 나섰다는 점에서 매우 큰 공헌을 했다.

하인리히 라트케와 그의 후임인 크리스토프 슈티어는 국가기관들과의 접촉을 피하기만 해서는 안 된다는 것을 알았다. 그러나 양측은 뒷거래나 밀담, 또는 사적 접촉에 관여하지는 않았다.

동독개신교회연맹의 의장인 알브레히트 쇤헤어*는 1978년 3월 국가평의회 의장인 에리히 호네커와 극비리에 만났으며 라트케도 같은 방식으로 호네커를 만났는데, 당시 나는 이러한 사실을 이해하기 힘들다. 교회와 국가 수뇌부 간의 그 만남은 교회 여론에 큰 충격을 주었다. 물론 이러한 수뇌부의 회담으로 교회가 예배를 방송으로 중계하고 교도소나 양로원에서 목회 활동을 하도록 허락받는 등 몇 가지 긍정적 성과가 있었던 것은 사실이다. 실제로 나는 즉시 대형 국립 양로원에서 예배를 시작할 수 있었다.

그러나 이러한 수뇌부의 회담이 당과 국가의 교회 정책에 근본적인 변화를 가져오지는 못했다. 공적 삶에서 기독교인들이 활동할 수 있는 공간

---

* 히틀러 치하에서 1934년 신학 공부를 마치고 전도사 과정으로 디트리히 본회퍼가 책임자로 있던 핑켄발데의 목사수련소에서 공부했다. 동독 교회에서 본회퍼 연구 및 본회퍼 사상의 전파에 힘 썼으며, 1972년부터 1981년까지 베를린 브란덴부르크 지방교회의 주교로 재직했다. _옮긴이

은 여전히 좁았다. 예를 들어 외할머니 바렌만이 ≪발트해 신문≫을 일생 동안 구독했음에도 불구하고 동독공산당에서 발행하는 지방 신문이던 그 신문은 "나의 시간은 당신의 손에 있나이다"(시편 31편)라는 성구를 담은 외할머니의 장례식 부고를 실어주지 않았다. 내가 항의하자 신문 편집장은 독자가 돈을 내고 싣는 광고라 하더라도 기도교적 문구나 상징은 담을 수 없다고 설명했다.

하지만 사실 동독의 교회들은 폴란드의 교회와 달리 소수 교회이긴 했지만 사회주의적 상황에 있는 다른 나라의 교회보다 더 많은 권리를 가지고 있었다.

동독 내부에서 진행되는 신학적 이해와 토론에서는 서독의 목사나 교회 협력자와의 접촉이 중요한 역할을 했다. 그 사람들은 사상 면에서 위르겐 몰트만이나 헬무트 골비처 같은 신학자에 가까웠으며, 오랫동안 우리에게는 잘 알려지지 않았던 주제, 예를 들면 강대국들의 군비 경쟁, 지구 자원의 약탈, 남아프리카공화국의 인종차별주의, 남미의 해방 신학 같은 주제를 우리에게 알려주었다. 또한 니카라과의 독재 정권과 무장투쟁까지 벌였던 에르네스토 카르데날이나 브라질의 레오나르도 보프 같은 해방신학자들의 저서도 우리에게 전해주었다. 이를 통해 우리는 세계 차원의 에큐메니컬 운동과 관계를 맺는 차원을 넘어 가톨릭교회 해방신학의 주제였던 '가난한 자들의 신학'도 접하게 되었다.

서독에서 청소년 사업을 하는 파트너나 대학생 단체의 목사와 대화를 하다 보면 1968년 학생혁명 이래 계속 강화되어온 좌파 사상과의 관련성, 심지어는 두드러진 좌파 성향이 감지되었다. 시민적 형식을 띤 서독의 좌파적 시대정신은 우리에게 대단히 유용했다. 그 결과 동독에서도 여권주의적 사상, 권력 비판적 담론과 반권위적 평화 교육 등이 점차 등장했다. 그리고 전통적 성도덕이나 권위주의적 지도자상에 대한 비판도 등장했다.

때로는 서독에서 온 좌파적 동료 목사들과의 만남이 기괴한 성격을 띠고 진행되기도 했다. 서독 남부의 보수적인 바이에른 지방교회와 동독 메클렌부르크포어포메른주 지방교회의 목사들이 베를린-바이센제에 있는 한 교회 시설에서 열었던 큰 회의의 장면을 나는 아직도 기억하고 있다. 우리가 우리를 억누르는 것들을 털어놓고 부분적으로는 그런 문제에 관해 공개적으로 체제 비판적인 태도를 취하자 서독에서 온 몇몇 교회 활동가가 인내심을 잃고 이렇게 말했다. "왜 당신들은 전체 아프리카가 희망으로 삼고 있는 사회주의를 통째로 정죄하시오?" 내가 동독 수상인 호네커와 공산당 원로 집단의 지배를 비판하자 바이에른의 한 목사는 다음과 같이 발끈했다. "왜 당신들은 호네커에 대해 그렇게 흥분하시오? 우리에겐 프란츠 요제프 슈트라우스* 같은 타락한 정치가도 있소." 그처럼 보수적이고 뻔뻔스러운 정치가에 비하면 우직하고 깡마른 호네커는 오히려 무해한 인물이라는 것이었다.

그 순간 나는 우리 사이에 놓인 깊은 거리감을 느꼈다. 어떻게 민주적으로 선출된 정부 수반을 국민들에게 선거조차 허락하지 않는 독재자보다 더 강하게 비판할 수 있단 말인가? 당시 우리는 그저 서로 눈길을 주고받으며 경멸하는 투로 입술을 비죽였다. 그렇지만 서독에서 온 많은 방문객이 공산주의 독재의 본질을 제대로 보지 못한다 하더라도 우리는 그들이 주장하는 좌파적 이념에 대해 속수무책이었다. 그들도 우리처럼 더 많은 정의를 위해 노력한다. 무엇보다 그들도 비인간적인 자본주의 체제에 분노를 느끼므로 우리에게만 비판의 논거가 있는 것은 아님을 깨달았다. 그래서 우리

---

* 독일 남부 바이에른주에서만 활동하는 기독교사회연합의 당수였으며, 1978년부터 1988년까지 바이에른주의 총리를 지냈다. 극우 정치인인 그는 여러 재정적 추문에 휩싸이기도 했다. _옮긴이

도 덩달아 다소간 자본주의에 반대하게 되었다. 역설적이게도 동독의 많은 개신교 집단은 실제로 현존하는 사회주의를 통해서가 아니라 서독의 영향을 통해 좌파가 되었다. 우리는 당시 우리가 처한 사회주의와는 화해할 수 없었으나 오히려 그 이전의 이념과는 화해할 수 있었다.

나는 내가 경험한 사회주의적 지배를 항상 거부했었다. 그럼에도 불구하고 자본주의 내에 사는 이들이 반자본주의적이라면 자본주의에는 미래가 없다고 나는 스스로 이해했다. 그리고 사회주의가 더 새롭고 더 미래적이고 더 나은 인권과 시민권을 보장한다면 왜 내가 사회주의에 반대하겠는가? 나는 한편으로는 많은 사람들처럼 흔히 비인간적이라고 묘사된 자본주의적 사회 체제에 대한 철저한 비판이 지닌 지적 매력을 받아들였으며, 다른 한편으로는 미래를 긍정하는 신앙도 받아들였다. 이러한 전망을 받아들일 경우 현실 사회주의는 약속의 땅이 아니라 완성된 사회를 향한 과정에서의 첫 걸음일 뿐이었다. 그래서 기독교인들은 당 내부나 당 주변에서 크리스타 볼프나 슈테판 하임처럼 사회주의 체제에 만족하지는 못하지만 이 체제를 더 나은 대안으로 간주하는 지식인들과 만나게 되었다. 이후 나는 이러한 태도를 '상부구조로의 도피'라고 불렀으며, 이상주의적 사고보다 낭만주의적 사고에서 그 전조를 보려고 했다.

그러나 당시 서구의 흡인력은 나와 많은 지식인들을 빨아들였다. 우리는 더 이상 다음과 같은 물음, 즉 우리는 언제 서독으로 갈까, 언제 서독과 같은 조건을 갖게 될까라는 물음과 씨름하려 하지 않았다. 1970~1980년대에 활동가들은 이렇게 생각했다. '우리는 적어도 서독과 같은 사회적 조건들을 원하며, 이 나라에서 적어도 서독 사람들과 같은 자유와 권리를 갖기를 원한다.' 그런 점에서 나는 비록 강한 반공주의자인 동시에 약한 반자본주의자이지만 스스로를 좌파라고 생각했다.

마르크스적·사회주의적 비전에서 뭔가를 얻을 수 있다는 많은 기독교인의 생각은 신앙적 형태를 담은 아름다운 미래 이상에서도 발견되었다. 선조들이 가졌던 하나님에 대한 신앙은 많은 사람들에게서 이미 제2차 세계대전 이전에 상실되었다. 마네 슈페르버, 아르투르 쾨스틀러 같은 지식인조차 "동구로부터의 계시", 즉 새로운 하나님인 사회주의에 굴복했다. 그들은 고귀한 사회주의를 항상 '부패한 자본주의'보다 나은 사회질서로 이해했다. 성서는 연대성과 상호성을 요구하지만 자본주의는 이기주의와 탐욕을 부추기므로 복음은 윤리적으로 이해된 사회주의에 매우 가깝다는 것이 동독 교회의 총회에서 도식화된 내용이었다.

동독에 대해 비판적인 신학자와 이른바 '진보적인', 즉 동독에 충성하는 신학자 간의 경계가 때로는 희미해질 위험이 존재했다는 사실은 그다지 놀랄 일이 아니다. 에르푸르트의 하이노 팔케* 같은 비판적인 학자가 있는가 하면, 베를린 출신의 한프리트 뮐러**같이 사회주의에 순응적인 신학자도 있었다. 비판적인 신학자들은 연구 집단이나 동독 기민당 안에서 동독 지도층과의 협력을 지향하는 소수의 이른바 '진보적' 목사 및 대학의 신학자와는 거리를 두었다.

우리는 사회주의에 순응하지 않고 '현대적'인 자세로 시대의 문제에 대한 적절한 해답을 찾기를 원했다. 그러나 우리의 상상력은 명백히 한계에

---

* 하이노 팔케는 세계 에큐메니컬 운동에 활발히 참여했고 1990년 세계교회협의회가 주관한 '정의, 평화, 창조질서의 보전' 서울대회에 참석했다. 역자가 그와 진행한 대담은 「동서독의 미래와 통일」이라는 제목으로 ≪기독교사상≫ 1990년 4·5월 호에 실린 바 있다. _옮긴이

** 한프리트 뮐러는 1945~1952년 서독의 본과 괴팅겐 등에서 신학을 공부했으며, 고백교회 전통에 서서 대학에서 '독일 청년단'을 조직해 서독의 재무장 반대 운동을 하다가 여의치 않자 1952년 동독으로 이주했다. 다른 신학자들과 함께 '바이센제 연구모임'을 만들어 '사회주의를 위한 교회' 운동의 발판으로 삼았다. 뮐러는 본회퍼의 '비종교적 해석학'의 영향을 받아 동독의 사회주의 이상과 기독교 메시지 간의 매개를 시도했다. 한편 그는 동독 국가안전부에 속한 비공식 협력자라는 사실이 드러나 곤욕을 치르기도 했다. _옮긴이

직면했다. 우리는 원칙적으로는 체제의 변화를 믿었으나 구체적으로 어떻게 변화시켜야 하는지는 몰랐다. 인류의 6분의 1 이상이 사회주의적 체제 안에 살아가면서 '공산주의를 향한 과정'에 있었다. 우리는 이 모든 것이 바뀔 것이라고는 생각할 수 없었다. 우리는 사회주의 지역에 사는 이 사람들의 운명이 앞으로 어떻게 될지를 심각하게 고려했다. 그럼에도 1968년 체코슬로바키아에서 시도되었던 것처럼 사회주의가 인간화되는 것은 가능할까? 억압적인 중앙집권체제가 아닌, 실제로 해방된 사회주의를 믿어도 될까? 고르바초프 같은 사람이 더 많아지고 에리히 밀케* 같은 사람이 더 적어질 수는 없을까?

교회 내에는 일단의 좌파, 보수파, 전통주의자들이 있었다. 우리는 동독 공산당과 같이할 수 없었다. 지역 차원에서부터 정부 차원에 이르기까지 여러 현안을 국가기관과 협의하는 것은 정상적인 일이었고, 국가사회주의는 소지역이나 지방 차원에서 교회문제를 위한 담당자 및 독자적 기구를 배치해놓았다. 그렇지만 실제 권력은 국가기관이 아닌 정당이 가지고 있었기 때문에 어려운 문제가 생기면 교회의 고위 담당자는 당의 간부나 지역의 제1당서기와 협의해야 했다.

이처럼 당과 접촉하는 것은 교회 안에서 논란이 되었다. 내가 속한 지방교회는 이러한 논란을 피하려 했다. 하지만 개신교신도대회를 준비하는 과정에서도 당의 책임자들과 의논한 다음에야 결정을 내릴 수 있었다.

국가안전부가 분명 교회의 협상 대상은 아니었으나, 구체적인 문제가 발생하면 교회의 직무 담당자들은 공적으로 그들과 접촉할 수 있었다. 그

---

* 동독 국가안전부의 장관을 역임했으며, 스탈린 시기에 내무성인민위원회에서 10년 넘게 활동한 공산주의자로서 친소파로 분류되는 대표적인 인물 중 한 사람이다. 1945년 베를린전투 이후 독일로 돌아와 공산당 치하의 소련 통치 구역을 조직하는 데 중추적인 역할을 했다. _옮긴이

래서 동료 목사 크리스토프 클레만은 국가안전부 감옥에 갇힌 학생들을 돕고자 한 번은 나를 아우구스트 베벨거리에 있는 국가안전부 당국으로 데리고 갔다. 그러나 교회는 그들과의 음모적인 협상을 공식적으로 받아들일 수 없었다. 오늘날 우리가 알고 있듯 많은 교회의 동역자들은 여러 가지 이유를 들어 이러한 규율을 지키지 않았다.

우리는 국가안전부와는 협력할 수 없었는데, 메클렌부르크포어포메른주의 하인리히 라트케도 이러한 자세를 철두철미하게 견지했다. 그는 처음부터 국가안전부와의 어떠한 접촉도 거부했다. 그가 교회 주교로 취임하기 몇 달 전 국가안전부 요원인 클라우스 로스베르크가 라트케를 방문했다. 로스베르크는 주무 부서인 XX/4에서 일하는 교회 담당 요원이었고 만프레트 스톨페*를 지도하는 관료였다. 그는 베를린에서 특별히 찾아와 라트케의 집 앞에서 공손하게 자신의 신분증을 제시하면서 대화를 청했다. 그리고는 라트케가 받아들일 준비가 되어 있다면 국가에서 편의를 제공하겠다면서 이렇게 말했다.

"주교님, 우리는 곤란한 상황에서 서독으로 이주한 목사와 관련된 문제들을 알고 있습니다. 우리는 교회에 불이익을 줄 수도 있고 사건 전모를 언론을 통해 널리 알릴 수도 있습니다. 그러나 우리는 그 문제를 그냥 덮어줄 수도 있습니다."

라트케 목사는 냉정한 표정으로 대꾸했다. "감사합니다. 하지만 우리는 국가안전부로부터 어떤 도움도 필요로 하지 않습니다. 우리는 우리만의 방법으로 문제를 해결할 것입니다."

---

* 1969년부터 1981년까지 동독의 개신교회연맹에서 총무로 일했고 1982년 1월부터 베를린 브란덴부르크 개신교회의 동독 지역 총회 책임자를 지냈다. 독일 통일 후인 1990년부터 2002년까지 브란덴부르크 지역의 최초의 총리를 맡았으며, 2002년부터 2005년까지는 연방정부의 교통건설주택부 장관을 역임했다. _옮긴이

시간이 갈수록 로스베르크는 유혹 전술을 압박 전술로 바꾸었다. "당신이 파쇼 군대에서 복무했다는 것이 사실입니까? 그리고 서독에서 학생운동 단체의 일원이었다는 게 맞습니까?"

16세에 전쟁 복무에 징집되었던 라트케는 위축되지 않았다. "로스베르크 박사님, 우리의 만남을 이제 끝내야겠습니다. 당신을 배웅해드려도 되겠습니까?"

국가안전부가 교인들에게 접촉을 시도해오면 우리 목사들은 늘 도움을 제공했다. 로스토크 남부에서 목회할 당시 라트케는 국가안전부 요원으로 복무하라는 유혹에 빠진 동역자를 대신해 그 은밀한 만남에 나가 그러한 시도를 무산시키기도 했다. 훗날 라트케는 주교로 일할 때 유혹받는 목사들을 위해 국가안전부 요원과의 만남에 대비한 지침서를 준비해두었다. 그 지침서에 담긴 내용은 간결하면서도 오해의 여지가 없었다.

1. 국가안전부가 협력을 요구할 때 나에게 알리도록 한다.
2. 우리 사회에서 신뢰를 오용하는 것은 부끄러운 일이다.
3. 국가안전부와의 접촉이 끝나지 않는 경우 문제를 공개적으로 해결하기 위해 나는 서독의 언론을 포함해 모든 수단을 동원할 것이다.

라트케 주교는 이런 지침서를 인쇄해서 발송했다. 언론을 통한 해결은 단 한 번 실천했다. 훗날 국가안전부가 작성한 라트케에 대한 문서를 검토한 결과 그는 적어도 70명의 비공식 협력자로부터 감시를 받았던 것으로 드러났다.

나도 교인들이 처한 문제에 여러 차례 관여했다. 예를 들어 1981년 헬무트 슈미트를 보기 위해 귀스트로에 갔던 용감한 여인 바이어는, 동독의 평신도로는 드물게 1985년 서독 뒤셀도르프에서 열린 개신교신도대회에 참가했던 사실이 국가안전부에 발각되어 '비밀 대화'를 위한 방문을 받았다. 압박을 느낀 그녀는 개신교신도대회에서 경험했던 일들을 알려주겠다고 했으나 양심의 가책을 느꼈다. 그녀가 뒤셀도르프에서 돌아오자마자 한 국가안전부 요원이 계속 '비밀 접촉'을 시도했는데, 그녀는 그에게 2주 후 월요일에 아침식사를 하자고 제안한 다음 지체 없이 나에게 도움을 청했다. "국가안전부의 요원 한 명이 저를 방문할 예정인데, 목사님이 그날 아침식사를 같이 해주셨으면 좋겠어요."

나는 약속 시간 15분 전에 그녀의 집에 도착했고 아침식사가 준비되어 있었다. 초인종이 울리자 바이어 부인은 현관문으로 갔다. "어서 오세요" 하고 인사한 뒤 국가안전부 간부를 방으로 안내했다. 그리고 나를 가리키며 "손님을 한 분 더 초청했어요. 우리 교회의 가우크 목사님이십니다"라고 나를 소개했다.

그 국가안전부 간부는 자기를 하르트비히라고 소개했다. 다음 날 그는 포르트비히 대위라는 이름으로 국가안전부에 보고서를 제출했는데, 그 보고서에는 나의 "무례하고 도발적 태도"와 대화 중 들은 나의 "근거 없는 주장"이 담겨 있었다. 또한 "예기치 않은 가우크 목사의 등장으로 바이어 부인과의 접촉 시도는 중단되었다"라고도 썼다. 나는 4개월 뒤 포르트비히 대위의 요청으로 그를 다시 만났는데 그 경위는 다음과 같다.

나는 국가안전부가 고등학교 상급반 학생들을 국가안전부 요원으로 모집하려 했다는 사실을 알게 되었다. 나는 이 문제를 교회 총사제(나중에 그는 비공식 협력자로 드러났다)뿐만 아니라 시의회에서 교회문제를 담당하는 국가 측 대변자 만프레트 만토이펠(그 역시 비공식 협력자였다)에게도 알렸다. "당신네 당은 국가안전부가 미성년자들을 업무에 끌어들이려 압박한다는 것을 알고 있습니까?" 국가안전부 요원인 만토이펠은 이러한 나의 항의를 조용히 국가안전부에 전달했을 것이다. 나는 그들에게 일부러 거칠게 굴었다. 그러자 만토이펠은 호의적인 태도를 보였다. 그는 국가안전부 요원들은 전적으로 대화가 가능한 이성적인 사람들인 것으로 알고 있다고 말했다. 실제로 얼마 지나서 하르트비히라는 이름을 사용하는 포르트비히 대위가 나에게 전화를 걸어왔다. "당신이 '유능한 비밀요원들의 대변자'와 논의하고 싶어 한다고 들었는데요?"

하르트비히는 헤어초크 씨(그의 본래 이름은 슈테게만이었다)를 대동했으며 나는 부목사인 우베 볼진 로빈을 불렀다. 우리 넷은 내 집무실에 앉아서 두 시간 가까이 서로를 비난했다. 그 자리는 정말 대단했다. 나는 그들에게 국가가 스탈린주의 성향을 보이면서 어떤 비판도 참지 못하고 개인의 자유를 억압한다고 말했다. 또한 국가안전부가 신경증에 가까운 안보 욕구를 가지고 있고 개신교회를 들쑤시고 있으며 미성년자를 비밀요원으로 모집해 스파이 활동을 시킴으로써 정신적 위험에 빠뜨린다고 말했다. 그리고 마지막으로 따져 물었다. "도대체 동독에서는 누가 교회 정책을 수립합니까? 국가안전부 비밀요원들입니까?"

이 모든 대화는 자기만족 외에 아무것도 아니었고 전혀 무의미했다. 하지만 내 안에 있는 원한과 분노가 언젠가 한 번은 폭발해야 했다. 젊은이들을 스파이로 모집하는 것에 대한 나의 분노는 이러한 대화를 요청했고, 나는 숨어 활동하면서 결코 자신을 드러내지 않는 자들에게 한 번은 내 의견을 분명히 전달하고 싶었다.

포르트비히 대위는 4일 후 직접 손으로 쓴 보고서 결론에서 이렇게 밝혔다. "국가안전부가 교회 영역에 속한 젊은이들과 대화를 해야 하는가, 아니면 그만두어야 하는가 하는 문제는 가우크 목사에게 달려 있다고 그에게 명확히 언급했다. 국가안전부는 동독의 헌법을 존중하며 교회를 정치적 지하 활동으로부터 매우 분명하게 분리하고 있다. 정치적 지하 활동은 헌법에 저촉되기 때문에 바로 그 헌법에서 국가 안보의 필요성과 국가안전부 요원의 목표 및 과제가 설정되어야 한다. 그가 교회의 목사로서 젊은이들을 더 이상 적대적이고 부정적인 정신으로 무장하게 만들지 않는다면 그와 국가안전부 간에는 어떤 문제도 생기지 않을 것이다. 그는 교회 내에서 공산당 선언을 하지는 않지만, 복음을 전파함으로써 동독 시민들을 평화적이고 인간적이며 충성스러운 시민들로 만들고 있다."

당시에는 국가안전부가 하르트비히라는 이름의 포르트비히 대위를 통해 나에 대해 얼마나 잘 파악하고 있었는지 몰랐으나, 그들은 벌써 2년 넘게 나를 감시하고 있었다.

또 다른 국가안전부 간부와의 만남은 1988년 7월 말 개신교신도대회가 끝나고 이루어졌다. 이번에는 테르페 대위가 전화로 만남을 청해왔다. 우리는 내 사무실에서 만났다. 그는 혼자 왔으며 예의 바르게 행동해서 정보원처럼 보이지 않았다. 그는 개신교신도대회가 성공적으로 끝난 데 대해 고맙다는 뜻을 전했다. 국가안전부는 그 전해 베를린에서 행해진 "아래로부터의 교회"의 활동에 대해 염려했던 것이 분명했다. 테르페 대위는 대화에 능했고 어느 정도 유머감각도 갖추고 있었다. 그는 나의 비판을 경청했고 대화록에 기록해두기도 했다. 나는 서독의 녹색당 의원 크나베 박사의 입국을 거절한 것과 개신교신도대회에 앞서 이전 교회 신문의 발행을 금지한 것에 대해 항의하는 한편, 시작은 되었지만 아직 충분히 진행되지 못하고 있는 마르크스주의자들과 기독교인들 간의 대화에 대해서는 칭찬했다. 그리고 동독에서도 소련과 유사한 정치적 개방이 실행되기를 바란다는 희망도 피력했다. 테르페 대위는 국가안전부도 어리석고 맹목적이어서 잘못을 범했다고 자기비판을 한 뒤, 자신의 부친이 그라이프스발트대학의 교수였다고 했다. 나는 그에게 "당신의 아버지가 교수였는데 왜 당신은 국가안전부에서 일합니까?"라고 묻는 한편, 국가기관이 그처럼 자기비판적으로 된다면 국가도 전혀 새로워질 것이라고 말했다. 또한 그 점을 나는 꼭 교회 주교에게 알리겠다고 말했다. 테르페 대위는 헤어지면서 전화번호를 남겼고 종종 자신과 이야기를 나누자고 제안했다. 나는 이렇게 말했다. "다시 이 문제를 가지고 대화할 수 있다면야 모든 것이 아주 흥미롭겠지요."

테르페 대위가 영리한 사람인지, 그리고 페레스트로이카 정책에 동의하는지 나는 전혀 알 수 없었다. 어쨌든 그는 그의 가족 가운데 유별난 인물이었다. 그의 형 하랄트는 1989년 가을 로스토크 새로운 포럼*의 대변인을 맡은 사람 중 한 명이었고, 그의 아버지 프랑크는 1989년 이후 그라이프스발트에서 사회민주당원으로 출마해서 로타어 데메지에르** 내각에서 과학기술부 장관을 지낸 인물이었다.

그러한 대화를 나눈 직후 나는 우리 지역교회의 주교인 슈티어에게 전화를 걸었다. "나는 국가안전부에 대해 자기비판적인 견해를 표현하는 사람을 알게 되었습니다." 다음번 지방교회 목사들의 목사회의에서 나는 동역자들에게 이렇게 말했다. "국가안전부가 나와 대화를 했으니 아마 다른 목사들에게도 다녀갔을 것입니다. 내가 방문을 받은 유일한 사람은 분명 아닐 것입니다."

---

* 새로운 포럼(Neue Forum)은 동독의 전환기와 평화적 혁명기에 생긴 시민운동 단체 가운데 하나로, 동독을 근본적으로 변화시킨 단체였다. 이 단체의 일부는 나중에 동맹90로 통합되었고 마침내 동맹90/녹색당을 만들었다. 다른 일부는 오늘날 구동독 지역에서 작은 정당으로 활동하며 독자적인 조직으로 남아 있다. _옮긴이
** 동독에서 최초로 민주적으로 선출된 총리이자 동독의 마지막 총리였다. 국가안전부의 비공식 협력자였다는 비판을 받아 총리직에서 물러난 그는 1991년 가을 기민당 부의장직에서도 물러났다. _옮긴이

당황스러운 침묵이 흐른 다음 두세 명의 목사가 사실대로 알려줬다. 나중에 밝혀진 사실이지만, 로스토크에 있는 가장 큰 교회 복지기관의 책임자와 가장 큰 교회의 목사도 국가안전부 요원과 접촉을 가졌다. 심지어 부지런하고 신실하게 교회를 돌보던 우리 지방교회의 지역회장도 동독공산당을 도운 것이 드러났다. 그들은 모두 국가안전부의 비공식 협력자로서 당시 우리가 알지 못했던 일들을 수행했다. 또 다른 목사는 자신의 학교 동창인 국가안전부 간부와 정기적으로 만난 사실을 이미 오래 전에 나에게 털어놓은 바 있었다.

분명한 사실은 누군가가 수감된 것과 같은 구체적인 문제를 해결해야 할 경우만 국가안전부와 합법적으로 접촉할 수 있다는 것이었다. 내가 테르페 대위와 대담한 사실을 숨기는 것은 이미 경계선을 넘는 일이었다. 그 사실을 숨겼더라면 국가안전부의 서류에는 '지속적 접촉'으로 기재되었을 것이다. 테르페 대위는 단기적으로는 이러한 희망을 품었던 것 같다. 그는 자신의 보고서에서 나와 이성적으로 대화한다면 내가 비공식 협력자가 될 수도 있을 것이라고 언급했다. 국가안전부는 내 동생 에카르트를 포섭하려 했다가 실패한 뒤, 내 여동생 마리안네를 포섭하려고 시도했다. 이제 반공산주의 가정 출신이고 몇 년째 공개적으로 그들을 공격해온 내가 포섭 대상이 되어야 하지 않았겠는가? 그러나 테르페의 상관들은 이러한 시도를 전혀 관철시킬 수 없었다.

교회 주교 외에 네 명 중 세 명의 고위성직자*가 국가안전부 간부들과 긴밀한 접촉을 가졌던 그라이프스발트 지방교회와는 달리, 메클렌부르크

---

* 고위성직자(Oberkichenrat)는 지방교회에 따라 총사제(Superindendent)라고도 불리는데, 일반적으로 지방교회 본부에서 교회 주교를 보좌하면서 특정 분야, 예를 들면 교육, 재정, 선교와 교회 간 협력 등의 분야에서 책임자로 일한다. 주교가 교단의 총리라면 고위성직자는 각 분야를 책임지는 장관과 같은 위치에 있다. _옮긴이

포어포메른주 지방교회에서는 1970년대 중반 이후 고위성직자 가운데서 비공식 협력자가 아무도 없었다. 1989년 이후 비공식 협력자로 일했던 목사들은 책임을 지지 않고 적당히 넘어갈 수 없었다. 슈티어 주교는 책임을 져야 할 모든 목사에게 몇 달 안에 자신들의 잘못을 공개하도록 요구함으로써 그들이 폭로를 당하는 사태를 막으려 했다. 상당수의 목사는 이 기회를 이용해 자신의 잘못을 자백했다.

07

붉은 국가에서의
억압적 교육

동독에서 교회의
평화운동이 시작되다

내 아들 마르틴은 15살 무렵 파카 한 벌
을 선물로 받았다. 그 파카는 서독 제품이었다. 당시 동독의 모든 젊은이는
서독에서 온 파카와 청바지를 원했다. 마르틴은 아침에 그 옷을 입고 자랑
스럽게 학교에 갔는데 오후에는 기분이 나빠져서 집으로 돌아왔다. 마르틴
의 얘기에 따르면, 집에 오는 길에 로스토크 중앙역 1번 승강장에서 철도
경찰에게 붙잡혀 옆 건물 어두운 복도로 끌려갔다고 한다. 경찰은 파카 왼
쪽 소매에 붙은 마크를 떼라고 했다. 그 마크는 세로 2센티미터 가로 4센티
미터 크기의 서독 국기였다. 마르틴은 2시간 전 학교의 수학선생님에게서
도 그런 요구를 받았다. "그런 것은 떼어버려!" 그러나 마르틴은 반항했다.
그는 수학선생님과 철도 경찰의 요구를 모두 거절했다. 그렇지만 선생과
달리 경찰은 완강했다. 경찰은 바지 주머니에서 서독제 '졸링겐' 주머니칼
을 꺼내 그 마크를 강제로 떼어냈다. 마르틴은 어쩔 수 없었지만 분노했다.
이 사건을 듣고 나 또한 분노했다. 나는 즉시 역으로 가서 면담을 요청

했다. 처음에는 아무런 설명도 없더니 한참 있다가 그 철도 경찰의 임무가 불온한 문화를 방지하는 것이라고 설명했다. 불온한 문화라고? 나는 내 나이쯤 되는 한 장교가 기억났다. 그는 학생 시절 마르틴이 단 것과 꼭 같은 깃발을 달고 점호에 나타났는데, 5월 1일 노동절 시위에도 그 깃발을 달고 나왔던 것 같다. 동독 국기는 원래의 독일 국기에 1959년 동독 수상이던 발터 울브리히트가 해머와 낫, 그리고 보리이삭 화환을 추가해서 만들지 않았던가?* 하지만 경찰은 그런 것에는 관심이 없고 그저 이렇게 대답했다. "당신이 옳습니다만, 우리는 권력을 가지고 있습니다."

그 후부터 마르틴의 왼쪽 소매에는 그 마크를 떼어낸 흔적이 그대로 남아 있었다. 그럼에도 마르틴은 서독에서 온 것이기에 그 파카를 좋아했다.

동독의 젊은이들은 다른 나라 주민들이 좀처럼 경험하지 못하는 동일화 압력하에 있었다. 사회주의적 인격을 만드는 상징으로 학생과 젊은이는 흰색 아니면 푸른색 셔츠를 입어야 했다. 그들은 소련 연방을 사랑해야 했고, 제국주의 전쟁광을 미워해야 했으며, 횃불과 깃발과 플래카드를 들고 고위층이 앉은 연단 앞을 지나 '항상 준비된' 자세로 대열을 맞추어 행진해야 했다. 거의 모든 어린이와 젊은이는 청년개척단과 자유독일청년단으로 조직되었다. 개척단의 경우 회원 가입률이 거의 100%였으며, 자유독일청년단에는 1980년대 중반 무려 80%의 젊은이가 가입했다. 그렇지만 회원 자격은 어느 정도 체제에 순응한다는 것을 말해줄 뿐, 이념적 확신에 대해서는 아무것도 보증하지 못했다.

우리 교회의 청년 대다수는 여전히 '확대된 상급반'**에 진학했으며 몇

---

* 　원래 독일 깃발은 검정, 빨강, 노랑의 삼색기인데, 서독은 이를 그대로 사용했고 동독은 1959년 부터 노동자와 농민을 대변하는 해머, 낫, 그리고 보리이삭 화환을 추가해서 서독 깃발과 구분했다. _옮긴이
** 　확대된 상급반(Erweiterte Oberschule)은 1983년 이전까지는 9~12학년으로 구성되었으나 그 이

몇은 이미 견습생활을 하고 있었다. 거의 모두가 두 가지 길을 동시에 갔다. 즉, 그들은 청년개척단 및 자유독일청년단 회원인 동시에 교회청년회에도 속했으며, 국가성년의식을 치르고 나서 몇 달 후 교회의 견신례도 받았다. 그들은 두 개의 삶을 살았다. 하나는 학교와 자유독일청년단에 어느 정도 적응하는 삶이었고, 다른 하나는 가족이나 또래 또는 교회에 적응하는 삶이었다. 이러한 두 개의 노선은 학교에서 다소 긴장을 유발하기도 했지만, 이러한 긴장을 견디어내는 것이 일방적인 입장을 요구받고 지속적으로 공격받는 것보다는 쉬웠다.

국가는 다른 사상과 행동을 추구하는 것을 금지했는데, 교회청년회는 이같은 이념적 통일전선에 반대하는 세력을 형성하고 있었다. 우리 교회에서는 누구도 긴 머리를 했거나 신념이 다르다는 이유로 히피로 비난받거나 배척당하지 않았다. 그들은 진바지를 입든 서독에서 온 플라스틱 가방을 들고 다니든 간에 비난을 받지 않았다. 동독 수상 울브리히트는 서독으로부터 또는 비틀스로부터 유입되는 것은 "더러운 것"이라고 말했지만 그들은 그런 말에 구애받지 않았다. 나는 언제나 젊은이에게 질문을 던졌으나 그들에게 뭔가를 강요하지는 않았다. 왜냐하면 그들은 자기들이 행동한 결과를 스스로 책임져야 했기 때문이다. 그들은 체제에 굴복당하기도 했고 확고하게 행동하기도 했다. 어떤 이들은 학교의 학사과정에서 불이익을 당하지 않기 위해 양보하는 자세를 취했고 어떤 이들은 용기 있게 자신의 특성을 관철해나갔다.

예를 들어 우리 교회의 교리교육에 참석하는 쌍둥이 형제인 마르틴 피어츠라프와 안드레아스 피어츠라프는 2학년이 끝나고 학교 여선생이 그들

후부터는 11~12학년으로 구성되었다. 1960년대부터는 직업 훈련과 연계되었다. _옮긴이

에게 성적표를 나누어주면서 푸른색의 개척단 수건을 목에 감아주자 이를 전혀 저항 없이 받아들였다. 그래서 그들은 헤르더고등학교로 올라가서 러시아어 공동 수업을 받는 데 아무런 문제도 없었다. 얼마 후 이 쌍둥이 형제는 다른 학생들과 함께 가정집에서 열리는 교리교육에도 참석했다. 이때 서독의 한 공영방송에서는 에버스하겐의 신시가지에서 교회가 어떻게 건물도 없이 활동하고 있는지를 촬영해 갔다. 방송이 나간 다음 날 학급은 한바탕 떠들썩해졌다. 피어츠라프 형제가 서독 방송에 나왔다! 그것은 대단한 일이었다. 쌍둥이 형제는 그 사실을 부정하려 하지 않았다. 그들은 자신들의 대담한 행동에 대해 자부심을 가졌다. 그런데 그 일로 인해 쌍둥이 형제는 고통을 당하게 되었다. 그들은 '적들의 방송'에 나온 후 학교 성적이 우수한데도 학교의 황금 책*에 이름을 올리지 못했다. 그들은 10학년 졸업을 몇 달 앞두고 평균 1.3점과 1.6점이라는 좋은 성적에도 불구하고 확대된 상급반에 올라갈 수 없었으며 고등학교를 졸업하고 대학 입시를 볼 수 없다는 통보를 받았다. 그렇긴 해도 직업교육을 받은 다음 대학 입학시험에 재도전할 수는 있었다. 그들은 3년 후 졸업과 함께 공과대학에 들어갔다.

대부분의 목사 자녀에게는 학교에 순응하는 삶과 교회청년회에서의 삶이라는 이중성이 처음부터 배제되었다. 그들은 다른 아이들처럼 월요일 아침에 푸른색 자유독일청년단 복장 또는 흰색 복장에 푸른색이나 붉은색의 목수건을 두르고 국기 점호에 나가지 않았다. 대신 일상복을 입었는데 이로 인해 다른 아이들보다 더 눈에 띄었다. 그들은 다른 학생들처럼 5월 1일 노동절에 '신호 도구'를 흔들지도 않았고 "모든 것은 인간의 행복을 위해! 당이여 영원하라!"라는 구호를 연단을 향해 소리 높이 외치며 행진하지도 않았

---

*   동독에서는 다양한 분야에서 특별한 성과를 거둔 학생들의 이름을 실어 책으로 만들었는데, 이를 황금 책이라 불렀다. _옮긴이

다. 그들은 그런 행사 때는 멀리 떨어져 있었고, 따라서 성적표에 무단결석으로 처리되는 불이익을 감수했다. 학교에서는 하인리히 하이네의 「슐레지엔의 직조공」이라는 시를 선전용으로 활용했는데, 그들은 학급 친구들 앞에서 이 시의 낭송을 거절해 제일 나쁜 성적인 5점을 받기도 했다. 그 시구는 다음과 같았다.

첫째 저주는 신에게
추위와 굶주림 속에서 우리는 기도했건만
희망도 기대도 허사가 되었다
신은 우리를 조롱하고 우롱하고 바보 취급 했다
우리는 짠다 우리는 짠다

한편으로는 장점도 있었다. 그들은 자기검열을 하지 않아도 되었고 가정에서 말이나 생각을 통제받지 않고 성장했다. 그러나 다른 한편으로는 쉽게 국외자로 따돌림 당했으며, 초등학교에서부터 공격을 당하고 선생님들에게서 편파적이고 냉소적인 취급을 당하기도 했다. 그들은 지적으로 성장하기도 훨씬 전에 확실한 자기정당성을 내놓으라고 요구받기도 했다.

아들 크리스티안은 뤼소에 있는 학교에 들어간 직후 자신이 경험한 최초의 대결을 나에게 보고했다. 선생님은 순진한 1학년짜리에게 도대체 하나님이 어디에 있냐고 물었고, 그 아이는 당당하게 "하나님은 어디나 계세요"라고 대답했다. 그러자 선생님은 "그러면 내 오토바이의 기름통에도 계시냐?" 하고 비웃듯이 되받았다는 것이다.

나는 그날로 선생님에게 면담을 요청했다. 만일 그가 그렇게 신학적이고 철학적인 문제에 관심이 있다면 내가 기꺼이 그의 대화 상대가 되겠다고 했다. 그러나 어린아이에게 이처럼 값싼 방식으로 신앙을 웃음거리로 만드는 것은 참을 수 없었다.

내가 학부모 모임에서도 참지 못하고 논쟁을 벌였다는 사실은 국가안전부의 문서에서도 발견되었다. "1968년 9월 가우크는 아들이 다니는 (2학년) 학급의 학부모 모임에 참석했다"라고 한 여선생님이 귀스트로에 있는 국가안전부에 보고했다. "그는 토론에서 다음과 같은 의견을 피력했다. '왜 2학년밖에 안 되는 어린 학생들이 정치 문제로 괴롭힘을 당하는지 이해할 수 없다. 이것은 어른들이나 아이들에게 너무나도 역겨운 짓이다.' 거기에 참석한 학부모 대부분은 그의 의견에 동의했다. 여선생은 자신의 정치적 견해를 관철시키지 못했고 결국 그 모임의 목표가 달성되지 못했다."

크리스티안은 자기가 유별난 존재라는 것을 자의식을 가지고 대처하는 법을 빨리 습득했다. 일곱 살 무렵 크리스티안은 소련 군대를 위한 모금에 돈을 내지 않으면서 다음과 같이 말했다. "우리는 목사의 아들이에요. 나의 아버지는 붉은 군대를 좋아하지 않아요." 이렇듯 그는 왜 우리가 매번 요구되는 '연대 행위'를 모두 지원하지는 않는가에 대한 나의 이탈된 해명을 '자기 나름대로' 간결하게 설명했던 것이다. 나의 딸 게지네는 그렇게 재치 있는 편이 아니었다. 여교사가 소련의 유리 가가린이 성공한 우주 비행에 대해 설명하고 나서 우리 딸을 향해 보란 듯이 "우리 우주 비행사가 우주에 갔지만 네가 사랑하는 하나님은 보지 못했어!"라고 말했을 때 딸은 침묵했고 고개를 숙였다. 여섯 살짜리가 어떻게 대답해야 했을까?

특히 에버스하겐으로 이사한 후 우리 아이들은 학교에서 하나의 문제에 직면했다. 우리 아이들은 개척단에도 자유독일청년단에도 가입하지 않은 유일한 존재였고 특별 감시 대상이었다. 크리스티안은 거의 매일 독일어 교사인 뮐러 박사의 예리한 주목을 받으며 전 학급 앞에서 요주의 대상이 되었다. 뮐러 박사는 교장이었는데 8, 9학년 때는 내 아들의 담임교사이기도 했다. 그는 크리스티안이 서독의 TV를 통해 제국주의적 이데올로기에 물들었고 (서독의 친지가 선물한) 청바지를 입으면서 남에게 주지는 않고 받기만 하는 서독의 소비적 사고에 젖어 있다고 늘 주장했다. 크리스티안은 국가에 대해 '부정적'인 자세를 가지고 있고 자유독일청년단의 회원이 되기를 거절했다는 이유로 독일어 수업에서 나쁜 점수를 받은 적이 있었다. 그래서 나는 교장에게 면담을 요청했다. 네 시간 동안의 면담에는 당의 학교 담당 사무국원도 동석했다. 이 면담에서 아무런 성과도 거두지 못한 나는 시의 학교위원회에 청원서를 냈고, 결국 교장에게는 학생들에게 그런 방식으로 공격하는 것이 금지되었다.

당시에는 대학에 진학하려면 졸업시험을 거쳐 확대된 고등학교 상급반으로 가야 했는데, 나의 두 아들은 상급반으로 올라갈 수 없었다. 그들은 직업교육을 거쳐 대학 입학 자격을 얻는 과정으로 진급하는 것도 거절당했다. 마르틴은 1.4점이라는 좋은 점수를 받고서도 10학년에서 학업을 끝마쳐야 했다. 하지만 그는 오히려 기뻐했다. 그는 차별적인 사회주의 학교에 질렸던 것이다. 그를 반항아로 만드는 학교 연극에도 참가할 필요가 없어졌다. 어떤 직업을 원하느냐는 질문을 학교에서 받으면 그는 처음에는 "탐정"이라고 했다가 그다음에는 "자립적인 농부"라고 대답했다. 체제에 대해 그가 갖는 거리감은 좁혀지지 않았다. 성적이 좋았음에도 그에게는 국가가 운영하는 자동차 공장의 전기공 교육생 자리가 주어지지 않았다. 결국 마르틴은 크리스티안과 마찬가지로 그 회사에 정형외과 견습생으로 취직했다.

크리스티안은 졸업 후 대입 자격시험을 거절당해 매우 힘들어했다. 그는 의학을 공부하려 했으나 허락되지 않았고, 야간고등학교를 거쳐 다시

대학 입시를 보려 했으나 그 역시 불가능했다. 목사 아들인 그는 단지 공장의 노동자로만 일할 수 있었다. 동독에서 그는 기껏해야 신학을 공부할 수 있었을 뿐, 다른 모든 가능성은 차단되었다.

딸 게지네는 군사학 수업에 참가하게 되자 특별한 도전에 직면했다. 1978년에 도입된 이 과목은 9, 10학년 남녀 학생들에게 부과되었다. 이 수업에는 이론 교육부터 민방위 과정을 거쳐 학교 밖 군부대에서의 실습 훈련까지 포함되어 있었다. 학생들은 모조 수류탄을 던지고 공기총과 소구경 자동 권총을 쏘았으며 화생방 훈련도 했다. 여학생들은 무엇보다도 응급조치 및 대피 작전을 배웠다.

게지네는 총을 쏘고 싶어 하지 않았다. 나는 그 아이에게 군사학 수업을 면제받되 선생님들과 마찰이 생기면 아버지가 책임을 지겠다는 내용의 편지를 쓰라고 제안했다. 그렇지만 15살 된 그녀는 더 이상 아버지 뒤에 숨고 싶어 하지 않았다. 그녀는 첫 이론 수업 두 차례를 고열로 인해 빠졌다. 그러자 그녀의 동급생 두 명이 우리 집에 왔는데, 한 명은 자유독일청년단 총무였고 다른 한 명은 그 단체의 회계였다. 이들은 게지네를 압박했다. "우리 학급 학생들 중 교회청년회 소속인 아이들도 군사학 수업에 참여하는 데 대해 아무 불평도 하지 않아. 그런데 왜 너는 그렇게 나쁘게 생각하니?"

학생 중 하나라도 총을 쏘지 않으면 단체 기합을 받았고 반 전체가 낙제를 했다. 따라서 동급생들은 게지네를 설득했다. "쏴보기나 해봐. 네가 맞추지는 못해도 우리가 낙제하지 않는 것이 중요하잖아!"

게지네는 동급생들의 권유에 따라 수업에 참석해서는 허공을 향해 총을 쏘았다. 점수는 전혀 나오지 않았지만 학급은 낙제당하지 않았다. 동독의 국민 교육에서 군사화가 진전되자 내 아내는 나보다 더 강력하게 반응했다. 아내는 1958년 가을 귀스트로에 있는 교육학 연구소에서 교사 실습을 시작했는데 당시의 경험이 깊이 뿌리박혀 있었다. 그녀는 가장 좋아하는 과목인 독일어를 전공으로, 러시아어를 부전공으로 선택했었다. 아내는 그 과목들이 미래에 도움이 될 것이라고 여겼다. 당시 실습하던 교육기관에 들어서면 신입생들은 매우 독특한 '환영 인사'와 마주했는데, 현관 위에 걸린 현판에 개신교 청년단에 다녔다는 이유로 한 학기 전에 이 학교를 떠난 몇몇 학생의 이름과 사진이 걸려 있었던 것이다. 아내는 그들 가운데서 친구 빌트라우트를 발견했다. 빌트라우트는 우리가 고등학교 때 대학입학 시험을 같이 보았던 바르네뮌데에서부터 알고 지냈던 여성이었다. 그때부터 한지는 위기감을 느꼈고, 그러한 위기감은 계속되었다. 왜냐하면 전공 공부가 시작되기도 전에 신입생들은 교련과 사격 훈련 및 야간 훈련이 이어지는 군사 야영을 마쳐야 했기 때문이다.

한지는 충격을 받았다. 군사 훈련의 첫 단계는 끝냈으나 몇 주 후 그녀는 이렇게 생각했다. '무슨 일이 있어도 여기에 있을 수 없어! 내가 여기 계속 머문다면 완전히 망가질 거야.' 그녀는 귀스트로의 지방 총사제였던 나의 이모부 게하르트에게 어떻게 하면 가능한 한 빨리 대학으로부터 벗어날 수 있는지 자문을 받기도 했다. 이모부는 그녀에게 이념적 논쟁을 아예 포기하고 신학생과 약혼했다는 사실에만 충실하라고 충고했다. 목사의 삶과 사회주의적 이데올로기는 서로 맞지 않았으므로 목사의 아내인 그녀 또한 교사라는 직업에서 아무런 미래를 찾을 수 없다는 것이 입증된 셈이었다. 얼마 동안의 논쟁 후 학장은 그녀를 사실상 군사교육에서 풀어주었다.

아내는 이렇게 해서 그 굴레에서 벗어났다. 그렇지만 그 후부터 아내는 교육에 훈련과 이념적 무장을 혼합시키는 데 대해, 예를 들면 탱크나 군인의 수로 제출된 계산 문제나 갖은 점호와 행군에 대해 특별히 예민하게 반응했다. 하지만 다른 사람들과 같이 선택의 여지가 없었고 자녀를 학교에 보내야 하는 어머니들은 분노를 하면서도 이 상황을 받아들일 수밖에 없었다. 내 아내는 교육부 장관인 마르고트 호네커를 그녀의 남편이자 국가수반인 에리히 호네커보다 더 미워했다. 1979년에 태어난 늦둥이 카타리나가 학교에 들어갔을 때는 두 아들 크리스티안과 마르틴처럼 해외 이주 신청을 하는 것이 좋겠다고 생각하기도 했다.

카타리나 또한 매년 대규모로 실시되는 '눈송이'라는 이름의 군사훈련을 해야 했다. 그녀는 유치원에서 탱크를 가지고 놀았으며, 인민군대의 병사들 앞에 나가 다음과 같은 군가를 불러야 했다.

군인들이 행진하며 지나갑니다
전체 중대가
그리고 우리가 크면 저들과 같은
군인이 되고 싶어요
선한 친구들, 선한 친구들
인민군대의 선한 친구들
그대들은 땅에서, 공중에서, 바다에서
우리의 조국을 수호합니다
야호!

하루는 시골을 방문했을 때 카타리나가 친한 부부의 두 아이와 함께 공동묘지의 담장 앞에서 집에서는 듣지 못했던 돌림노래를 부르는 광경을 목격했다.

먼저 하나가 노래한다

"한스-위르겐이 초소 막사에 서서
군인들에게 말했지.
'너희들은 여기서 날마다 무엇을 하니?
그것을 내게 말해주겠니?'"

다른 하나가 답한다
"나는 인민군의 병사란다.
그럼, 그저 놀며 웃고 지내렴!
나는 바람 불고 눈 내리는 여기서
너희들을 지켜준단다."

그 아이들은 이 노래를 어디서 배운 것일까? 유치원에서 배웠을까, 아니면 꼬마들을 사회주의적 환경에 친숙하게 해주는 어린이 잡지에서 배웠을까? 혹은 1학년 때 이런 가사를 배운 것일까? 어쨌든 그 아이들은 개척단의 회원이 아닌데도 온갖 개척단 노래를 부를 줄 알았다. 그 아이들은 다른 모든 동독 어린이처럼 군대에 대해 친숙하지만 노래에서 소개된 군인들의 존재 및 전투 준비가 언제나 안전감을 주는 것은 아니었다.

카타리나는 매주 수요일 낮이면 어디서나 경계 사이렌이 울어대는 나라에 살고 있었다. 사이렌 소리는 아이들에게 전쟁이 터질 수 있다는 경고였다. 학교 여선생은 학교 바로 맞은편에 전쟁 후 몇 십 년 동안 종탑 없이 서 있는 낡은 교회 건물을 가리키면서 전쟁의 참상을 묘사했고 폭격기와 폭탄에 대해 설명했다. 여선생의 말을 들은 학생들은 모두 긴장했을 것이다. 왜냐하면 아이들은 사회주의가 사악한 서구 제국주의에 의해 여전히 위협당한다고 여겼기 때문이다.

■ 교회 행사 후 찍은 사진. 어른들이 뒷정리를 하는 동안 나의 어린 딸 카타리나(아마도 7~8살이었을 것이다)가 써놓은 글이다. "오늘은 아주 좋았다. 모두가 과자를 먹었다. …… 모두들 지금도 즐거워한다. …… 나는 울리케와 놀았다. 많은 아이들이 왔다. 부모님과 할머니, 할아버지도 많이 오셨다. 그런데 서독에서도 몇 사람이 와 있었다. 하나님, 너무 멋졌어요!" 우리 부부에게 이보다 훌륭한 기도는 없었다.

내 아내는 어린 딸에게서 불안을 떨쳐버리려고 했다. 그렇지만 카타리나는 저녁기도를 마치고 홀로 침대에 누울 때면 폭격기들이 날아오고 폭탄이 지붕을 뚫고서 자기 방으로 떨어지는 사태를 상상하곤 했다. 그래서 벽에 바짝 붙어 잠들어야만 그러한 공격에서 살아남을 수 있다고 생각했다. 왜냐하면 침대가 벽에 붙어 있으면 빨려 들어가지 않기 때문이다.

어리지만 이미 어른이 다 되어버린 카타리나가 나에게 그 이야기를 했을 때 — 여러 번 그 얘기를 들었던 듯하다 — 그녀가 붉은 이데올로기하의 흑색 교육*에 내맡겨져 있다는 생각이 들어 내 안에서 슬픔과 분노가 치솟아 올랐다. 하지만 그 후로 몇 년 동안은 위협적인 교육이 없는 새로운 민주주의 시대에 살았다.

당시 군사화 작업은 내게 혐오를 자아냈다. 1978년 7월 성 안드레아교회에서 나는 "학교 안에 군사주의를 끌어들이는 것을 교회는 용납할 수 없다"라고 말했는데, 이 말은 국가안전부의 보고서에 그대로 적혀 있었다. 나는 견신례 후보자들의 부모에게 편지를 보내 사회주의적 군사교육에 맞설 것과 어린이들을 군사 야영에 보내지 말 것을 요청했다.

군사학 수업의 도입은 당시까지만 해도 비교적 미미했던 평화운동에 강력한 자극을 주었다. '칼을 쳐서 보습으로'라는 1981~1982년의 평화운동 프로그램은 1953년 이래 동독에서 가장 큰 반정부운동으로 발전했다. 이 운동의 명칭이 나온 배경은 다음과 같다. 작센 지방교회의 청년 목사인 하랄트 브레트슈나이더는 1980년 가을 최초의 평화 주간을 맞아 소련이 유엔에 기증했던 사회주의 리얼리즘 풍의 조각상을 제시했는데, 이 조각상은 강한 힘으로 칼을 내려쳐서 보습으로 만드는 근육질의 사나이를 표현하고 있었다. 이 조각상은 동독에서 국가성년의식에 대한 선물로 주는 책 첫 페이지에도 나와 있었다. 이 표식은 구약성서 미가서 4장에 나오는 예언자의 미래상에 성서적 근거를 두고 있었다. "주님께서 민족들 사이의 분쟁을 판결하시고 뭇 백성 사이의 갈등을 해결하실 것이니, 그들이 칼을 쳐서 보습을 만들고 창을 쳐서 낫을 만들 것이며, 나라와 나라가 칼을 들고 서로를 치지 않을 것이며 다시는 군사훈련도 하지 않을 것이다. 사람마다 자기 포도나무와 무화과나무 아래 앉아서, 평화롭게 살 것이다. 사람마다 아무런 위협을 받지 않으면서 살 것이다. 이것은 만군의 주님께서 약속하신 것이다."

---

*   폭력이나 위협 등 부정적인 수단이 동원되는 교육 방법을 말한다. 이 개념은 1977년 사회학자인 카타리나 루츠키에 의해 도입되었다. 이 개념은 19세기 말 이래로 첨예화된 억압적 교육에 대한 비판을 담고 있다. _옮긴이

우선 '칼을 쳐서 보습으로'라는 상징은 한두 가지 행동을 전제로 한다. 그렇지만 매년 동독에서 참회주일부터 죽은 자들의 일요일까지* 평화를 주제로 토론하는 평화주간은 기독교적 평화운동의 확고한 관행으로 빠르게 자리 잡았다. 이 마크는 처음에는 책갈피 형태로 인쇄되었으나 1981년 가을에는 추가로 옷에 꿰매어 다는 장식으로 유통되었다. 나는 그 장식을 이따금 달고 다녔다. 이후 헤렌후터 형제교회**가 양모에 인쇄를 해주었고, 10만 개 이상이 만들어져 분배되었다. 군사학 수업 참여를 거부한 학생은 그다지 많지 않았지만 평화 문제에 대한 인식이 향상되었다. 그들 가운데는 우리 교회청년회 소속인 토마스 아브라함도 끼어 있었다.

토마스는 메클렌부르크포어포메른주 피난민 가족의 아들이다. 그의 어머니는 물리치료사이자 동독 기민당의 당원이었다. 그녀는 가족의 전통을 이어 자신의 아들을 기독교 교리교육에 참가시켰다. 1965년생인 토마스는 개척단의 일원이 되었고 그 후 자유독일청년단에 가입했다. 탁아소에 다닐 무렵 토마스는 아이들에게서 무료 급식용 우유를 빼앗아갔다는 나쁜 독재 장군 피노체트에 관해 들었다. 그는 뉴스를 통해 서독의 실업자와 마약의 희생자, 그리고 전 세계에서 굶어 죽어가는 어린이들과 소요 사태에 관한 소식을 들었다. 그러한 사건들은 동독에서 선전용으로 내보낸 뉴스였지만 명백히 일어난 일들이었다. 동독의 음유시인이자 반체제 저항시인인 볼프 비어만이 시민권을 박탈당하기까지 토마스는 동독이 선한 자들의 편에 서 있다고 믿었다. 하지만 그와 동독이 서로 단절되는 과정이 시작되었다.

---

* 독일 개신교는 교회력의 마지막 주간 중 수요일을 참회주일로, 일요일을 죽은 자들의 일요일로 지킨다. _옮긴이

** 헤렌후터 형제교회(Herrenhuter Brüdergemeine)는 영어로는 모라비안 형제교회(Moravian Brother Church)이다. 1500년 초 보헤미아(지금의 체코)에서 얀 후스가 시작한 종교개혁 운동에 기원을 두고 있다. 가톨릭교회로부터 박해를 받은 그들은 독일 등 전체 유럽으로 퍼져 있으며 오늘날은 초교파 신앙공동체로 활동하고 있다. _옮긴이

토마스 아브라함의 이야기

내가 열다섯 살 때 드디어 돌파에 성공했다. 1980년 8학년이 끝나고 좋은 성적으로 진급한 확대된 고등학교 상급반에서 나는 편하지 않았다. 12월 어느 날 내가 울부짖으면서 학교에 갔을 때 다른 학생들은 어이없다는 듯이 나를 쳐다보았다. 그날 존 레넌이 총에 맞아 살해되었다! 너희들은 존 레넌을 알고 있겠지. "평화에게 기회를 주자!"라고 하던 그의 말을! 나는 그때부터 학급의 지루한 인간들, 순응적 인간들, 동독의 정치 노선에 충실한 인간들, 국가안전부 후보생들과는 더 이상 상대하고 싶지 않았다. 그 대신 다른 학급의 학생이자 이웃 교회의 목사 아들인 알브레히트 슈티어와의 접촉을 강화해나갔다.

의무이던 군사 야영일이 가까워오자 알브레히트는 내게 한 가지 제안을 했다. 군사교육을 거부하자는 것이었다. 1년 반쯤 전에 소련이 아프가니스탄을 침공했을 때 연대노조*를 파괴하기 위해 폴란드를 간섭했다는 소문이 들려왔다. 평화라고? 나는 집에 와서 담임선생님께 편지를 썼다. "존경하는 슈텐글 선생님, 저 토마스는 신앙과 양심에 따라 1981년 6월 17일 군사교육에 참여할 수 없음을 알려드립니다. 부디 저에게 대체 과제를 정해주십시오." 내가 어머니에게 이 편지를 보여드리자 어머니는 놀라서 새파랗게 질렸으나 결국 서명해주었다. 나는 오늘날까지도 어머니의 행동을 높이 사고 있다. 내 또래 가운데 세 명이 훈련 참가를 거부했다. 그 세 명은 알브레히트 슈티어와 나, 그리고 이웃 동네의 교회청년회에 나가는 여학생이었다.

나는 그 편지가 나의 삶에서 하나의 전기가 될 것임을 알았다. 어머니는

---

* 1980년 총파업운동 과정에서 탄생한 폴란드의 노동조합으로 1989년 정치적 전환기에 커다란 역할을 했다. 이 노동조합은 동유럽에서 성공을 거둔 유일한 자립적 자유노조였다. _옮긴이

학교 교장에게 불려갔다. 교장은 이렇게 말했다고 한다. "당신의 아들은 민주집중제는 민주주의가 아니라면서 오히려 시민 민주주의 형식을 옹호하고 있습니다. 그런 점에서 토마스는 동독의 적이라 할 수 있습니다. 그는 대학 입학을 위한 졸업시험을 볼 수 없을 것입니다."

그 후부터 나는 학교에서 더 이상 잃을 게 없어졌다. 다만 문제가 있다면 감옥에 가지 않고 어느 정도 버티느냐 하는 것이었다. 1981년 11월 제2차 교회 평화 주간에 나는 양모에 인쇄된 '칼을 쳐서 보습으로'라는 마크를 아주 많이 얻어서 교회청년회에 나누어주었다. 어느 날 적어도 20~30명의 학생이 용감하게도 파카에 그 마크를 달고 학교에 나타났다. 그러나 수업이 끝나자 그 마크는 떼어졌다.

우리는 나이가 우리보다 많으며 국가안전부를 대변하던 두 학생을 범인으로 의심했다. 그들은 상급 '경찰관', 즉 직업 장교 지원자였는데, 대입 자격시험을 마친 학생들에게 압력을 가해 동독 인민군대에서 3년 동안 의무적으로 복무시키려 했다. 우리는 그들이 수업 시간에 복도를 돌아다니는 것을 보았다. 나중에 그들은 자기들의 행위를 스스로 인정했다.

그 후 우리 셋만 새로 만든 '칼을 쳐서 보습으로' 마크를 옷에 달고 다녔다. 이로써 우리들의 기를 꺾어 지치게 하는 시간이 시작되었다.

- 1982년 3월 16일 교장과 나눈 대화: 내가 일기장에 적어놓은 그의 훈시에 따르면, 국방 정책은 국가 정책의 일부이다. 그는 헌법을 근거로 나에게 국가 정책을 따라야 한다고 했다. 내가 달고 다니는 마크를 떼든지 아니면 다른 학교로 가든지 하라면서 말이다.
- 1982년 3월 24일 학교장 및 시 교육위원회 인민교육 담당자와 나눈 대화: 모든 장식 마크에는 국가의 허락이 필요하다. '칼을 쳐서 보습으로'라는 마크는 허락되지 않았다.

나: "도대체 어떤 규정에 따른 것이죠?"

여성 P: "너에게 그걸 말해줄 수는 없어."

교장: "교칙에 따라야 해. 만일 내일도 그 장식을 달고 나타나면 추가 조치가 취해질 거야."

3월 25일 교장은 우리 반에 와서 이렇게 말했다. "제국주의는 서구의 평화운동을 동독 영토에 도입하려 하고 있다. 학생들에게 인도주의와 평화를 가르치는 것은 학교의 주요 사안이다. 평화주의 경향을 간단히 받아들여서는 안 된다. 그리고 장식 마크를 달고 다니려면 허락을 받아야 한다. 그것은 교칙 위반에 해당한다." 그리고 다음과 같이 덧붙였다. "반동적 활동을 더 이상 좌시하지 않을 것이다. 그런 사람들은 처벌을 받아야 한다." 그는 거듭해서 나에게 전학을 가야 한다고 협박했다.

나는 내적 한계에 도달했다. 나는 학교의 징계뿐만 아니라 감옥에 가는 것도 걱정해야 했다. 결국 나는 포기했다. 알브레히트 슈티어의 아버지는 나중에 메클렌부르크포어포메른주의 주교가 되었는데 알브레히트는 아버지의 지원으로 그 장식을 떼는 것을 계속해서 거부했다. 그는 1982년 3월 31일 갑작스레 학교를 옮겨야 했다. 나는 10학년 과정을 우리 학교에서 마치도록 허락받았으나 대학에 가지는 못하고 직업 견습생이 되어야 했다. 당시 일어난 일이 많은 교사에게 난처했던 것은 분명하지만, 그렇다고 우리에게 아무런 도움도 되지는 않았다. 왜냐하면 교회 밖에서는 누구도 우리와 연대하지 않았기 때문이다. 입을 열고 솔직하게 말하거나 세상의 흐름을 거슬러 헤엄치는 사람들은 거의 아무런 지원도 받지 못했다.

1982년 봄 모든 교육기관에서는 '칼을 쳐서 보습으로'라는 장식을 다는 것이 금지되었고, 학교의 징계, 규칙에 따른 형사 소송, 그 밖의 강제 조처가 생겨났다. 교회 지도층은 그 장식을 달고 다니는 젊은이들을 보복 조치로부터 보호하려 했다. 그리고 마침내 이러한 갈등으로 인해 국가와의 관계가 악화되기를 원하지 않는 사람들이 하나의 단체를 구성했다. 이로 인해 평화운동가들과 교회 지도층 사이에 괴리가 발생했다. 기층에서는 이러한 상황에 매우 실망하는 목소리들이 나왔다. 박해받는 자들과 연대한 교회 지도층은 베를린의 포르크 주교와 라트케 주교, 그리고 그의 후임자로서 내가 속한 메클렌부르크포어포메른주 지방교회의 주교인 슈티어뿐이었다.

우리는 박해받는 사람들을 정기적으로 우리의 대도代禱예배*에 포함시켰다. 9월 말 나는 성령교회에서 800명 이상의 젊은이가 참석한 가운데 대도예배를 집행했는데, 한 여학생(그녀는 국가안전부의 비공식 협력자인 수지 베르거였다)이 이 내용을 담은 10~15건의 보고서를 국가안전부에 제출했다. "한 젊은이가 병역을 거부해서 체포된(8개월 징역형에 처해졌다) A. K.라는 젊은이를 위해 촛불을 켰다. 25살쯤 되는 그 젊은이는 이렇게 말했다. '무기를 드는 병역을 거부하는 용기 있는 사람들을 위해 나는 초에 불을 켭니다.'"

처음에 나는 국가안전부 비공식 협력자였던 베르거를 알지 못했다. 나의 언행을 감시하면서 기록한 국가안전부의 문서철에서 그녀의 이름을 처음 발견했다. 그녀는 16살에 국가안전부 비공식 협력자가 되었고, 그녀가 여러 협력 업무를 모두 거부하던 당시는 나이가 19살이었다. 그녀의 보고서를 읽었을 때 나는 그녀가 감시대상인 나에게 이해와 동정심을 가지고 있었다는 느낌을 받았다. 1983년 1월 22일 요한네스교회에서 약 200명의 청년이 모여 드린 청년 예배에 대해 베르거는 이렇게 보고했다. "가우크는

---

* 예배나 명상시간을 이용해 박해받는 사람들을 위해 기도하고 그 가족을 위로하면서 그들에 대한 정보를 나누는 교회 행사를 말한다. _옮긴이

'칼을 쳐서 보습으로'라는 마크가 뜯겨 나간 후 아주 많은 젊은이들이 자기 주장을 굽히고 그 생각을 더 이상 자신들의 마음에 간직하지 못하게 된 것을 매우 슬퍼했다." "'칼을 쳐서 보습으로'라는 생각은 하나의 상징물로서가 아니라 사람들 간에 내면으로 전달되어야 할 것이다. 우리는 평화를 만드는 정책을 어느 누구에게 위임할 것이 아니라 우리 스스로 그러한 정책에 참여해야 한다." 아마도 그녀는 스스로에게 말했던 것 같다. 이처럼 국가안전부의 비공식 협력자들은 정신분열적으로 행동했다.

동독공산당은 다음과 같은 원칙에 따랐다. '사회주의는 그 자체로서 평화의 진영이다. 이 진영을 강화하는 모든 것이 평화를 보장해준다.' 그들의 표어는 다음과 같았다. '평화를 이루자 — 나토의 무기에 맞서.' 바르샤바조약기구는 전진 방어 전략, 즉 공격자를 자신의 영토에서 타격해야 한다는 전략으로 '무장된 평화'를 달성하기 위해 미사일을 현대화했다. 이런 전투의 영웅에게는 훈장이 수여되었으며, 점령당한 서독의 주민에게는 군대 화폐가 주어졌다. 나아가 서베를린의 정치가들과 시민들은 이미 체포되어 병영에 갇혔다. 반면 나토가 퍼싱 미사일을 서유럽에 배치해 방위하려는 것은 '제국주의적'이고 '군사주의적'인 침략 정책이라며 비난했다. 서독의 평화운동은 동독의 지도층으로부터 환영과 대규모의 지원을 받았다. 하지만 동독에서 허가받지 않은 평화운동을 하는 것은 악이라는 것이 동독 지도층의 입장이었다. 이는 분명 이중적인 도덕 잣대였다.

동독은 1962년 초 병역의무제를 도입했다. 베를린장벽을 설치하기 이전에는 대다수 병역 의무자가 서독으로 도피하려 했기 때문에 그 제도를 도입할 수 없었다. 동독은 사회주의 국가로서는 유일하게 개신교회의 압력에 굴복해 2년 후 병역 거부자에게 대체 복무를 허락했다. 병역 거부자는 이른바 건설 병사로 대체 복무를 했으며, 역시 군복을 입고 복무해야 했다.

그들은 생명을 바치겠다는 서약을 할 필요는 없었으나 상관에게 절대 복종하겠다는 서약을 해야 했다. 그들은 인민군대에 소속되어 군대막사를 짓는 일에 투입되었다. 하지만 이에 대해 항의가 잇따르자 그들의 복무 영역이 '민간' 영역으로 확대되었다. 그들은 그 후 도로 건설 현장의 노동자로, 정원사로, 군병원의 간호사 또는 주방 보조원으로, 그리고 동독의 마지막 시기에는 대기업의 보조 인력으로 일했다. 예를 들어 토마스 아브라함은 다른 네 명의 건설 병사와 함께 합성수지와 탄성수지 제품을 생산하는 동독 최대의 산업 콤비나트 중 하나인 인민기업 화학공장 부나에서 청소부로 일했다. 누구도 그들을 통제하거나 감시하지 않았다. 적잖은 건설 병사에게는 그 복무가 지옥과 같았으나 토마스에게는 이 시절이 즐거웠다. 그는 행운아였다. 반면 1985년까지만 해도 여호와의 증인처럼 어떤 형태의 군 복무도 거절하는 사람은 18개월에서 22개월까지 옥살이를 해야 했고 변두리에서 살아야 했다.

그렇기 때문에 나는 군 복무에 관해 젊은이들과의 대화할 때면 언제나 신중한 자세를 취하고 이렇게 충고했다. "만일 네가 건설 병사로 간다면 정치적 고백을 해야 하지만, 대학에 가서 공부할 수 있는 기회도 열린단다." 그래서 나는 그들에게 대개 정상적인 군 복무를 마치라고 권했다. 다만 18개월의 기본 복무를 권했으며 대학 공부 자리를 얻기 위한 전제조건으로 일반적으로 유효한 3년간의 하사관 복무— 고등학교 상급반에서 대규모로 지원하곤 했던 —는 권하지 않았다.

나 자신은 과거에도 지금도 결코 평화주의자는 아니다. 나는 당시 이렇게 말했다. "나는 지금과 같은 상황에서는 인민군대, 즉 독재자의 군대에서 무기를 드는 것을 원하지 않는다. 한편으로는 핵 위험에 직면한 유럽 상황에서 무기를 들고 군 복무하는 것은 무의미하다고 생각하는 서독 사람들의 편에 서 있기도 하다. 왜냐하면 핵전쟁이 나면 모든 것을 지옥으로 만들 것이기 때문이다."* 따라서 나는 이따금 다음과 같은 슬로건을 내 승용차에 달고 다녔다. '전쟁이 난다고 생각해보라. 아무도 피할 수 없다.' 국가안전부는 그 문구를 기록해두었다. 그러나 절대평화주의를 말하는 서독의 친구들과 달리 나는 무기를 들고 평화, 자유, 자신 및 타인의 생명을 방어해야할 때도 있다고 생각했다. 그래서 1990년대에 발칸반도에서 발발한 살육을 방관하지 않고 군사적으로 대항했던 사람들의 생각에 나는 동의했다.

청소년들과 활동하면서, 무엇보다 도시 청년 담당 목사로서 활동하면서 나는 국가안전부의 감시망에 확실하게 걸려들었다. 1983년 봄 이래 그들은 "동독의 사회주의적 상황에 대한 반사회주의적이고 적대적인 자세"를 근거로 '가면'이라는 작전명하에 나를 감시했다. 1년 뒤 그들은 내가 "교회의 평화운동이라는 가면을 쓰고 저항적 태도를 가진 젊은이들을 반정부적으로 끌어들인다"라고 보고했고, 2년 후에는 "'가면'은 교화 불가능한 반공산주의자임이 확인되었다"라고 보고했다.

1981~1985년에는 도시 청년 저녁모임과 대규모 평화예배에 700명 정도의 청소년이 참석했는데, 이 수는 점점 더 늘어났고 때로는 젊은 국가안전부 비공식 협력자들도 참석했다. 당시 내가 했던 말들은 국가안전부의 문서에 기록되어 있었다. '동독의 사회적 조건은 파시즘 시대의 독일과 흡사하다', '동독의 국가기관은 나치 정권처럼 시민들에게 해명하는 일이 거의 없다', '동독의 전체적 삶은 군사화에 종속되었다', '동독 정권은 시민들에 대한 두려움 때문에 완전한 감시체제를 조직하고 있다', '국가는 사람들

---

* 1980년대 초 소련의 SS20, 미국의 퍼싱II 등 핵탄두 미사일이 동서독에 배치되자 중부 유럽은 핵전쟁의 중심지가 되었다. 서독의 평화운동은 '무기 없이 평화 만들기'라는 슬로건으로 '크레펠트 호소문'을 발표했다. 여기에 영감을 받은 동독의 하베만과 에펠만 두 목사는 동독정부에 무기 감축을 호소하기도 했다. _옮긴이

을 이중적으로 몰아가 집에서 하는 말과 공적으로 하는 말이 달라지게 만들었다' 등등.

"특히 위험한 점은 로스토크시 지역교회의 교회 청년들에게 도시 청년 담당 목사로서 그가 지닌 '가면'의 목적 지향적 영향력이 확대되고 있으며 그가 주제넘고 뻔뻔한 태도를 가지고 있다는 것이다." 한편 문서에서는 이러한 태도를 지닌 것이나 동독에서 금지된 발터 켐포브스키, 알렉산더 솔제니친의 소설을 대출한 것은 국가에 적대적이라는 의미이지만 "정치적 고려에 따라 한 목사를 체포하는 것은 사회주의를 지속적으로 발전시키기 위한 현재의 계급투쟁 상황에 도움이 되지 않는다"라고 밝히고 있다. '비사회주의권 서방 국가'로의 업무 여행은 오랫동안 기다리게 해놓고는 다시 취소되었고 서독 자매교회의 친구들과 구성원들의 동독 입국도 거부되었다.

물론 그러한 제재에 대해서는 아무런 이유도 설명해주지 않았다. 내 안에서는 무기력한 분노와 냉정한 순응이 서로 교차되었다. 아마도 다수의 국가안전부 비공식 협력자가 나에 대해 보고한다는 사실, 내 전화가 감청당한다는 사실, 내 우편물들이 검열된다는 사실, 이따금 내 집 벽에 도청장치가 설치된다는 사실, 비밀리에 가택수색이 벌어진다는 사실을 알았더라면 나는 좀처럼 참지 못했을 것이다.

1985년 말 나는 교회 업무와 개신교신도대회 준비를 동시에 담당하기가 힘에 부쳐 도시 청년 담당 목사직을 사임했다. 그러자 국가안전부와 시의회의 교회문제 담당자(비공식 협력자는 셸러였다)는 자신들이 나와 내 선임자들에게 가한 압력이 성공을 거둔 것으로 받아들였다. 나는 이후 국가안전부가 이러한 상황 변화를 자신들이 영향력을 행사한 결과로 여겨 몹시 뿌듯해했다는 사실을 알게 되었다. 물론 그들은 당시 내가 청년 담당에서 개신교신도대회 준비자로 바뀐 것을 긍정적으로 평가하는 데 대해 어느 정도 회의도 품었던 것으로 보인다. 왜냐하면 그들은 다음과 같은 말로 사실을 인정했기 때문이다. "지방교회의 개신교신도대회 준비위원회 의장(나는 1983년 이래 그 직위를 맡고 있었다)이라는 자리는 (도시 청년 담당 목사직과) 동일한 직급이다."

08

예를 들자면

양 독일과 교회 사이의
정치범 교환 프로그램

늦은 밤 치안경찰 순찰대는 로스토크 시
내에 나붙은 문구를 하나 발견했다. 상가 거리 끝에 위치한 구시가지 서쪽
의 크뢰펠린 성문에 붉은 글씨로 "우리는 성년이다. 그러나 우리는 아무 말
도 할 수 없다"라고 쓴 문구가 1.6미터 높이에 쓰여 있었던 것이다. 몇 분
후 경찰들은 애완동물 가게 건너편에서 다음과 같은 문구와 마주쳤다. "내
가 총알받이가 된다면 삶은 무의미하다." 백화점의 쇼윈도에는 "무기 없이
평화를 만들자, 비어만 만세"라는 문구가, 닫힌 쇼윈도의 딱딱한 판지 위에
는 "동독은 갇혀 있다"라는 문구가 쓰여 있었다. 그 문구 밑에는 여러 개의
수직선과 두 개의 수평선이 그려져 감옥 창살을 암시하고 있었다.

나는 누가 그런 선전문을 만들었는지 곧 알아차렸다. 부부인 군나 크리
스토퍼와 우테 크리스토퍼, 그리고 되르테 노이바우어가 이를 은근히 자랑
하며 보고했던 것이다. 이 셋은 모두 내 교구 청년단 소속이었다. 되르테는
종교교육과 견신례 수업에서 알게 된 청년이었고, 우테와 군나는 청소년

때 스스로 교구 청년단에 들어왔는데 그들은 기독교 가정 출신이 아니었다.

로스토크의 국가안전부 지부는 이런 범행을 발견한 지 몇 시간 후 "형법 220조에 따른 공적인 모독 행위"라고 규정하고 이 일이 1985년 9월 3일 밤 0시 30분에서 1시 30분 사이에 일어났다고 보았다. 동독공산당 지구당 사람들은 밤 1시 40분경 세 젊은이를 라이프니츠광장에서 보았으나 아무도 그들을 의심하지 않았다. 누구도 도시 한가운데 반사회주의적 문구를 써놓을 것이라고는 상상도 하지 못했던 것이다.

정부기관은 총출동했다. 경찰은 모든 구호를 촬영하고 사용된 물감 성분을 판별했으며, 발렌슈타인거리에 있는 쓰레기통에서 붓과 나머지 물감을 찾아내고 붓의 냄새도 채취했다. 그 밖에 개를 풀어서 "범인들"이 크뢰펠린 성문에서 11개의 다른 방향으로 이동한 흔적을 수색했다.

의심의 눈초리는 즉시 병역을 거부하거나 외국 이주를 신청했던 젊은이들, 또는 바로 이틀 전인 1985년 9월 1일 로젠가르텐에 있는 파시즘 희생자 기념비 앞에서 침묵시위를 했던 정치적 행동주의자들에게로 향했다. 경찰은 용의자들에게 90개 항목에 달하는 질문을 했고 모두에게 필적 검사를 실시했다. 용의자들 가운데 16명의 젊은이는 수치스러운 심문도 받았다. 그들은 체취 검사를 위해 부드러운 노란색 수건을 몇 분 간 자신의 바지에 집어넣었다가 꺼내 유리병에 담아 "봉인했다". 그렇지만 붓이나 필적 비교를 통한 체취 검사가 범인들의 기소에 별로 도움이 되지는 못했다.

이들 세 사람이 자신들의 행동을 내게 설명했을 당시 나는 내가 열여섯 소년이었을 때 사촌과 함께 1956년 귀스트로에서 헝가리 봉기의 진압에 대한 분노를 표현할 방법을 찾았던 것을 떠올렸다. 우리는 서독의 라디오 방송을 통해 봉기자들의 지원 요청을 들었고 자유 서방이 혁명의 진압을 방임한 것을 이해할 수 없었다. 우리는 플래카드를 제작해 이모부 게하르트의 목사관에서 담을 넘어 욘-브링크만고등학교 마당에 이르는 곳에 설치했으며, 또 전단지를 만들어 교실 칠판 위에 붙이려 했었다. 나는 그 세 사람에 대해 깊은 동정심을 느꼈다. 그들의 행동 동기는 충분히 이해되었으나 책임의식을 가지고 이렇게 말했다. "너희들이 사전에 나에게 물었더라면 나는 그 일을 하지 말라고 했을 것이다." 왜냐하면 발각되면 감옥으로 끌려갈 게 분명했기 때문이다.

그 이후 나는 자연스럽게 군나와 우테가 체포의 위험, 심지어 ─ 비록 의식하지 못했다 해도 ─ 서독을 통해 돈으로 정치범을 석방하는 사업*을 염두에 두고 그런 행동을 한 것은 아닐까 반문하게 되었다. 우테는 14살 때부터 동독을 떠나고 싶어 했다. 그녀의 어머니는 서독에 계신 부모님과 형제자매를 만나기 위해 여행을 신청했으나 늘 거부되어 눈물로 살아가고 있었다. 그녀의 어머니는 자신의 아버지의 장례식에 참석하는 것마저도 거절당했다. 우테는 11살 때 어린이 정신병원에 입원했고 거기서 때로는 침대에 묶여 지냈다. 그 후 1년간은 어린이 복지시설에서 지내면서 모욕과 구타를 당했으며 일주일 동안 어두운 방에 갇혀 지내기도 했다. 그녀는 어떻게 해서든 빨리 서독으로 가고 싶어 했고, 자동차 짐칸에라도 숨어 탈출하게 해달라고 숙부에게 부탁하기도 했다.

군나는 기계 및 시설 조립공 직업교육을 받은 후 국가가 운영하는 미놀주유소에 일자리를 얻었다. 그는 더 이상 국가를 위해 '생산직' 일을 하고

---

* 동독의 정치범을 서독정부가 돈을 내고 석방시켜 데려가는 동서독 간의 정치적 거래를 말한다. 1964년부터 1989년까지 3만 3755명의 동독 정치범이 서독으로 이주했고 서독은 35억 마르크를 동독에 지불했다. 서독 개신교회의 봉사국도 이 일에 적극 동참해 동독의 기독교인 가운데 정치범이 서독으로 이주하는 일을 도왔다. 이러한 거래는 1970년대 이래 재정난에 시달리던 동독을 안정시켜주었고 이를 통해 신뢰를 축적함으로써 평화통일의 길을 준비할 수 있었다. _옮긴이

싫지 않다고 말했다. 그는 인민군과 관련된 모든 복무를 거절해 '전면적 병역 거부자'가 되었으며 외국 이주 허가가 떨어지지 않으면 18~24개월의 징역형을 받게 되어 있었다.

군나와 우테 부부는 '이주 희망자'로서 불안정한 상태에서 살아왔다. 빨리 출국할 수 있는 일이라면 그들은 무엇이든 할 판이었다.

이 사건은 사실 즉흥적으로 발생했다. 되르테와 우테는 어느 날 오후 반사회주의적 행동이 사람들 사이에 커다란 반향을 일으키고 사람들을 일깨워놓으리라는 희망으로 그 일을 감행했다. 시내의 지붕 위에서 전단을 뿌리는 것은 더 그럴듯했겠지만, 전단을 제작하려면 리놀륨판에서 텍스트를 오려내고 검은색으로 한 장씩 인쇄해야 했기 때문에 쉬운 일이 아니었다. 리놀륨판 인쇄는 포기하고 대신 복잡하지 않으면서도 주목을 끌 만한 행동을 계획했다. 되르테, 우테, 그리고 군나는 저녁 늦게 물감과 붓, 양동이를 자루에 넣어 들고 버스와 전차를 타고선 그곳으로 갔다.

동독의 거리는 전기 사정으로 매우 어두웠다. 가로등의 어스름 불빛이 그들 셋을 보호해주는 듯했다. 군나는 한 걸음 앞서 갔고 되르테는 한 걸음 뒤처져 상황을 탐색했다. 그 사이에서 우테는 즉석에서 정한 장소에다 눈에 띄는 붉은색으로 선전 문구를 썼다. 사람이 없는 시내에서 한 시간 반 동안 아무 사고도 없이 작업이 완료되었다. 그들은 양동이와 붓을 치운 다음 다시 전차를 타고 집으로 돌아왔다. 대규모 수색이 시작될 무렵 그들은 이미 침대에 들어가 있었다.

모든 것이 잘 진행되는 듯했다. 세 사람은 서로를 숨겨주었고 나 말고는 아무에게도 사실을 말하지 않았다. 몇 달이 흘러갔다. 그리고 되르테는 한 젊은 남자와 사랑에 빠졌는데, 그에 대한 특별한 신뢰의 표시로 자신의 영웅적인 행동을 남자친구에게 털어놓았다. 하지만 새 남자친구는 그 정보를 국가안전부에 넘기고 말았다.

군나가 1986년 2월 11일 아침 7시에 미놀주유소에 출근했을 때 두 명의 낯선 사람이 그를 기다리고 있었다. 그들은 그를 자동차에 잡아넣고 로스토크시의 아우구스트 베벨거리에 있는 국가안전부 조사실로 데려갔다. 세 사람은 각기 떨어져 아침부터 저녁까지 심문을 받았다. 군나는 "모든 것을 시인했다"는 아내의 자필 쪽지가 건네지기 전까지만 해도 모든 것을 부인했다. 우테 또한 "모든 것을 시인했다"는 남편의 자필 쪽지가 제시되기 전까지는 혐의를 부인했다. 하지만 결국 둘은 상대방의 쪽지를 보고 모든 것을 시인할 수밖에 없었다. 이 두 사람은 구치소로 이송된 반면, 미성년자인 되르테는 일정한 조건하에 재판 때까지 석방되었다.

이 세 사람 모두 내 교구 청년단에 속했기 때문에 국가안전부는 내가 "이러한 적대적이고 부정적인 활동을 직접 또는 간접적으로 고취시킨 장본인"이라고 간주했다. 그러나 이를 입증할 수는 없었다. 국가안전부는 시의회의 교회문제 담당자(비공식 협력자인 셸러)를 통해 나에 대한 정보를 얻어내려 했다. 수감자들과 나눈 대화도 수집해서 나에 대한 법적인 압력 수단으로 이용했다. 하필 내가 믿고 우테의 변호를 부탁했던 변호사가 실은 나를 반대해 일하고 있었다는 것을 나는 전혀 몰랐다.

변호사 볼프강 슈누어는 당시 정치적 박해를 받는 사람들의 보호자로 잘 알려져 있었다. 그는 동독 전역의 교회에서 열리는 중요한 행사에 참석했고 건설 병사들과 전면적 병역 거부자들을 위해 법률 상담을 제공했다.

슈누어 변호사는 1978년 빈츠에서 뤼겐을 거쳐 로스토크로 이사한 후 내가 성장한 곳이자 아직 내 부모님이 살고 있던 브링크만스도르프에 살고 있었다. 그는 매우 드물게도 변호사 법인에 대한 개인 허가권을 갖고 있었는데, 사람들은 그에게 어떻게 그런 특권을 누리게 되었는지 묻곤 했다. 교회의 여신도들은 그가 다른 사람들을 안중에 두지 않는데도 교회 총회의 위원으로 선출된 데 대해 놀라워했다. 그러나 그를 신뢰할 수 있다고 믿었던 만큼 의혹을 멀리했다. 나는 그를 못미더워하는 사람들에게 이렇게 말했다. "증거를 내놓으시오. 아니면 침묵하시오." 슈누어는 우리들 가운데 여느 사람처럼 행동하고 우리에게 "자매님", "형제님" 하고 말을 건넸으며 교회 행사 때 자주 나타났다. 그래서 나는 그를 지역교회 총회의 대표로 추천했다. 왜냐하면 나는 그와 같은 유명 인사를 잘 이용할 수 있다고 생각했기 때문이다.

슈누어가 자신의 의뢰인 우테에게 던진 질문 가운데 하나는 나와의 공모 가능성에 관한 것이었다. 우테는 내가 "나중에야 그 일이 수행된 것을" 알게 되었다고 사실대로 설명했다. 우테와의 대화 내용은 이렇게 적혀 있었다. "가우크 목사는 이러한 행동에 찬성하지 않는다는 것을 그녀에게 분명하게 인식시켰다. 그렇지만 그녀의 진술에 따르면 가우크 목사는 그녀의 인성에 상당한 영향을 끼쳤고 그녀는 그로 인해 동독 내 사회 문제에 대해 매우 비판적인 태도를 갖게 되었다고 한다. 그녀는 가우크 목사에게 모든 것을 터놓고 이야기할 수 있었기 때문에 그에게서 아버지의 대리상을 보았다고 한다." 우테가 우리에게 왔을 때는 이미 동독 체제에 대해 매우 비판적인 자세였다는 점에서 볼 때 교구 청년단은 그녀에게 도피처가 되었던 것이 분명했다.

국가안전부의 비공식 협력자로는 토르스텐이라는 가명을 쓰던 볼프강 슈누어는 자신의 의뢰인인 우테에게 서독 이주 신청을 취소시키려 했다. 이러한 시도는 군나를 목표로 삼아 활동했던 국가안전부의 스파이가 며칠간 그를 전구가 켜진 독방에 감금해둔 다음 마침내 성공을 거두었다. 슈누어 변호사는 군나에게 1, 2년 동안 감옥살이를 하지 않고도 동독을 떠날 수 있는 방법이 있는데 그것은 바로 그가 낸 서독 이주 신청서를 취소하는 것이라는 점을 확신시켰다. 군나의 아내 우테는 서독 이주 신청서를 철회했다는 소식을 처음에는 믿지 않았다. 사실 그것은 슈누어 변호사가 만든 연극이었다. 슈누어가 국가안전부에 쓴 보고서에는 이렇게 적혀 있다. "그들의 행동이 미칠 영향으로 보아 그들은 엄벌에 처해야 하며, 그녀는 형무소에 수감되어 벌을 받아야 한다." 그녀는 남편인 군나 또한 감옥으로 끌려갈 것이라는 사실을 알게 되자 분통을 터뜨렸다. 슈누어 변호사는 1986년 3월 13일 자 보고에서 자신의 의뢰인에 대해 "정신적으로 매우 취약"한 것으로 묘사하면서, 국가안전부의 비공식 협력자 토르스텐의 이름으로 다음과 같이 덧붙였다. "그녀는 남편과의 이혼을 원한다."

분명한 것은 우테가 감옥에서 끔찍한 고통을 겪었다는 사실이다. 1986년 4월 나는 예기치 않게 서독 풀다에서 열리는 개신교신도대회의 의장단 회의에 참석하도록 출국 허가를 받았는데, 당시 나는 서독의 대통령 리하르트 폰 바이츠제커에게 우테의 사정을 말하고 도움을 요청했다. 바이츠제커는 속히 조치를 취했던 것 같다. 왜냐하면 바로 며칠 후 동독정부의 구금자 석방 업무를 관장하는 변호사 볼프강 포겔의 동베를린 사무실에서 연락이 와 우테 크리스토퍼 사건을 위임받았기 때문이다.

반면 군나는 재판이 시작되기 직전 자신이 알지 못하는 국가안전부의 한 간부에게 심문실로 불려갔다. 국가안전부 간부는 군나에게 출국 신청을 취소한 것은 매우 잘한 일이라고 친절하게 말했다. 그리고는 국가안전부와 협력함으로써 동독에 대한 긍정적인 태도를 입증할 수 있다고 했다. 군나는 그렇게 할 준비가 되어 있었다. 간부는 또 다시 친절한 말투로 의무선언서에 서명함으로써 그러한 협력 의사를 보여주어야 한다고 설명했다.

군나가 출국 신청서를 철회한 것은 잘못이었다는 사실이 그동안 분명해졌다. 그의 상황은 심지어 전술적으로 더 나빠졌다. 신청서도 없는데 어떻게 서독에서 그를 돈으로 석방할 수 있겠는가? 그는 후퇴할 수 없었고 이제 앞으로 나아가야만 했다. 그래서 그는 하나의 새로운 전술을 세웠다. 즉, 밖에 나가서 출국 신청서를 다시 제출하는 것이었다. 그러기 위해서는 가능한 한 빨리 감옥에서 빠져 나가야 했다. 이 때문에 석방되면 국가안전부의 비공식 협력자로 활동하겠다고 서약하긴 했지만 밖에 나와서까지도 국가안전부의 앞잡이로 이용당할 생각은 없었다.

실제로 군나의 계산은 맞아 떨어졌다. 1986년 6월 초 선고 공판에서 아내 우테는 직접적인 "선전 문구 게시자"로서 집행유예 없이 18개월의 징역에 처해져 작센에 있는 호헤네크의 여자 교도소로 이송된 반면, 군나는 13개월의 집행유예를 받고 1986년 7월 1일에 석방되었다. 아직 미성년자였던 되르테는 10개월의 집행유예로 석방되었다.

석방되던 날 군나는 친구인 얀과 다른 교구 청년단 회원 두 명에게 이렇게 말했다. "너희들은 두려워할 필요가 없어." 그들이 서독의 교회들로부터 선사받은 폭스바겐 버스에서 나를 기다렸다. 석방되던 바로 그날 군나는 내 앞에서 자신이 세운 전술을 털어놓았다. 그의 솔직함은 우리의 실망을 누그러뜨렸고 우리 가운데 누구도 그를 비난하지 않았다. 그러나 분명한 것은 국가안전부가 보복을 하리라는 사실이었다. 그는 국가안전부로부터 쉽게 벗어나지 못할 것이다. 국가안전부가 속는 일은 없을 것이다.

감옥에 있을 때 군나는 국가안전부로부터 첫 번째 비밀 만남의 장소와 시간을 통고받았다. 군나는 약속에 따라 리히텐하겐 지역의 고층 건물로 가서 벤치에 앉아 있었다. 한 남자가 문에서 나오더니 조심스럽게 사방을 살핀 다음 군나를 향해 손짓을 했다. 계단을 이용해 국가안전부 요원은 앞서 가고 군나는 몇 계단 거리를 두고 뒤따라갔다. 그들은 침묵했다. 3층에 도착해서야 국가안전부 요원은 갑자기 뒤돌아보며 군나에게 악수로 인사를 청했다. 그렇지만 군나는 그 사이에 자기 신념을 다잡았다. "기분 나쁘게 생각지 말고 들으십시오. 나는 당신 같은 사람과 악수할 수 없습니다. 나는 국가안전부를 위해 일할 생각도 없습니다. 필요하다면 그 이유를 당신에게 설명할 수도 있어요." 군나의 말이 끝나자 국가안전부 요원은 즉시 돌아서서 가버렸다. 왜냐하면 배신자에게 비밀 장소가 알려져서는 안 되었기 때문이다. 군나의 설명에 따르면 그 요원은 이렇게 말했다고 한다. "당신이 오랫동안 석방되어 있을 거라고는 생각하지 마시오. 우리는 곧 당신을 수감할 것이오."

군나는 다시 우테와 함께 쓰던 에버스하겐의 아파트에 입주했다. 그는 다시 출국 신청서를 냈고 생계를 이어가기 위해 열심히 일했다. 미놀주유소에서 그를 정유 저장소로 보내려 하자 군나는 "나는 정유 저장소에서는 일하지 않습니다"라고 말했다. 그는 국가가 운영하는 전진 세탁 공장으로 자리를 옮겼고, 세탁한 물건을 호텔로 배달하고 세탁물을 모아오는 일을 했다. 그곳의 책임자가 트럭의 변속기가 고장 난 원인을 그에게 떠넘기자 군나는 "같이 일할 수 있는 신뢰가 더 이상 없군요"라고 말하고는 그곳을 떠났다. 이어서 우체국의 속달우편 배달부 자리와 미술품 가게의 판매원 자리도 거절당하자 그는 동독에서는, 특히 생산직에서는 결코 다시 일하지 않겠다고 결심했다. 그 이유는 그가 나중에 국가안전부에서 심문받을 때 한 진술에서 잘 알 수 있다. "나는 내 세금이 국가안전부나 경찰, 인민군대 같은 기관에 사용되는 것을 원하지 않습니다. 왜냐하면 이런 기관은 동독 사람들을 억압하기 때문입니다. 또한 나는 나의 노동이 무기를 사들이고 사람들을 억압하는 수단으로 사용되는 것을 원하지 않습니다. 특히 이 무기들은 다시 이 나라 사람들을 향할 것이기 때문입니다." 그는 우테의 어머니와 몇몇 친구의 도움으로 겨우겨우 살아갔다.

에버스하겐에서 반정부 문구들이 다시 발견되자 국가안전부는 이를 군나를 다시 체포할 절호의 기회로 삼았다. 군나는 잘되었다고 생각했다. 군나는 이를 계산했을 뿐만 아니라 심지어 다소 고대하기까지 했다.

1986년 12월 11일 아침 여섯 시 사람들이 군나의 아파트로 들이닥쳤다. 사법경찰 조서에는 "그 사람들은 증명서 제시도 없이 크리스토퍼에게 동행을 요구했다"라고 기록되어 있었다. "크리스토퍼는 소리치며 도움을 청했고 경찰을 부르려 했다. 그들은 크리스토퍼에게 조용히 처신하고 사법경찰의 요구에 따르라고 명령했다. 그가 이 명령에 따르지 않자 무선장비를 갖춘 경찰차를 요청했다. …… 크리스토퍼가 그들의 질문에 도발적으로 대답하자 그들도 도전적으로 행동했다. 결국 크리스토퍼는 아주 천천히 옷을 걸쳐 입고 조용히 담배 한 대를 피웠으며 커피도 마셨다."

에버스하겐에서 발견된 선전 문구, 즉 "서투른 작품의 제작자"가 군나라는 것을 입증할 수는 없었다. 그러나 국가안전부는 곧 그 해결책을 찾았다. 가택 수색을 통해 군나의 집에서 다음과 같은 문구들을 발견했기 때문이다.

'동독이라고? 고마울 게 뭐가 있어. 동독이라면 지긋지긋하다'

'조심하라! 문 뒤에서 동독은 다시 시작한다'

'군나의 공화국에 온 것을 환영한다'

이러한 문구는 사람들에게 국가를 비방하기 위한 지원을 요청하기 위한 것이었다.

군나는 볼프강 슈누어를 변호사로 선발했다. 군나가 후에 기록한 바에 따르면 슈누어는 군나에 대해 언제나 매우 치밀하게 행동했다고 한다. 1986년 성탄절 전날 아침 슈누어는 구치소까지 찾아와 군나에게 초콜릿 한 판을 선물하기도 했다. 군나는 후에 국가안전부 문서에서 비공식 협력자로서의 슈누어에 대한 보고서를 전혀 발견하지 못했다.

변호사 슈누어는 두 얼굴을 가진 냉철한 인간이었다. 1965년 국가안전부의 비공식 협력자가 되었으며 "특별한 가치를 지닌 정보의 원천"이라는 찬사를 받은 후 1980년대 초부터 동베를린에 있는 서독정부의 상주대표부 직원들과 독자적으로 비밀 접촉을 유지한 인물이었다. 국가안전부의 대리자로서뿐만 아니라 개인적으로도 국가안전부를 위해 일한 이중적인 인물이었다. 국가안전부는 그를 고발하는 자인 동시에 고발당하는 자로서, 말하자면 한 번은 비공식 협력자인 토르스텐으로, 다른 한 번은 작전명 '사기꾼'으로 대했다.

'토르스텐'은 자기비판을 하고 사적인 문제에서도 자기 능력을 입증함으로써 칭찬을 받았다. "나는 우리의 대의에 충실히 봉사하고자 한다." 동시에 자기의 보호처도 구했다. "제발 나를 내적 곤궁에서 구해주시오." 1986년 국가안전부는 슈누어와 대화를 가졌다. 그에 대해 많은 고발이 잇따랐기 때문이다. 그에 대한 비난에 따르면 비공식 협력자인 토르스텐은 서독 시민들과의 접촉 또는 출국 희망자들에 대한 보고를 너무 적게 하거나 전혀 하지 않았다고 한다. 아마도 군나는 변호사인 슈누어에게 배신당하지 않은 행운아였던 것 같다.

군나의 2차 공판은 사안의 민감성 때문에 로스토크 지방법원의 제1사법판사가 맡았다. 정치적 재판은 일반인의 참관을 허용하지 않는다는 것을 알고 있었으나 군나의 어머니와 여동생, 그리고 나는 1987년 4월 6일 아침 일찍 법원청사에 들어가 맨 앞줄에 보란 듯이 앉아서 기다렸다.

판사가 입장하고 여판사는 방청객들을 내보내려 했지만 우리는 끝까지 버텼고 우리의 목표는 달성되었다. 군나는 우리를 바라보았다. 그는 우리가 그를 잊지 않고 있다는 것을 깨달았다. 얼마 후 비공식 협력자 토르스텐으로 활동하는 슈누어 변호사는 "재판정을 떠날 때 가우크 목사는 주먹으로 문을 세차게 두드렸다"라고 국가안전부에 보고했다.

군나는 4년 반의 형을 받고 즉시 코트부스의 감옥으로 이송되었다.

로스토크에 있는 국가안전부 감옥은 비교적 견딜 만했다. 당시 그는 수감 기간 중 마지막을 여섯 명이 같이 지내는 감방에서 보냈는데, 거기서 동독 탈출을 시도하다가 붙잡힌 사람들과도 만났다. 그들의 설명에 따르면, 그들은 양 독일 사이의 국경에서 군 복무를 마쳐 국경의 사정을 잘 알던 사람들의 지시에 따라 울타리를 타고 넘어갈 사다리를 만들었다고 한다. 하지만 그들이 탈출 준비를 마쳤을 때는 베를린장벽이 한층 보강되어 더 높아졌다. 이 때문에 국경선 장벽 위까지는 올라갔으나 넘어갈 수 없어 실패하고 말았다고 한다. 그들은 감옥에서 지내면서도 회의에 빠지거나 낙담하지 않고 서독에서 자신들을 정치범으로 사갈 날이 멀지 않았다는 확신에 차 있었다. 군나도 그들의 낙관주의의 덕을 보았다. 그들은 장기를 두었고 많은 책을 읽었으며 웃고 떠들기도 했다. 그 중 친절한 마음씨를 가진 한 사람은 재미있는 이야기들을 들려주기도 했다.

하지만 코트부스감옥은 상황이 전혀 달랐다. 악명 높은 코트부스감옥은 1933~1945년 나치 정권하에서나 1945~1989년 동독 정권하에서 주로 정치범이 수감되던 곳이었다. 2층은 다른 공간과 철창으로 분리되고 문 가까이에 변소가 있는, 동물 우리와 같은 독방이었다. 뒤편에는 접어 올릴 수 있는 나무침대와 책상이 놓여 있었다. 이곳은 수감자가 문에 접근할 수 없는 구조로 되어 있었다.

군나는 수감자들로부터 "붉은 테러분자"라고 불리는 간수 후버트 슐츠에게 배당되어 2층에 배속되었다. 1997년 이 간수는 수감자들을 고무막대로 구타하고 이빨을 뽑는 기계로 때린 뒤 계단 아래로 던져버리거나 몇 시간씩 찬 물속에 세워놓았다는 죄목으로 2년 8개월 형을 받기도 했다. 슐츠는 광신적인 동독 추종자였다. 그는 언젠가 군나에게 자신의 꿈은 서독의 수도 본에 사회주의 감옥을 건설하는 것이라고 말하기도 했다. 군나는 슐츠를 가리켜 눈가림판을 달고 앞만 보고 달리는 노새나 말과 같은 인간이라며 비웃기도 했다. 슐츠는 군나에게도 폭행을 가했으며 거의 일주일 동안 군나를 독방에 수감했다.

어느 날 군나는 동독 탈출을 시도한 아들을 위해 용기 있게 행동하는 바람에 국가 권력과 갈등을 빚은 한 늙은 수감자를 알게 되었다. 그는 자신이 아주 중요한 정보를 알고 있다면서 자신을 수감자들의 대변인이라고 소개했다. 군나는 옥살이를 하는 동안 감옥에서도 정보를 돈으로 사고판다는 사실을 알게 되었다. 군나는 코트부스감옥으로 수감되면서 서독제 면도비누, 샤워크림, 그리고 기타 물건들을 가지고 들어왔는데, 이 중 니베아크림 한 통을 주고 서독 이주자들의 이름과 이주 날짜에 대한 정보를 얻었다.

1987년 7월 초 군나는 다시 일반 수형 생활로 넘겨졌고 자유의 날이 멀지 않았다는 것을 알게 되었다. 이러한 희망이 마지막 몇 주를 참고 견디게 해주었다.

서독으로 이송되기로 예정된 전날 밤, 군나는 매우 흥분되어 잠을 설쳤다. 그런데 아침이 되자 자신이 속고 있다는 느낌이 들었다. 일반적으로 서독 이송자는 아침 6시에 감방에서 호출되는데 그날은 8시가 되어도 아무런 소식이 없었던 것이다. 불안에 떨던 중 갑자기 감방 문이 열리더니 다른 사람들과 함께 이송자 감옥인 카를 마르크스감옥으로 보내졌다. 그곳에서 10~14일 동안 영양을 보충하고 원기를 회복한 뒤 서독으로 이송되었던 것이다.

드디어 오랫동안 기다렸던 출국의 날이 왔다. 군나는 동독의 국가시민
권 포기각서와 석방증명서를 주머니에 넣고 체포될 때 입었던 옷으로 갈아
입었다. 그는 서독에서 왔으나 동독의 번호판을 달고 있는 관광버스에 올
랐다. 확성기에서는 감옥에서의 생활에 대해 침묵하도록 강압하면서 "동독
의 손은 서독에까지 미친다"라는 식의 위협적인 경고가 흘러나왔다.

헤를레스하우젠의 동서독 국경선까지 가는 동안 버스 안은 쥐죽은 듯
조용했고 사람들은 숨을 멈춘 듯 앉아 있었다. 누구도 버스에서 끌려 나갈
만한 핑계를 제공하려 하지 않았다. 버스는 다시 한 번 동독 지역에서 정차
했다. 변호사 볼프강 포겔은 그들과 작별하면서 아침에 동서독이 스파이로
활동했던 사람들을 서로 맞바꾸는 일 때문에 이송이 잠시 지연된 데 대해
양해를 구했다. 버스는 다시 떠났고 검색 없이 경계선을 통과했다. 동독 번
호판이 서독 것으로 교체되었다. 헤를레스하우젠 휴게소에서 버스는 고속
도로를 벗어났다. 이제 자유의 땅 서독으로 진입했던 것이다.

환호성이 터져 나왔다. 그들은 서로 끌어안고 포옹했으며 울고 웃으며
행복해했다. 버스 문이 열리면서 서독의 과일이 전달되었고 커피, 차, 주스
등이 제공되었다. 사람들은 그들을 기다렸고 환영해주었다. 1987년 8월 12
일 군나는 새로운 삶을 시작했다.

그의 아내 우테는 이미 5개월 전에 서독으로 이주했는데, 그때까지 옥
살이의 후유증으로 고생하고 있었다.

되르테 노이바우어는 집행유예를 받았으나 1987년 의과대학에서 퇴학
당했다.

한편 슈누어 변호사는 3년 후인 1989년 지위가 갑자기 상승했다. 그는
반정부 집단인 민주주의 발흥*의 의장을 맡는 한편 원탁회의**의 일원이
되었다. 1990년 인민의회를 구성하기 위한 선거전에서 슈누어는 '독일을

위한 연합'의 최고 후보자로서 서독의 콜 수상과 함께 전국을 여행했으며 장차 동독의 총리로 나서려 했다. 하지만 선거 며칠 전 로스토크에서 그에 대한 38개의 문서철이 발견되면서 16년간 그가 국가안전부의 비공식 협력 자로 활동한 증거가 드러났다. 그는 이를 가리켜 "비방과 흑색선전의 극치" 라고 선언했으며, 자신의 선거 벽보에 "비방에도 불구하고"라는 글자를 써 넣었다. 그렇지만 1990년 3월 15일, 선거 3일 전에 그는 동서독 연방기민당 의 요구로 모든 직책에서 물러났고 후에 당에서 제명되었다. 1994년에는 변호사 자격을 박탈당했으며, 1996년 베를린 지방법원은 자신의 고객 프레 아 클리어와 슈테판 크라비츠키를 배신한 죄로 그에게 1년의 집행유예를 선고했다.

오늘날까지도 그의 행적은 비밀에 가려져왔다. 변호사 슈누어는 주로 병역 거부, 공화국(동독) 탈출, 반국가적 선동 같은 어려운 사건을 수주했으 며, 감방에 성경을 넣어주기도 했다. 그는 1988년 1월 베를린에서 열린 로 자 룩셈부르크 추모 시위에서 체포된 사람들의 변호를 맡기도 했다. 심지 어 1988년 기독교인들은 그를 메클렌부르크포어포메른주 지방교회의 주 교로 선출하기도 했으며, 그는 동독 개신교회연맹의 회원이기도 했다. 그 의 많은 고객들은 오늘날까지도 그가 저지른 배신행위를 용서하지 못하고 있다.

09

가을 속의 봄

동독의 민주화와 혁명의 시작

그동안 얼마나 변화를 기다렸던가. 하지만 그 변화가 마침내 시작되었을 때 나는 내적으로 어디엔가 다른 세계에 있었다. 1988년 말 나는 개신교회의 목회자 연수코스인 목회심리학 재교육 프로그램에 참가하고 있었다. 이 프로그램에 참가한 사람들은 며칠에 걸쳐 여러 차례 만남을 가지면서 자신들의 목회 능력을 심화시켰다. 이 연수코스는 매우 집약적이고 내면을 깊이 파헤치는 작업이어서 이제까지 내 안에 숨겨져 있던 행동 구조에 대해 많은 것을 배웠다. 우리는 각자가 나서서 목회 활동에서의 상호적 동기들, 사람들과의 만남에서 발생한 무의식적인 관계들과 대면했다. 나는 이 연수코스를 통해 나 자신이 밖으로는 너무 적게 정향되고 안으로는 너무 많이 정향되었다는 사실을 알게 되었다.

그렇지만 몇 개월 동안 '밖에서' 역동적인 사건이 일어났다. 많은 시민들은 1989년 5월 7일 지방의회 선거에서 처음으로 어떻게 하면 선거에 반대하거나 선거를 무효화시킬 수 있는지를 알게 되었다. 보통 유권자들은 신분증을 검사받은 다음 선거감시단 앞에서 투표지를 읽지도 않고 투표함에 넣었다. 투표함은 대개 선거소 뒤편 구석에 있어 투표함까지 갈 경우 모든 사람이 주목하기 때문이었다. 따라서 매우 적은 소수의 용감한 사람들만 비밀투표의 권리를 이용했다. 그런데 갑자기 과거와 달리 많은 사람들이 비밀리에 '반대투표'를 하기 시작했다. 어째서 이런 역동적인 현상이 생기게 되었을까? 기존에는 봉인된 투표용지에 출마자들의 이름만 쓰여 있었는데, 로스토크에서는 이러한 선거 방식에 반대해 한 교회 단체가 모든 출마자의 청렴성 및 공정성을 측정한 내용을 투표자들에게 전단지로 알렸고 이로 인해 반대투표 현상이 나타나게 되었다. 유권자들은 이름을 잘못 표기하거나 구호를 써넣는 방식으로 무효표를 만들었는데 이것이 바로 '반대투표'였다.

처음으로 반대파도 개표장에서 투표지의 계수작업 감시에 동참해 투표지가 위조되었는지 여부를 밝혀낼 수 있었다. 로스토크에서는 전국 평균보다 무효표나 반대표가 비교적 적었으나 이곳에서도 많은 경우 선거 결과가 문제가 되기도 했다. 할레와 베를린에서 다수의 부정선거 사례를 발견한 야당이 공식적으로 검찰에 고발장을 냈다는 소식도 들려왔다.

소련공산당 서기장 미하일 고르바초프의 글라스노스트와 페레스트로이카 정책이 동독 시민들에게 용기를 주었음은 의심의 여지가 없는 사실이었다. 그동안 우리 사이에는 아무것도 바꿀 수 없다는 퇴행적인 변명이 만연했지만 모스크바가 방향을 전환한 이후부터 동독의 지도층에도 압력을 가할 수 있게 되었다. 수십 년 동안 지도층은 '소련으로부터 배우는 것은 승리를 배우는 것이다'라는 슬로건을 내걸었으나 이제는 소련을 반대하는 슬로건으로 바뀌었다. 그러나 사태가 폴란드식으로 발전하는 것은 위험할 수도 있었다. 무기를 들고 국가에 공격을 감행하는 식의 영웅적 모험은 독일인에게는 낯설었다. 더욱이 1953년 일으킨 대규모 반정부 시위의 경험 이후 이러한 모험은 더욱 무의미해졌다. 하지만 정치적 반대자들은 반공적이었으나 대다수의 시민운동가는 ─ 전술적 이유에서건 이상적 이유에서건 ─ 현존하는 권력의 재구성 및 동독공산당과의 대화를 추구했다. 이는 개량된 사회주의를 갈망한 것이지 사회주의의 폐기를 갈망한 것은 아니었다. 비정치적 시민들 가운데서도 이렇게 생각하는 사람들이 존재했다.

그렇지만 모스크바와 반대로 동베를린 체제는 화석화되어 있었다. 고르바초프와 호네커는 정치적으로 서로 매우 멀어졌다. 1989년 6월 초 중국이 천안문광장에서 학생들의 반정부 시위대를 억압한 데 대해 동독은 중국국가와 당의 편을 들었다. 하필 로스토크의 정치가 에른스트 팀은 "무장한 군대를 투입해 질서와 안정을 회복하기 바란다"라는 내용을 담은 결의문을 인민의회에 제출했다. 반면 로스토크와 슈베린의 기초단체와 개신교회의 대학 교회는 천안문 사태에 대한 항의 서한을 베를린에 있는 중국대사에게 보냈다.

가장 강력한 역동성은 동독을 탈출하는 운동을 통해 분출되었다. 우리 가족 안에서는 문제가 더 이상 발생하지 않았다. 성장한 세 아이는 이미 서독에 가 있었고 가장 어린 딸 카타리나만 우리와 같이 살고 있었다. 그러나 우리 주변은 탈출 문제로 온통 들끓었다. 일요예배 중 광고시간에 한 여성이 일어나 다음과 같이 말했던 것을 나는 기억하고 있다. "오늘 아침 부엌 식탁에서 쪽지를 발견했어요. 거기에는 '나는 이제 떠납니다'라고 쓰여 있었어요." 그녀의 아들이 떠났던 것이다. 그러자 교회 중간 통로에서 한 남자가 일어서더니 자신의 딸도 사라졌다고 했다. 이전에는 예배 중에 그런 말을 하는 사람이 한 명도 없었다. 나는 많은 젊은이를 빨아들여 밤새 사라지게 만드는 소용돌이 앞에서 부모들이 느끼는 불안감을 감지했다. 이 사람도 사라졌고 저 사람도 사라졌다. 많은 사람들이 갑자기 서독 TV 화면에서 자신들의 가족이나 친지를 보게 되었던 것이다.

1989년 5월 헝가리와 오스트리아 사이의 국경선이 뚫리자 수천 명의 동독 시민들이 헝가리로 넘어갔다. 그들은 한계에 달한 동독 정권에서는 견고한 장치가 제거되더라도 아무것도 바뀌지 않을 것이라고 생각했기 때문이다. 그들은 헝가리에 체류할 수 있는 도장을 여권에 받더라도 그것이 불법임이 드러나면 체포되어 추방당한다는 사실을 알고 있었다. 이는 동유럽의 서독대사관이 동독 시민들에 의해 점거되는 사건의 서막이었다. 처음에는 헝가리 부다페스트, 그다음은 폴란드 바르샤바와 체코 프라하의 대사관이 차례로 점거되었다. 체코슬로바키아는 비자 없이도 입국할 수 있는 나라였기 때문에 많은 사람들이 그 나라로 들어갔다. 프라하의 뒷골목에는 서독대사관저의 높은 벽을 사다리를 타고 넘어 들어간 사람들이 내버린 주인 없는 자동차로 넘쳐났다. 1989년 9월 30일 서독의 외무장관 한스 디트리히 겐셔가 프라하 서독대사관 발코니에 나타나 다음과 같은 유명한 연설을 할 때까지 몇 백 명 아니 몇 천 명의 사람들은 원시적인 위생 상태를 견뎌내야 했다. "내가 온 것은 여러분이 출국해도 된다는 것을 알려주기 위해서입니다." 짐이기만 하던 고향을 떠날 수 있게 된 것만으로도 행복해하는 사람들의 함성과 환호에 연설 일부는 묻혀버렸다.

동독의 당 기관지 ≪새로운 독일≫은 동독 수상 호네커와 그 일당이 난민들을 향해 비꼬듯 던진 다음과 같은 말을 기사화했다. "우리는 더 이상 당신들에게 눈물을 흘리게 하고 싶지 않았다." 나는 이 말을 결코 잊을 수 없다. 많은 사람들이 동독에서는 더 이상 견딜 수 없기 때문에 동독을 떠났는데 동독의 원로 정치가들은 그들을 "정신병"의 희생자이며 고향을 배반한 자라고 폄하했다. 이것만 보더라도 동독 시민들이 그들에게 얼마나 무의미한 존재였는지를 잘 알 수 있다. '사라진' 젊은이, 아이들을 찾아 탈출한 가장들은 서독에서 새로운 삶을 시작했다. 그들과 떨어져 홀로 남은 우리는 가슴이 아팠지만, 그들은 영원히 우리의 자녀, 우리의 젊은이, 우리의 친구였다.

사방이 들끓었다. 낙담도 했지만 희망도 자라고 있었다. 폴란드에서는 자유선거를 쟁취하기 위한 원탁회의가 열렸고 1989년 8월 마침내 타데우시 마조비에츠키가 비공산당원으로서 총리에 선출되었다. 하지만 동독에서는 10월 6일 건국 40주년을 맞아 동구권의 정당과 국가수반들이 초청된 가운데 10만여 명의 자유 독일청년단원이 환호하면서 행진하는 기념행사 장면을 국영 TV를 통해 보아야 했다. 저녁에는 TV에서 동독 수상 호네커와 그 일파가 둥글게 서서 손을 잡고 「우리는 프롤레타리아의 젊은 전사들이다」라는 노래를 합창하는 모습을 방영했다.

10월 초 마지막 목회 연수코스를 마치고 로스토크로 돌아왔을 때 마침 첫 대도예배가 열렸다. 대학 교회의 학생들은 베드로교회의 헨리 로세 목사와 함께 9월과 10월 초 일어난 라이프치히 시위 당시 경찰에 의해 무자비하게 탄압당하고 체포된 사람들을 위해 기도했다.

라이프치히 기독교인들은 9월 초부터 니콜라이교회에서 평화예배를 드린 다음 시위를 벌였다. 드레스덴에서는 10월 4일 수천 명이 기차역에 모였는데, 그들 중 일부는 체코의 프라하에서부터 동독을 거쳐 서독으로 가려는 난민들과 함께 가려고 기차역으로 나왔다. 포크트란트의 작은 도시 플라우엔에서는 10월 7일에 1만 명 이상이 시위에 참가했다. 9월 중순에는 베를린과 다른 도시에서 다양한 반정부 단체와 시민운동 단체가 조직되었다.

로스토크에서는 그러한 단체의 창립 모임에 참석한 사람이 없었고 그때까지 어떤 시위도 일어나지 않았다. 옛날 독일의 남부와 북부 사이에 존재했던 낡은 적대감이 다시 살아났다고나 할까. 사람들은 '북부 독일인'더러 발전의 기회를 놓쳤다고 말하기도 했으며 북부는 사회적 변화에서 어떤 지원도 받을 수 없는 '붉은' 지대라고 말하기도 했다. 북부 지역 자동차에는 욕지거리로 낙서가 되었고, 북부 메클렌부르크포어포메른주 사람들은 남부 작센 지방의 주유소에서 기름을 넣지 못했다.

그렇지만 북부 지역도 이제 깨어났다. 대표적으로 북부 로스토크의 사례를 들자면 다음과 같다. 디틀린트 글뢰어라는 여성은 로스토크 남쪽 지역의 교회에서 일한 뒤 슈베린시의 여신도회에서 활동 중이었는데, 그녀는 작은 단체를 하나 조직했다. 글뢰어 여사는 인간을 이해하는 데 능통했고 어머니다운 재치와 언변을 지녔으며 교회 활동에서 팀으로 일하는 데 능숙했다. 그녀는 다른 사람들에게 영감을 불어넣고 동기를 부여하는 재주를 가졌다. 그래서 그녀는 로스토크에서 전개되는 모든 활동의 중심이 되었다. 10월 5일 그녀의 제안으로 6명이 회합을 갖고 10월 11일 감리교회 소속의 미가엘 교회에서 첫 공식 행사를 열기로 결정했다. 참가자 350여 명이 모인 이 행사는 로스토크 새로운 포럼의 창립총회가 되었다.

당시 나도 글뢰어 여사에 의해 발탁되었다. 그녀는 로스토크의 시민운동도 강력한 집중력과 역동성을 갖추기 위해서는 대도예배를 계속해야 한다고 나를 설득했다. 나는 사람들이 느끼고 원하는 바를 꼬집어 말하는 능력이 있었으므로 그녀는 나에게 더 많은 것들을 요구했다. "요아힘 목사님, 지금은 목사님이 말해야 할 때입니다!"

그렇다. 나는 말하기를 원했고 새로운 포럼에서 열심히 활동하기를 원했다. 사실 그동안 나는 저항적이지 못했고 반대자로 나서지도 못했으며 어떤 단체를 만들지도 못했다. 그러나 나는 목사로서 현재 '여기서' 이전과 '다르게' 살기로 결심했다. 나는 교회의 청년목사로서 또는 개신교신도대회의 지도자로서 항상 공산주의 체제를 비판해왔으며 이 체제에 저항하다가 박해받는 자들을 변호해왔다. 물론 교회의 직무를 고려해야 했으므로 기초공동체 일에 집중하기 위해 목사직을 포기한 친구 하이코 리츠처럼 극단적으로 행동하지는 못했다. 그러나 수백 명의 남녀 목사나 교회의 일꾼들과 함께 나도 네트워크를 조직했으며, 시민권운동이나 인권운동, 생태운동이나 평화문제에 관심을 갖고 여러 해 동안 일했다. 개신교 안에서 이러한 '일상적' 과업, 특히 청소년을 위한 활동을 벌이지 않았다면 로스토크나 다른 지역에서 시민운동단체가 만들어질 수 없었을 것이다. 그리고 그 단체들이 없었다면 새로운 운동의 기초나 윤곽도 만들어지지 않았을 것이다.

그러나 교회의 테두리 안에서 실시하는 기초적인 민주주의 활동이 정치적 변화를 이끌어내기에 불충분하다는 사실은 그동안 입증되었다. 그래서 우리는 새로운 방향을 추구했다. 1989년 8월 이래 마르쿠스 메켈과 마르틴 구차이트 두 명의 목사와 몇몇 사람은 사회민주당의 건설을 호소했다. 그들은 의회주의적 민주주의, 엄격한 삼권분립, 법치국가 및 사회국가를 요구했다. 하지만 이는 너무나 앞서 나간 요구였고 정당이 나서야 할 사안이었다. 다른 프로그램은 불분명한 채로 남아 있었다. 드레스덴에서 시작되고 라이너 에펠만, 프리드리히 숄레머, 에른하르트 노이베르트 등 개신교 목사들이 주축이 된 민주주의 발흥 운동은 국가와 사회의 민주화와 더불어 비밀선거를 요구했다. 1989년 9월 초에는 베르벨 볼리와 카탸 하베만 등에 의해 지금 민주주의*와 새로운 포럼 등의 단체가 조직되었다. 이 두 단체는 민주주의적 사회주의, 즉 '본래적' 사회주의를 추구하는 아래로부터의

---

* 지금 민주주의(Demokratie Jetzt)는 동독의 전환기에 등장한 시민운동 가운데 하나로서 1989년 9월 12일에 공식적으로 출발했으며, 1991년 새로운 포럼과 동맹90에서 평화와 인권 추진의 일부로 통합되었다. _옮긴이

개혁운동을 벌였다.

로스토크에서 활동했던 우리는 우선 여러 단체가 서로 분열되지 말아야 한다고 생각했다. 우리는 하이코 리츠를 통해 새로운 포럼과의 접촉을 성사시켰다. 새로운 포럼은 소규모의 많은 단체 가운데서는 가장 규모가 컸기 때문에 우리는 새로운 포럼에 가입했다. 이는 그저 우연한 결정이었지, 그 단체의 어떤 특정 프로그램에 동의한 것은 아니었다. 이 때문에 새로운 포럼 내에서 다양한 운동 방향이 형성되었을 때 이러한 노선에 동의하지 않는 로스토크의 몇몇 회원은 다른 단체나 정당으로 떠나기도 했다.

우선 이 단체에는 사무실이나 전화, 타자기가 없었다. 회원들은 교회 공간에 모이지 못할 때는 개인 공간에서 만났다. 그러나 서로 연락할 수 있는 주소록은 만들었다. 그러나 연락책이 발각되면 문제가 커질 수 있었다. 그래서 우리는 나단 프랑크라는 사람을 연락책으로 임명했다. 이는 가명이었는데 그의 이름은 희곡 『현자 나단』*에서 따왔고 성은 나치하에 숨어 살면서 일기를 써서 남긴 안네 프랑크에서 따왔다. 그녀는 편지함을 로스토크 구시가지의 내 집 근처에 달아놓았다. 우리는 신시가지에서 이사한 이후 니콜라이 교회 7번지에 살고 있었다.

우리에게 내면된 1953년 6월 17일의 패배, 1956년 헝가리 폭동과 폴란드 노동자들의 파업, 1961년 베를린장벽 건설, 1968년 프라하의 봄, 1970년 폴란드 동부 해안에서의 파업, 1981년 폴란드 자유노조 노동조합연대의 활동 금지 조치 같은 특징적인 사건은 전혀 예기치 않게 일어났으며, 결국 실패로 판명된 저항의 상징이었다.

---

* 『현자 나단』은 네덜란드의 철학자 에프라임 레싱이 1779년에 출간한 희곡이자 1783년 4월 14일 베를린에서 초연된 연극의 제목이기도 하다. 이 작품은 인문주의와 관용사상을 주제로 삼고 있다. _옮긴이

이러한 사건이 발발한 뒤에는 자유는 항상 상실되었고, 용감한 자들은 처벌을 받거나 총살당하거나 체포되었으며, 전체주의적 권력은 유지되었다. 그러나 사람들은 수십 년 동안 자신들이 무력했음에도 사회주의적 질서가 그대로 유지될 것이라고는 생각지 않았다. 물론 그들은 가족이나 친구에게만 솔직한 생각을 털어놓았고 대개는 술의 힘을 빌려 말했다.

북부에 사는 우리에게서도 이런 가면을 벗으려는 운동이 점진적으로 일어났다. 그 일을 시작한 사람은 바렌 지역의 목사 한스 헤닝 하르더였다. 10월 16일 그는 게오르기아교회의 예배에 참석한 450명의 교인에게 대도예배가 진행되고 있는 마리아교회로 촛불을 들고 행진하자고 제안했다. 이에 100여 명이 안전거리를 유지하면서 행진했다. 그들은 이러한 행동이 위험하다는 것을 분명 알고 있었다. 그러나 이틀 후 노이브란덴부르크에서는 벌써 분위기가 새롭게 조성되었다. 요한네스교회를 출발한 1500여 명의 시위대가 마리아교회에 도착했을 당시 그 수는 3000여 명으로 늘어났던 것이다. 이는 사람들의 불안감을 덜어주었을 뿐만 아니라 호네커 수상의 퇴진에도 커다란 영향을 주었다. 같은 날 그라이프스발트에서도 시위가 있었으며 그다음 날에는 로스토크에서 시위가 발발했다. 그리고 월요일에는 라이프치히에서, 그리고 목요일에는 로스토크에서 시위가 일어났다. 앞으로 우리는 목요일에 대도예배를 드린 뒤 거리 시위에 동참하기로 했다.

우리는 일종의 편집회의를 거쳐 예배를 준비했다. 이 회의에서 어떤 주제하에 어떤 성서 구절을 택해서 읽고 어떤 찬송을 부르는 것이 가장 적절할지를 논의했다. 우리는 새로운 운동의 호소문을 낭독했으며 다른 지역의 성공 사례를 보고했다. 특히 작센주의 작은 도시 플라우엔에서 온 문서는 우리를 기쁘게 했으며 우리에게 용기를 주었다. 그곳에서는 큰 시위가 벌어진 다음 날 의용소방대장이 다음과 같은 항의문을 시의회에 보냈다.

10월 7일 오토그로테볼 지역과 그 주변에서 열린 집회에서는 시민들에게 소방차(의 물대포)를 이용했는데, 우리 의용소방대원들은 이에 대해 강력히 항의한다.

평화롭고 비무장인 시민과 어린이를 향해 소방차의 물대포를 사용하는 것은 본래 목적에 위반되며 1974년 12월 19일 자 화재방지법에 따른 소방대의 과제와도 일치하지 않는다.

경찰 총수의 이러한 무의미한 진압 명령으로 평화적으로 집회하는 시민들의 건강이 위협받았으며 소방차와 소방대원의 생명과 건강도 위험에 처했다.

우리는 이러한 조처에 대해 국가기관의 입장 표명을 강력히 요구한다.

많은 사람들이 교회로 몰려왔기에 처음에는 교회 3곳을 열었다가 그다음에는 4곳을 열어 그들을 맞이했다. 이들 교회에서 우리는 동일한 성서를 읽고 같은 찬송을 불렀으며, 같은 메시지를 전했다. 제일 큰 마리아교회에는 가장 많은 사람이 모였다. 10월 19일 5000여 명의 참가자가 교회를 가득 메웠고 추운 날씨였음에도 사람들은 땀을 흘리기까지 했다. 우리는 설교 제목을 '교만은 죽이고 정의는 살린다'로 잡았다. 나는 사람들이 무엇을 기대하는지를 감지했다. 그들은 낡은 불안을 떨쳐버리고 새로운 희망을 갖기를 원했다.

나는 이렇게 설교했다. "한때는 자유와 권리를 위해 삶 전부를 바쳐 투쟁했으나 이제는 정반대 방향으로 타락했습니다. 하나님에 대한 믿음이 부패하고 공허한 예식으로 변질되지 않으려면 믿음은 사회적 발전과 같이 가야 합니다. '국제적인 유행'이 된, 거리에서 투쟁하는 이들의 노래가 오늘날 지배계층의 축제에서는 어떻게 들릴까요? 고위층이 앉아 있는 관람석 앞은 늘 행진하는 사람들이 지나가고 의전상의 노래와 구호와 권력은 낡아빠졌지만, 이것들은 여전히 흔들림 없이 건재하고 백성들에게는 아직도 너무나 멀고도 멉니다. 희망을 찾지 못한 수많은 사람들은 도시와 나라를 떠나고 있으며, 갑자기 불안을 느낀 사람들도 다시 만나자는 인사만 남긴 채 곧바로 길을 떠나고 있습니다."

나는 더 많은 말을 할 수도 있었지만 침묵한 채 내적 독백을 했다. 그러자 나치하에서 순교당한 본회퍼 목사가 나를 압도해오면서 "너무 과하게 말한 것은 아닌가?"라고 묻는 것 같았다. 긴 침묵이 계속될 동안 사람들은 환성을 질렀으며 웃음과 눈물을 동시에 터트렸다.

나는 사람들이 뿜어내는 에너지를 느낄 수 있었다. 용기를 주려고 시작한 설교가 투사가 되라는 명령으로 끝났다. 우리는 더 이상 침묵하지 않기로 했다. "우리는 정신분열증 상태에서 살아가지 맙시다. 우리는 이 땅에서 진리의 한가운데서 살고자 합니다. 우리 모두를 병들게 만드는 것을 더 이상 비호하거나 용서할 수 없습니다. 옳은 것은 옳다고, 틀린 것은 틀리다고 말합시다. …… 우리는 불안을 떨쳐버리는 방법을 배웁시다. 체코의 대통령 바츨라프 하벨*은 다음과 같이 말했습니다. '강자의 권력은 약자의 무력함을 먹고 산다.' 우리 주변에는 우리를 통제하려는 국가안전부 요원들이 너무나도 많이 존재합니다. 우리까지 자신을 통제하려 해서는 안 됩니다."

사람들은 극도로 긴장했지만 「주여 우리에게 평화를 주소서」라는 노래를 부르면서 거리로 나갔다. 거기에는 로스토크를 떠나려는 젊은이들도 기다리고 있었다. 그 중 한 명은 "민주주의, 비폭력"이라는 구호가 적힌 잠자

---

* 체코의 극작가, 수필가, 인권운동가, 정치가로 공산당 치하에서는 지도적인 정권 비판자였다. 그는 체코정부의 헬싱키 조약 준수를 촉구하는 77헌장을 발기한 사람들 중 한 명으로, 독일과 체코가 화해하는 데 가교 역할을 했다. 1993~2003년 체코의 대통령을 역임했다. _옮긴이

리 문양의 옷을 입고 있었다. 이 구호가 적힌 플래카드를 따라 로스토크 사람들의 행렬이 자발적으로 움직이고 있었다. 사람들이 교회에서 거리로 나아가기 위해서는 마지막 한 걸음이 필요했는데 그날 우리는 비상한 경험을 했던 것이다. 이는 우리가 당시까지 겪지 못했던 위대한 경험으로, 훗날 우리는 이를 '성숙한 시민의 탄생'이라고 불렀다.

두 교회로부터 몰려나온 사람들의 물결은 하나가 되었다. 인근에 사는 사람과 행인도 그 행렬에 동참해 시위대는 마침내 1만여 명으로 늘어났다. 시위대는 크뢰펠리너 거리와 성문을 지나 국가안전부 건물이 있는 아우구스트 베벨거리로 향했다. 우리는 국가안전부 건물의 창문과 계단은 물론 제복을 입은 보초가 서 있는 정문 초소 옆에도 촛불을 세워놓았다. 처음에는 우리가 구호를 크게 외칠 수 있을 것이라고 생각지 못했다. 다른 도시처럼 우리도 처음에는 대중의 시선을 끌지 못했으며 외국 언론도 없었기 때문에 얼마나 더 나아가야 할지도 몰랐다. 우리는 서독에서 배웠던 리듬에 맞추어 통일된 베트남의 혁명가이자 수상이던 "호 호 호 치민"을 외치며 박수를 쳤다. 몇몇 사람은 국제적으로 알려진 다음과 같은 노래를 불렀다.

국민들은 마지막 전투의 신호를 들었다
국제노동자동맹은 인권을 위해 투쟁한다*

그들은 가사를 더 이상 알지 못했다. 그들은 노동운동 찬가에 담긴 사회주의적 이상과 동떨어진 오늘날의 사회주의 현실을 폭로했다. 많은 부분에서 과거의 이상과 현실은 일치하지 않았다. 저항운동을 하면서 공통된 경

---

* 이 노래는 「국제노동가」로, 사회주의적 노동운동에서 가장 널리 알려진 투쟁가이다. _옮긴이

험이나 함께 부를 노래가 없다는 사실은 우리의 문화적·정치적 빈곤을 드러내는 것이었다. 그럼에도 불구하고 우리는 실제로 거리로 나가지 않았던가! 내 눈으로 직접 보지 않았다면 나는 이를 믿지 않았을 것이다.

다음 날 동독정부 기관지 ≪오스트세≫에는 우리의 시위 때문에 일찍 일어나 일터나 학교로 가야 하는 공장 노동자들과 어린이들이 수면에 방해를 받았다는 기사가 실렸다. 그러자 1989년 10월 23일 라이프치히에서 월요일 시위가 열렸을 때에는 작센 주의 주민들이 "메클렌부르크포어포메른 주는 잠을 자지 않는다"라는 플래카드에 내걸었다.

그렇다. 북부 사람들은 깨어 있었다. 그리고 이는 믿을 수 없는 변화를 가져왔다. 전혀 알지 못했던 사람들, 세례도 견신례도 받지 않은 사람들이 우리 교회를 찾아왔던 것이다. 교회에 들어올 때는 모자를 벗어야 한다는 것을 알려주어야 할 정도였다. 그들은 주기도문도 배웠다. 우리는 함께 찬송가도 연습했다. 물론 불꽃이 언제나 계속해서 타오르는 것은 아니다. 비어만의 노래나 「우리 승리하리라」 같은 노래는 부모 세대의 노래여서 젊은 이들에게는 잘 맞지 않았다. 대도예배에 참석한 사람 중에는 코랄교회 성가곡이라는 말을 들어보지 못한 사람도 많았다. 우리는 오르간 반주를 하면서 다음과 같은 찬송가를 반복해서 불렀다.

정의의 태양, 우리 시대에 떠올라
온 세상이 볼 수 있게 당신의 교회를 밝히소서
주여 자비를 베푸소서!

강력한 능력이 우리에게 주어졌다. 우리는 다함께 해낼 수 있었다. 이제 공동체 시대였다.

동독 국가와 당은 연이은 시위를 두려워해 처음에는 이를 불법으로 규정했다. 그들은 불안해했으며 대화와 대결 사이에서 우왕좌왕했다. 10월 26일 목요일 아침 여러 공장의 노동자에게서 조심하라는 전화가 걸려왔다. 중앙당 서기들이 특공대와 공산당원에게 대도예배가 열리는 곳으로 모이라고 했다는 것이었다. 경고가 떨어졌던 것이다. 그로부터 3일 전 당 간부들은 새로운 포럼의 시위 계획을 알아냈는데 ─ 행동대원들에게 무기까지 지급하도록 명령했던 슈베린에서와 같이 ─ 당 간부들이 어떤 도발적인 행동을 할지는 알 수 없는 일이었다. 당시 우리는 로스토크의 공산당과 국가안전부가 10월 중순부터 시위대의 폭력 진압을 심각하게 고려하고 있었다는 사실을 알지 못했다. 10월 26일 병력 투입 책임자인 암토는 장병들에게 다음과 같이 지시했다. "시민들에게 발포해서는 안 된다. 만일 발포하면 사태를 망친다. …… 욕을 먹고 수치를 당해 피가 끓고 주먹이 근질거려도 절대 발포해서는 안 된다." 그런데 10월 말에 와서는 시장인 슐라이프마저 생각을 바꾸어 시위가 시민들의 합법적 권리라고 말했다.

하지만 한 가지 문제가 남아 있었다. 사람들이 비폭력적으로 행동할 것이라고 보장할 수 없다는 것이었다. 사실상 시위하는 동안의 교통 규칙에 관한 사항은 경찰과 합의했기 때문에 시의회 및 경찰과 대화할 시민위원회를 구성했다. 11월 9일 시민운동과 경찰은 '안전을 위한 파트너십'을 공식 출범했다. 우리는 우선 폭력적인 젊은이들로부터 국가안전부 건물을 보호하기로 했다. 5주 후 경찰의 도움을 받아 그 건물을 평화적으로 접수할 예정이었는데 그 전에 그곳에 설치된 감시카메라를 제거하기로 했다. 당과 국가안전부는 우리의 중대한 적이었지만 혁명적 상황에서 안정을 유지하기 위해 모순되지만 경찰과 협력했다.

비폭력적 전술은 현실 정치적으로 보았을 때 유일하게 합리적인 해결책인 것으로 판단되었다. 폭력은 한 번 시작되면 멈출 수 없기 때문이다. 대부분 교회의 영향하에 조직된 우리 단체는 마르틴 루터 킹 목사의 비폭력적 시민운동을 추종했으며, 비폭력을 통한 정치적 개혁을 원했다. 나는 10월 26일 예배에서 "비폭력은 사랑과 진리에서 나오는 능력입니다"라고 말했다. "여러분은 새로운 사람들이 땅을 필요로 한다는 것을 압니다. 어제까지만 해도 거짓된 것에 봉사하던 사람들이 오늘은 퇴장했습니다. 그리고 온 사방에 그런 사람들이 등장했습니다. 우리 새로운 인간들은 드디어 땅을 얻게 되었습니다!"

그렇다. 불안으로 침묵하던 사람들과 그 침묵 속에 규격화된 인간들이 말을 시작했던 것이다. 그들은 행동할 각오가 되어 있었다. 지금까지 그렇게 불안해하고 적응만 일삼던 사람들이 저항의 대열에 참가했다. 게다가 일부 시민은 추종적이고 수동적인 자세에서 능동적 자세로 바뀌기까지 했다. 생각지도 못했던 힘이 터져 나왔다. 새로운 자유와 해방이 새로운 봄날처럼 나타났다. 날이 갈수록 빛은 밝아졌고 새로운 강한 바람이 낡은 얼음을 녹이는 온기를 가져왔다.

이는 행운이었다.

나는 이 과정을 대도예배 다음 날 서독에 있는 나의 아이들, 크리스티안, 마르틴, 그리고 게지네에게 편지로 썼다. 그 편지를 여기에 소개한다.

당시 나는 거의 한 주일 넘게 거듭거듭 기쁨에 넘쳐 눈물을 흘렸단다. 광기의 시간이랄까! 마리아교회는 일주일 전보다 더 많은 7000여 명의 사람들로 가득 들어찼지. 교회 밖 마당에는 스피커를 달았고 수천 명이 행사에 참석했어. 성 미가엘교회와 성령교회에서도 같은 시간에 동일한 예배를 드렸어. 예배가 끝나고 나서는 예정된 시위가 진행되었단다.

밤 10시경부터 3000여 명의 사람들이 움직이기 시작했지. 내가 크뢰펠리너거리에 다다랐을 때 시위대의 선두는 이미 국가안전부 앞에 도착해 있었어. "민주주의", "자유선거", "새로운 포럼", "형법 철폐", "여행의 자유", "에곤, 우리는 올센반데*가 아니다" 같은 문구가 적힌 플래카드도 나부끼고 있었어. 주민들이 거주하는 거리에서는 시위대가 조용하게 행진했단다. 그러나 국가안전부 앞에서는 "국가안전부 물러가라", "국가안전부를 생산 공장으로 만들자!"라는 구호를 외쳤어. 그리고 시청 앞에서는 "자유선거!", "그대들의 강한 팔이 원하면 모든 바퀴는 정지될 것이다"라고 외쳤지. 사람들은 다시 크뢰펠리너 성문으로 돌아온 후 예정대로 해산했어. 질서요원들이 없었지만 모두 질서를 지켜주었고 어떤 사건사고도 없었어. 시위대는 크뢰펠리너 성문은 물론 국가안전부 건물의 창문틀에도 촛불을 촘촘하게 세워놓았어. 그건 극적이고 감동적인 순간이었단다. 사람들은 늘 두려워하던 이들의 거대한 성곽 앞에서 자신들의 의견을 분노한 목소리로 크게 말했던 거야.

그리고 사람들의 얼굴. 수천 명의 사람들이 이것이 정말 사실인가, 시위대가 여전히 거리에 있는데 집으로 가겠는가라고 자문하는 듯했단다. 나도 그들처럼 계속 반복해서 생각했어. '사람들, 기독교인들, 그리고 당신들 모두는 왜 그것을 해낼 수 없다고 생각하는가! 당신들이 없었다면 동독 시민들은 더 오랫동안 잠에서 깨어나지 못했을 것이다.' 나는 계속해서 한 시간 동안 설명했어. "와서 보라, 이것은 역사적 날들이다."

언론은 우리 편으로 기울어졌어. 언론은 갑자기 새로운 포럼도 다루었지. 나는 그들과 인터뷰를 했고 언론은 자신들이 원하는 바를 명쾌하게 보

---

* 『올센반데』는 덴마크의 범죄를 다룬 희극작품으로, 동유럽에서도 큰 인기를 얻었다. _옮긴이

도했어. 사방에서 술렁거렸어. 앞으로 어떻게 진행될까, 공산당이 권력을 나누는 것을 허락할까 하고 말이야. 나는 1988년에 열린 개신교신도대회를 어떻게 준비했었는지도 생각했어. 어떤 정치가도 나서려 하지 않을 거야. 몇몇 교수는 대화를 기피했어. 그들은 자기들이 무언가를 발명하기나 한 것처럼 매일 말해. 그러나 국민들이 원하는 것은 뭔가 다른 것이지. 그런 사람들은 떠나고 더 나은 사람들에게 자리를 내주기를 바라고 있어.

나의 설교문 한두 개를 복사해서 같이 보낸다. 내 동료들은 나에게 이런 정치적 설교 작업을 하라는 과제를 부여했단다. 나는 너희에게 내가 이 나라에서 전 삶을 바쳐 일했고 투쟁했고 고통당했다는 사실을 말해주고 싶다. 그게 올바른 일이었기 때문이다.

1989년 가을까지만 해도 나는 교회를 섬기던 목사였다. 교회에서 젊은 이들을 지도했고, 모임을 조직하고 운영했으며, 예배에서 설교를 했다. 이는 로스토크에서 잘 알려진 사실이었다. 그러나 교회 밖에서는 어떠한 저항 단체에도 참여하지 않았다. 1989년 가을 나는 한걸음씩 정치적 활동과 역할에 빠져들었다. 폭풍우가 나를 그리로 몰아갔다. 우리는 그 몇 주보다 더 많은 활동을 한 적이 없었다. 로스토크의 한 신문은 나를 "혁명의 목사"라고 칭했다. 나의 역할 변화는 국가안전부에 마지막까지 충성했던 변호사 슈누어에게도 숨길 수 없었다. 그는 당시 국가안전부의 비공식 협력자 서머 박사라는 가명으로 행세하면서 10월 26일 대도예배에 대해 이렇게 보고했다. "가우크 목사는 성직자로서 예배를 집행하는 것이 아니라 정치적 연설을 했으며 …… 특히 가우크 목사에 대해 확실히 해두어야 할 점은 그는 국가적 사안과 문제에 직접 관여해야 한다고 생각하고 있다는 것이다."

작센에서 시작된 "우리는 민족이다"라는 구호는 매우 빨리 확산되었다.

나는 이 명제로 인해 1989년 그 구호를 창시한 사람도 염두에 두지 않았을 사실을 알게 되었다. 개인의 변화가 많은 사람들의 변화를 이끈다는 것이다. 이로 인해 국가의 피수용자로서 국가가 정한 규칙에 따라서만 살던 사람들이 이제는 자기 권리를 인식하고 자기를 주체자로 선언하게 된 것이다. 당신이 하나의 민족, 즉 존엄한 존재라면 당신도 일정한 책임을 져야 한다는 말이다. "우리는 민족이다"라는 구호는 모든 학교의 교실에 걸렸다. 인권과 시민권을 위한 이 나라의 오랜 투쟁에서 이보다 더 아름다운 명제가 존재했는가? 이 명제는 전 국민의 집단적 기억에 속했던 것이 아닌가?

당시 작센에서 시작된 이 명제와 더불어 다음과 같은 두 가지 메시지가 전국으로 퍼져나갔다. 하나는 지배자들이 아무런 권리도 없으면서 우리를 통치하고 있다는 문제의식이었다. 다른 하나는 우리들은 이제 열린 공간에서 살게 되었으므로 거리에 버려진 권력을 넘겨받아 선출된 권력, 즉 자유로운 선거로 선택된 국민의 대표에게 권리를 행사하도록 요구해야 한다는 것이다.

수천 명의 공산당원도 이 구호가 담고 있는 힘을 감지했다. 시민들의 의식 변화는 전염병처럼 퍼져나갔다. 소극적이던 많은 당원들은 탈당함으로써 자신들의 항의를 표시했다. 그들은 민족의 적이나 원수로 행동하는 지배 계급의 일부가 되기를 원치 않았다. 어떤 사람들은 이념적 성곽의 가장 반동적인 요새로 용감하게 쳐들어가 옛 핵심 조직원들을 몰아내고 당에서 추방하기까지 했다.

물론 이러한 모든 일은 강력한 구호가 없었더라도 일어날 수 있었으나 구호와 더불어 더 빨리 더 잘 실현되었다. 결국 우리의 저항운동은 혁명이 되었다. 언제나 상위가 되려고 했던 상류층은 하류층으로 추락했다. 이 모든 상황은 폭력을 행사하지 않고 전개되었다. 이처럼 폭력을 행사하지 않는 상황은 1789년 프랑스혁명이나 1917년 러시아혁명 등을 경험한 이후 일어났는데 그 안에는 역설이 내재해 있었다. 그전까지 혁명은 항상 폭력과 결합되었기 때문에 많은 사람들은 1989년 동유럽에서 일어난 혁명을 '파멸', '몰락', '전환'이라고 폄하하거나, 기껏해야 '평화적이고 부드러운 협상으로 이룩한' 혁명이라고 일컫곤 했다. 영국의 역사학자 티모시 가튼 애시는 '혁명revolution'과 '개혁reformation'을 혼합해 '리폴루션Refolution'이라고 표현하기도 했다. 내가 보기에 ─ 피를 흘리지 않고 무기 대신 플래카드와 촛불로 이루어졌지만 ─ 하나의 국가질서가 인민들에 의해 붕괴되고 새로운 체제로 대치되었다는 점에서 이 모든 것이 혁명임은 분명하다.

1989년 가을 당시 동독의 당과 국가는 거리로 나선 사람들을 자신들의 노선으로 되돌리려 노력했다. 하지만 양자 간의 대화는 실패로 끝났고 당의 여론몰이가 다시 부활했다. 10월 19일 로스토크의 부시장이 우리 대도예배에 나타나 다음부터는 이러한 행사를 시당국이 운영하는 '동해 홀'에서 할 것을 요청했다. 한 해 전인 1988년 헝가리의 개혁사회주의자 네메트 미클로시와 국가장관인 포즈거이 임레는 개신교회의 개신교신도대회에서 당의 특권적 역할을 포기하고 복수정당 제도를 받아들였는데, 동독공산당도 헝가리가 취한 이러한 조치를 택했더라면 시민운동가들이 공산당의 대화 제안을 받아들였을 것이다. 하지만 당시 권력층 가운데서는 어떤 대화 상대도 발견할 수 없었고 그들은 스포츠 경기장이나 커다란 집회 장소에서 공적 토론만 하도록 허락하고 있었다.

11월 5일 '복수정당제도와 시민공동결정권'에 관한 마지막 토론에서 지역당의 서기장 에른스트 팀은 직접 토론장에 나와 앉았다. 그는 인민의회에서 중국 공산당을 지원하자는 결의안을 이끈 사람이었다. 새로운 포럼의 회원이자 공식 대변인이며 자유분방한 행동으로 로스토크 지역의 교회에 잘 알려진 라인하트 하세와 당의 서기장 팀은 서로 의견을 교환했는데, 이 내용은 라디오에서 여러 차례 방송되었기 때문에 그 지역 사람들에게 널리 알려져 있었다.

하세는 서기장 팀에게 우선 프롤레타리아 독재에 대한 그의 입장을 물었다.

팀 서기장: 어떻게 답해야 할까요? 나는 레닌이 도식화했던 방식으로 프롤레타리아 독재를 이해하고 있습니다. (청중 "어떻게 말입니까?") 그것은 이제 읽어봐야지요. (다른 청중이 휘파람을 불며 야유한다.) 지금 우리는 그것을 읽을 시간이 없습니다. 레닌의 몇몇 구절로 프롤레타리아 독재를 다 설명할 수는 없습니다. 그러나 나는 다음과 같이 말하고자 합니다. 프롤레타리아 독재란 인민의 모든 세력과 폭넓게 연대하는 가운데 노동계급에 대해 지도적인 역할을 담당하는 것과 동의어입니다.

하세: 감사합니다. 두 번째 질문입니다. 당신은 어떤 정치적 구조 변경을 계획하고 있습니까? 민족전선* 해체도 여기에 속합니까?

팀 서기장: 아직까지는 아닙니다.

하세: 아직까지는 아니다, 감사합니다. 인민의 사회주의적 민주주의는 인민의 독재, 프롤레타리아의 독재보다 진보적입니까?

팀 서기장: 그 둘을 대립시킬 수는 없다고 말씀드리겠습니다.

하세: 우리나라에서의 인간들의 손실은 나와 당신을 아프게 합니다. 우리는 거기에 대항해서 무엇을 할 수 있습니까? 나는 정부 전체가 모든 장관과 함께 퇴진할 것을 요구합니다. 당신은 무엇을 권하겠습니까?

---

* 동독의 민족전선은 정당과 대중 조직의 연합체였으나 사실상 공산당이 대중 조직을 훈련시키는 수단이자 공산당의 권력기관으로 군림했다. _옮긴이

팀 서기장: 나 자신도 매우 안타깝게 생각하지만 사태의 엄중함을 이해해야 합니다. 나는 인민의회에서 해당 대표들이 그 문제들에 대해 의견을 내고 입장을 천명하도록 긴급 인민위원회 소집을 요구하겠습니다. (청중 박수. "언제까지 기다려야 합니까?")

하세: 마지막으로 말씀드립니다. 나는 새로운 포럼에서 선출된 대변인은 아닙니다만 대표자회의에 참석하고 있습니다. 나는 독일의 자유민주주의 정당*을 위해 일하고 있습니다.

그러고 나서 하세는 공산당과 연합정당의 대표자들이 앉아 있는 단상으로 올라가 청중의 대대적인 환호 속에 새로운 포럼이라는 글자가 쓰인 표지판을 펼쳐들고 토론회의 중요한 주제인 '복수정당'의 실천을 선언했다.

11월 8일 새로운 포럼이 마침내 승인되었는데, 이는 '복수정당'으로서는 물론 너무 늦은 것이었다. 공산당의 권력 상실은 더 이상 멈출 수 없었다. 우리는 사회주의를 개선하기 위한 어떠한 협력도 거부하고 공산당 간부들의 퇴진을 요구했다. 폴란드 사례에서 드러났듯 자유선거에 대한 요구는 공산당 지도부의 권력을 위협했다.

에곤 크렌츠, 귄터 샤보브스키, 한스 모드로 등 변혁기에 새로 등장한 지도자의 압력으로 11월 7일 빌리 슈토프의 동독정부는 퇴진했다. 그와 동시에 국가안전부 장관이던 에리히 밀케도 실각했다. 강제 퇴진 직전에 그는 "극단적인 조건들"을 내세우며 모든 지역의 국가안전부 지도자에게 "작전 중인 문서를 가능한 한 폐기할 것"을 명령했다. 이는 문서 폐기를 제한적으로 요구한 것이었다. 국가안전부가 문서를 불태운다는 정보가 반복해

---

* 자유민주주의 정당은 동독공산당의 연합정당 가운데 하나이다. _옮긴이

서 새로운 포럼의 대변인실에 보고되었다. 어떤 조치를 취해야 했으므로 12월 4일 여러 도시의 국가안전부 지부 건물을 접수하기로 계획했다.

몇 주 전에는 비밀경찰 시설에 쳐들어가려는 어리석지만 대담한 시도가 있기도 했다. 용감한 폴란드인들도 비밀정보부를 점령하려는 시도는 하지 못했다. 1917년 볼셰비키혁명 이래 공산주의자들의 공고한 지배자들 또한 국민들에 대항하는 방어수단인 당의 칼과 방패인 비밀경찰, 국내정보부, 테러단체로 기능하는 법정을 가졌다. 1956년 20차 소련공산당대회 이후 국가안전부의 행태는 스탈린 시대만큼 악독하지는 않았으나 동독의 에리히 호네커 수상은 1989년 10월 초까지도 소요 사태를 억압하도록 명령하는 동시에 지역의 진압 병력을 강화했다.

1967년 국가안전부가 준비한 종합적 예방 체제가 확립되었는데 이에 따르면 긴급 상황에서 시민들을 체포해 국가안전부 감옥이나 격리장소로 보낼 수 있었다. 종합적 예방 체제에는 누가 어디서 누구를 체포할 것인지가 정확히 명시되었고 당사자들의 사진과 함께 주거지의 위치 도면이 기록되었다. 1988년 12월 목록에 오른 개인은 8만 4672명이었고 그 가운데 9000여 명은 북부 지역 출신이었다. 격리 시설로는 거주지에서 가까운 휴가 주택, 식당, 기숙사, 차고지가 지정되었다. 체포된 수감자 6000여 명은 카를마르크스시에 있는 아우구스투스부르크 성채와 같은 중앙의 격리시설로 보내졌다.

10월 초부터 국가안전부 직원들은 체포할 사람과 수감시설 목록을 새로 작성했다. 로스토크의 책임자는 루돌프 미타그 중장이었다. 그는 지역경찰 책임자와 함께 '중앙 공급지점'의 설립 방식을 확정하고 "현재 국가적 안전과 질서를 특별히 해칠 가능성을 가진" 모든 사람을 체포할 것을 명령했다. 10월 23일 자로 나도 이 지역에서 국가와 사회에 반대하는 행동을 할 인물,

즉 반정부 운동 인사 가운데 하나로 지목되었다. 이와 관련된 국가안전부의 문서를 보면 "가우크 목사는 1989년 10월 19일 로스토크 중심가에서 시위에 참가했고 당과 국가의 정책 및 국가안전부에 반대해 시위했다"라고 기록되어 있다.

우리는 사실상 국가안전부 본부로 쳐들어가 그곳을 접수한 다음에야 비상사태의 시나리오와 '종합적 예방 체제'의 존재를 알게 되었으나 그들의 폭력적 조치는 11월에도 가능했던 것으로 생각된다. 우리는 1981년 폴란드에서 선포된 계엄령을 기억하고 있었다. 10월 9일 벌어진 라이프치히 시위에서는 폭력적 충돌도 발생했으나 '안전을 위한 파트너십'에 따른 비폭력 경험이 우세했다. 이로 인해 호네커와 밀케는 퇴진했으며 당과 정부에서는 폭력적이기보다 대화 지향적인 사람들이 권력을 잡았다.

12월 초에는 300여 명이 로스토크에서 멀지 않은 카벨스토르프에서 비밀 무기창고를 찾아냄으로써 당은 매우 곤란한 처지에 빠졌다. 문제가 되었던 곳은 '무역 조정'을 담당한 동독 외무성의 수출입회사 IMES*의 본부였다. 카벨스토르프에 정차해 있던 80량의 화물차에는 무기와 탄약, 군사장비가 가득 실려 있었다. 이는 동독을 '평화국가'의 대변자라고 자처하던 공산당의 선전이 단지 기만적인 행위에 지나지 않았음을 보여준다. 로스토크 외항 근처에 위치한 이 공장은 1982년 이래 중동, 아프리카, 남미 등으로 군수물자를 공급해왔다. 이 회사의 책임자와 국가안전부의 중장 알렉산더 샬크 골로드코프스키는 수상 호네커와 국가안전부 장관 밀케의 지시에 따라 활동했는데, 이 무기고가 발각된 후 체포될 것이 두려워 12월 3일 밤 서독으로 망명했다.

---

* IMES는 수출을 통한 외화 획득과 무기 거래를 주목적으로 하는 무역회사였다. _옮긴이

카벨스토르프 사건과 콜로드코프스키의 서독 망명은 사람들을 더욱 분노하게 했다. 12월 4일 이른 아침 국가안전부가 많은 문서를 파기하고 있다는 사실이 보도되자 우리는 더 이상 침묵할 수 없었다. 에르푸르트, 라이프치히, 드레스덴의 사람들처럼 로스토크의 우리도 사자의 목구멍으로 쳐들어가기로 결정했고 이를 실행에 옮겼다. 마침내 국가안전부는 문서 파기 작업을 중단해야 했고 문서 파괴가 끝났다.

16시경 로스토크의 아우구스트 베벨거리에 있는 국가안전부 지부 건물의 정문 앞에서 사람들은 촛불을 밝혔다. 16시 30분경에는 사람들이 늘어나서 건물의 통로가 차단되었다.

국가안전부의 책임자 미타그 중장은 처음에는 새로운 포럼의 대표들과의 접촉을 거부했지만 마침내 교회의 고위성직자인 요아힘 비베링 박사, 변호사인 한스 요아힘 포어멜커와의 협상을 받아들였다. 그렇지만 22시경 시위대 중 10명이 협상 팀에 추가되자 분위기가 달아올랐다. 그들은 마침내 로스토크에 있는 국가안전부 소유의 건물 발데크로 진입했고 문서 파기의 흔적들을 발견했다.

베를린에 있는 미타그 중장의 상관이 문서 파기를 계속하라고 명령했지만 밤 12시경 시민들에 의해 문서 파기가 중단되었다. 국가안전부를 점령한 시민들의 압력으로 마침내 그 지역 경찰들이 못이기는 척 나타났는데, 그들 중 한 명이 사람들을 어리둥절하게 만드는 발언을 했다. 국가안전부 책임자인 미타그에게 "당신을 연행하겠소!"라고 선언한 뒤 그를 데리고 건물을 떠나버렸던 것이다. 시위대는 연행한다는 말을 체포한다는 것으로 이해했는데 이는 잘못된 해석이었다. 그 말은 국가안전부 요원들을 보호하겠다는 뜻으로서 그들이 국가안전부 건물에서 안전하게 탈출하도록 돕겠다는 의미였다. 그들은 이런 말을 서로 주고받았다. "당신 차로 갈까요? 내 차로 갈까요?" 이렇게 해서 건물의 주인은 밖으로 나가고 시위대는 안에 남아 주인이 되었다.

그런데 의사인 잉고 리히터가 구금자들을 돌보기 위해 흰 가운을 입고 나타났다. 예측과 달리 그들은 정치범이 아니라 일반 범죄자였다. 후에 리히터는 이러한 행동을 처음에 추동한 악셀 페터스가 어떻게 자신에게 도움을 청했는가를 다음과 같이 증언했다. 페터스는 "이봐 잉고, 왕진가방을 가지고 나에게 좀 와주게. 시위대 모두 무장하고 있는 것을 알고 있잖아"라면서 국가안전부 요원들을 가리켰다. 그리고 페터스는 반대편에 있는 지휘 장교를 향해 "나와 이야기하고 싶으면 주머니에서 손을 좀 빼주겠소?"라고 했다. 그 지휘 장교가 주머니에서 손을 빼자 주머니 안에서 철컥 하는 소리가 났다. 그는 내내 주머니 속에 권총을 숨기고 있었던 것이다.

오후가 되자 약 30명의 인민경찰 간부들이 나타났다. 시위대를 건물에 남겨둔 채 약 300명의 국가안전부 요원들은 여러 통로를 통해 그곳을 빠져나갔다. 시민들의 감시하에 경찰 간부들은 빈 건물의 문들을 잠갔고 6시경 건물 외부 안전의 책임을 국가안전부로부터 넘겨받았다.

10월 혁명운동의 마지막 큰 불빛이던 로스토크는 국가안전부 건물을 접수함으로써 에르푸르트와 라이프치히의 전철을 밟게 되었다. 시위대 대표와 국가안전부 간부가 합의문에 서명함에 따라 국가안전부 업무는 완전히 중단되었다. 가장 사악한 국가안전부의 권력을 혁명적으로 넘겨받을 수 있었던 것은 덜 사악한 경찰과 검찰의 협력으로 가능했다. 이는 다른 곳에서도 하나의 모델이 되었다. 1989년 독일과 전 세계에서 가장 중요했던 사건은 베를린장벽이 붕괴된 것이었다. 하지만 당시 혁명적 사건의 중심에 서 있던 우리에게 장벽 붕괴는 중심적인 사건이 아니었다. 10월 7일 플라우엔에서 벌어진 월요일 시위와 특히 10월 9일 일어난 라이프치히 시위, 그리고 내 고향 도시를 포함한 많은 소규모 도시에서 발발한 시위가 없었다면 11월 9일 장벽이 붕괴되는 사건도 없었을 것이기 때문이다. 장벽을 만든 사람들이 몰락하자 장벽도 붕괴되었다. 동서독이 통일되기 이전에 동독에는 이미 자유가 찾아왔던 것이다.

11월 9일은 목요일이었다. 우리는 그 전주처럼 시위를 벌였다. 약 4만 명의 로스토크 시민들이 거리로 나왔다. 시청 앞에서 시위가 막바지에 이르렀을 때 나는 즉흥 연설을 했다. 연설을 마치고 연단에서 내려올 때 두 명의 경찰이 다가와 베를린에서 장벽이 무너졌다는 소식을 전해주었다. 그들은 자동차 라디오에서 그 소식을 들었다고 했다. 그러나 나의 생각은 베를린이 아니라 로스토크에 있었다. 나는 장벽의 붕괴가 아니라 자유를 생각하며 다시 연단으로 올라가 이렇게 말했다. "여러분, 그대로 계십시오. 그리고 직무에 충실하십시오." 나는 집에 와서 TV를 켰고 그들이 말한 내용이 옳았음을 알게 되었다. 하루 전 나는 이모부 게하르트의 생일잔치에 가기 위한 출국허가서를 받으려고 통제소 가운데 한 군데를 들렀는데, 늘 그렇듯 국경경찰은 우리를 지루하게 기다리게 했다. 그런데 이제는 많은 사람들이 통제를 받지 않고 썰물처럼 국경을 넘어갔다. 이 어찌 놀라운 일이 아닌가!

11월 10일 보이첸부르크와 차르렌틴도 다른 데와 마찬가지로 국경을 넘어가려는 사람들로 북새통을 이루었다. 그다음 날 각 지역의 경찰서 앞에는 출국 신청자가 길게 늘어섰으며, 노이브란덴부르크 지역에서만 3만 명 이상이 출국을 신청했고 1만 8000여 명이 비자를 받았다. 역사학자 슈테판 볼레는 이 현상을 "전환기 가을에 일어난 최대의 민족 이동이자 서독으로의 순례길"이라고 표현했다. 기차역은 혼돈 그 자체였다. 특별 열차가 투입되었지만 서독으로 가려는 사람 모두를 데려갈 수는 없었다.

민권운동가들은 베를린장벽이 개방된 이후 반드시 필요한 일꾼들을 잃을까 봐 두려워했다. 그렇게 되면 정치적 투쟁을 계속할 힘을 상실할 수도 있기 때문이었다. 하지만 이는 기우였음이 드러났다. 시위는 수적으로는 다소 줄었지만 우리 지역 로스토크에서는 새해까지 계속되었다. 정부와 재야 사이에는 중요한 대화가 오갔고 활동의 중심 세력은 그대로 남아 있었다. 나의 많은 친구는 서독으로 갔다가 다시 돌아와 고향에서 사회 변혁의 불씨가 되었다.

내가 이전에 갈망하고 꿈꾸었던 통일의 목적은 서독으로 넘어가 사는 것이었다. 그러나 당시는 내가 서독으로 넘어갈 적절한 시기가 아니었으며 동독에서 할 일이 더 많았다. 1989년 12월 6일 전 서독 수상 빌리 브란트가 동독을 방문했다. 그는 장벽 붕괴 이후 공식적으로는 동독을 방문한 첫 정치가였다. 그는 마침 우리가 사는 로스토크를 방문했다. 그는 마리아교회에서 연설을 했으며 저녁에는 바르네뮌데에서 서독 제2공영방송인 ZDF의 〈켄차이헨 D〉라는 프로그램에 '동독과 서독의 독일인'이라는 주제로 생방송에 출연했다. 한쪽에서는 베를린사회과학연구소의 라이시히 교수, '민주주의 발흥'의 볼프강 슈누어가, 그리고 다른 쪽에서는 새로 조직된 사회민주당의 리히트, 새로운 포럼의 대표로 내가 참석했다. 이는 전체 독일인이 시청한 최초의 생방송이었다.

전후 역사에서 로스토크에서 빌리 브란트 수상처럼 열렬히 환영받은 정치가는 없었다. 시내 중심가에 4만여 명의 사람들이 모여들었으며 8000명이 마리아교회를 빈틈없이 꽉 채웠다. 그는 교회로 가는 도중 사방에서 꽃을 든 사람들로부터 환영을 받았다. 나는 그 정치가가 거쳐 간 삶의 정거장들을 기억한다. 젊어서는 망명자로 나치 독일을 떠나야 했고, 베를린의 시장이던 1961년에는 분노한 채 장벽 건설을 지켜보아야 했으며, 1970년에

▮ 로스토크에 사는 사람이 얼마 지나서 나에게 TV에 나온 나의 사진을 보내왔다. 거기
에는 '요아힘 씨, 당신이 서독 TV에 나왔네요!'라는 메시지가 함께 들어 있었다.

는 서독의 총리로서 바르샤바의 유대인 기념비 앞에서 무릎을 꿇어야 했
다. 이 모든 것은 철저하게 새로운 시작을 향한 겸손과 의지의 표현이었다.
나는 환영 인사에서 이렇게 말했다. "당시 우리는 브란트 수상 당신 곁에서
함께 무릎을 꿇었습니다." 나는 그가 수상 자리에서 퇴진하던 때도 기억했
다. "당신 곁에 있던 회색분자는 동독의 간첩임이 드러났습니다. 당신의 실
망은 우리들의 분노가 되었습니다."* 그리고 나는 또 이렇게 말했다. "당신
의 이러한 모든 과거는 나에게 현재적인 것들과 얽혀 있습니다. 그것들의
공통분모는 신뢰성과 인간성입니다. 우리는 지금까지의 지도자들에게서
볼 수 없었던 무언가를 가진 정치인인 당신을 존경합니다."

브란트의 어머니가 메클렌부르크포어포메른주 출신이기 때문에 브란

---

*　　브란트 수상의 가장 가까운 협력자로 당의 업무를 관장하던 귄터 기욤이 동독의 간첩이라는 사
　　실이 드러난 사건을 의미한다. 이로 인해 브란트 수상은 1974년 5월 초 수상직을 사임했다. _옮
　　긴이

트는 어린 시절 자신이 클뤼츠뿐만 아니라 비스마르, 슈베린, 귀스트로, 로스토크를 방문했던 것을 기억했다. 53년이 지난 지금 그는 로스토크로 돌아왔고 서독의 전 수상으로서 분열된 유럽의 완전한 해체를 막기 위해 많은 노력을 했다. 그는 소련, 폴란드, 체코슬로바키아 등과는 우호조약을, 동독과는 기본조약을 체결했으며,* 무엇보다 1971년 여름 헬싱키에서 열린 전체 유럽회의를 통해 유럽 통합을 이루어냈다. 그는 이렇게 말했다. "지금과 같은 방향으로 나아가기 위해 우리는 몇 가지 전제하에 서로 도와왔습니다."

1989년 11월 10일 브란트 전 수상은 베를린의 쇤베르크시청에서 가진 연설에서 다음과 같이 말했다. "우리는 하나가 되었으므로 이제는 같이 성장해야 합니다." 이 말은 이후 언제나 통일의 선취로 해석되었다. 그러나 당시는 브란트 자신도 사태가 이렇게 발전하리라고 생각지 못했다. 당시 브란트는 "우리는 새로운 독일연방으로 하나가 될 것입니다. …… 나는 독일의 재통일이 오히려 어려울 것이라고 생각합니다"라고 말했다.

당시 서베를린의 시장 발터 몸퍼도 중요한 것은 "국토의 통일이 아니라 사람들이 다시 만나는 것"이라고 했다. 녹색당원들도 그렇게 보았다. 그렇지만 11월 13일 라이프치히에서 일어난 월요일 시위에서는 벌써 "독일 통일은 시작되었다!" 또는 "왜 하나의 독일은 불가능한가?"라고 쓰인 플래카드가 나붙었다. 14일 이후에는 "독일은 하나 된 조국이다!", 이어서 "우리는 민족이다", 그리고 뒤이어 "우리는 하나의 민족이다"라고 쓰인 플래카드가 등장했다.

---

* 동서독 기본조약은 1972년 12월에 체결되어 1973년 6월 13일에 효력이 발생했다. 이 조약을 통해 동서독은 각기 상대의 국권을 존중하고 상호 협력할 것을 다짐했다. 이 조약으로 독일의 분단이 고착화될 것이라는 비판도 있었으나 서로 통일을 지향하기로 했다. _옮긴이

기초단체 내에서는 양극화가 시작되었다. '지금 민주주의'의 울프강 울만은 통일을 강력하게 반대했다. 새로운 포럼의 베르벨 볼리는 동독이 서독으로 팔려가는 것을 우려하며 경고했다. 로스토크에서 나와 번갈아가며 목요예배를 이끌어갔던 가까운 동지인 헨리 로세와 나의 동료 목사들은 통일 후에 닥칠 자본주의의 결과를 우려했으며, 생필품 폭등과 높은 집세, 그리고 실업 등을 걱정했다.

기존의 사회주의 체제에 동조하지 않았던 로스토크의 목사들은 교회에 속한 몇몇 반정부 인사 및 동독공산당 내의 개혁적 대변자들과 함께 동독에서 새로운 사회주의를 실현하기 위한 '통일된 시민단체'를 구성했다. 11월 30일 목요일 시위에서 "독일은 하나 된 조국이다"라는 플래카드를 들고 시위대열의 맨 앞에 참가한 이들은 비난을 받았다. '반파쇼 로스토크'라는 단체는 다음과 같은 내용의 전단지를 나누어주었다. "우리는 1989년 11월 30일 목요일 민족주의자들과 나치 추종자들이 다시 살아나 활동하는 것을 보고 커다란 충격을 받았다. …… 우리는 통일, 새로운 파시즘, 외국인 증오에 반대한다! 우리는 이러한 극우파의 확장을 결코 용납할 수 없다."

동독에서는 서독이 소비 테러, 실업, 마약, 매춘 등에 지배당하고 있다는 잘못된 이미지가 만들어졌다. 이는 제2차 세계대전을 일으킨 범죄에 대한 죄책감을 부정하기 위해 동독이 만들어낸 것이었다.

반정부 단체의 저명한 대변자인 콘라트 바이스, 울리케 포페, 프리드리히 쇼를렘머 등은 유명한 작가인 스테판 하임, 크리스타 볼프 등과 함께 역시 기괴한 모순을 담고 있는 '우리나라를 위해'라는 호소문에 서명했다. 이 호소문은 "동독의 독자성을 유지하고 …… 평화와 사회정의, 개인의 자유, 이주의 자유, 환경 보전이 보장되는 연대적 사회를 발전시킬 것인가? 아니면 서독의 영향력 있는 집단이 동독에 베푸는 지원과 연결된 강력한 경제적 압력에 굴복해 결국 부당한 조건하에서 우리의 물질적·도덕적 가치를 서독에 내다파는 것을 용인할 것인가? 우리는 지금 이 심각한 양자택일의 기로에 서 있다"라는 내용을 담고 있었다. 한편 브레멘 시장인 클라우스 베데마이어는 로스토크에서 발행되는 《북부독일의 새로운 신문Norddeutschen Neuen Nachrichten》을 통해 "통일이라는 포효"는 "나라가 민주주의로 나아가면" 행복해질 것이라는 동독 국민의 "과거의 낡은 관념"에 의존하고 있다고 선언했다.

나는 통일에 대한 이 같은 진단과 판단을 받아들이지 않았다. 오히려 정반대였다. 나는 통일을 선전하고 지지하기 시작했다. 나는 12월 4일 국가안전부 점거에는 동참하지 못했다. 밤새도록 가까운 친구 및 동지들과 독일 통일의 방향에 대해 토론했기 때문이다. 우리는 투쟁하는 동안 서로 가까워졌다. 그러나 이제는 통일의 진단을 놓고 서로 분열될 위험에 처했다. 안네, 코니, 요한-게오르그, 키어스덴 등은 통일에 대해 매우 회의적이었다. 3일 후에 열릴 목요일 예배의 주제는 통일이었다. 그들은 나에게 물었다. "요아힘, 어떻게 할 거야? 분명한 태도를 취해야지!"

처음에는 다른 사람들처럼 나에게도 민주주의와 자유가 결정적으로 중요했다. 그러나 나는 통일과 더불어 조선소 사람들이 원하는 바를 새로운 포럼에 알리기 위해 조선소 사람들과 접촉했다. 조선소 사람들은 내가 제안한 '사회주의'와 '자본주의' 사이의 '제3의 길'이 내용 면에서 구체적이지 않다고 했다. 나도 그렇게 생각했다. 로스토크에서는 '제3의 길'의 경제에 대한 어떠한 분명한 대답도 아는 바가 없었다. 베를린의 새로운 포럼의 볼리나 슐트에게서도 답을 기대할 수 없었다. 경제에 대한 전문가 집단마저도 처방전을 내놓지 못했다. 그러나 그들에게는 하나의 선택지가 있었다. 그것은 바로 사회적 시장경제*였다. 내가 다음 만남에서 노동자들에게 이 사실을 전했을 때 그들은 전혀 흥분하지 않고 대답했다. "이건 서독과 같은 제도로군요."

나는 대답했다. "그렇습니다. 서구나 북유럽 국가와 같습니다."

"그렇다면 우리도 통일의 편에 서겠습니다"라고 대답했다.

나도 그렇게 생각했다. 그것은 우리 손에 달려 있었다. 우리가 서독과 같은 자유와 민주주의와 경제형식을 갖게 된다면 우리 동독국가에도 좋지 않겠는가?

12월 13일 새로운 포럼 총회가 열리기 직전 나는 독일 통일에 대한 세 가지 요점을 적어보았다. "나는 이러한 통일 열망이 불신당하거나 검열당하지 않을까 자문했다. 새로운 포럼 안에서 그렇게 되어서는 안 된다. 우리는 일차적으로 국민의 교사가 아니라 국민의 일부이다. …… 우리가 통일을 긍정한다고 해서 당장 모든 것을 갖게 되는 것은 아니다. 그 사실을 간과해서는 안 된다. 따라서 우리는 성장해가는 과정을 받아들여야 한다. 그러나 우리는 그 성장을 지연시키지 말고 증진시켜야 한다. …… 우리 민족이 갖고 있던 두 개 부분(사회주의와 자본주의)은 서로 배우고 가르쳐줘야 한다. …… 새로운 사회를 위한 투쟁은 '통일'이라는 목표와 더불어 당장 달성되지는 않는다. 해방을 위한 과정은 계속 발전되어야 한다." 나는 좌파에 하나의 다리를 건설하자고 제안했다. "우리는 사회주의를 지향한다. 그러나 현실 사회주의로부터 사회주의를 지향하는 것은 아니다."

로스토크의 새로운 포럼에서는 절대 다수가 나의 방향을 지지해주었다. 그러나 새로운 포럼 안팎의 좌파적이고 행동주의적인 목사들은 이에 반대

*   사회적 시장경제(soziale Marktwirtschaft)란 경쟁경제에 기초해 경제적 성과들을 사회적 진보와
     결합시키는 체제로, 사회정치적이고 경제정치적 이상을 지향하는 경제체제이다. 서독과 스칸디
     나비아 국가들이 이 제도를 택하고 있다. 서독개신교협의회는 1983년 '사회적 시장경제'를 교회
     의 공식입장으로 승인했다. _옮긴이

했다. 그들 가운데 한 단체는 우리의 결의사항을 소식지에 싣는 것을 한 달 이상이나 미루었다. 새로운 포럼이 다른 지역의 대표들과 만나는 총회가 베를린에서 열렸는데 나는 이 총회에 처음으로 참석했다. 1월 27~28일 열린 총회에서 나는 하랄트 테르페, 하이코 리츠 등과 함께 내 의견을 동독 전체에 관철시켰다. 이제까지 지배적이던 '좌파'의 저항을 물리치고 새로운 포럼은 독일 통일에 찬성한다는 기본명제를 관철시킨 것이다.

그 후에 나는 중앙 원탁회의 위원으로 선출되었다. 그렇지만 베를린에서도 로스토크에서도 원탁회의에 참석하지 못했다. 시간이 없었기 때문이다. 엘리트 집단의 비합법적 구성원들이 합의하는 정책이 잠정적 해결책으로는 의미 있어 보였으나 그것이 도대체 무슨 정치 스타일이란 말인가? 내 목표는 의회민주주의를 실현하는 것이었다.

서독 방송에서는 마치 동독의 시민운동이 통일에 반대하는 것처럼 보도했다. 특히 베를린에 있는 서독 매체는 몇 년 전부터 새로운 포럼의 회원들과 밀접하게 접촉했기 때문에 새로운 포럼은 거의 반정부 운동과 동의어가 되었다. 11월 9일 동독정부의 언론 담당인 귄터 샤보브스키는 다음과 같은 내용을 보도했다. 즉, 동독인에 대해 여행의 자유를 선언하고 동독에서 생산한 자동차가 처음으로 서독으로 넘어가 환영인사를 받았을 당시 새로운 포럼의 베르벨 볼리는 독주에 취해 침대에 들어가 8시간 동안 자신을 장례 지냈다는 것이었다. 이는 로스토크 사람들을 분노하게 만들었다. 만일 다음 날 서독 언론이 우리 본부와 접촉했더라면 가장 강한 공격을 당했을 것이다.

몇몇 민권운동가는 거리의 대중뿐 아니라 서독의 대화 상대자 중 좌파 지향적인 일부 사람과도 접촉을 끊은 것으로 드러났다. 그 결과는 비극적인 몰락을 가져왔다. 더욱이 혁명의 아버지들과 어머니들이 자식들에 의해서 잡아먹히지는 않았지만 사람들은 최초의 자유선거에서 곤경에 빠졌다. 반정부 인사들은 후에 그런 난관에 봉착하자 과거의 이단적인 자유사상가들과는 다른 길을 걸었다. 민주화운동이 확대됨에 따라 새롭게 등장한 활동가들은 주도적 시민권 운동가들의 이상주의적인 개혁 태도가 마음에 들지 않았다. 그들은 동독 생활에서 국가적인 가부장주의와 싸운 운동가들에게 동정심을 가졌으나 그들은 여전히 가부장적인 야심에서 벗어나지 못했다. 그들은 자신들만이 국민에게 무엇이 좋은지를 안다고 생각했다. 하지만 유감스럽게도 국민들은 그 운동가들이 미성숙해서 자신들이 서독이나 헬무트 콜 서독 수상에 의해 오도된다고 여겼다. 새로운 포럼의 회원이면서 풍력발전과 생태공화국에 열광하고 가능한 한 자전거를 이용하려는 생태학적인 사람으로서 나는 다음과 같은 사실을 깨달았다. 형편없는 동독제 자동차를 타면서 생태학적 삶을 위해 의식적으로 과소비를 포기하던 사람이라도 제대로 된 서독 자동차를 처음 만나면 이를 포기하고 싶지 않을 것이라는 사실을 말이다.

1990년 1월의 만남은 새로운 포럼의 창립자인 베르벨 볼리와 다른 멤버들에게 아주 나쁜 인상을 남겼다. 그들의 포럼 내에 무슨 일이 일어났던가? 그들이 보기에 새 회원들은 거의 투쟁하지 않던 사람들로, 너무 보수적이거나 아니면 너무 현실 정치적이었다. 그런데 그런 사람들이 영향력을 행사해야 한다는 것을 받아들일 수 없었다.

1990년 1월 말 동독공산당과 원탁회의의 대표로 구성된 '국민의 책임적 정부'는 동독의 인민의회를 구성하기 위한 자유선거를 3월 18일 치르기로 결정했다. 그 기회를 추동해나가기 위해 2월 초 여러 반정부 단체로 구성된 선거동맹을 결성했다. 기민당에 가까운 '독일을 위한 연합' 외에 녹색당에 가까운 동맹90이 새로운 포럼, 지금 민주주의, 평화와 인권의 추진 등과 손

잡고 일했다.

당시 나는 내 자신이 사회민주당의 실용주의적 정치가로서 활동하리라고 확신했다. 그렇지만 로스토크의 의식화된 동지들은 새로운 포럼과 더불어 동맹90으로 넘어갔다. 우리는 합리적인 정치를 원했는데 이는 로스토크 환경에서도 관철할 수 있었다. 베를린의 새로운 포럼이 생각했던 바에 대해 우리는 별로 관심이 없었다. 로스토크는 베를린과 많은 면에서 달랐다. 그 사실은 베를린의 새로운 포럼이 자신들의 신문인 ≪다른 것들Die Andere≫을 발행하면서 분명해졌다. 로스토크에는 그 신문이 단 몇몇 사람에게만 배달되었다. 왜냐하면 그 신문에 실린 글은 대부분 지나치게 좌파적으로 느껴졌기 때문이다.

우리는 좌파도 우파도 아닌 직선파였다. 우리는 슈베린과 로스토크에서 대규모 집회를 열었으며 모니카 마론, 울프강 레온하르트 같은 열성적인 선거 도우미를 얻었다. 하지만 이전에 많은 사람들이 모여 예배드리고 시위할 때처럼 그렇게 큰 주목을 끌지는 못했다. 동독에 와서 활동 중인 서독의 기존 정당들이 가진 선거 경험과 재정 능력에 비해 우리의 힘은 너무나 제한적이었다.

1990년 3월 18일, 새로운 의회를 구성하는 선거일이 도래했다. 투표를 마치고 밖으로 걸어 나오자 눈에서 한없이 눈물이 흘러내렸다. 내 나이 오십이 되어서야 처음으로 자유선거, 비밀선거를 하게 되었던 것이다. 또한 나는 우리의 미래를 위해 정치를 형성하는 데에도 어느 정도 동참할 수 있게 되었다. 1933년 히틀러가 집권한 이래 이곳 주민들은 대표자에게 임기가 주어진 통치권을 부여하는 주권을 행사하지 못했다. 우리가 자유선거권을 가진 시민이 되기까지 이렇게 오랜 시간이 걸릴 것이라고는 생각지 못했다. 내 안에는 기쁨과 자부심이 뒤섞였다. 또한 이 나라를 통일 된 민주주의 공화국으로 만든 사람들에게 감사했다. 그 순간 깨달은 것은 우리는 무슨 일이 있어도 선거에는 반드시 참여해야 한다는 것이었다.

선거 결과는 우리를 더욱 정신 차리게 만들었다. 동맹 90은 단지 2.9% 의 지지를 받는 데 그쳤다. 그러나 인민의회에 진입하는 데는 그것으로 족했다. 왜냐하면 서독처럼 의회에 진입하려면 5% 이상 득표해야 한다는 조건이 없었기 때문이다. 그때부터 나는 정신없이 바빴다. 작은 정당 동맹90은 12명의 의원을 인민의회에 보냈다. 나는 메클렌부르크포어포메른주에서 유일하게 시민운동의 대표자로서 의원이 되었다.

선거 결과는 전체적으로 볼 때 재야 운동권의 승리였다. 유권자 가운데 93.4%가 투표에 참여했다. 서유럽 국가의 선거에서는 결코 이와 같은 높은 투표율이 나오지 않는다. 선거 결과를 분석하기 위해 서독의 북독일TV가 로스토크의 바르노호텔에 왔다. 나와 또 한 사람이 인터뷰에 응했다. 그 사람은 "내가 선거의 승자이다"라고 선언했다. "내 생각에 승자는 서독 수상 헬무트 콜 같은데요?"라고 기자가 반문했다.

그는 메클렌부르크포어포메른주 북부 출신으로 헬무트 콜을 닮은 인물이었다. 그의 이름은 귄터 크라우제로, 연합정당인 기민당으로 출마했다. 후에 그는 나에게 자주 자문을 요청했다. 왜냐하면 동독정부의 책임적 위치로 가게 되었고 서독의 노련한 재무상인 볼프강 쇼이블레*와 통일 문제를 놓고 협상해야 했기 때문이다. 이는 엄청난 노력을 필요로 하는 과제였으며 그의 삶에서 가장 중요한 사안이었다. 그 후 그는 몇 가지 불미스러운 사건으로 정부에서 물러나야 했고, 나중에는 자신이 진 빚을 갚지 못해 감

---

* 독일 기민당 소속의 정치인이다. 1984~1991년 헬무트 콜 내각의 구성원으로 연방특임장관, 총리 부장관, 내무장관을, 1991~2000년 독일 기독교민주연합/바이에른기독교사회연합 연방의회 의원단장을, 1998~2000년 독일 기민당의 당수를 지냈으며, 지금은 메르켈 정부에서 재무장관을 맡고 있다. _옮긴이

▌동맹90의 후보로 출마한 나의 선거벽보 사진은 수배 전단과 비교된다. 나를 로스토크 시민운동
의 최고대표로 뽑아준 나의 지지자들은 플래카드를 인쇄한 뒤 깜짝 놀랐다. 내가 거기에다 붉은
글씨로 선거 표어인 '자유'를 써놓았기 때문이다.

옥살이를 하기도 했다.

　1989년 당시 귄터 크라우제는 거의 알려지지 않은 인물이었으나 그는
승리자였다. 나는 사람들에게 잘 알려졌지만 실패했다. 많은 민권운동가처
럼 나도 패배를 맛보았다. 사람들은 우리의 어깨를 두드리며 "당신들은 훌
륭한 일을 해냈습니다"라고 칭찬과 격려를 했다. 그러면서 이렇게 말했다.
"그렇지만 우리는 헬무트 콜을 뽑고 말았습니다."

　하지만 나는 놀라거나 슬퍼하지 않았다. 왜냐하면 그들을 충분히 이해
할 수 있었기 때문이다.

10

동독 인민의회의
자유선거 실시

통일을 둘러싼
재야 세력의 상반된 이해

`

이제는 모든 것이 달라졌다. 매일매일 낡은 것이 새로운 것으로 대치되었다. 사람들은 새로운 많은 것을 낯설지만 받아들였다. 동독의 다섯 개 지방 정부는 다시 연방정부에 가입해 연방정부의 일부가 됨으로써 통일이 이루어졌다. 이는 작센뿐만 아니라 메클렌부르크포어포메른주와 다른 모든 지방이 원했던 바였다. 서구의 현란한 상품이 국경을 넘어 동독으로 밀려왔고 사회주의 무역은 사라졌다. 수천 명의 마을 주민 중 어느 누구도 동독의 무역기구를 통해 구매나 소비를 할 수 없게 된 데 대해 아쉬워하지 않았다. 사람들은 공산당과 국가가 권력을 행사하는 도구였던 낡은 '네트워크'를 비난했다. 물론 어떤 사람은 새로운 것이 서독에서 밀려들어오는 상황을 위협으로 받아들이기도 했다.

시위대의 요구가 유권자들의 요구임은 선거를 통해 확인되었다. 따라서 인민의회는 근본적인 개혁을 해야 했다. 새로운 포럼의 대표들은 베를린에 있는 공화국 궁전의 회의장에서 의회 구성에 동참하는 행복한 순간을 맞이했다. 그동안에는 공산당이 인민의회를 좌지우지했으나 이제 처음으로 자유롭게 선출된 의원들이 민주주의 전당을 꾸리게 되었던 것이다. 이로써 지난 40년 동안 동독이 자임하던 민주주의 공화국이 실은 허위였음이 드러났다.

이전의 동독공산당은 민주사회당*이라는 이름으로 66석을 얻어 새로 구성된 의회에 하나의 돌연변이로 입성했으나, 다수당은 '우리' 쪽이었다. 즉, 기민당(163석), 사회민주당(88석), 동맹90(12석), 녹색당(8석)과 기타 정당이 얻은 표는 모두 합해 409석이었다. 그러나 자세히 들여다보면 이러한 기쁨과 자부심은 오래가지 못했다. 새로 선출된 의원 가운데 185명은 몰락한 동독 체제의 공산당 인물이거나 또는 연합정당의 인물이었기 때문이다. 예를 들어 내가 속한 위원회에는 과거 기민당-연합정당**의 구성원이던 튀링겐의 한 목사도 끼어 있었다.

나는 그에게 이렇게 물었다. "마르틴, 전에는 동독 수상 호네커를 위해 일하고 지금은 서독 수상 콜을 위해 일하는 것이 좀 이상하지 않은가요?" 그는 웃기만 했다. 하지만 나는 결국 현실을 인정하고 말았다. 그 역시 선출된 인물이고 자신의 과제를 진지하게 받아들였기 때문이다.

1990년 자유선거로 선출된 데메지에르 정부에 대해서도 나는 불만을 갖고 있었다. 각료 23명 가운데 13명이 기민당원이고 2명은 자유주의자인데 그들도 동독 시절 연합정당의 당원이었다. 과거의 연합정당에 속하지

---

* 민주사회당(Die Partei des Demokratischen Sozialismus: PDS)은 1989년부터 2007년까지 존속
했던 정당으로 동독공산당(SED)의 후신이며 구동독 5개 주에서 활동했다. _옮긴이
** 1945년 나치가 패망하자 동독에는 소련군이 점령했다. 그 해 여름 소련은 '명령2'를 통해 '반파쇼
-민주적 연합'에 가입하는 것을 전제로 정당 구성을 허락했다. 그리하여 독일 공산당(KPD), 독
일 사회민주당(SPD), 독일 기민당(CDU), 독일 자유민주당(LDPD)이 창당되었다. 그런데 1946
년 4월 사회민주당과 공산당은 동독의 집권당인 '독일사회주의적 통일당'으로 강제로 통합되었
다. _옮긴이

않은 사람은 11명의 사회민주당 당원과 새로운 소수 정당, 즉 독일사회연합,* 민주주의 발흥 등의 출신뿐이었다. 각료 중 마르쿠스 메켈과 라이너 에펠만 단 두 사람만 동독의 반체제 인사였다.

우리에게 당시는 한편으로는 흥분한 시기이자 열심히 일해야 하는 시기였지만 한편으로는 미묘한 시기이기도 했다. 우리는 해머와 낫과 보리이삭 화환이 추가된 옛 동독 깃발이 걸려 있는 의사당에서 회의를 했다. 우리는 동독 문장이 달린 신분증을 받았고 우리가 싫어하던 선임자들이 했던 것처럼 버스와 전철의 1등 칸을 무료로 이용하는 것을 당연시했다. 과거 동독의 인민의회 규정에 따라 복무규정을 담은 붉은색 가죽 서류 가방이 우리에게 주어졌다. 리히텐베르크가에는 이전 국가안전부 본청이 있었고 그 건너편에는 빈 국가안전부 건물이 있었는데 우리는 그 사무실에서 일을 시작했다. 부엌이 딸린 방은 사회주의의 독신자 기숙사였다. 직장으로 출퇴근할 때는 이전 국가안전부의 낡은 차량을 이용했다. 당시 나는 늘 이런 생각을 했다. 이전에는 누가 이 자동차를 탔을까? 이전에는 누가 이 침대에서 잤을까? 나는 승리감과 더불어 더 많은 혐오감을 느꼈다.

내가 속한 교섭단체 의원 가운데는 과거 반정부 활동을 하던 매우 훌륭한 달변가들이 있었다. 볼프강 울만, 옌스 라이히, 게르드 포페, 마티아스 프라체크, 마리안네 비르틀러, 베라 볼렌베르그, 귄터 노케, 콘라드 바이스, 베르너 슐제 등이 그들이었다. 수는 적었지만 의회에서 그들이 갖는 무게감은 컸다. 나는 교섭단체의 다른 의원들처럼 유명하지 않았기 때문에 내게 익숙한 독일 통일위원회나 외교위원회가 아니라 원치 않았던 내무위원

---

* 독일사회연합은 독일의 극우 보수적 정당으로, 1989~1990년 전환기에 선거연대의 일부로서 마지막 동독정부에 참여했다. 이 정당은 1990년대 이래 독일 선거에서 줄곧 1% 미만을 득표했다. _ 옮긴이

회에 들어갔다. 10년 이상 연구해야 제대로 파악할 수 있는 과제들을 내가 제대로 해낼 수 있을지 감이 잘 잡히지 않았다. 국가 안보를 주제로 다루는 것은 나에게는 별 의미가 없었다.

1989년 12월 초 여러 지역의 국가안전부가 시민들에게 접수된 후 한스 모드로 정부*가 출범했는데, 국가안전부는 이 한스 모드로 정부하에서 종말을 고했다. 하지만 11월 중순 국가안전부가 국민국가안전부AfNS로 개명된 것은 상황을 모면하기 위한 공산당의 작전이었다는 사실이 드러났다. 우리가 원했던 것은 국가안전부의 구조를 개편하거나 명칭을 변경하는 것이 아니라 국가안전부를 해체하는 것이었다. 당시 헌법 수호 기관이 준비되고 있었기 때문에 국가안전부 요원이나 문서가 더 이상 필요하지 않았다. 따라서 동독 전체에 네트워크를 가진 시민위원회와 중앙원탁회의는 국가안전부의 즉각 해체를 요구했다.

1990년 1월 15일 총리인 모드로는 원탁회의에서 국가안전부를 해체하기 위한 절차를 진행해서 정규 직원 8만 5000여 명 중 3만여 명을 해고하고 우편과 전화 감시를 중지시켰으며, 권총 125만 6000자루, 장총 7만 6500자루, 엽총 3300자루, 장갑차 3500대를 회수했다. 노르만넨가에 있는 국가안전부 본부는 그때까지도 시민위원회의 통제에서 벗어나 있었는데, 무기 회수가 진행되는 동안 민권운동가들은 이 본부를 접수했다. 새로운 포럼은 전단지를 통해 시민들에게 다음과 같이 호소했다. "석회석과 벽돌을 가져오십시오. 국가안전부 요원들이 건물에서 끝내 나오지 않으면 그곳을 봉인하고 그들을 가두겠습니다." 에르푸르트에서도 이러한 절차가 이미 시작되

---

* 한스 모드로는 동독 드레스덴의 통일사회당(공산당)에서 제1비서를 오랫동안 역임했다. 그는 동독이 평화적 혁명을 통한 전환기를 겪던 1989년 11월 13일부터 1990년 4월 12일까지 내각 수반으로서 정권을 이끌었다. 후에 독일 연방의회와 유럽의회의 의원을 맡았다. _옮긴이

었다.

놀랍게도 수많은 시위대가 재빠르게 노르만넨가의 국가안전부 건물로 모여들었다. 그들은 건물 안 영화관과 식당으로 들어갔으나 책임자인 밀케가 근무하며 작전을 지휘하던 중앙 건물에는 들어가지 않았다. 이는 기이한 일이었다. 사람들은 그곳에서 국가안전부의 모든 각본이 만들어지고 그 각본에 따라 국가안전부 요원들이 움직였다고 추측했지만 오늘날까지도 그 진실은 밝혀지지 않고 있다. 어쨌든 1990년 1월 15일 베를린의 여러 지역에 5800여 개의 사무실을 두고 있던 베를린 국가안전부를 마지막으로 접수함에 따라 모든 국가안전부는 시민위원회의 통제하에 들어갔다.

시민위원회의 의장으로 임명된 23세의 다비트 길은 교회의 신학교육기관인 고전어연수원*의 학생이었다. 그는 통일 후 연방정부가 동독 국가안전부의 문서를 검열하기 위해 만든 기관의 제1대변인으로 활동했다. 그는 어디서나 신용을 얻었고, 친절하고 열심이었으며, 유능하고 믿을 만했다. 혁명적 전환기에 만난 젊은 동지 가운데 그는 모든 좋은 덕목을 갖춘 사람이었다.

시민위원회가 접수한 국가안전부의 처리 사업은 처음에는 모드로 정부에 의해 방해를 받았다. 왜냐하면 모드로 정부에는 국가해체위원회의 업무가 더 시급했기 때문이다. 인민의회 선거로 새로 선출된 내무성 장관 페터 디스텔이 시민위원회는 더 이상 필요 없다고 선언했기 때문에 상황은 개선되지 않고 더 나빠졌다. 그는 시민위원회가 국가안전부의 아카이브에 접근하는 것을 차단했고 1990년 6월 말로 시민위원회 위원들을 해고했다.

6월 중순 국가안전부를 해체하기 위한 특별위원회가 구성되었다. 우리

* 고전어연수원은 고등학교를 졸업하고 신학대학에 들어갈 학생에게 고대 그리스어, 라틴어, 히브리어를 가르치는 교회의 교육기관이다. _옮긴이

는 시민위원회 의장 길에게 그의 경험에 근거해 해체 작업을 맡아달라고 요청했다. 그리고 내가 해체위원회 의장으로, 다비트 길이 총무로 선출되었다.

국가안전부를 해체하기 위한 인민의회의 특별위원회는 시민위원회가 시작했던 작업을 의회의 승인하에 계속했다. 하지만 모드로 정부로 인계된 국가해체위원회는 우리의 통제를 벗어나려 했고 내무성 장관은 이를 지원했다.

내무성 장관 디스텔은 일차적으로 독일사회연합의 대변자였는데, 이 정당은 서독 기독교사회연합*의 동독 자매 정당이었으며 독일사회연합이 해체되자 기민당의 일원이 되었다. 디스텔은 의회에서 어려운 과제를 처리하는 데 신뢰를 얻지 못했고 민주화운동의 활동가 가운데서도 제 구실을 하지 못했다. 그렇지만 그는 1990년 10월 데메지에르 정부가 해체되기까지의 모든 위기를 독특한 방식으로 극복했다. 디스텔은 국가안전부를 해체하기 위해 국가위원회를 구성했던 다수의 국가안전부 직원을 감쌌다. 또한 외국에 대한 정보활동을 포함해 국가안전부 본부의 자료가 모드로 정부에서부터 인민의회 선거 때까지 지속적으로 폐기되는 상황을 비호했다. 그와 인민의회 특별위원회 간의 관할권 다툼은 국가안전부 특별기동대**의 실태 파악과 국가안전부 문서에 관한 법이 문제시됨에 따라 표면화되었다.

특별기동대와 관련해 우리는 담당할 수 없는 과제들을 넘겨받았다. 그

---

* 기사연 또는 기사당으로 불리는 이 정당은 1945년에 창당된 서독의 정당으로 독일 남부의 바이에른주에만 국한되어 있다. 기사당은 기민당과 자매관계를 맺고 있는데, 매우 보수적인 성격의 기사당은 바이에른주에서만 연방의회 후보를 내며 기민당은 전국 정당으로서 바이에른주를 제외한 모든 주에서 연방의회 후보를 낸다. 1990년 이래 동독 선거에서도 출마자를 내서 약 7%를 득표한 바 있다. _옮긴이
** 특별기동대는 1960년대부터 국가안전부의 정규 조직이었으며, 대개는 국가기관인 외무성 또는 내무성과 관련된 기구나 기업에서 방첩 활동에 종사했다. _옮긴이

과제란 국가안전부의 기동대였던 사람들이 신분을 은폐하지 못하게 하는 것이었다. 나도 그 일에 참여했다. 민권운동가인 한스 슈벤케는 우연히 '특별기동대 장교들의 행동지침'을 담은 국가안전부 책임자 밀케의 명령 6/86을 찾아냈는데, 이로써 악명 높은 장교들의 만행이 드러났다. 그 지침에는 국가안전부 요원은 비밀리에 작전에 투입되며 위험에 처하면 생존을 보장받는다는 내용이 들어 있었다. 이 장교들은 경제, 행정, 과학, 경찰 업무, 군대 등 국가의 본질적인 영역에서 폭넓게 활동했다. 그들의 개인정보가 담긴 국가안전부의 컴퓨터 자료는 1990년 3월 원탁회의의 결의에 따라 폐기되었지만 장교 약 2000명의 목록은 취합되었다. 이 사람들을 대중 앞에 드러내 비난하자는 것이 우리의 목적은 아니었다. 국가안전부의 문서 처리에 관한 어떠한 규정도 아직 없지만 그들이 문서를 손에 넣고 있어서는 안 된다는 것이 일차적인 목표였다.

가장 잘 알려진 특별기동대 장교는 알렉산더 샬크 골로드코프스키였다. 그는 해외무역 담당 차관이자 산업조정위원회* 총수였으며, 1983년 몇 십억 마르크의 차관을 제공했던 당시 서독 바이에른주의 총리이자 기사당 당수였던 요셉 슈트라우스와 협상한 무역 파트너이기도 했다. 골로드코프스키는 이미 오래 전에 서독으로 이주했다.

우리는 내무성 장관 디스텔 같은 인물을 불신했기 때문에 기동대 장교의 명단을 각 지역의 시민위원회에서 일하는 신뢰할 만한 인사들에게 넘겨주었다. 해당 장교의 문서를 정리한 후 그들을 현직에서 퇴출시키기 위해서였다. 나는 로스토크의 경찰 책임자를 만나 다음과 같이 말했다. "이 장

---

* 산업조정위원회(Kommerzielle Koordinierung: KoKo)는 1960년대 동독의 산업 생산 및 대외 무역과 관련된 사안을 관장하기 위해 만든 기관으로, 1970년대 초부터는 공산당 중앙위원회 산하에 두어 운영해왔다. 이 기구는 당의 경제비서인 미타그가 직접 책임을 맡았으며 국가안전부의 통제를 받았다. _옮긴이

교들이 이전 국가안전부의 요원이었다는 것을 알리기 위해 왔습니다." 그
들은 즉시 퇴출시켜야 했다. 그렇지 않을 경우 우리는 이를 공식적으로 문
제 삼을 예정이었다.

디스텔 장관은 그 문제와 관련해 인민의회 의원들이 부당하게 권리를
행사한다고 불평했다. 그렇지만 자신의 부처에도 10명의 특별기동대 장교
가 일하고 있다는 사실이 드러났기 때문에 그는 정치적 부담을 안게 되었
다. 디스텔을 내무성 장관직에서 해임시키려는 인민의회의 시도는 실패했
지만 그는 국가안전부의 해체담당관직에서는 물러났다. 그가 국가안전부
를 처리하는 작업에서 손을 떼지 않자 사회적 분노와 압박이 드세게 일었
고 그는 더 이상 우리를 반대하는 조치를 취할 수 없게 되었다.

우리 위원회는 국가안전부 문서의 처리 문제를 둘러싸고 더 심한 갈등
에 직면했다. 의회가 불충분하다고 돌려보낸 데메지에르 정부의 국가안전
부 처리 방안이 다시 제시되었으나 우리는 위원회가 작성한 처리 방안으로
일을 시작했다. 그 핵심 내용은 문서의 현재 상태를 그대로 보전하고 정치
적·법적·역사적 방법을 통해 진실 규명에 접근한다는 것이었다. 우리는
이 작업에서 서독 전문가의 지원을 받기로 했다. 서독 전문가의 지원을 받
아 문서를 처리하는 것은 작업이 빠르고 민주적이며 의회적 관례에 따른
처리 경험으로부터 많은 것을 배울 수 있다는 장점이 있었다. 그러나 단점
도 있었다. 우리는 그런 문제 처리에서 전문가가 아닌 반면 서독에서 온 이
들은 전문가였다. 역사의 승리자를 자처했던 우리 동독 사람들은 서독 전
문가에게 배우는 생도가 되고 말았다. 우리는 우리나라 안에서 이방인이
된 느낌이었다.

우리는 이러한 감정을 드러내지 않았다. 내무성 장관 디스텔은 자유 국
가에서는 개인 정보를 담은 문서에 아무도 자유롭게 접근할 수 없다고 주

장했는데, 이를 반박하기 위해서는 법적 대응이 필요했다. 우리는 정보보호 문제를 다루기 위해 지방정부의 위탁을 받아 서베를린에 파송된 한스 쥐르겐 가르스트카로부터 정보보호란 범죄자의 정보를 보호하는 것이 결코 아니며 정치적 의도에서 정보를 가감 없이 공개함을 뜻한다는 것도 알게 되었다.

우리는 단기간 내에 '국가안전부와 국민국가안전부의 개인과 관련된 정보의 보존과 사용에 관한 법률'을 만들었다. 1990년 8월 24일 이 법은 인민의회에 의해 만장일치로 채택되었다. 이로써 정치사에서 개인과 공공의 정보를 정해진 법적 장치 없이 마구잡이로 수집했던 동독 비밀경찰의 아카이브가 정리되었다. 우리는 이러한 재정리를 위한 법을 새로 통과시켰다. 새로 구성된 의회는 이 작업을 해내는 결정적인 순간을 맞고 있었다. 1945년 이후 서독에서와는 달리 우리는 희생자의 이익을 척도로 삼고 범죄자 및 그 협력자의 책임을 고려했다.

우리는 이 일을 처리하면서 서독과의 줄다리기가 막 시작되었다는 사실을 눈치 채지 못했다. 국가안전부의 자료가 서독 수상 헬무트 콜과 관련되었다면 그 자료는 커다란 구멍으로 간단히 사라질 수도 있었다. 서독의 수도 본에 있는 내무성에서는 동독보다 서독이 과거의 부담을 더 잘 처리할 것이라는 견해를 내놓기도 했다. 당시 서독의 재무상이던 볼프강 쇼이블레에 의해 동베를린 내무상의 자문으로 임명된 참사관 에카르트 베르트테바흐는 동독 내무성의 담당 책임자에게 다음과 같은 내용의 팩스를 보냈다. "선별해서 폐기한다는 규정은 꼭 필요한 것으로 보인다." 국가의 안전(또는 몇몇 정치가나 여타 지도자에 대한 시민들의 명성)을 고려해서 지방이나 연방의 내무성 장관은 국가안전부 요원들이 서독에 제공했던 서류들을 파기하기로 결정했던 것이다. 서독정부는 동독 국가안전부의 문서들을 서독 코블

렌츠시에 있는 서독의 연방정부 아카이브로 옮겨놓으라고 재촉했다. 그리고 서독의 연방정부 아카이브 책임자는 동독 국가안전부의 문서 이용과 관련된 권한을 위탁받았다. 1990년 10월에는 동독의 다섯 개 지방정부가 헌법에 따라 독일연방에 가입함과 동시에 양 독일의 통일이 완성되었다. 통일에 관한 이러한 법률이 효력을 내자 그동안 동독 인민들의 의지를 대변했던 인민의회 의원들에 의해 통과되었던 법률은 무효가 되었다. 그러자 동독인들은 화가 치밀었다. 정치사나 법학사는 이러한 상황에 대해 앞으로 '잠정적이지만 자유로운 선거에 의해 구성된 동독 의회의 결정이 이렇게 무시될 수 있는가?'라고 기술할 것이다.

8월 30일 나는 새로 구성된 동독 의회에서 통과된 법을 고수하고 통일 이후에도 그 효력이 계속되어야 한다는 결정을 인민의회에서 이끌어냈다. 나는 동독 인민의회의 기민당 원내대표로 서독 노선을 따르지 않았던 동독의 협상 대표 귄터 크라우제에게 그 점을 분명하게 지적해두었다. 통일 협상은 이미 꽤나 진행되어 재산권 문제의 다툼을 해결할 도식마저 만들어졌다. 하지만 한편에서는 우리의 강력한 주장으로 인해 통일 합의가 실패할 수도 있다는 염려도 제기되었다. 그래서 나는 9월 18일 동독의 협상단 대표들과 함께 서독의 수도 본으로 날아갔다.

우리는 여기서 다음과 같은 타협안에 합의했다. '인민의회가 통과시킨 국가안전부의 문서 처리에 관한 법의 효력은 중지한다. 그러나 통일 협정은 추가적 규약으로 보완되어야 한다. 인민의회의 법은 동독의 해체로 무효가 되었으나 독일 연방의회는 동독 의회가 통과시킨 법의 기초 위에서 새로운 법을 제정할 의무가 있다.'

우리가 이전의 법을 그대로 관철시켰더라면 더 좋았겠지만 그렇지 않더라도 그 법의 핵심 내용은 그대로 유지되어야 했다. 말하자면 국가안전부의 문서들은 정치적·역사적·법적 처리 작업을 위해 공개되어야 했으며 동독의 여러 지역에 보관 중인 문서들도 연방정부의 주권하에 관리되어야 했다. 동독 국가안전부가 보관하고 있는 개인 관련 문서를 처리하기 위해서는 독립적 지위가 부여된 특별위임관을 선발해야 했는데, 동독의 인민의회는 동독 시민 가운데 한 명을 특별위임관으로 임명해야 했다.

1990년 9월 4일 민권운동가들은 서독의 사고방식에 항의하면서 국가안전부가 문서 처리 작업에서 물 타기할 것을 대비해 베를린-리히텐베르크에 있는 국가안전부 본부를 점령했다. 내가 그날 저녁 서독 본에서 회담을 마친 후 돌아오자 베르벨 볼리는 왜 지금에야 자기가 필요하다고 생각했냐고 나를 질책했다.

나는 그 같은 점령과는 거리를 두었다. 나는 스스로 자문했다. 거의 전체 인민의회가 국가안전부 문서에 관한 법적 철회를 거부하기로 한 시점에서 이러한 점거가 왜 필요한가? 볼프강 쇼이블레, 디스텔, 헬무트 콜 등이 법을 철회하는 데 의견일치를 보았다면 그들은 모든 동독 의원을 무시한 것이었다. 나는 우리의 강점을 믿었다. 즉, 민주주의 신봉자인 나는 민주주의적 근본주의자였고 따라서 민주주의의 틀 안에서 그 규율에 따라 행동했다. 위법이나 비상사태가 아닐 경우에는 거리나 건물을 점거하지 않았다.

그렇지만 볼리는 여기에 대해 강경했다. "우리는 끝까지 철저히 투쟁해야 합니다." 결국 비어만이 나름의 방법으로 중재를 시도했다. "가우크 목사는 진지하며 그 나름대로 노력하고 있다는 인상을 받았다." 국가안전부의 처리 작업은 의회에서 이성적인 합의를 통해 진상을 규명할 때 비로소 성공할 수 있다고 그는 말했다.

결국 민권운동가들이 국가안전부 본부를 점거한 것은 사태 해결에 도움이 되었다. 왜냐하면 국가안전부 문건의 처리를 둘러싼 갈등에 대해 대중

의 이목이 집중되었기 때문이다. 이런 이유 때문에 대중은 내가 속한 계파
외 사회민주당 의원을 지지했다.

국가안전부 문서를 처리하는 작업에 관한 토론은 이미 인민의회에서 매
우 감정적으로 진행된 바 있었다. 1990년 9월 29일 마지막 회의에서 인민
의회 의원들은 국가안전부에서 일했던 사람들의 명단을 공개할 것인가, 어
떤 방식으로 공개할 것인가 하는 문제를 놓고 장시간 논의했다. 여기서는
몇 년 후에나 직면할 온갖 논증이 등장했다. 하나는 주로 기민당에서 나온
의견으로, 가능한 한 제한된 범위에서 공중에게 알리자는 주장이다. 왜냐
하면 사람들은 비공식 협력자보다는 '위탁을 준 자'에게 초점을 맞추기를
원했으며 희생자가 가해자를 '사적으로 보복할' 염려가 있기 때문이었다.
다른 하나는 주로 사회민주당과 동맹90의 주장으로, 인민의회가 도덕적으
로 자기정화 의무를 철저히 수행할 것을 요구했다. 내 소속이 아니었던 검
토위원회에서는 이름을 밝히지 말자며 침묵의 의무를 제기했으나 이 제안
은 거부되었다. 인민의회 여성의장 자비네 베르크만폴까지도 가족 전체가
불행에 빠지는 죄책감을 원치 않는다고 선언했다. 여러 의원이 의사당 앞
에서 연좌농성을 하면서 회의를 중단하도록 강요했다. 젊은 법률고문은 내
게 그 농성에 참여하지 말라고 조언했다.

결국 가장 부담스러운 비공식 협력자 15명의 이름은 밝히지 않는 것으
로 합의에 이르렀다. 물론 56명의 이름이 담긴 명단은 이미 회의장 밖에서
언론에 배포되었다. 12명의 의원은 자신들의 이름을 밝힌 후 개인에게 소
명의 기회를 갖는 권리를 이용했다. 어느 한 사람도 국가안전부에 협력한
사실을 인정하거나 유감 표시를 하지 않았다. 그들은 비난에 대해 반론을
제기하거나 자신들도 희생자라고 주장했다. 몇몇은 병든 가족을 위한 물품
이나 약품을 얻기 위해 불가피하게 협력했다고도 말했다. 후에 한 의원은

국가안전부가 자선단체가 되었다며 비웃기도 했다.

국가안전부의 불법행위를 가장 강하게 고발한 사람들 가운데 내가 잘 아는 사람도 있었다. 당시 종교개혁 도시인 비텐베르크에 있는 개신교 병원의 과장인 베른하르트 오피츠 박사였다. 후에 밝혀진 바에 따르면 그는 실은 국가안전부의 비공식 협력자였다. 인민의회의 해당 위원회는 비공식 협력자의 명단을 중심으로 문서 처리 작업을 진행했는데, 문서에 등장하는 개인을 찾아내는 데는 많은 시간이 필요했다. 누군가 오피츠 박사에 관한 문서를 자세히 살폈다면 그는 협력 약속에 서명했던 사실이 드러나 의사로서 궁지에 빠졌을 것이다. 물론 그는 하루 만에 서명을 철회했고, 그가 의사로서 그리고 기독교인으로서 잘못된 국가안전부의 협조 의무를 지키지 않았음이 자세히 밝혀졌다. 그는 후손에게 다음과 같은 내용의 편지와 함께 시민적 용기에 대한 아름다운 사례를 남겨주었다. 의사 오피츠는 단 한 차례도 국가안전부를 위해 일하지 않았으나 일생 동안 괴로워했고 감시당했다.

비공식 협력자의 명단에 이름이 올랐다는 사실만으로 국가안전부에 동조했다고 말할 수는 없다. 예를 들어 이른바 국가안전부의 사건기록 카드에는 비공식 협력자의 활동과 관련한 승진 단계가 기록되어 있다. 그리고 어떤 사람이 상위 협력자로 재등록하기까지 얼마나 오랫동안 얼마나 많은 정보를 수집했는지가 사건의 종결일자와 함께 아카이브에 등록되었다. 그러나 정보의 분량과 성격에 관해서는 아무런 설명도 없었다. 따라서 나는 의원으로 있는 동안 비공식 협력자에 대해 가능한 한 객관적으로 평가하려 했다. 문서가 폐기되었고 다른 문서를 통해 보완 정보도 얻을 수 없을 때는 '의심스러운 것은 피고인에게 유리하게in dubio pro reo'라는 아리스토텔레스의 명제에 따라 매우 조심스럽게 판단했다.

9월 19일 나는 '동독 국가안전부의 문서와 자료 처리를 위한 연방정부의 특별위임관'으로 추천되었다. 다른 후보자는 없었다. 선거는 1990년 9월 28일 인민의회의 마지막 회의에서 실시되었다. 여러 정당의 원내단체가 동의해주었으나 몇몇 반대표도 나왔다. 나는 혁명적 전환을 만들고 인민의회와 더불어 역사 처리 작업을 가능하게 해준 사람들에게 감사했다.

로스토크에 있는 내 집에서는 아내와 딸 카타리나가 걱정스럽게 이러한 소식에 귀를 기울였다. 마지막까지 그들은 내가 이 직책을 맡지 않기를 바랐다. 이 일로 내가 너무 노출되어 분노한 국가안전부 요원들이 나를 살해할까 봐 두려워했다. 다른 많은 사람들처럼 아내에게도 동독 정권에 대한 불안이 계속 남아 있었다. 그래도 아내는 통일의 축제가 열리는 베를린의 대극장에 참석했다. 축하 행사 때 한 내무성 관료가 내게 급히 달려와서 뭔가를 건네주려 했다. 지휘자 쿠르트 마르수어가 베토벤의 교향곡 9번을 지휘하고 있을 때였다. 나는 그가 건네는 서류가방을 받지 않으려 했다. 그러나 그 사람도 물러서지 않았다. 그 사람은 그 임명장을 밤 12시 이전까지 내게 전달해야 했다. 이러한 법적 절차는 중요했다. 왜냐하면 내가 국가안전부의 문서를 관리할 주인공이었기 때문이다. 10월 2일 나는 베를린에 있는 대극장의 복도에서 임명장을 받았다. 임명장에는 독일연방공화국 대통령과 ─ 매우 예외적으로 ─ 연방정부 수상, 내무성 장관의 서명이 되어 있었다.

새로운 독일이 탄생하던 날 한밤중에 나는 문서로만 존재하는 관공서의 책임자로 임명되었던 것이다. 아내와 나는 제국의회의 입구 계단에 섰고 좀 떨어진 곳 맨 앞줄에는 헬무트 콜 독일수상과 대통령 바이츠제커가 있었다. 이곳은 우리에게 오랫동안 금기시된 장소였다. 우리 부부는 손을 꼭 잡았다. 사람들은 40년 역사의 동독을 뒤로하고 해방과 자유가 주는 행복을 함께 경험했다. 우리는 그 순간 수많은 행복한 사람들과 서로 가까워졌으며 통일된 독일의 위대하고 즐겁고 친절한 분위기를 경험했다.

자유의 종이 울리는 가운데 제국의회 앞 깃대에 검정 빨강 노랑의 독일 깃발이 게양되었고 사람들은 「독일, 하나 된 조국」, 「통일, 정의, 자유」를 노래했다.

나는 더 이상 동독에서 선출된 인민의회의 의원이 아니었다. 나는 연방 의회 선거 때까지 동독 의회를 대변하는 144명의 의원 중 하나였지만 그 자리를 포기하기로 했다. 나는 이제 연방정부의 특별위탁을 받은 공무원이었으므로 삼권분립 정신에 따라 연방의원직을 겸할 수 없었다.

나는 다음 날 독일 연방의회 의장을 투표하고 나서 곧 연방의원직을 내려놓았다. 비록 하루짜리 의원직이었지만 나에게는 매우 소중했다.

11

설계도 없는 건축
동독 국가안전부에 대한
역사 청산 작업

독일 통일의 축제의 날은 지나갔다. 돌연 나는 동독의 낡은 비속어로 표현하자면 이른바 '국가적 지도자'가 되었고, 연방정부 내무성에 속한 고위 관공서의 책임자 자리에서 새로운 업무를 처리해야 했다. 이제 내 삶의 중심은 동독 변두리의 로스토크에서 통일된 수도 베를린으로 이동되었다. 나는 완전히 변화된 세계의 분위기 가운데 움직였고 낙관주의적인 인물들과 함께 일하게 되었다. 그러나 내적으로는 목사직과 완전히 결별하지 못했고 몇 년이 지나면 다시 그 직업으로 돌아가리라고 믿었다. 무엇보다 전혀 다른 세계에서 중요한 직책을 맡고 새로운 무언가를 시작하고 만들어간다는 생각이 나를 들뜨게 했다. 이는 내 삶에서 가장 깊은 족적을 남겼다.

당시 내 나이는 이미 오십이었다. 나는 직업도 바꾸었고 아내와도 헤어졌다. 우리 결혼생활은 오랫동안 위기를 겪으면서 좋아지기도 하고 나빠지기도 했다. 상대방에게 기대하는 바가 너무 컸던 탓이다. 나는 너무 젊은 나이에 이상적인 생각으로 결혼했으며, 스무 살에 부모가 되고 마흔에 할아버지가 되었다. 성장한 아이들이 집을 떠났을 때 우리는 미래를 위해 준비해놓은 것이 너무 부족하다는 사실을 점차 깨달았다. 시작은 함께 했으나 성숙되는 과정은 제대로 완성되지 못했다.

일상생활의 위기에도 불구하고 나는 이혼을 생각조차 할 수 없었다. 더욱이 일생 동안 부부간의 서약을 지키는 것은 자명한 의무였다. 그러나 정치적 영역에서의 변화는 나의 사생활에서도 결별을 가져왔다. 새롭게 시작한 과도한 업무에서 성취감을 느꼈으나 결혼이 실패로 막을 내리면서 막내딸 카타리나와의 접촉이 제한되는 슬픔도 느껴야 했다. 당시 열두 살이던 카타리나는 가족을 떠난 아버지에 대해 매우 좋지 않은 감정을 가졌다. 나는 죄책감을 느꼈으나 후퇴하지는 않았다. 이제 모든 것은 서서히 그러나 새롭게 형성되어야 했다. 되돌아보는 것, 치료에 매달리는 것, 인내심, 이 모든 것이 나에게 하나의 족쇄처럼 생각되었다. 나는 앞으로 나아가고 싶었다. 이제 내 나름의 방식으로 서독이 아닌 새로운 세계로 나가야 했다. 다른 세계는 새로운 삶과 에너지를 필요로 했다. 동독 북부의 작은 도시 에버스하겐에서 목사로 일하던 당시의 익숙한 상황은 이제 주변 현상이 되어버렸기 때문이다.

독일연방정부의 특별위임관으로서의 내 삶은 떠들썩한 과도기적 구호와 함께 시작되었다. 우선 나는 베를린의 알렉산더광장 근처 호텔에 임시 숙소를 정했다. 그 후 연방정부의 재무성은 가구가 딸린 주택을 배당해주었다. 당시 베를린에는 국가 소유의 주거 공간이 다수 있었는데 나는 하필 라이프치히가에 있는 방 두 개짜리 아파트를 배정받았다. 이 아파트는 동독 국가안전부가 '테라스'라는 이름으로 사용하던 곳으로, 국가안전부 간부들이 시민을 감시하고 비공식 협력자와 접촉하던 장소라는 것을 후에 알게 되었다. 그곳은 연한 갈색의 반짝이 벽장, 두 개의 조잡한 갈색 소파, 진한 갈색 양탄자, 간이 부엌에서 거실로 난 작은 문, 그리고 둥근 갓 모양의 램프 등으로 꾸며져 있었다. 나는 그곳이 기괴하게 여겨졌지만 그곳에서 살아야 할지 고민할 여지가 없었다. 이전에 내가 살던 곳은 그곳과 전혀 달랐다. 나는 사실상 마음 둘 곳 없는 나그네 신세가 되어버렸다.

매일매일 해야 할 일로 꽉 찼다. 인민의회의 특별위원회는 우리가 일할 이른바 '기관'으로 방 두 개에 욕실 딸린 공간을 제공했는데, 그곳은 이전 중앙위원회에서 멀지 않은 곳에 자리 잡고 있었다. 거기에 우리 네 사람이 앉아 기관의 중심을 이루었다. 첫 번째 직원이자 이전에 동베를린에서 극장 화가로 일했던 크리스티안 라드비히는 인민의회에서 나의 비서를 맡았다. 나는 목회할 때부터 그를 신뢰할 만한 사람으로 생각했다. 그는 언제나 매우 공개적으로 신앙을 증언했다. 두 번째 직원은 앞서 언급한 젊은 신학생 후보자 다비트 길이었다. 마지막 사람은 엘리자베트 라드비히로, 내 아들 크리스티안의 아내였다. 그녀는 주로 사무실의 잡무를 처리했다. 처음에 우리는 근본적인 문제를 모두 논의했다.

가장 시급한 문제는 우리 기관인 문서관리청이 어디에 자리를 잡을까 하는 것이었다. 나는 국가안전부 문서가 저장되어 있는 베를린 리히텐부르크의 국가안전부 본부로 가야 한다고 생각했다. 문서관리청 본부가 베를린의 중심에 위치해야 다양한 의견을 들을 수 있다는 것이 내 생각이었다. 두 달 후 우리는 브란덴부르크 문에서 얼마 멀지 않은 오페라하우스 건너편 모퉁이 건물을 배당받았다. 1992년 초부터 이곳에서 국가안전부의 문서를 조회하기 위한 신청서를 받았기 때문에 사람들은 이 장소를 잘 알았다. 얼마 후 우리는 제2차 세계대전 말까지 제국은행이 들어서 있었고 1989년 이전에는 동독 내무성이 위치했던 글링카거리 모퉁이에 있는 커다란 건물로

▌ 동독 국가안전부의 문서를 처리하던 문서관리청의 초기 집무실. 라이프치히가에 있는 방 두 개
짜리 이 사무실은 이전 국가안전부가 '테라스'라는 이름으로 은밀한 활동을 벌이던 곳이다. 고위
관리들이 정보 제공자들과 대면하면서 포도주를 대접하던 잔들이 찬장에 남아 있었다.

옮겼다. 노르만넨가에 있는 국가안전부 본부에는 아카이브 및 모든 문서를
처리하는 기술자들, 즉 국가위원회로부터 국가안전부 해체 과제를 넘겨받
은 이전 국가안전부 직원들이 일하고 있었다.

그다음으로 근본적인 문제는 과거 국가안전부에서 일했던 인물들과 같
이 일할 것인가 하는 문제였다. 나는 국가위원회를 통해 과거 국가안전부
간부였던 사람의 편지를 받았다. 그는 편지에서 우리 사업을 진행시키기
위해 과거의 사람들을 얼마나 많이 채용할 것인지를 물어왔다. 그러나 우
리는 가능하면 제한된 범위에서 이전 국가안전부 직원을 받아들이자고 합
의했다. 우리는 전문지식을 가진 몇몇 사람이 필요했으므로 과도기 동안
민권운동가들에게 교만하지 않고 악의가 없으며 협조적이고 친절했던 사
람을 받아들이기로 했다. 나는 베를린과 지방에서 일하는 신뢰할 만한 사

람들에게 국가안전부 사람들 가운데 중요한 사람들, 특히 아카이브 전문가 및 기술자를 소개해달라고 부탁했다. 이러한 부탁은 훗날 심각한 논쟁의 대상이 되었다.

나는 연방정부로부터 특별위임을 받은 사람으로서 구성 중인 문서관리청의 기본 노선만 제시할 수 있었다. 구체적인 사항은 다른 사람들이 구성해야 했다. 나는 얼마나 넓은 업무 공간이 필요한지, 또 어떤 자격을 갖춘 사람이 얼마나 많이 필요한지 — 그들의 봉급 수준을 정하는 것은 말할 것도 없고 — 생각할 수 없었다. 우리는 내무성으로부터 문서관리청의 구조, 인원, 가구, 사무기기 등을 위해 기본 장비를 확보해줄 라이너 프랑크를 단장으로 초기 구성 인원을 파견해주겠다는 제안을 받았다.

나는 법률가가 아니었으므로 행정 경험과 법률 지식을 가진 전문가 및 한 부처의 차관에 비견되는 고위직 관료가 필요하다고 느꼈다. 나는 나의 정치적 소신에 따라 같이 일할 충성스럽고 믿을 만한 조력자를 원했다. 그런 사람의 선발을 다른 사람에게 맡길 수는 없었다. 그래서 나는 사회민주주의 사상을 가진 법률가이자 인민의회 시절 내 자문을 맡아준 한스 위르겐 가르스트카에게 문의했다. "나와 함께 지휘부를 맡아줄 사람을 소개해줄 수 있습니까?" 그는 나에게 1942년생인 한스외르크 가이거 박사를 소개해주었다. 박사학위를 가진 이 법률가는 국가고시에 합격한 후 지멘스사에서 전자 탐사자료 정보처리 시스템 쥬리스를 개발했고, 바이에른주의 법무부에서 검사와 판사로 근무했으며, 그 후에는 정보보호를 위한 바이에른주의 위탁 업무를 맡고 있었다. 나는 그때까지 그를 알지 못했다. 그에게 전화를 걸자 그는 파리에서 전화를 받았다. 그는 정보보호를 위한 협의회를 마친 후 며칠간 그곳에서 휴가를 보내고 있었다.

나는 가이거 박사와 일하기를 원한다는 이유로 당시 서독의 수도 본으로부터 의심의 눈초리를 받았다. 사람들은 동맹90 출신 의원인 나를 세상 물정을 잘 모르는 다소 고집스러운 인간으로 간주했다(실제로 나는 무정부적이고 자만한 녹색당과는 어울리려 하지 않았다). 사람들은 물론 내가 가진 바람직하지 못한 점을 감싸주었고 나는 빨리 안정을 되찾았다. 나에게 가이거 박사가 중요했던 이유는 첫째, 그가 바이에른 출신이고 관료였기 때문이다. 바이에른의 관료는 자질이 뛰어나고 부지런하다고 독일에서 정평이 나 있었다. 둘째, 내무성에 소개되었을 당시 가이거 박사가 뛰어난 인상을 주었기 때문이다. 이렇게 해서 나는 다양한 법률 분야에 노련한 전문가이자 다방면의 에너지를 총동원해서 지체 없이 일을 처리해나가는 전문가를 만나게 되었다.

한스외르크 가이거 박사의 이야기

1990년 9월까지 나는 요아힘 가우크라는 이름을 전혀 몰랐으며 국가안전부에 대해서도 전혀 감이 없었다. 그건 창문을 검은 천으로 가린 문 닫은 가게와 같았다. 그렇지만 몇 년 전부터 새로운 일을 하고 싶었고 또 통일독일을 위해 기여하고 싶었기에 문서관리청에 관심을 가졌다. 단순히 호기심 차원에서 내가 어떤 압력에도 굴하지 않고 내 몫을 할 수 있는지 시험해보고자 했다.

그러자 모든 일이 매우 빨리 진행되었다. 1990년 10월 7일 일요일 파리에서 뮌헨으로 돌아온 나는 화요일에 가우크 목사를 만나러 베를린으로 날아갔다. 우리는 10시쯤 독일 제국은행이 있던 곳인 동독공산당 중앙위원회에서 만나기로 했다. 특별위임관 가우크 목사의 사무실은 가장 꼭대기 층에서 긴 복도를 거쳐 문을 지나 몇 계단 오른 곳에 위치한 두 개의 방 중 하나였다. 그곳은 한때 제국은행장의 휴식을 위한 곳이었으나 지금은 특별위임관인 가우크 목사의 사무실로 변해 있었다.

두 방에는 10여 명의 사람이 둘러앉아 토론을 벌이고 있었다. 당시에는 그곳에 모인 사람들이 직원인지 언론인인지 알 수 없었으나 훗날 같이 일하는 가족이었음을 알게 되었다. 그 집단은 매우 즐거워보였다. 그 자리에는 그곳 직원인 다비트 길의 여자친구가 맨발에 젖은 머리로 있기도 했다. 그들이 사는 동네의 아파트에는 욕실이 없었기 때문에 그녀는 사무실의 욕실을 사용했던 것이다.

잠시 후 가우크 목사가 나타났고, 소파 위에 놓여 있던 시민들의 많은 편지를 정리하고 난 후 우리 둘은 앉았다. 다른 사람들은 사무실에서 나갔다. 우리는 약 4시간 동안 이야기를 나누었다. 여기서 내가 할 일은 국가안전부의 활동 방식을 알아내고 이 억압 기관이 수집해놓은 문서의 내용을 관계된 사람에게 제공하는 것임을 곧 알아차렸다.

나는 국가안전부의 문서를 아직 보지 못했고 억압의 실상에 대해서도 가늠하지 못했다. 그러나 이곳의 과제가 도전적이라는 인상을 받았다. 나와 가우크 목사는 많은 것을 거의 같은 관점에서 보았고, 이 일로 인한 사건의 파장은 우리의 평가에 달려 있다는 것을 감지했다. 내가 마지막에 "목요일에 다시 오겠습니다"라며 같이 일할 의사를 표명하는 순간 나는 내가 대화에 얼마나 몰두했는지 깨달았다. 가우크 목사는 연방정부 내무성 조달처가 우리가 일할 문서관리청의 구조 및 새로운 직원을 우리에게 제시할 계획인데 이 회의에 참석해달라고 나에게 부탁했다.

서독 바이에른주에서도 통일 이후 비상 상황이 감지되었다. 이 때문에 내가 이틀 후 베를린에 있는 근무처로 다시 출장을 떠날 때 ─ 거기서 나를 가능하면 보내주기를 바라면서도 ─ 누구도 항의하거나 이마를 찌푸리지 않았다. 문서관리청을 구성할 직원을 책임지는 프랑크 박사와 한두 명의 직원을 만났을 때 나는 새로운 기관의 조직에 대해 몇 가지를 이미 생각하고 있었다. 내무성 조달처는 문서관리청 전체를 장악하고자 하는 것이 분명했다. 그들은 동독 출신인 가우크 목사가 서독 관료의 기준에 맞게 일하는지 보려 했다. 그렇지만 가우크 목사의 방식을 서독의 방식과 일치시키기란 불가능했다. 그들은 논리정연한 조직을 만들 것을 요구했다. 하지만 가우크 목사가 원하는 바는 과거를 분명하게 밝혀내는 것이었다. 나의 조직적 경험에 근거해 우리는 우선 우리의 생각을 제시했으며 그런 뒤 그 생각을 잘 보완해나갔다.

둘째 날인 목요일 저녁에 나는 가우크 목사와 함께 생방송 프로그램에 출연했다. 한 시간 동안 우리는 베를린의 겐다르멘마르크트에서 이전의 동독 언론과 인터뷰를 했다. 이러한 표현은 다소 무례하게 들릴지 모르지만 가우크 목사는 자기 의견을 나에게 심어주려 했고 그래서 나는 그것을 법률적 언어로 번역해서 받아들여야 했다. 나는 결단을 내렸다.

10월 14일 일요일 나는 자동차에 짐을 가득 싣고 뮌헨을 떠나 베를린을 향했고, 15일 월요일 새로운 일터로 출근했다. 이때가 독일이 통일되고 나서 채 이 주일도 지나지 않았을 때이다. 바이에른주의 정보 담당자가 나를 놓아주었던 것이다. 물론 그에게는 선택의 여지가 없었다. 왜냐하면 내가 이렇게 선언했기 때문이다. "나는 동독 국가안전부의 문서를 처리하는 문서관리청의 설립을 도와야 합니다." 나의 급여는 자유국가라고 자칭하는 바이에른주가 계속 지불했다. 내가 공적으로 임명되고 임명장을 받을 때까지는 한 달 정도 걸렸으며, 연방정부 내무성은 우리 사업을 1992년에야 공적으로 받아들였다.

베를린에서는 많은 사건이 발생했다. 요즘 같으면 1년 동안 일어날 일이 그때는 한 달 안에 일어났다. 1990년 10월에 프란츠 크로펜스테트 차관이 단장으로 있는 내무성 조달처의 대표단이 베를린에 도착했다. 가우크 목사와 나는 글링카가에 있는 내무성 외청으로 호출되었는데, 크로펜스테트 차관은 나를 보면서 이렇게 말했다. "다음 주 내로 국가안전부 연루자에 대한 자세한 내용과 함께 과거의 관료 가운데 국가안전부의 비공식 협력자로 일했던 사람들에 대해 알려주기 바랍니다."

내무성 차관에게서 정치적 압력을 받긴 했지만 국가안전부와 그 내부 조직의 유산에 관해 알고 있는 사람은 아무도 없었다. 노르만넨가에 있는 아카이브에서는 시민위원회에 협력적인 국가안전부 직원들이 우리가 문서를 처리할 수 있도록 문서 찾는 작업을 돕고 있었다. 이는 일상적인 일이었다. 얼마 후 곧바로 내무성 조달처로부터 우리 직원들의 재배치를 요구하는 편지가 왔다. 가우크 목사와 나는 어이가 없어서 서로 바라보았다.

동독공산당 중앙위원회 소속이던 우리 사무실 상황은 매우 불투명했다. 몇몇 핵심 직원의 관점에서 보면 잠시 들르는 사람들과 의견을 교환하는 것이 우리의 일과였다. 많은 문서는 우리 일을 방해했다. 우리는 창문틀이나 긴 의자에 그 문서들을 놓아두었고 의자에 앉을 때면 문서더미를 이전에 있던 자리로 밀쳐두었다.

연방정부의 담당관들은 우리 처지를 잘 알지 못했다. 게다가 우리는 다른 동독 지역에 사무실을 두고 있어서 전화 통화가 잘 되지 않는 문제를 안고 있었다. 우리는 중앙에 보고해야 했으나 때로는 전화 연결을 한 시간씩이나 기다려야 했다. 서독 지역으로 연결되는 전화선이 너무 부족했기 때문이다. 한번은 세탁실에 있을 때 가우크 목사가 들어오더니 이렇게 말했다. "크로펜스테트 차관에게서 전화가 와서 급히 당신을 찾습니다." 하지만 우리는 전화선을 하나만 가지고 있었다. 당시로서는 5분 안에 차관에게 다시 전화를 걸 수 없는 형편이었다.

1991년 1월에는 직원을 더 채용했다. 1990년 11월에야 필요한 직원 수가 산출되었는데 시작 단계에서 약 560명이 필요한 것으로 나타났다. 직원을 이 정도나 많이 요구한 것은 용감한 일이었다. 하지만 나중에는 1000명 이상이 필요할 수도 있었다. 우리는 당시 사방에 흩어져 있는 국가안전부 문서가 얼마나 되는지 알지 못했다. 한 예로 나중에 알고 보니 프랑크푸르트 오더에는 서류철이 누더기가 된 채 10미터 깊이의 벙커에 피라미드처럼 쌓여 있었다.

문서관리청의 구인광고가 베를린 일간지에 실리자 2주 동안 약 1만 명의 구직자가 몰렸다. 서독의 관료들은 국가안전부 본청에서 어쩔 줄 몰라 했다. 어떤 기준에 따라 직원을 선정할 것인가? 간호사, 엔지니어, 공장노동자 등 구직자의 직업에 따라 선정할 것인가? 구직자들은 거의 대부분 동베를린 출신이었다. 구직자들이 보낸 회색의 낡은 편지봉투를 열면 먼지가 일었기에 저녁때면 관료들의 옷은 먼지로 뒤덮였다. 다행히 여유 비용이 얼마간 있어 직원을 서베를린으로 보내 가운을 사오게 했다.

우리는 거의 24시간 일했다. 베를린에서는 문서관리청을 설립하는 작업 외에 국가안전부의 문서에 관한 새로운 법률이 통과되기까지 무엇이 필요한지에 관해 연방정부와 협상하는 일도 진행되었다. 동독의 법률과 통일 협약으로 인해 국가안전부의 문서를 취급하는 데 제약이 많았기 때문에 이러한 법적 기초가 꼭 필요했다. 우리에게는 법무성 같은 기관이나 관공서에서 문의하는 인물을 검토하는 것만 허락되었다. 이로 인해 1991년 1년 동안 우리는 국가안전부와 결탁한 자들을 찾아내지 못했고 처벌 신청도 하지 못했다. 나는 이에 대한 처리 규율을 만든 뒤 손으로 써서 주말마다 내가 다니는 식당에서 우편으로 부쳤다. 수도 본에서 일하는 사람들은 매우 관료적이었다. 오늘날 문서관리청은 일반인은 물론 정부로부터도 존경의 대상이지만, 문서관리청을 설립할 당시만 해도 본에 있는 서독정부가 보기에 우리는 아무것도 아니었다. 새로운 포럼 출신의 무명의 특별위임관(가우크 목사)과 무명의 바이에른 관료(가이거)로 구성된 국가안전부 문서 검열 기관은 전혀 주목을 끌지 못했다. 우리는 우리의 정치적 목적을 과연 관철할 수 있을지 자신할 수 없었다.

본에 있는 내무성에서 가우크 목사와 내가 20~30명의 헌법보호청, 군방첩대, 연방정보부, 연방범죄수사대, 외부성 관료 등 여러 기관에서 안보를 담당하는 이들과 가졌던 대화를 기억한다. 그들 중 일부는 가능한 한 국가안전부 문서를 폭넓게 공개하자고 주장했고, 다른 일부는 안보 담당 관료에게만 제한적으로 공개하자고 주장했다. 후자의 주장은 받아들여지지 않았다. 동독이 완전히 몰락하기를 바란다면 국가안전에 관한 정보를 공중에게 완전히 공개해서는 안 된다는 것이 이 관료들의 주장이었다. 왜냐하면 정보기관에 대한 지식은 흔히 다른 적대적인 기관의 지식이 되기 때문이다.

이러한 논의 과정에서 양보하면 굴복을 당하기 마련이다. 따라서 나는 우리나라의 헌법적 입장을 법률적으로 강력하게 제시했고 경찰법과 헌법수호법에서 제기되는 반대 논거로 강력하게 반박했다. 우리의 핵심적인 주장을 굽히면 줄다리기가 계속된다는 것을 나는 알고 있었다. 가우크 목사는 불안해했다. 왜냐하면 그가 늘 지적했던 것처럼 법치국가의 관료에 대한 나의 전투적인 말투가 마음에 걸렸기 때문이다. 우리는 언제나 일정한 거리를 유지했지만 때로는 그의 어깨에 손을 얹고 "내가 하는 대로 내버려 두세요. 잘될 것입니다"라고 조용히 말하곤 했다. 우리는 그들보다 더 나은 무기를 가지고 있었다. 바로 정치적 상황이었다.

우리가 바라는 핵심은 시민들이 자신에 관한 문서를 제한 없이 개인적으로 열람하는 것이었다. 여기서 우리는 1983년 연방헌법재판소가 인구조사와 관련해 제시했던 정보의 자기결정에 관한 권리를 원용했다. 헌법적으로 보장된 인간의 존엄과 인격에 관한 권리에 근거해서 개인은 자신에 관해 누가 언제 어떤 정보를 수집했는지 알 수 있어야 한다. 인간은 자기 정보의 주인인 한에서만 어떤 방법으로 공적 활동을 할지 결정할 수 있다.

동독의 국가안전부가 정보를 불법적으로 수집했으므로 그 문서의 은폐나 폐기를 허용해서는 안 되며 더욱 철저하게 그 내용을 밝혀야 한다는 것이 내 생각이었다. 나는 서독 바이에른주의 정보보호 분야에서 일하면서 문서가 폐기되더라도 그 지식은 머리에서 사라지지 않는다는 사실을 알았다. 자신을 지배하던 자들에 대해 알기 위해서는 자료가 필수적이다. 자신의 이전 역할에 근거해서 뭔가를 안다고 주장하는 사람은 전혀 사실이 아닌 것을 세상에 내놓을 수도 있다. 그러나 문서 자료가 없다면 상대방은 아무것도 할 수가 없다. 그렇기 때문에 나는 당사자가 자신의 문서를 확인해 자신에 대해 무엇이 기록되어 있고 또 어떤 소문이 떠돌아다녔는지 알도록 하는 것이 중요하다고 생각했다. 그러나 관료가 문서를 이런 방식으로 이용해도 좋다는 의미는 아니었다.

동독 시민은 이제 자유로워졌기 때문에 그들이 문서열람을 원하는지 여부는 법률적으로 중요하지 않았다. 정보에 대해 자기 스스로 결정할 권리는 원칙적으로 헌법적 권리이며 따라서 인간이면 누구나 갖고 있는 가장 기본적인 요구이다.

시민권을 보호하기 위해 투쟁하는 자유민주당 정치가이자 법률가인 부르크하르트 히르슈와 몇몇 자유주의자는 문서열람을 통해 제3자에 대한 정보가 유출되면 사람들의 인격권이 침해될 수도 있다고 염려했다. 국가안전부 문서는 감시받은 사람에 관해서만 다룬 것이 아니라 그 주변 사람 및 보고했던 비공식 협력자에 관한 내용도 있었다. 사실 문제 삼지 않아도 좋을 문서도 있었으나 사람들은 독재라는 특별한 상황하에 감시를 당했으므로 당사자의 권리와 제3자에 의해 인격이 침해될 권리 사이의 관계를 신중하게 고려해야 했다. 게다가 우리는 심각한 인격 침해를 피할 수 있다고 생각했다. 우리는 이런 식으로 우려를 불식시켰다. 그러나 법치국가를 제대로 이해하는 전문가인 히르슈 같은 의원도 국가안전부 문서법의 기본 구조를 세우기 위해 힘썼고 그들이 원내에서 다수를 점했다.

컴퓨터 비밀번호로는 국가안전부의 문서 검열을 막을 수 없다는 사실을 우리는 동독의 인민의회 시절부터 알고 있었다. 그러나 다양하고 경쟁적이기도 한 법적 논거를 어떻게 다룰지는 여전히 알지 못하고 있었다. 다른 범죄자와 마찬가지로 국가안전부의 범죄자에게도 권리가 주어져 있다. 따라서 비공식 협력자가 작성한 문서에 대한 검토가 어디까지 가능한지, 어떤 정보를 다룰 수 있고 어떤 정보를 다룰 수 없는지, 범죄자의 인격을 어떻게 보호할지 모호했다.

한번은 가이거 박사가 나와 내 동료들에게 법치국가적 규범에 관해 과외 수업을 했다. 그는 법치국가적 행정 행위와 자의적 행정 행위를 구분해서 알려주었으며 선한 뜻만으로는 기관을 이끌 수 없다는 사실을 알려주었다. 가이거 박사는 다른 사람들이 관료주의라고 부르는 것은 결국 약자의 편에서 만들어진 규율이라고 확신에 차서 말했다. 왜냐하면 모든 시민은 법의 척도에 따라 동등한 권리를 가졌기 때문이다. 많은 것이 복잡해서 이해하기 힘들다면 그것들은 한 기관에서 처리되어야 했기 때문이다. 가이거 박사는 처음부터 이 문서들이 당사자, 관공서, 법원, 언론인, 그리고 학자에게 제시되기 위해서는 많은 비용이 소요될 것이라는 사실을 알고 있었다.

우리는 그와 달리 우리의 정치적 의지를 매우 분명하게 밝혔지만 그 의지를 실행하는 형식에 관해서는 구체적으로 생각하지 못했다.

가이거 박사는 문서관리청을 구성하는 직원들과의 대화에서도 하나의 기둥이 되었다. 서독의 관료로 기초민주주의에 의해 영감을 받았던 그는 우리의 자유방임주의를 처음에는 매우 낯설게 받아들였으나 정치적 상황을 어느 누구보다 잘 이해하고 있었으며 1989년 등장한 행동주의자들과 균형을 잡으려 노력했다.

새로운 일꾼을 선발하는 과정에서는 새 기구를 구성해온 이들과 견해 차이가 많았다. 국가안전부 해체 작업을 담당하게 된 우리는 가능하면 전환기를 직접 경험했던 행동주의자들과 함께 일하려 했다. 그래야 그런 행동주의자들이 일에 대해 포괄적인 지식을 얻게 되리라고 생각했다. 그들이 그전에 어떤 직업을 가졌는지는 우리에게 상관없었다. 예를 들어 내가 신뢰하던 켐니츠 지역의 함석공 콘라트 펠버는 나처럼 선출된 인민의회의 의원이었다. "함석공은 고도의 업무를 수행하는 데 필요한 자질을 갖추지 못했다"라고 말하는 사람에게 우리는 "한 번도 국가안전부의 문서를 보지 못한 고위직 인물이 우리에게 무슨 소용이 있겠는가?"라고 반문했다. 다른 여러 사례는 실패했으나 함석공의 경우 우리 의사를 관철시켰다.

채용된 시민운동의 회원에게는 문서관리청에 적합한 직업 교육을 실시해서 새로운 과업을 제대로 수행할 자격을 갖추게 했다. 동독 시절에 고등학교를 졸업한 후 사상 문제로 대학 입학을 거절당하고 기계조립공이 된 독일사회연합의 의원 슈타이너는 문서관리청의 한 지부의 책임자까지 되었다. 후에 그는 무소속으로 정치에 뛰어들어 에르츠게비르게시의 시장이 되었다.

우리는 문서관리청을 새로 구성하는 관리를 카를 마르크스시 출신의 간호사, 극장 화가, 학생, 의료기 제조업자, 함석공 등으로만 채용할 수 없다고 생각했고 그들을 실력에 따라 철저하게 검정하도록 했다. 그 대신 시민위원회의 회원들은 관리의 감수성 결여, 서독의 도식에 따른 상상력 부재, 그리고 맹목적 충성을 비난했다.

이전 시민운동가 가운데 적잖은 사람들이 전문가나 준전문가 자리에 적합한 자격으로 채용되기를 희망했으나 허사였다. 또 그들은 채용된 관리로서만 적응하기를 원치 않았다. 나는 다음과 같은 불만 편지를 받았다. "전반적으로 문서관리청 사람들은 시민운동가들에게 불친절하며 많은 것이 당신을 거치지 않고 결정되는 것 같습니다." 사실 나를 거치지 않고 결정되는 일이 많았다. 1992년 초에는 1만여 명의 지원자 가운데 250명이 새로 채용되었다.

베를린에서는 인사 문제에 경험이 많은 서독 출신들이 주된 업무를 수행하고 있었다. 동독 출신인 직원은 정장에 넥타이를 매고 나타나더라도 20미터 떨어진 거리에서도 동독 출신임을 구별해낼 수 있었는데, 그들은 문서관리청에 적합하다고 보기 힘들었다. 한번은 나는 매우 열심이고 개방적인 인사담당관에게 이렇게 물었다. "오늘 얼마나 많은 동독공산당원을 나에게 알려주겠소?" 그는 어이없다는 듯 나를 바라보았다. 동독 출신의 책임자인 나는 민주주의 사회에서는 채용 면접에서 상대방의 정당 가입 여부를 묻지 않는다는 것을 모르고 있단 말인가? 그도 알고 있었지만, 동독 출신은 베를린에서도 ─ 그리고 지부에서처럼 ─ 채용 면접 시 그런 질문을 자주 받는다는 것을 나는 알고 있었다.

그러나 이는 직원 채용에만 국한되지 않았다. 필요한 문건을 확보하는 일과 아카이브를 만드는 일도 뒤죽박죽 상태였다. 문서를 적절하게 배열하는 일도 마찬가지였다. 그러면서도 우리는 모든 정보를 배포하려 했다.

국가안전부를 위해 일했던 비공식 협력자에 관한 최초의 정보는 1989년 12월 국가안전부 건물이 점령당한 후 혁명적 격동 상태에서 대중에게 공개되었다. 최초의 놀라운 사실은 1990년 3월 인민의회 선거에서 '독일을 위한 연합'의 후보로 출마했던 변호사 슈누어와 이브라힘 뵈메에게서 드러났다. 한 사람은 선거 직전에, 다른 사람은 선거 직후에 국가안전부의 비공식 협력자였다는 사실이 드러났던 것이다. 그들은 사람들을 배신한 '열성적 정보원'으로서 오랫동안 동독 국가안전부에 협력해왔다.

변호사 슈누어는 1965년 이래 국가안전부의 비공식 협력자로 일해왔는데, 시민위원회가 그에 관한 문서를 로스토크에 있는 그의 집에서 찾아냈다. 사회민주당의 지원을 받는 동독 사회민주당의 후보였던 뵈메는 1968년 이래 국가안전부의 협력자로 일했다. 서정 시인으로 동독정부를 비판하던 라이너 쿤체에 관한 보고 문서가 게라에 있는 국가안전부 지하실에서 발견되자 뵈메는 출마를 포기하고 중도 하차했다.

이 두 사람이 전환기 동독의 총리가 되지 않은 것은 참으로 다행이었다. 국가안전부 문서가 처음 발견되고 난 후에는 1990년 4월부터 10월까지의 전환기에 동독정부의 수반을 맡았던 데메지에르가 부담을 느끼고 사퇴하는 일이 발생하기도 했다. 이에 대한 조사는 그의 재임기간에 이미 수행되었으며 이후 문서관리청의 처리 작업을 통해 공식적으로 종료되었다. 1992년 1월에는 그 보고서가 연방정부 내무성에 전달되었다. 그러나 중대한 증거가 있음에도 불구하고 쇼이블레는 데메지에르의 부담을 덜어주는 선언을 했다. 아마도 데메지에르는 자신이 비공식 협력자로 일했다는 사실을 의식하지 못했던 것 같다는 것이었다. 서독의 기민당 수뇌부도 부총재였던 쇼이블레의 입장을 공공연히 비호했다.

이러한 상황에서 문서의 사용을 제한함에 따라 우리는 손이 묶여버렸다. 이는 고통스러운 일이었지만 나는 법적 규정을 준수했다. 독일정부와 의회는 누구에게나 문서의 사용을 신청하도록 허락했지만 언론이나 연구자에게는 허락하지 않았다. 국가안전부 해체에 참여했던 시민위원회 단체 출신 중 많은 사람은 이러한 제한을 제재하면서 문서관리청의 규정, 업무 방식, 담당자를 제한적으로만 받아들이려 했다. 이와 관련해 잡지 ≪슈피겔≫은 문서관리청의 역사학자 슈테판 볼레와 아르민 미터가의 기사를 실었다. 그들에 따르면 당시 내무성 장관 쇼이블레가 우리 보고서를 가공 처리했고 데메지에르에 관해 의심스러운 부분을 삭제해 사실과 다르게 만들어버렸다는 것이다.*

나는 즉시 이 두 명의 역사학자를 집무실로 불러들였다.

"그 사실을 공식적으로 발표하면 어떡합니까? 그 문서에 대한 접근 규정을 숙지하고 합법적으로 행동할 것에 서명하지 않았습니까? 충성의무를 대체 어디에 두고 있는 겁니까?"

하지만 두 사람은 놀라는 것 같지 않았고 어떤 죄의식도 느끼지 않는 듯했다. 그들은 나에게 왜 혁명을 했는지, 누구에게 더 크게 충성해야 하는지 반문했다. 그들은 관료적 사고와 제한적 접근 규정에 반대한다면서, 국가안전부의 문서가 개방되어 국민의 손에 넘어와야 한다고도 말했다. 여기서 다시 한 번 혁명적 도덕성이 법치국가성과 충돌했다.

나는 그들에게 인내해줄 것을 부탁했다. "정보 공개를 보장하는 법을 만드는 것은 단지 시간문제가 아니겠습니까!"

그렇지만 그들은 내 충고를 받아들이지 않았다. 그들은 자신의 양심에 따라야 한다고 생각했다.

* ≪슈피겔≫ 1991년 3월 4일 자 기사 내용이다. _옮긴이

도덕성이 규정을 정할 경우 법치국가성은 뒤로 밀리기 때문에 나는 법치국가성을 보호하려고 노력했다. 국가적 행정은 법에 복종해야지 선한 생각이나 의견에 이끌려서는 안 되었다. 이와 같은 도덕적 요구가 끼어들면 문서관리청의 사업은 문을 닫을 수밖에 없었다. 그래서 나는 두 명의 역사학자를 즉시 해임했다. 다행히 일을 빨리 처리할 법률가가 내 곁에 있었다. "가우크 목사님, 인사위원회의 의견을 듣고 난 후 해임을 결정할 수 있습니다." 법치국가적 원리를 무시하는 행동에 분노했던 나는 순간 스스로 법치국가적 원리를 무시했던 것이다. 정확히 말해 나는 그 원리를 아직 제대로 파악하지 못했다.

민권운동가들은 두 사람의 역사학자가 해임된 데 대해 매우 불쾌해했다. 그들에게는 내가 다른 편으로 넘어간 것으로 보였다. 나는 그 역사학자들을 높이 평가했기 때문에 그들의 해임을 유감스럽게 생각했다. 그들은 동독 출신으로서 이전에 여러 권의 책도 출간했다. 문서관리청에는 그런 역사학자가 없었다. 그러나 나는 달리 처신할 수 없었고 달리 처신하고 싶지도 않았다. 몇 년이 지난 후 나와 역사학자들은 다시 서로 가까워졌다. 나는 해임했던 역사학자 볼레를 다시 문서관리청에 데려오려 했다.

우리는 한편으로는 ─ 아직 제한적이지만 ─ 법적 현실에 따르려 했고 다른 한편으로는 새롭고 폭넓은 법적 기초를 만들려 했다. 통일 협정에서 만들어진 과도기적 규정은 독일 연방의회의 법으로 대치되었다. 이에 대해서도 반대가 거셌다. 반대하는 논거는 인민의회의 논거와 유사했다. 즉, 잘못되면 가해자와 피해자 사이에 살인도 일어날 수 있다는 것이었다. 또는 인격권이 침해당할 것이라고도 했다. 무엇보다 국가안전부의 직원이 공무원까지 되는 것이 타당한지가 논쟁거리였다.

공무원들은 국가안전부에 근무했다는 이유로 친척에게 부담이 되어왔으나 통일조약의 규정에 따라 자신과 친척을 분리시킬 수 있게 되었다. 물론 해고 또는 근무 지속 조건에 대한 명확한 규정은 없었다. 당시 국가안전부에 근무한다는 이유로 법적 판단 없이도 해고될 수 있는지를 두고 논란이 뜨거웠다. 여기서는 죄책감이 문제가 아니라 법적 합의가 문제였다. 즉, 비밀경찰에게 비공식적으로 협력한 것을 공공기관의 직원이나 관료로서의 결격사유로 볼 것인지가 문제였다. 교통부 장관 만프레트 스톨페와의 갈등에서 이 논쟁은 다시 한 번 불붙었다.

우리는 당시 이론적 무장을 갖추었으나 연방의회에서는 매우 분명하게 패배하고 말았다. 기민당, 기사당, 사회민주당, 자유당 등 다수의 정당이 그 법률을 지지했다. 내가 속한 동맹90의 좌파적 대안 정치가들과 내가 이 직무를 넘겨받고 나서 탈퇴한 녹색당은 대안을 제시했음에도 불구하고 소수파로 남았다. 동독에서 벌어진 정보활동에 반대한 이들은 지지를 얻지 못했다.

1991년 12월에 통과된 국가안전부 문서에 관한 법률은 오늘날까지도 핵심 내용에서는 여전히 유효한데, 우리는 사실상 이 법을 통해 여러 사안을 폭넓게 다루고 있다. 그 법의 전문에 따르면, 문서관리청의 임무는 희생자에게 자신의 문서를 검열할 수 있게 하고, 불법적으로 박해받은 사람의 재활을 지원하고, 공적 직무나 사적 영역의 해명을 가능케 하고, 국가안전부의 구조와 활동 방식에 대해 공중에게 알리는 것, 즉 정치적·법적·역사적 청산을 수행하는 것이다.

이는 구체적인 역사적 상황에서 만들어진 특별법이다. 그 법은 법치국가적 규율이 대체로 무시되던 때에 만들어진 자료에 접근할 수 있도록 보장했다. 나아가 정보보호에 속하는 개인정보도 열람할 수 있게 보장했다. 만일 우리가 현존하는 법의 형식을 그대로 넘겨받았다면 개인과 관련된 정보는 30년 동안 계속되어온 연방정부의 아카이브 법에 따라 차단되어야 했다. 새로운 법에 규정된 내용은 심지어 인민의회의 법보다 더 관용적이었다. 따라서 익명으로 문서를 읽을 수 있었을 뿐만 아니라 비공식적 요원의 실명도 알 수 있었다.

비공식 협력자가 국가안전부에 제출한 보고서가 제3자의 권리를 침해할 경우 해당 부분을 검은색으로 지우고 연구자나 언론에 제공된 반면, 희생자의 문서는 공개되지 않았다. 이런 방식으로 희생자는 보호되었다. 희생자가 당한 박해에 관심을 가진 연구자나 언론인에게는 당사자의 허락하에서만 문서열람이 허용되었다.

문서관리청의 중요한 정치적 과제는 국가안전부가 수집한 문서로 인해 희생자의 운명이 어떤 영향을 받았는지를 밝히는 것이다.

문서관리청의 모든 직원은 문서를 처음 열람하던 날을 잊지 못한다. 성탄절 휴가기간 동안 우리는 문서열람신청서 용지를 2만 장 인쇄했다. 1992년 1월 2일 화요일 업무를 시작할 무렵 문서관리청 앞에는 가능한 한 빨리 자신에 관한 문서를 열람하려는 수백 명의 사람들이 기다리고 있었다. 이는 상상도 하지 못했던 장면이었다. 우리 직원들은 그들의 성급한 행동을 그동안 배운 방법과 친절함으로 막아냈다. 신청 용지는 아무데서나 기록하게 했는데 밤이 되자 신청서가 동났다. 우리는 더 이상 신청서를 접수할 수 없었다. 그 후에는 일간지에 신청서 양식을 실은 뒤 사람들에게 그것을 복사해서 이용하게 했다. 처음 100일 동안 약 42만 명이 문서열람을 신청했으며, 동시에 개인에 대한 심사가 필요한 13만 건의 신청서는 공공기관으로 넘겨졌다. 다른 동유럽 나라와 달리 우리는 이러한 오염된 문서에 접근하는 데 법적 절차를 거쳤다. 우리 직원들은 사람들이 얼마나 간절하게 그 문서를 필요로 하며 자신들의 일이 얼마나 중요한가를 깨달았다. 시간이 지나면 사람들이 더 이상 늘어나지는 않았지만 알고자 하는 사람들의 욕구를 만족시킬 수 있다는 데 대해 우리는 기뻐했고 자부심을 느꼈다.

1992년 1월 2일 국가안전부 희생자 약 50명이 자신들의 문서를 열람하겠다고 요청하자 민권운동가들은 마침내 그날이 왔다고 생각했다! 그들은 왜 우리가 거의 1년이 지나서야 국가안전부 직원들에 관한 소식들을 제공했는지를 이해하지 못했다. 그들은 법의 지배를 생각지 못했다. 위르겐 푹스는 자신의 글 「게라의 길들Geraer Wege」에서 전술적 사건에서 관찰대상자로 걸려든 사람들은 검토의 우선대상이라고 선언했다. 우리는 문서 작업을 분류하는 과정에서 희생자들에게 사실상 커다란 비중을 두었다. 그러나 법이 제정되어 법적 기초가 만들어진 다음에는 푹스의 말처럼 했다. 독일 연방의회가 개인과 관련된 문서의 검색을 허락하지 않는 한 우리는 손이 묶여 있었다. 그것은 견디기 어려운 일이었다. 베르벨 볼리의 주변 사람들은 국가안전부를 점령하고 나서 이렇게 외쳤다. "모두 자기 문서를 들고 집으로 가라!" 전환기적 상황에서는 과거의 희생자들이 정보에 관한 법을 어기면서 아무 잘못 없는 제3자에 대한 정보를 소유할 수 있었다는 사실을 진지하게 생각하지 못했다.

그렇지만 1월 2일 드디어 문서에 접근할 수 있게 되었다. 모든 민권운동가는 이 날을 국가안전부에 대한 승리의 날로 기억했다. 볼프강 비어만은 산책할 때 들고 다니는 바구니와 보온병을 들고 나타났고 다른 이들은 아침식사 가방을 들고 왔다. 사람들 앞에는 국가안전부의 낡은 알루미늄 상자 12개에 담긴 문서가 산더미처럼 쌓여 있었다. 우리는 선의를 보여주기 위해 제3자의 권리 보호 자원에서 해당 부분을 지우기 전에 문서를 읽을 수 있도록 진열해놓았다. 민권운동가들은 메모할 수는 있었으나 복사하지는 못했다. 우리는 낯선 문서를 열람하는 것도 관대하게 허락했다. 오늘날에는 남편이나 아내조차도 상대에 대한 신상을 열람하기 위해서는 문서상 허가를 받아야 한다. 변호사인 가이거 박사는 배우자가 문서로 숨겨놓은 비밀을 알아도 좋은지는 각자 결정할 수 있어야 한다고 말했다.

1992년 1월 민권운동가들은 이 탁자에서 저 탁자로 옮겨 다니면서 자신들 모두가 잘 아는 인물들의 문서를 살폈다. 현장은 흥분의 도가니였다. 사람들은 도대체 그 문서들이 어떻게 만들어졌는지, 국가안전부 요원들이 자신에 대해 무엇을 알고 있는지, 친구, 친척, 친지로 하여금 자신에 관해 보고하게 한 사람은 누구인지를 알고 싶어 했다. 나중에 게오르그 기시는 베르벨 볼리와 로베르트 하버만에 대한 정보가 어떻게 국가안전부에 전달되었는지를 찾아내기 위한 법률자문으로 선택되었다.

다수의 기자는 베르벨 볼리, 라이너 에펠만, 포페 부부, 루츠 라테노브, 울프 비어만 등과 같은 저명한 인사들을 얕보는 듯한 자세로 그들 곁에 앉아 있었던 반면, 나는 불의한 감금과 옥살이에 대해 말하고자 증인대에 오른 노인 곁에 있었다. 그는 사건을 설명하기 전에 눈물부터 흘렸다.

그 노인은 본래의 아픈 기억을 잊기 위해 문서에 무슨 내용이 들어 있는가를 알고자 했다. 그러나 그는 문서를 보면서 옥살이를 하는 동안 떠나버린 아내에 대한 기억을 떠올렸다. 우리는 짧게 대화를 나누었으나 저명한 인사들의 의견 진술과 이러한 문서를 읽은 그들의 눈길이나 몸짓을 통해 많은 것을 깨닫게 되었다. 자신을 다시 한 번 과거 앞에 세우는 자, 선택적 기억의 보호에 의존하는 자에게는 용기가 필요했다. 그들은 과거의 단계를 다시 되살렸고 때로는 격한 감정에 사로잡혔다. 그럴 때면 그들은 다시 한번 왜소해지고 오용당하고 수치를 당하고 배제되고 감금당했으며, 극도의 고통을 겪었다. 기억은 과거의 일을 다시 떠올리는 것일 뿐만 아니라 억압당했던 일을 새롭게 느끼는 것이기도 하기 때문이다.

민권운동가 베라 렝스펠트는 자신이 의심했던 바를 눈으로 확인했지만 도무지 믿기지 않았다고 했다. 그녀의 남편은 1972년 이래 도날드라는 이름으로 국가안전부의 비공식 협력자로 일했으며 결혼 직후 그녀에 대해 스파이 노릇을 시작했다. 사랑스러운 아이의 아빠인 그가 어떻게 자기 아내에 대한 보고서를 국가안전부에 쓸 수 있었을까? 그녀의 쓰라린 아픔은 분노와 공격으로 바뀌었다. 그녀는 이혼한 후 자신의 모든 것을 정치적 장에 투신하며 투쟁했던 바를 육필로 기록했다.

렝스펠트에게서 조금 떨어진 곳에서는 작가이자 시인인 울리히 샤흐트가 자신에 관한 문서를 읽고 있었다. 그는 1951년 어머니가 수감되어 있던 작센의 여죄수 감방 호헤네크에서 태어났는데, 1976년 서독으로 넘겨지기 전 그 시에서 반국가 선동을 한 죄목으로 몇 년 동안 수감되었다. 그는 그후 서독 함부르크에서 언론인으로 활동했으며 지금은 스웨덴에 살고 있다. 샤흐트의 얼굴은 굳어 있지는 않았으나 렝스펠트처럼 괴로운 흔적이 묻어나 있었다. 그도 문서에서 밀고자와 배반자를 발견했다. 하지만 위안도 얻었다. 그는 이렇게 말했다. "내 친구들 중에는 아무도 나를 배반하지 않았다. 나는 그들 모두에게 감사의 편지를 쓸 것이다!" 그는 밝은 얼굴로 문서관리청을 떠났다.

후련함, 각성, 좌절, 절망, 분노, 웃음, 놀라움 등이 뒤섞인 사람들의 표정을 나는 한순간도 잊을 수 없다. 과거의 독재는 단지 외적으로만 영향을 미친 것이 아니라 인간의 영혼 속에 강하게 살아 움직이고 있었던 것이다. 그들이 자신을 사로잡고 있는 억압된 감정에서 벗어나기까지는 매우 오랜 시간이 걸릴 것이라는 예감이 들었다. 내 안에 자리 잡고 있던 이러한 예감은 분명하게 맞아떨어졌다.

최초의 문서 검열에서 느낀 흥분은 하나의 물방울로 흐려졌다. 어느 날 저녁 강당에서 녹음테이프가 사라졌던 것이다. 가장 널리 알려진 민권운동가 가운데 한 명은 다음과 같이 말했다. "나에 관한 문서는 내 것이다." 그리고 그는 이를 실천에 옮겨 그 문서들을 집으로 가져갔다. 우리는 그래서는 안 된다는 것을 분명하게 말했다. 다음 날 밤 아카이브를 세어보니 하나가 더 많았다. 우리가 알지 못한 사이에 강당에서 사라졌던 문서가 되돌아왔던 것이다. 민권운동가들과 자유와 민주주의를 위한 투사들에게 존경심을 표하기 위해 우리는 강당 출입구에서 어떤 통제도 하지 않았다.

12

소란스러운 날들
진실과 화해위원회의
동독 역사 청산 작업

최초의 저항의 표식은 눈사태처럼 커져 민중운동을 불러일으켰고 1989년 여름의 요구가 그 해 말에는 하나의 혁명이 되었다. 1960년대 이래 폴란드나 체코슬로바키아에서는 폭력적인 공격을 당하지 않고도 반체제 활동의 행동반경이 확대될 수 있었으나, 이와 달리 동독에서는 반체제 운동을 벌이면서 서독의 정치적 노선에 영향력을 행사하는 데 대해서는 말할 것도 없고 동독의 정치적 삶에 조직화되고 제도화된 영향력을 행사하는 데 대해서도 아무런 논의가 없었다. 우리는 오히려 서독인들의 요구를 성숙한 주권자의 요구로 받아들였다.

우리 변화의 혁명적 성격은 동독 정권의 특성 가운데 하나인 국가안보기구의 불법 행위에 대한 반대에서 가장 분명하게 드러났다. 우리는 공산주의가 무력으로 통치하는 상황하에서는 인민군대나 경찰이 "공산당의 칼과 방패"(당시만 해도 나는 이러한 표현을 알지 못했다)인 국가안전부처럼 행동하지 않을 것이라고 여겼다. 동독공산당 지배의 핵심 조직이자 가장 확고하고 충성스럽고 질서정연한 조직이던 국가안전부는 소련의 후기 스탈린주의적 구조를 가장 철저하게 재현했다. 우리는 국가안전부가 권력을 상실하는 것은 동독공산당의 강경 노선을 걷던 자들의 기반이 박탈당하는 것이며, 군대와 경찰에 대한 영향력을 행하지 못하면 그들은 생존할 수가 없을 것이라고 생각했다. 그런데 그러한 일이 실제로 발생했다.

권력구조가 동요하게 된 결정적 계기는 12월 4~5일 동독 여러 도시에서 국가안전부 건물이 점거되기 시작해 1월 15일 베를린 리히텐베르크가에 있는 국가안전부 본부를 끝으로 모든 국가안전부가 접수된 것이었다. 흔히 말하듯 1989년 11월 9일 베를린장벽의 붕괴와 더불어 혁명이 끝난 것은 아니다.

처음에 나는 독재정권의 어떤 면이 민주화운동 세력에 부담이 될 것인지에 대해 별로 생각하지 못했다. 이러한 나쁜 유산의 규모나 정치적 의미를 제대로 파악하지 못했던 것이다. 그러나 사태를 파악하고 나서 우리는 질겁했다. 연방정부의 아카이브에 근무하던 사람의 계산에 따르면 국가안전부의 비밀문서는 약 204킬로미터에 달하는데 그중 약 절반은 베를린 노르만넨가의 중앙 아카이브에 보관되어 있었다. 그중 A4용지 1만 장에 해당하는 1미터짜리 문서들은 약 70개의 사건을 다룬 것으로, 무게는 약 30킬로그램이었다. 1984년에 만들어진 총 8층 규모의 중앙 아카이브는 베를린 리히텐베르크에서 가장 육중한 건물이었다. 왜냐하면 그 건물의 벽과 바닥은 매우 두꺼운 시멘트였기 때문이다. 중앙 아카이브는 12층의 일반 사무실 건물 뒤에 있어 대중의 눈에 잘 띄지 않았다. 그곳에는 약 600만 명분의 식료품 깡통이 보관되어 있었는데, 그중 400만 개는 동독 시민을, 200만 개는 서독 시민을 위한 것이었다. 나아가 선동 선전·파괴 활동·출동 조치를 위한 작전계획, 책임자 위치에 있는 국가안전부 직원들에 대한 평가서, 사진, 필름, 녹음테이프 등이 보관되어 있었고, 악취 시험을 위한 노란 수건 (그 수건으로 사람 생식기에서 냄새를 채취했다)은 유리병에 저장되어 있었다. 시민위원회가 그 병을 넘겨받았을 때는 일부만 비어 있고 대부분은 가득 차 있었다.

내가 책임자로 일했던 '동독 국가안전부의 문서 처리를 위한 독일연방 정부의 특임기관'은 연방정부의 고위 관공서 가운데 하나였지만 다른 관공서와는 좀 달랐다. 우리는 스스로를 어둠을 밝히는 등대의 불빛으로 이해했다.

우리 직원들은 대개 자신의 분야에서 많은 것을 경험했다. '국가안전부 꿰뚫어보기'라는 모토하에 문서관리청이 베를린에서 처음 문을 연 날, 수천 명의 인파가 몰려들어 우리 기관에 큰 관심을 보여주었다. 그러나 동독에 우호적인 사람 아니면 적대적인 사람으로 분위기가 양분되었으므로 우리 직원들은 이 일을 하는 데 대한 중압감에 시달리기도 했다. 두려워하는 직원도 많았으며 한 여직원의 주택에는 판자조각이 날아들기도 했다. 몇몇 여성은 자신이 하는 일을 부끄러워하기도 했다. 결국 우리는 한때 동독 체제와 가까이 했던 사람들을 적잖게 채용해야 했다.

나는 프리드리히궁전에서 가진 직원 모임에서 이렇게 말했다. "문서관리청의 직원이라는 데 대해 두려움을 느끼는 사람은 동독의 과거를 청산하는 작업이 무엇인지 이해하지 못하고 있는 것입니다. 문서관리청에서 일하는 것을 당당하게 내세우지 못하는 사람들은 여기를 떠나십시오." 그러자 직원들 가운데서 박수가 터져 나왔다.

문서관리청의 직원 중 96%는 아홉 개의 지방 출신이었는데 그들 대다수는 강한 동기를 부여받고 있었다. 우리가 나이 든 여성을 우선적으로 채용한 이유는 그들이 노동시장에서 더 큰 어려움을 겪고 있을 뿐만 아니라 동독 출신 여성은 자의식이 강하고 영리하며 문서에 드러난 동독인의 삶을 남자보다 더 잘 이해할 수 있기 때문이었다. 그들은 모두 심리적으로 큰 부담을 가졌으며 지금도 그런 부담감을 가지고 있다. 나는 매일매일 문서를 통해 국가기관의 비열한 행위를 접했는데 그럴 때마다 어떻게 감당해야 할지 알 수 없었다.

문서를 열람하기 위한 피해자의 신청서가 홍수같이 밀려들었다. 2006년 초까지 전체적으로 600만 건 이상의 신청서가 접수되었는데, 그중 거의 260만 건이 개인에 대한 열람 신청이었다. 우리는 매일 200쪽 분량의 정보를 담은 통지서를 3500여 통이나 발송했다. 문서관리청의 본부와 아홉 개의 지방 출장소가 잘 협력했기 때문에 그렇게 엄청난 수를 처리할 수 있었다. 우리는 점차 표준화된 처리 방안을 개발했는데, 이 매뉴얼은 비공식 협력자의 이름에 협력 기간, 협력의 종류, 의무 부여 여부, 금전 수수 여부, 훈장 수령 여부, 협력 여부 등 6개 항목으로 되어 있었다. 문서가 개방된 지 16년째 되는 해인 2007년에도 10만 건의 개인 문서열람 신청이 접수되었고 2009년에도 8만 7000여 명이 신청했다. 지금까지도 문서열람 신청이 줄어들지 않는 이유는 이러한 주제에 접근하기까지 적잖은 시간이 필요한 사람이 많았기 때문이다.

국가안전부는 동독의 모든 시민을 마음대로 감시했으며, 희생자에게서 용기를 빼앗고 그들을 파멸시키기 위해 어떤 조치도 취할 수 있는 무기를 갖고 있었다. 그들은 공적으로 잘 알려진 사람의 은밀한 사랑을 날조했으며, 나체족의 해변에서 찍은 반체제 목사의 사진을 그의 동네 식료품점에 내걸기도 했다. 국가안전부는 비공식 협력자를 동원해서 누군가를 비난함으로써 직장에서의 승진을 가로막기도 했다. 이러한 비열한 행동은 얼핏 보기엔 전혀 비정치적이었고 당사자는 동료가 단순히 질투심에서 그런 행동을 한다고 여겼기 때문에 '국가'가 배후에 있다고는 의심하지 못했다. 또한 국가안전부는 순응하지 않는 사람을 국가안전부의 첩자로 몰아세움으로써 재야 평화단체나 환경단체 사람들의 명예를 실추시키기도 했다.

저항적 인사나 반정부 집단에 대한 그 같은 '파괴 공작'은 국가안전부의 주요 목표 가운데 하나였다. 당사자들은 자의식이 흔들렸고 갈등에 휘말렸다. 그들은 사회적·인격적·직업적 영역에서 생기는 갈등이나 건강상의 문제를 해결하려면 많은 시간과 노력이 필요했으므로 활동하는 데 매우 큰 제약을 받았다.

1992년 이래 문서열람을 위해 만든 문서관리청의 열람실은 사람들이 기대보다 적은 문서를 찾아내거나 찾아낸 문서가 평범하고 부정확하더라도 희로애락을 느끼는 장이 되었다. 한편 친구, 친척, 또는 지인이 동독 체제의 앞잡이였다는 사실이나 자신의 삶의 일부가 천하에 드러날 때면 사람들은 끝없는 충격과 무거운 중압감에 시달렸다.

예를 들어 젊은 신학생 마티아스 슈토르크는 1979년 10월 그라이프스발트의 거리에서 체포되었고 1980년 7월 약혼녀와 함께 '국가 전복 활동'과 '탈주 시도'라는 죄명으로 2년 8개월의 징역형을 선고받았다. 그들은 왜 그런 사태가 발생했는지 전혀 알지 못했다. 1980년 12월까지 남자는 콧부스의 교도소에서, 여자는 호에네크의 여자교도소에서 옥살이를 했고, 그 후에 서독정부가 돈을 내고 사갔다.

그런데 1989년 이후 문서열람을 통해 슈토르크는 가장 친한 친구였고 당시 베를린에서 멀리 떨어진 헤르츠펠데에서 목사로 일했던 프랑크 루돌프에게 배신당했다는 사실을 알아냈다. 루돌프는 비공식 협력자로 클라우스라는 이름을 사용했다. 친구인 루돌프는 젊은 신학자 슈토르크에게 폴란드를 통해 동독을 탈주하라고 제안했으나 슈토르크는 목사가 되면 동독에서 일하기를 원했기 때문에 그 제안을 거절했다. 그러자 루돌프는 슈토르크에게 탈주 시도라는 누명을 씌웠다. 슈토르크는 음흉한 덫에 걸려들었던 것이다. 반면 루돌프의 다른 친구들과 친지들은 그의 제안을 받아들였고, 그들은 모두 폴란드 단치히항구에서 체포되었다.

서독에서 신학 공부를 마친 슈토르크는 오늘날 헤르포르트에서 목사로 일하고 있는데, 그는 문서열람을 통해 친구인 루돌프 역시 1985년 서독으로 넘어왔고 프랑크푸르트에 있는 개신교 통신사에서 일하면서도 여전히 국가안전부의 첩자 노릇을 했다는 사실에 더더욱 놀랐다. 루돌프는 1990년 간첩 활동 혐의로 집행유예와 1만 마르크 벌금형에 처해졌으나, 그렇다고 해서 배반당한 데 대한 슈토르크 부부의 실망이 없어지지는 않았다.

내가 가장 놀랐던 일 가운데 하나는 국가안전부의 주요 직원이던 범죄자들이 문서 공개 이후 어떻게 그렇게 빨리 대중의 시야로부터 도망쳤는가 하는 것이다. 과도기인 모드로 총리 시절에 그들의 사건은 이미 '합법적'으로 처리되었다. 그들은 세관이나 경찰로 취직했으며, 민간 부문에서도 다시 일자리를 얻었다. 몇 명은 로스토크에서 심지어 교사로 채용되기도 했다. 그러나 시민저항운동 당시 우리의 슬로건은 "국가안전부를 밝은 빛 아래로"가 아니라 "국가안전부를 생산기지로!" 또는 작센에서처럼 "국가안전부를 노천 채굴장으로!"였다. 그들은 사회적으로 통합되어 정상적인 직업 생활로 '재사회화되어야' 했기 때문이다.

다수의 국가안전부 직원은 개인사업에 종사하고 있다. 그들은 — 아마 국가안전부나 동독공산당 금고의 검은 돈으로, 또는 은행이나 저축은행에서 빌린 돈으로 — 생산업체를 만들거나 여행업이나 보험대리점의 대표가 되었다. 그들은 경비 사업, 부동산 사업, 장례식 사업 등을 벌였으며 일련의 서비스 산업도 인수했다. 그들은 돈을 잘 벌었다. 문서관리청 인사위원회의 여성

책임자는 적어도 3000명 이상의 직원을 둔 기업을 운영하는데, 한 번은 자기 기업과 손잡으러 온 국가안전부 간부를 만났다. 그 간부는 잘 차려 입고 여유 있는 웃음을 지으면서 나타났다. 그녀는 10년이나 된 낡은 오펠 자동차로 만족하고 있었지만 그 간부는 벤츠를 몰고 왔다. 그녀는 자신의 업무에 충실하게 임하고 있었는데, 부동산 업자였던 그 전직 간부는 그녀에게 자기 일을 같이 하자고 했다. 그녀가 그와 함께 일을 시작했더라면 그녀는 더 빠른 지름길을 걷고 있지 않았을까?

동독정부에 반대했다는 이유로 감시와 박해를 당했던 사람들에게는 동독을 지배하던 엘리트들이 새로운 사회에서 이렇게 연착륙하는 것이 가슴 아픈 일이었다. 1990년대 초 함부르크의 한 심리연구소의 설문조사에 따르면 희생자들은 자신에게 가해졌던 불의와 불법에 대한 책임을 국가안전부의 엘리트 지배층보다 그들의 앞잡이에게, 즉 비공식 협력자에게 더 돌리고 있었다. 1992년부터 1995년까지 경험했듯이 사람들의 관심이 그와 같이 비공식 협력자에게 집중되리라고는 예상하지 못했으며 토론에서 그 같은 정서를 감지하지도 못했다.

실제로 첩자로 활동한 사람들이 많았을 것으로 추론된다. 동독이 몰락하기까지 국가안전부는 대략 9만 명의 정규 직원 외에 17만 4000여 명의 비공식 협력자를 운영했을 것으로 추측된다. 만일 그렇다면 이는 동독 인구 1600만 명 중 서독 노르트라인베스트팔렌주 주민들의 수에 해당되는 사람이 국가안전부의 앞잡이로 활동한 것이었다. 나치의 비밀경찰 게슈타포는 전쟁 말기에 이보다 훨씬 적은 3만 1000여 명을 운영했다. 인구가 8000만 명이던 거대 독일제국에서뿐만 아니라 제국 밖에서도 그 정도 인원이면 족했을 것이다.

물론 나치의 비밀경찰은 정치적 적대자에 대해 국가안전부와 비교할 수 없을 정도로 무자비했고 많은 경우 사람들을 신체적으로 파멸시켰다. 그렇지만 동독의 국가안전부도 정권의 안보는 지속적 감시와 협박의 강화를 통해 달성될 수 있다는 정신병적 사고에 지배당했다. 그들은 물론 '전 지역을 아우르는 감시'를 우선시했다. 그들은 이러한 장치를 강화하고 비공식 협력자의 수를 늘릴 이유를 찾아냈다. 1961년 베를린장벽이 건설된 이후 동독에서는 시민들의 탈출이 좌절되었으며, 1972년 독일협정이 체결된 이후에는 이념적 영향을 받지 못하도록 서독에서 온 '불순한' 방문자들과의 접촉을 차단했다. 1975년에는 비공식 협력자의 수가 18만 명으로 최고 수준에 달했다. 동독 시절 동안 약 60만 명이 국가안전부의 앞잡이였다는 사실이 확인되었다.

어느 시대나 지나친 확신을 갖거나 꼬임에 빠지거나 돈에 매수되거나 압박 또는 강요를 당하는 사람이 존재했다. 사람들을 끌어들이는 방법도 다양했다. 동독 시민 가운데 1/3은 국가안전부의 이러한 협력 요구를 거부했고 마지막 단계에서는 네 명 중 세 명이 협력을 거부했다. 예를 들어 내 남동생 에카르트와 여동생 마리안네, 그리고 우리 교회의 젊은이 가운데 네 명 중 세 명은 협력을 거부했다.

한 예로 브란덴부르크주에서 종교교사로 일하고 있는 울리케는 학생 때까지만 해도 무신론자였으며 미모가 뛰어나지만 많은 문제를 안고 있는 아가씨였다. 그런데 친절한 주일학교 교사와 만남으로써 조금씩 변하기 시작했다. 교회는 그녀에게 일종의 고향이었다. 부모의 바람에 따라 울리케는 다른 사람처럼 처음에는 개척단 단원이, 후에는 자유 독일청년단 단원이 되었다. 그녀는 처음에는 학교에 잘 적응했으나 남의 눈에 띄지 않으려 했고 매우 불안해했다. 그녀는 9학년에 올라가서야 자기 생각을 똑바로 말했으며 학교에서도 십자가 목걸이를 차기 시작했다.

학생 시절 울리케는 특히 학교 교감으로부터 압력을 받았다. 교감은 그녀를 학생들 앞에 일으켜 세운 뒤 만일 십자가 목걸이를 계속 달고 다니면 학교 성적을 걱정해야 할 것이라고 위협했다. 그래서 그녀는 '교회'를 방패로 내세웠다. 그녀는 공책 뒷면에다 공격을 당하거나 불안할 때 읽을 기도문을 적어놓았다. 그리고 책상 앞에는 마르틴 루터 킹 목사가 흑인 어린이에게 이야기해주었던 다음과 같은 메시지를 기억하자는 의미로 칫솔을 올려놓았다. "너희들이 감옥에 가게 되거든 칫솔을 뺀 주머니 속 물건을 모두 빼앗길 것이다. 그렇기 때문에 너희들은 언제나 감옥에 갈 각오가 되어 있다는 상징으로 칫솔을 지니고 있어라." 교회의 작곡가는 공산당이 주교의 저항을 촉발할 것에 대비해 다음과 같은 노래를 만들었는데, 우리들은 자주 이 노래를 불렀다.

> 당신들이 칫솔을 가지고 있으면
> 당신들은 그 칫솔을 사용하게 될 거예요
> 그들은 불법에 반대하는 많은 사람을
> 오늘도 감옥에 가두어요

학생들은 울리케를 정신이 좀 이상하거나 적어도 독특한 존재로 생각했지만 그녀는 나름대로 의미 있게 행동했다. 그녀는 자신의 능력을 충분히 신뢰하지 못했기 때문에 심리교육에서 외부에서 용기를 주는 힘으로 인식되는 칫솔을 과도기적 대상*으로 지니고 다녔다. 어느 날 그녀는 여교장에

---

* 영국의 심리학자 도널드 위니콧의 심리분석적 대상관계 이론에 따르면, 과도기적 대상은 자신이 젖먹이였을 때 선택한 곰 인형이나 부드러운 이불 같은 물건으로, 자신과 어머니 사이의 매개 공간을 대신해준다. _옮긴이

게 불려갔으나 잘 견뎌냈다. 두 명의 남자가 옆방에서 그녀를 기다리고 있었는데 그녀가 처음 보는 이 낯선 남자들은 놀랍게도 그녀의 사정을 잘 알고 있었다. 그들은 가우크 목사가 그녀에게 아버지와도 같은 사람이라는 것을 알고 있다고 말했다. "그러나 우리는 가우크 목사를 크게 걱정하고 있단다. 그가 하는 일로 인해 그와 가족이 해를 입고 있어."

울리케는 정신적으로 '불안정'했기 때문에 협력을 얻기 위한 그들의 시도는 성공했다(훗날 국가안전부 문서에서는 그녀가 용기를 잃고 회의에 빠져 부모와의 불편한 관계와 자신의 우울증에 대해 말하는 내용을 녹음한 전화 감청이 발견되었다). 울리케는 신앙과 교회를 통해 발견했던 힘을 상실한 채 그럴듯한 이 제안에 어떻게 반응했을까? 그 후 그녀는 나를 찾아왔고 우리는 전술을 짰다. 그녀는 다시 국가안전부 사람들과 만났고, 나와 약속한 대로 그들에게 "아버지 같은 가우크 목사에게 국가안전부가 그를 걱정하고 있다는 말을 전했다"라고 이야기했다. 그런 대화를 나눈 후 그 남자들은 울리케와 거리를 두었고, 나는 시의회의 교회문제 담당자와 만나 강력하게 항의했다. "이제는 어린이와 미성년자에게 스파이 짓을 시키시오?"

국가안전부는 돌봄을 받고자 하는 청소년들의 욕구를 이용하는 일이 많았다. 파탄 난 가정 출신으로 홀로 외로움을 느끼며 부모의 애정을 갈망하는 아이들은 쉽게 유혹에 빠졌다. 경우에 따라 이런 처지의 청소년들은 결여된 보호나 안정을 국가안전부 사람들에게 바라기 때문에 그들에게 협조했다. 국가안전부는 그들에게 대리부모의 역할을 담당하면서 학교교육과 직업교육에서 도움을 주고 경력을 쌓게 해주었다. 또한 청소년들이 자신의 문제를 상의할 사람을 찾을 때 그 대상이 되어주었다.

울리케는 국가안전부와 공모하지 않고 거기서 떨어져 나왔다. 그럴 경우 일반적으로 믿을 수 없는 사람으로 간주되기 때문에 그들은 그냥 내버려두었다. 다른 사람들은 국가안전부로부터 돈을 받거나 협박을 당했기 때문에 국가안전부를 떠나지 못했으며 감히 그들이 요구하는 협력을 거부하지 못했다. 젊은이들은 비공식 협력자로 활동하다가 뺑소니 운전자, 매춘 행위, 미성년자 오용 등의 혐의로 법적 처벌을 받기도 했다. 그런데 울리케는 잠시 국가안전부의 비공식 협력자로 활동한 대가로 바라던 공부를 하고 직업교육도 받았다. 또한 서독으로 여행도 갔으며 서독에서 온 손님을 맞기도 했고 싼 값에 토지를 사기도 했다.

한편 나는 국가안전부 문서에서 동성애가 매우 퇴폐적인 행위로 멸시받던 시절 한 목회자가 연루된 경우를 발견했다. 이 목사가 동성애자라는 사실을 그의 아내나 교회는 알지 못했다. 국가안전부가 그의 동성애 관계를 알아내자 그는 어찌 할 줄 몰랐고 국가안전부는 그를 완전히 손아귀에 쥐고 서명을 요구했다. 그는 반공주의적이고 체제의 적대자였지만 그들의 그물에 걸려들었고 벗어날 수 없었다. 그에 관한 문서를 읽는 동안 나는 협박 당했던 사람에 대한 동정심이 생겼다. 그러나 무엇보다 인간을 멸시하는 '회사'(국가안전부를 말한다)에 대해 구토와 분노를 느꼈다. 동독공산당은 직무를 부여하면서 사회주의적 체제의 고귀한 인간성을 언제나 찬양했다. 하지만 실제로는 권력자의 교만이 도를 넘어 인권은 무시당했고, 목표를 위해서라면 그들은 언제든 협박을 서슴지 않았다.

이처럼 피치 못할 처지였던 사람도 많으므로 국가안전부의 비공식 협력자를 모두 범죄자로 보기는 힘들다. 국가안전부는 사람들에 대한 정보를 쥐고 이들에게 직장에서의 퇴출, 창피 주기, 옥살이의 위협 등을 가했다. 그중에는 다른 사람을 고발함으로써 처벌을 면한 사람도 있지만 그런 사람 역시 범죄자에 해당했다.

평화운동 단체나 환경단체 또는 지성인 단체에서 활동했던 비공식 협력자들은 대부분 정신분열적 삶을 살았다. 그들 중 몇몇은 국가안전부가 암시해주는 일종의 '환상'을 믿었다. 자신들이 쓴 보고서를 통해 정치적 지도층이 집단의 생각을 알게 되면 이를 국가 정책에 반영할 것이라는 식의 '환상' 말이다. 국가안전부에서 인정을 받던 사샤 안더슨처럼 많은 사람은 위대한 상상 속에서 이중적 삶을 살기도 했다. 그는 동료 작가 엘케 에르브, 볼프강 힐비히, 우베 콜베, 루츠 라테노 등을 배신했다. 또한 그는 정치적 책략이나 조직적 능력이 뛰어나 반정부적 집단에서도 높은 평가를 받았기 때문에 수많은 지하출판물을 발간했으며 동시에 그가 정부 측으로부터 알아낸 내용을 출판하기도 했다.

이와 유사하게 이브라힘 뵈메는 반정부 편에 선 자신의 친구를 사회민주당 당수로까지 올려놓은 국가안전부의 충성스러운 비공식 협력자였는데, 그의 인격도 분열되었다. '이중생활' 또는 이중간첩이라는 개념을 외적형식으로만 이해하면 이런 사람들을 파괴적이고 비열하다고 여길 수도 있으나 꼭 그런 것만은 아니다.

내적 분열 없이 국가안전부의 협력자로 산 사람은 아마도 신념에 찬 공산주의자, 말하자면 동독공산당원일 것이다. 그들은 국가 정책을 어떤 방식으로든지 지원하는 것이 당연하다고 생각했다. 그들은 비공식 협력자를 만드는 일을 특히 높이 평가했고, 그 일에 선발되는 것을 국가에 의미 있는 봉사라고 믿었다.

이넥스 플렉슈타인의 경우 모험심이 일정한 역할을 한 게 분명하다. 충실한 공산주의자 가정에서 태어난 그녀는 19세에 특수교육을 받기 위해 로스토크로 이주했다. 그녀는 1982년에 포섭되었는데 개신교 대학교회에 침투하는 것이 목표였다. 그녀는 대학교회의 평화클럽과 학생 목사인 크리스토프 클레만에 관해 국가안전부에 보고했다.

국가안전부의 비공식 협력자 기셀라는 대학교회의 지도부에 소속되었다. 두 학기 만에 그녀는 믿을 만한 학생으로 인정받았고 여러 다른 활동단체에도 등장했다. 그녀의 열정을 보고 국가안전부는 그녀를 교회 안에서 영향력을 행사하는 사람으로 만들기로 결심했다. 이로 인해 그녀의 삶은 완전히 달라지기 시작했다. 그녀는 공산당에서 탈퇴했고 동지는 물론 확고한 공산주의자인 어머니에게도 자신의 행동에 대한 진짜 이유를 설명해서는 안 되었다. 그녀는 특수교육을 포기한 채 신학공부를 시작했고 교회 영역에서 일하려 노력했다. 초기에는 새로운 교회생활에 불안해했으나 이를 아무도 눈치 채지 못했으며, 교회생활을 익혀가는 과정에서 이전의 무신론적 환경에서 완전히 벗어났다. 그녀는 세례를 받았다. 세례식에는 그녀의 친구들과 10여 명의 신학생이 와서 그녀에게 안수하고 그녀를 위해 기도했다. 얼마 후 그녀는 교회에서 결혼식까지 올렸다. 동료들과 신학생들이 그녀의 결혼을 축하해주었다. 그녀는 완전히 기독교인이 되었다. 비공식 협력자인 기셀라는 교회가 선교의 힘을 상실하지 않은 산증인이었다.

그렇지만 결혼 이후 예기치 않던 어려움이 등장했다. 그녀의 남편은 아내의 교회적 관련성을 받아들이지 않았고 아내를 잘 이해하지 못했다. 이들 부부 사이에는 긴장감이 돌았다. 국가안전부는 첫 번째 단계로 아내 모르게 그녀의 남편도 비공식 협력자로 만들었다. 그리고 나서 두 번째 단계로 남편을 퀼룽스보른에 있는 한 호텔로 데리고 갔다. 각자에게는 다른 비공식 협력자와의 만남이 예고되었는데, 각자 방으로 안내되었을 때 그들은 낯선 사람이 아닌 자기 배우자와 마주쳤다. 그렇지만 거기서 만난 파트너는 실상 자신들이 가장 믿었던 대상이 아니었다. 그 후부터 남편은 교회의 테두리 안에서 아내가 하는 활동에 대해서 어떤 이의도 제기하지 않았다. 그들은 동일한 '회사'를 위해 일하게 되었던 것이다.

비공식 협력자인 기셀라는 그라이프스발트의 개신교회에서 지도적 위치에까지 올랐다. 그렇지만 그녀가 그 자리에 오르기 전에 메클렌부르크포어포메른주에서 혁명이 시작되었다. 국가안전부 요원인 이 여성이 동독에서 사회민주당 창당 준비에 참여했을 때에도 그녀에게 일을 제공했던 사람은 그녀에 대한 정보가 없었다. 자신이 국가안전부와 관련되었다는 의심을 사자마자 그녀는 반체제 운동에서 즉시 몸을 빼고 보안회사로 옮겼다. 이전의 상관과 함께 그녀는 그 사이에 새로운 삶을 시작했다.

비공식 협력자를 포섭하는 과정에 대해서는 앞에서 이미 설명한 바 있다. 우선 선발될 자의 개인적 '인적사항'이 작성되면 협력자를 선발하는 작업이 시작되고 거기에 상응하는 조처가 취해진다. 이 단계에서 국가안전부는 당사자와 접촉하고 마지막에는 비밀로 협력할 것을 문서로 서약하게 한다. 우리가 국가안전부 문서를 조사하던 중 알게 된 사실은 이 과정에서 이탈자도 생긴다는 것이었다. 1950년대 초에는 비공식 협력자를 퇴출시킬 때 국가안전부에 대한 협력의무 포기를 문서로 작성하도록 강압하기도 했다. "결정적인 것은 의무가 아니라 후보자들의 적극적인 협력이었다." 비공식 협력자를 선발하는 이러한 방식은 1979년에 제정된 마지막 지침 때까지 유효했다.

1990년 문서관리청이 국가안전부 간부 가운데 한 사람인 베크 대령을 영입하자 사람들은 우리를 크게 비난했는데, 베크 대령은 이와 같은 특별 규율을 찾아내는 데 매우 큰 도움을 주었다. 베크는 국가안전부의 모든 정보를 총체적으로 정리했던 중앙평가단과 정보단의 우두머리였다. 그는 어디에 어떤 문서가 있는지를 잘 알았고 또 우리가 추측만 하던 사항에 대해 명쾌한 답을 주었다. 그는 과거의 잘못을 반성하면서 국가안전부에 대한 풍부한 지식을 발휘해 시민위원회에 도움을 준 몇 안 되는 전 국가안전부 직원 가운데 하나였다. 그 때문에 그는 문서관리청에 의해 추천되고 채용되었다.

의무를 지지 않고 국가안전부를 위해 비밀리에 활동하겠다는 사람들은 흔히 대학이나 문화계, 그리고 종교계에서 발견되었는데, 그런 곳에서는 배신이 특별히 용인되었기 때문이다. 예를 들어 그라이프스발트의 주교였던 긴케는 ― 그는 오리온이라는 이름으로 비공식 협력자로 활동했다 ― 의무서약에 서명하지 않고 활동했으므로 국가안전부 보조원으로 분류되었다. 그는 국가안전부와 접촉하는 것을 자기 직무와 관련된 과제로 보았고 주변에서 일하는 고위성직자와 자신을 똑같이 간주했다. 협력자로 일했던 거의 대부분의 고위성직자는 의무서약에 서명하지 않았는데, 1990년 이후 그들에게 비난이 쏟아지자 그들은 심한 충격과 모욕을 느꼈다. 그들 가운데 많은 사람은 자신들이 불의한 짓을 했다는 비난을 전혀 받아들이지 않았다. 그러나 정기적으로 국가안전부 지도간부를 만났고 국가안전부에 자신의 업무를 보고했으며 경우에 따라 국가안전부의 비밀주택을 방문하고 선물이나 호의, 또는 훈장까지 받았다면 의무서약에 대한 서명 여부와 상관없이 국가안전부에 확실히 협력한 것이라 볼 수 있었다. 문서 검열을 맡은 문서관리청은 법에 따라 의무를 수행해 문서에 나타난 관련 사항을 정리했고 국가안전부에서 비공식 협력자로 활동했던 사람들의 이름을 보고했다.

비공식 협력자라는 명칭은 문서관리청이 아니라 동독의 국가안전부가 만들었으나 엉뚱하게 문서관리청에 불똥이 튀기도 했다. 우리는 불의한 사건을 파헤칠 뿐이었지만 당사자들의 분노와 질책이 문서관리청으로 향할 때면 이처럼 잘못 알려진 사실을 바로잡아주기도 했다.

한 예로 1991년 훔볼트대학교의 신학교수와 학장인 하인리히 핑크 사이에 일어난 갈등을 들 수 있다. 대학교의 모든 직원을 심사하는 가운데 몇

몇 문서에서 학장 핑크가 비공식 협력자였다는 혐의가 드러났다. 하이너라는 이름의 비공식 협력자가 1987년 개신교신도대회에서 음모에 가담해 국가안전부 본부에 전화를 걸었고 후에 인민군의 금관공로훈장을 받은 사실이 드러났던 것이다. 또 그의 보고행위가 다섯 권 분량으로 기록되어 있기도 했다. 그 문서 자체는 폐기되고 없었다. 이에 핑크 학장은 해임되었는데, 그는 불복해서 소송을 제기했다. 하지만 연방재판소까지 가기 전에 검열 작업을 통해 핑크가 국가안전부를 위해 협력했다는 사실이 확인되었다. 시간이 경과함에 따라 여러 문서를 통해 추측이 사실로 확증되는 경우도 많았다.

그렇지만 동독공산당의 뿌리에서 출현해 1989년부터 2007년까지 존속했던 민주사회당과 훔볼트대학교의 학생들에게 핑크는 마녀사냥을 당한 희생자로 간주되었다. 많은 사람에게 그는 서독에 반대하는 동독 주체화의 상징이었고 권리를 박탈당한 사람들을 위한 투사였다. 어느 날 대학생들은 문서관리청 앞에 몰려와 "누구도 하이너를 우리에게서 빼앗아갈 수 없다!"라는 구호를 외쳤고 거리에는 사람들로 가득 찼다. 나는 그곳에 없었기 때문에 동료 가이거가 분노한 시위대 앞에서 경찰차의 스피커를 빌려 곧 이 문제를 놓고 훔볼트대학교에서 토론회를 갖겠다고 약속했다. 그 토론회에는 내가 참여했다. 그런데 핑크를 위해 시위하던 이 학생들은 1989년 어디로 갔는가? 그들은 대부분 혁명 과정에서 유감스럽게도 뒤로 물러서 있지 않았는가? 대학에서 전공학과 입학을 허락받기 위해 동독 체제에 순응하지 않았는가? 과거에는 교수 자리도 개인의 능력에 따라서가 아니라 공산당 정책에 기여한 사람들로 채워지지 않았던가? 그들은 과거 경력을 비판적으로 검토하는 대신 서독 대학 교육의 정책 입안자가 마치 식민지의 주인처럼 행세한다고 비판하지 않았던가?

이전에도 이후에도 우리는 신변 보호를 위해 경찰의 도움을 받지 않았다. 시위대가 몰려와 우리에게 항의하자 하이힐을 신은 한 여성이 우리를 보고 웃으면서 필요하면 자기 신발로 시위대를 막아주겠다고 했다. 민주주의 운동과정에서 태어나 국가안전부라는 억압 기제를 파헤치던 문서관리청은 훔볼트대학교 강당에 모인 많은 사람에게 인민의 적으로 규정되어 투쟁의 대상이 되었다. 강당은 사람들로 넘쳤고 토론회는 과열되었다. 나는 청중에게 했던 다음과 같은 인사말을 아직도 기억한다. "나는 (동독공산당에 뿌리를 둔) 민주사회당에 의해 조종된 대학 구성원들의 항의를 차분하고 기쁜 마음으로 기대하고 있습니다." 나는 주먹을 단단히 쥐었다.

물론 모든 사람이 오래전부터 민주사회당에 의해 조종되지는 않았다. 몇몇은 혼란에 빠졌다. "실천적 가톨릭 신자"인 한 학생과 몇몇 시민운동가는 1989년 동서독이 통일된 뒤 나에게 4쪽에 달하는 긴 편지를 보내왔다. 그들은 상처를 받았다고 했다. 다수가 나를 반동분자라고 말하지는 않았지만 그들은 낡은 사고방식을 가지고 있었다. 아데나워는 자신의 고문 한스 글롭케가 나치에 연루되었던 것을 알고도 아무런 조치도 취하지 않아 수상에서 실각되었는데, 그들은 1950년대 서독사회의 이러한 상황을 나에게 상기시켰다.

핑크를 평가하는 작업에 대한 저항은 잘 마무리되었다. 핑크는 공산당원이 아니었고 따라서 이념적으로 편협하거나 부담될 일을 하지 않았다. 그는 신학자였으므로 분명한 동기를 가지고 활동했다. 그는 경쟁자를 제압하기 위해 국가안전부를 이용하려는 '서독인'으로부터 '동독인'인 자신을 방어하려 했던 것이다. 핑크는 유감스럽게도 동독에서는 단지 참여적 기독교인들만 현실에 영합해 행동했다는 사실을 깨달았다. 1991년 당시 동독이나 서독을 제대로 모르는 지식인들이 순진하게도 그를 지지하기도 했다.

핑크에 관한 문서는 2005년에야 대부분 복구되었다. 시민위원회는 1989년 자의로 파기된 자료를 모아둔 청색 가방 중 하나에서 그와 관련된 자료를 발견했다. 그 자료에 보면 비공식 협력자 하이너는 1968년 6월 11일 국가안전부에 포섭되었고 1989년 10월 7일까지, 즉 동독이 종말을 맞을 때까지 학생들과 동료들에 대해 국가안전부에 보고했으며 그 공로로 메달과 돈, 그리고 선물을 받은 것으로 되어 있다.

내가 문서관리청의 책임자가 된 후 나의 적대자들은 나를 "정치적 선교사"이자 매우 감정적인 인간이라고 평가했다. 그러나 이처럼 매우 대결적인 긴장 상황에서 우리 입장에 대해 이해를 구하려 시도하는 것은 하나의 약점으로 해석될 수도 있었다. 나는 한 기관의 책임자였지만 한편으로는 국가안전부의 실체를 밝히는 자였을 뿐이다. 나는 전투적인 선언문을 여러 차례 대중에게 발표했다. 그 선언문들은 해명과 정보를 위해 사실에 기초해서 열심히 작성한 것이었으나 경계선을 넘어섰다거나 발견된 문서와 무관하다는 비난을 받았으며, 심지어는 자의적 평가라는 비난까지 받기도 했다.

따라서 해명과 평가 사이에 놓인 쟁점은 많은 논쟁을 거쳤다. 그러면 게오르그 기시가 하는 비판은 국가안전부와의 협력을 당연시해도 좋다는 말인가 아니면 그것은 상대를 멸시하는 태도인가? 나는 정치문제를 다루는 잡지와의 인터뷰에서 브란덴부르크 총리 스톨페의 경우 문서에 나타난 대로라면 "작센주를 예로 들자면" 그의 직무는 당연히 박탈되어야 한다고 말하거나 아니면 문서관리청의 책임자인 나는 그것에 대한 평가를 내릴 수 없다고 선언해야 했을까? 법적으로 그것을 판단하는 것은 적절하지 않았기 때문에 나는 더 이상 아무것도 하지 않았다. 그러나 내가 법적으로 의견 진술을 거부당한 경우가 딱 한 번 있었다. 스톨페는 나에 대한 여타의 요구를 법원을 통해 관철시킬 수 없었다. 어쨌든 어떤 사람에게는(대개는 서독에서)

나의 태도가 예측할 수 없고 너무 정치적이고 자의적인 것처럼 보였고, 다른 사람에게는(대개는 동독에서) 지나치게 관료적이고 순응적이고 서독적인 것처럼 보였다. 국가안전부의 구성 및 활동방식과 관련된 문제가 논의에 오르면 나는 되도록 개인적인 의사를 표시했다. 나는 거짓말과 변명과 회유에 침묵하는 사람이 될 수는 없었다. 스톨페나 기시, 핑크, 심지어 슈누어 등 원래 국가안전부 출신이 아닌 사람들이 국가안전부라는 주제를 공적 담화에서 규정하거나 해석할 권리를 가져서는 안 된다. 여기서 나에게 중립성을 지키라는 것은 지나친 요구이다. 나의 입장 표명은 정당 정치적으로 방향 지어진 것이 아니었다. 문서관리청의 책임자가 된 후 내가 속했던 정당 동맹90에서 탈퇴한 것도 이 때문이었다.

처음에는 대중 사이에서 국가안전부 문서 내용에 대한 다음과 같은 의문이 제기되었다. 국가안전부가 의도적으로 거짓 정보를 퍼트렸던 것은 아닌가? 국가안전부의 비공식 협력자와 간부들이 어떤 경향성을 가지고 선택적으로 보고했던 것은 아닌가? 몇 년 동안 이 문서의 검열 작업에 참여한 결과 국가안전부는 이해관계에 따라 비공식 협력자들로 하여금 자신들에게 중요하게 보이는 사안에 대해 가능한 한 "객관적이고, 거짓 없이, 구체적으로, 완전하게" 보고하도록 했음을 알게 되었다. 말하자면 그들은 동일한 사안에 대해 두 사람의 비공식 협력자에게 보고하게 함으로써 그들을 통제했다. 그리고 보고 문서에서 잘못된 정보들을 구별해내고 또 그 정보의 이데올로기화 정도를 밝혔으며, 문서에 불확실하고 피상적이고 경향적인 표현이 내포되었을 경우 전체적으로 신뢰할 만한 자료를 찾아내는 방식으로 이를 통제하기도 했다.

특정인에게 부담될 만한 자료가 드러나면 우리는 그 자료를 그 사람의 직장 인사담당 부서에 보냈다. 예를 들어 대학교수인 경우 그 자료를 문부

성으로 보냈다. 그러나 문서를 판단하기 어려우면 대학이 조사위원회를 만들어 문서를 검토한 후 문서관리청의 직원으로 하여금 상세한 상관관계와 불분명한 개념을 설명하도록 했다. 그러나 우리는 인사문제에는 개입하지 않았다. 동독공산당 후신인 민주사회당을 지원하는 신문은 드러난 사안을 뻔히 알면서도 나를 종교재판에 등장하는 '위대한 심문관'이라고 혹독하게 비판하기도 했다.

문서관리청이 동독 시절 공적 직무에 있던 사람들을 마녀사냥의 대상으로 삼았다는 것은 사실과 다르다. 비공식 협력자가 모두 해임된 영역은 딱 하나였는데 그곳은 바로 군대였다. 다른 모든 영역에서는 개개의 사안을 검토한 다음에야 결정을 내렸다. 모든 당사자는 법적 심문을 받았다. 사람들은 국가안전부 문서에 기록된 내용이 잘못되었다고 생각되면 그에 대한 해명서를 제출할 수 있었다. 부담되는 사안을 평가하는 작업에서는 언제나 모든 것을 참작했다. 군 복무할 때 단 세 번만, 그것도 제한된 정보를 제공했던 경찰관은 그 직장에서 계속 일하도록 했다. 그래서 이전에 교사나 경찰이면서 국가안전부의 비공식 협력자였던 이들이 문서관리청에서 일하는 비율이 높았다. 예를 들어 장관이나 정부의 책임자, 그리고 다른 관직의 관리 가운데 약 6%만 비공식 협력자로 밝혀진 작센안할트주에서는 그들 중 3분의 1만 자리에서 물러났다. 그리고 문서 검토 과정에서 4.7%가 비공식 협력자로 드러난 베를린의 교사 가운데서는 단지 0.9%만 해임되었다. 해임된 사람 가운데 몇 사람은 법에 호소했고 노동법원은 상세한 심문을 진행했다. 해임조치가 과장되고 비교적 엄격하게 적용되지 않았을 경우 해임이 다시 철회되었다.

처음 몇 년 동안 나는 거듭해서 정치적 공격의 대상이 되었다. 심지어 언젠가 한번은 문서 파기조치가 어떻게 기능하는지를 나에게 알려주어 나를 음모의 대상으로 삼기도 했다. 1991년 초 문서관리청에서 일하던 가이거 박사는 본의 내무성으로부터 전화 한 통을 받았다. 로스토크 출신의 국가안전부 간부들의 진술에 따르면 가우크 목사도 비공식 협력자였다는 루머가 있는데 어떻게 된 것인지를 확인해달라는 것이었다. 나는 당사자로서 루머에 대해 동의하지 않았지만 희생극 '가면'의 일부가 일반에 알려졌다.[*]
여기서 문제가 된 것은 국가안전부 간부인 테르페 대위가 1988년 7월 말 나를 만난 후 나를 국가안전부의 비공식 협력자로 만들기로 결정했다는 보고서였다. 독일 신문 ≪세계Welt≫가 1991년 4월 그 보고서를 보도했고, 동독 공산당의 후신인 민주사회당이 이를 다시 문제 삼았다. 나는 인민의회 의원으로서 조사를 받으려 했지만 가이거 박사는 우선 사실 관계를 확인하기 위해 로스토크로 갔다. 그는 그때까지 봉인되어 있던 문서 원본을 검토한 후 나를 비공식 협력자로 만들기 위한 어떠한 시도도 없었다고 본의 내무성에 알렸다.

그 직후 전혀 예상치 않았던 곳에서 내 부담을 덜어주는 기회가 생겼다. 로스토크 출신의 국가안전부 고위 간부가 가이거 박사에게 베를린의 변두리에서 비밀회동을 제안했던 것이다. 그는 자신을 알아볼 수 있는 방법을 이렇게 제시했다. "붉은색 선을 두른 검은 재킷을 입고 나가겠습니다." 가이거도 이렇게 말했다. "나는 뮌헨 번호판을 단 포르셰 자동차를 타고 가겠습니다." 약속된 토요일 아침 7시에 진행된 대화에서 전직 국가안전부 고위 간부는 당시 자신은 가우크 목사에 대해 어떤 동정심도 없었으며 가우크 목사는 사실상 비공식 협력자가 아니었다고 증언했다. 가우크 목사는

---

[*]   1983년 3월 당시 로스토크의 목사였던 가우크의 '적대적 반사회주의적 활동'을 저지하기 위해 국가안전부는 '가면'이라는 작전명하에 그를 비공식 협력자로 만들기 위한 작업에 들어갔다. 이후 가우크는 199쪽에 달하는 소명자료를 통해 자신이 비공식 협력자였다는 비난을 방어했다. _옮긴이

결단코 그런 일을 하지 않았다는 것이다. 그것은 사실이었다.

그렇지만 이러한 루머는 몇 년 후 다시 수면으로 떠올랐고 다시 연방정부 내무성 장관 만프레트 칸터에게까지 보고되었다. 내무성 인사책임자는 로스토크로 가서 메클렌부르크포어포메른주의 검찰총장에게 수사를 의뢰했다. 동독의 내무성 장관이던 디스텔은 1994년 1월 《새로운 독일》이라는 일간지에서 가우크 목사를 비공식 협력자로 만들려는 작업이 진행되었다고 주장했다. 다행히도 우리는 법치국가에 살고 있었기에 나는 베를린 지방법원을 통해 전 동독 총리 디스텔과 《새로운 독일》이라는 신문은 더 이상 나를 비공식 협력자로 부르는 것을 금지하라는 명령을 받아냈다. 이 법원 결정은 베를린 고등법원에서도 확인되었다. 법원 판결에 승복하지 않고 나를 "국가안전부의 수혜자"로 선언했던 디스텔은 고등법원 판결 이후 법원 밖에서 나와의 합의를 거쳐 명예훼손에 대해 만족할 만한 공개 사과문을 발표했다. 법원은 패자인 그에게 재판 비용을 부담시켰다.

통일 후 공산주의 진영에서는 나에 대해 공격, 저항, 거짓말을 하는 경우가 적지 않았으나 나는 그런 일에는 놀라지 않았다. 나를 놀라게 한 것은 우리의 일이 개인과 정당의 정치적 이해관계에 의해 큰 영향을 받았을 뿐만 아니라 국가안전부 문서에 대한 처리 작업이 원칙적이고 초당적으로 진행되었음에도 불구하고 부분적으로 과도한 간섭을 받았다는 점이다. 이러한 사실이 가장 분명하게 드러난 것은 만프레트 스톨페가 겪은 매우 특수한 경우에서였다.

그는 재능 있고 정치적으로 야심찬 법률가이자 동독 개신교연맹의 총무로서 동서독 모두에서 존경을 받았다. 그는 베를린-브란덴부르크 지방교회의 의장으로서, 그리고 특히 동독 개신교연맹의 부의장으로서 높은 평판을 받았다. 그는 변혁의 시대에 사회민주당에 입당했고 동독에서는 유일한 사회민주당 당원으로서 지방정부의 총리 자리에 올랐다.

사건의 발단은 1990년 여름 스톨페도 비공식 협력자였다는 소문이 떠돈 데서 비롯되었다. 동독의 마지막 총리였던 로타어 데메지에르(체르니라는 이름으로 비공식 협력자로 활동했다) 사건에서처럼 처음에는 나는 격분했다. 그래도 스톨페는 기독교계에서 중요한 주역 중 한 사람이 아닌가! 내가 1990년 다른 시민권운동과 더불어 테오도어 호이스 메달*을 받게 되었을 때 우리는 스톨페에게 축사를 부탁했다. 우리는 그에 대해 어떤 불신도 갖고 있지 않았다.

후에 그는 지방정부의 총리가 되었고 나는 연방정부가 위임한 문서관리청의 책임자가 되었다. 한번은 그가 나를 식사에 초대했다. 우리는 베를린의 궁정호텔에 있는 비싼 식당에서 만났다. 그는 보디가드를 대동했다. 우리는 한 시간 반가량 사소한 문제를 놓고 대화를 나눴다. 나는 왜 이러한 만남이 만들어졌는지를 자문했다. 후에 가서야 스톨페는 내가 그에 대해 뭔가 알고 있는지 떠보려 했음을 알게 되었다.

그 후 포츠담에 있는 수상관저로부터 전화가 와서 스톨페에 대한 새로운 소문을 들었느냐고 물었다. 나는 직원들을 소집하고 노르만넨가에 있는 아카이브에 들른 후 관저로 가서 이렇게 말했다. "곧 자료 검색에 착수하겠습니다." 그렇지만 스톨페 총리는 중상모략으로부터 보호되어야 했다. 그러고 나서 스톨페의 서베를린 변호사인 페터 당케르트가 나타나 총리를 대신해서 우리가 너무 열심히 작업을 추진하고 있는 데 대해 우려를 표함으로써 우리 활동에다 찬물을 끼얹었다. 당케르트는 예정된 문서를 찾을 필

---

* 테오도어 호이스 재단은 서독의 초대 연방대통령 호이스가 1963년 사망한 이후 만들어진 단체로, 1965년부터 시민권운동을 통해 사회적·정치적 발전에 기여한 사람에게 상장과 메달을 수여하고 있다. _옮긴이

요가 없으며 스톨페는 앞으로 지방의회와 정부의 일원으로서 조사를 받을 것이라고 했다. 나는 놀랐지만 설득을 당했다. 그것은 좋은 생각이 아닌가! 우리가 일을 크게 키울 필요가 있는가? 나는 "너무 신경 쓰지 마십시오. 그것이 올바른 태도입니다"라고 말하고 다음과 같은 말을 덧붙였다. "시간 외 근무를 하고 있는 직원들에게 스톨페 씨가 맥주 한 박스로 감사를 표한다면 좋을 것 같습니다."

문서 일부에 스톨페의 이름이 언급된 첫 번째 문서가 나타났을 때였다. 동베를린의 서독정부 상주대표부에서 일한 후 법무장관으로 재직 중인 한스 브로이티감과 함께 스톨페 총리가 잠깐 나의 사무실을 방문했다. 그때 같이 일하는 가이거 박사가 그들과 함께 한 층 위로 올라가 처음 발견한 문서를 그들에게 보여주었다. 문서의 성격으로 볼 때 확증하기는 어려웠으나 그 문서들은 분명 스톨페에 관한 것은 아니었다. 한 군데에 비공식 협력자의 이름이 언급되어 있었으나 그 가명의 배후 인물이 누구인지는 알 수 없었다.

스톨페는 마지막으로 물었다. "나는 문 앞에서 기다리는 기자들에게 무엇이라고 말해야 합니까?"(우리가 그 기자들을 부른 것은 아니었다.)

가이거 박사가 대답했다. "이 문서로서는 어떤 결론도 분명히 내릴 수 없기 때문에 매우 조심스럽습니다."

아래층에서는 신문기자들이 그를 기다리고 있었다. 촬영을 위해 라이트가 켜졌고 돌아가는 카메라 앞에 선 스톨페는 자신은 국가안전부의 희생자라고 선언했다. 가이거 박사는 말을 삼켰다.

얼마간 시간이 흘렀다. 1992년 1월 만프레트 스톨페는 모든 노력을 기울여 어려운 상황을 돌파하려 했고 독일의 저명한 주간지 《슈피겔》을 통해 자신의 회고록 『어려운 돌파』의 요약본을 발표했다. 거기서 그는 1960

년대부터 "자기의 정치적 목적을 국가안전부"에 전하기 위해 정기적으로 국가안전부의 직원 및 간부들과 대화했다고 밝혔다. 이리하여 그에 대해 해명할 필요가 생겼다. 2월 12일에 브란덴부르크 지방의회는 조사위원회를 구성했다.

하나의 사건을 두고 사람들이 이렇게 극단으로 갈라선 경우도 드물었다. 스톨페는 브란덴부르크 시민들에게는 그 지방의 쾌활한 아버지요 화합을 상징하는 인물이었다. 스톨페가 자신은 영웅이 아니라 오히려 다른 대부분의 동독 시민처럼 단지 협조적인 생활방식을 찾으려 하고 어떻게든 바르게 살려고 했던 사람이라고 말했을 때 대부분의 사람은 그 말을 진정성 있게 받아들였다. 그의 이러한 자세로 인해 많은 사람들이 그를 용서했다. 반체제적이고 반정부적인 투사의 기준에 맞추어 난도질당하고 싶은 사람은 아무도 없다. 스톨페가 국가안전부에 대한 개인의 협력을 비난하는 것은 동독인에 대한 일반적인 공격이라고 설명함으로써 새로운 우리 의식에 호소했을 때 많은 사람들이 그 말이 진심에서 우러난 것이라고 생각했을 것이다. 그러나 1989년 전체 동독 인구 중 단 2%만 비공식 협력자였음을 감안할 때 그의 행동을 일반화하는 것은 대단한 궤변이었다. 그래도 스톨페는 1992년 가을 전체 브란덴부르크 시민들 가운데 84%의 지지를 받았다.

스톨페는 동정심을 얻었기에 서독의 여러 분야에서도 지원을 동원할 수 있었다. 스톨페는 누구에게나 사랑받는 인물이었다. 동독의 다른 모든 지방은 기민당의 손에 들어갔는데 사회민주당에서는 유일하게 그만 총리로 선출되었다. 이 때문에 서독의 헬무트 슈미트 수상, 사회민주당, 그리고 일간지 《자이트Zeit》는 그를 낙마시키지 않았다. 그들은 스톨페와 가까워지려고 하지도 않았다. 왜냐하면 그들은 동독에 대해 늘 자기비판적인 시선을 가져야 했기 때문이다. 그들은 사회민주당을 '신중한' 자세로 몰아가는 동시에 부드럽고 '갈등을 최소화하면서' 반대세력에 영향력을 행사했다. 그렇게 함으로써 동독에서 스톨페가 한 것처럼 자신들도 서독에서 유사한 정책을 추진하려 했다. 리하르트 폰 바이츠제커 전 서독 대통령은 개신교회가 상처를 받지 않도록 보호하려 했다. 언젠가 그는 나에게 이렇게 말했다. "그래도 우리는 서독에서 우리와 접촉하는 동독 출신 인사와의 관계를 이후에도 계속 유지해야 합니다." 나는 이렇게 물었다. "동독에서 체포된 군나와 우테의 석방 및 서독 이주 문제 때문에 내가 서독정부 차원의 개입을 요청했을 때 국가 안보 같은 것을 고려하고 출발했습니까?" 개신교 목사였던 프리드리히 숄레머처럼 스톨페는 교회 대중과 반대세력, 그리고 심지어 큰 언론매체들에서조차 지원을 얻었다.

브란덴부르크 지방의회가 1992년 2월에 만든 조사위원회는 약 2년간의 조사 끝에 스톨페에 대해 상반된 보고서를 내놓았다. 이 보고서는 동독의 비공식 협력자의 존재에 대한 논쟁을 불러 일으켰다. 가장 날카로운 비판은 동맹90에서 나왔다. 당시 스톨페 내각의 교육상이던 마리안네 비르틀러는 1992년 여름 항의의 표시로 지방의회 의원직을 사퇴했다. 10월 말 그는 장관직도 그만두었다. 1994년 초 마침내 동맹90의 원내대표인 귀터 노케가 최후통첩에도 불구하고 스톨페에 대한 비판을 거두지 않자 사회민주당과 동맹90 간 연정은 깨지고 말았다.

비공식 협력자이자 서기장 스톨페에 대한 문서는 본래 존재하지 않았다. 따라서 우리는 오늘날까지도 그가 협력자로서 서명했는지 여부를 알수 없다. 국가안전부의 증인들은 조사위원회 앞에서 자신의 서약 서명이 구두로나 문서로나 존재하지 않았다고 했다. 그러나 알려진 것은 스톨페가 1964년 비공식 협력자 대상에 올라 있었고 1970년 비공식 협력자 '서기장'

이라는 가명으로 본부의 XX/4(교회에 대한 공작업무)로 넘겨졌다는 것이다. 또한 그가 1976년 동독의 교회문제 담당 비서로서 목사 오스카어 브뤼세비츠의 분신자살 사건*에 대한 항의시위를 차단하는 데 협력했으며, 1978년 공로훈장과 함께 값비싼 '대영주의 지구본'과 1559년판 성서를 선물로 받았고, 나아가 비밀 접촉을 위한 주택에서 국가안전부의 간부들과 정기적으로 회합했다는 사실도 밝혀졌다. 이에 문서관리청은 1992년 4월 초 작성한 평가서에서 스톨페가 "국가안전부의 기준에 따르면 20년 넘게 동독 개신교회의 영역에서 중요한 비공식 협력자였다"라는 결론에 도달했다. 이러한 평가는 발견된 문서를 근거로 했다.

스톨페가 교회문제 담당 비서였던 한스 자이거바서나 국가안전부의 고위간부 클라우스 로스베르크로부터 공로훈장을 받았는지에 대해서는 오늘날까지도 스톨페와 로스베르크가 서로 다른 주장을 하고 있다(스톨페는 국가 훈장을 받지 않았다고 주장하는 한편, 로스베르크는 스톨페가 국가안전부 훈장을 받았다고 주장한다). 스톨페가 국가 훈장을 받지 않았다는 주장을 믿기 어려운 이유는 그의 가명이 국가안전부 훈장 수여 목록에 나오기 때문이다.

스톨페는 뭔가를 새로 하려고 할 때 국가안전부와 상의해야 했다고 여러 차례 강조했으나 이러한 평계는 사람들로부터 별로 신뢰를 얻지 못했다. 교회의 공적 대변자로서 비밀경찰 총수와 만날 수 있는 자가 왜 국가안전부와 상의해야 했단 말인가? 대장간Schmied에 가도 될 일을 왜 자선단체 Schmiedel에 가는가! 스톨페 같은 위치에 있는 사람이 국가안전부와 비밀 접촉을 가진 이유는 무엇일까? 교회의 지도층, 지식인, 과학자는 그 같은 협력을 가능한 한 피해야 하지 않았을까?

---

*   오스카어 브뤼세비츠 목사는 동독의 루터교 목사로서 공산정권이 종교의 자유를 탄압하는 데 대한 항의로 차이츠시의 미가엘교회 앞에서 분신자살했다. _옮긴이

볼프 비어만은 언젠가 이렇게 썼다. "국가안전부는 너무나 어리석었다. 사람들을 박해하는 대신 그들의 허영심을 채워주고 칭찬해주라. 당신들은 지성적이고 사려 깊고 뛰어나다고 말이다. 또 국가안전부는 사람들에게 자신이 특별히 중요하다는 감정을 일깨워주고 그들을 나르시시즘적으로 평해줌으로써 그들을 유혹할 수 있다. 왜냐하면 국가안전부와의 접촉을 받아들인 자들은 자신의 존재에 대해 부가적 의미를 경험하기 때문이다. 예를 들어 극장에서 보잘것없는 예술가이던 사람이 무대 배후에서 어떤 활동을 하는지 알게 된다면 놀랄 것이다. 또한 동료에게 별로 인기가 없던 병원 의사가 국가안전부와의 관계를 통해 동료를 어려운 처지에서 벗어날 수 있게 해준다면 사람들은 그 의사를 새롭게 볼 것이다. 또는 정당과 국가와 관련된 문제를 의논하는 교회 내의 최고 변호사는 사람들과 의논함으로써 국가와 교회 사이의 관계를 개선할 수도 있다. 이것이 사람들이 국가안전부 같은 권력기관과 협력함으로써 얻게 되는 부가적 의미이다."

국가안전부에 협력한 지식인들은 대부분 그곳의 지도급 간부보다 정신적으로 뛰어났다. 따라서 그 지식인들은 자신들이 스스로 행동 규율을 통제할 수 있다는 착각에 쉽게 빠졌다. 나는 이러한 현상을 재능을 가진 인간의 드라마, 더 정확히 말하자면 남자들의 드라마라고 부른다. 왜냐하면 비공식 협력자의 90%는 남자였기 때문이다.

스톨페가 국가안전부와 협상을 했다는 사실을 주교나 교회 지도층에 보고하지 않음으로써 복무 의무와 신뢰는 파괴되었다. 이 사실은 1년 후 개신교회의 심사위원회를 통해 확인되었다. 스톨페는 국가안전부와 국가기관, 교회의 주교 등 선임자들과 거리를 두었고 또 그들에 대해 좋지 못한 말을 하기 시작했다. 이로써 교회와 스톨페 간의 신뢰가 파괴되기 시작했다. 나아가 스톨페가 교회 안에서 반체제 인사를 보호하지 못하게 함으로써 국가가 그들을 억압하기 쉽도록 만든 것도 신뢰 파괴 행위였다.

나는 언젠가 개신교신도대회의 책임자들이 모인 자리에서 스톨페가 동독 개신교신도대회의 의장단에 속한 사람보다 국가안전부에 더 우호적이라고 비난한 바 있다. 1978년 3월 교회지도부는 바트 자로 지역에서 동독의 최고책임자 에리히 호네커와 만나 3일간 회의를 벌인 적이 있는데 당시그는 3일간의 회의 내용을 국가안전부에 보고한 바 있다. 우리는 그를 어떻게 대했어야 했을까? 국가는 회의 내용을 정확히 알고는 국가에 유리한 행동방안을 만들었을 것이다.

그 외에도 우리는 스톨페가 국가안전부와 비밀 대화를 나누거나 국가안전부의 생각과 자세를 내면화할 목적으로 반정부 단체의 역할을 제약하고 약화시킨 점을 문제 삼았다.

우리는 스톨페를 통해 교회에 대한 국가의 태도가 어떤 면에서 개선되었는지 알지 못한다. 포츠담 조사위원회가 증언한 바에 따르면 '전우'인 스톨페를 고발했던 8명의 교회 대표 가운데 6명도 비공식 협력자로 등록되어 있어서 매우 부담스러웠다. 물론 교회는 스톨페를 교회 안에서 활동한 국가안전부 요원이라고 생각하는 비판가들로부터 보호해주어야 했다. 그러나 일괄적으로 조기 면책을 할 수는 없었다. 우리 지방교회의 주교인 슈티어와 나는 이 사실을 알리고 교회의 이미지를 관리하기보다는 참회와 회개라는 기독교적 기본 명제에 따라야 한다고 생각했다.

모든 일을 법에만 호소하는 것은 부적절하지만 혐의가 있는 사람을 중요한 공적 지위에 계속 놔두는 것이 타당한지를 검토하는 일은 매우 중요했다.

스톨페와 나 사이의 오랜 불화는 늘 구설수에 올랐다. 나는 1980년대에 동독 개신교신도대회 의장단으로서 메클렌부르크포어포메른주에서 개신교신도대회의 책임자로 일했는데 그때 스톨페를 알게 되었다. 나는 그를 세련된 협상가이자 탁월한 법률 지식을 갖춘 균형 잡힌 전술의 대가로 기억한다. 그는 중재와 타협의 정치에 뛰어난 재능을 갖춘 인물이었다. 나는 그를 신뢰했고 어느 정도 그에게 감탄하기도 했다. 스톨페에게 과거 문제가 없는 한 나로서도 그에게 아무 감정이 없었다.

고위 정치가들이 스톨페를 지원했다면 과거 문제에서 벗어나는 데 도움이 될 수도 있었을 것이다. 시민들은 우리 사이에서 일어난 갈등의 여러 단계에서 어떤 진술이 오갔고 누가 언제 무엇을 침묵했으며 누가 진실을 말했는지는 쉽게 잊는다. 스톨페에 관한 한 판단의 준거가 완전히 왜곡되었다. 전 동독 총리 데메지에르는 스톨페보다 훨씬 덜 비판받았지만 사임했다. 많은 사람들이 스톨페를 범죄자로 보지만 그는 버티고 있다. 언젠가 언론과 대중은 이 사안에 대해 피곤해하거나 진력을 낼 것이다.

1989년 직후 논쟁의 중심축이 과거 정치적 부담을 가진 사람들을 갱생하거나 이들과 거리를 두는 것으로 이동하면서 오히려 동독인을 목표로 조사한다고 간주하던 사람들이 권한을 쥐게 되었다. 이리하여 혁명을 통해 나라를 바꾸려는 인물이 아니라 지방선거에서 승리한 가부장적인 승리자들이 전면에 등장했다. 새로운 이해관계가 과거의 염원을 밀어냈다. 과거 범죄자의 자기비판, 내적 반성, 법률적 청산 작업이 후순위로 밀리면서 이전의 반체제 인사들이 대거 수세에 몰렸다.

철학자 데오도르 아도르노는 나치의 청산 작업이 1959년 당시의 정치적 상황에 크게 의존했음을 지적하면서 나치에 대한 망각을 "정신병리학보다 훨씬 더 일반적인 사회 상황"이라고 파악했다. 이러한 현상은 동독의 과거 청산 작업에도 적용되었다.

거듭되는 논쟁이 잘못된 판단을 피하기 위해서는 과거 공산주의 독재와의 대결을 전면에 내세우자는 자유주의적 분위기가 형성되는 것이 중요했다. 동독 사회주의를 억압적이고 전체주의적인 성격이 아닌 좌파적인 성격으로 받아들여서는 안 되었다. "우리는 반소련적으로 생각하지 않는다"라는 프리츠 라다츠의 말은 이러한 사고방식의 핵심을 특징적으로 보여준다. 라다츠는 드러난 사실이 '좌파'로 규정되면 침묵했고 '반동'으로 규정되면 비판했다. 그의 결론은 "침묵하는 것"은 "거짓말이 될 수 있다"는 식이다. 랄프 지오르다노*는 "외눈박이들의 인터내셔널"이라는 개념을 만들어냈다.

전체주의 이론과 같은 체제 비판적 명제는 당시는 무시되거나 도덕적인 이유로 비난받았으며, 고통을 경험하고 쓴 사람들의 책은 "변절자의 문학"으로 멸시당했다. 1960년대 말 공산당원이 아니었거나 공산주의 이데올로기에 경도되지 않았던 많은 사람들은 주변의 민주주의자에게서 배척당했다. 그들은 베트남전, 대학의 권위주의, 교육에서의 경직된 구조, 도덕, 성의 역할 분담 등에 저항했다.

당시 담론은 반자본주의적이고 비전을 지닌 유토피아적 사회주의였다. 자유민주주의적 기본 질서는 친자본주의로 낙인찍혀 비난을 받았다. 동유럽의 독재를 폭로했던 비판적 이론은 보수적인 관점에서 비롯되었다고 비난받으며 인정을 받지 못했다. 오이겐 코곤이 주장했던 것처럼 반독재 이론은 반파쇼적 자세에서 출발했다고 해서 피상적으로 평가절하되었다. 콜라코프스키**처럼 개인의 자유를 수호하려는 자는 제도화된 위대한 자(예

---

* 독일의 언론인, 저술가, 작가, 영화감독이다. 168개의 정당 및 단체의 연합체인 '사회주의 인터내셔널'과 대비되는 개념으로 '외눈박이 인터내셔널'이라는 말을 사용했다. _옮긴이
** 폴란드의 철학자이자 역사학자로, 마르크스 사상의 비판적 분석가로 알려져 있다. 후기에는 점차 종교적인 문제에 집중했다. 그는 1986년 제퍼슨 강연에서 이렇게 말했다. "우리가 역사를 공부하는 것은 처신법이나 성공하는 법을 배우기 위해서가 아니라 우리가 누구인가를 알기 위해서이다." _옮긴이

를 들면 막시무스)의 정통 신앙에 대항해서 기회를 얻지 못했다. 1970년 위르겐 하버마스는 세계적으로 위대한 막시무스 전문가 중 한 명으로서 아드르노의 후임으로 추천되었으나 좌파 학생과 조교들은 그를 "수정주의자"라며 거부했다. 이는 하나의 고루한 정치적 해학극이었다.

반공주의자로 낙인찍히는 것에 대한 불안감은 동부와 중부 유럽에 현실적으로 존재했던 '좌파적 전체주의'(공산주의) 내의 인권과 시민권 운동을 파괴했다. 바르샤바, 프라하, 부다페스트, 모스크바에 있는 반정부 운동가들과의 연대도 전적으로 거부당했다. 바츨라프 하벨은 실망한 나머지 이렇게 쓰고 있다. "1970년대 초 서독의 친구들과 몇몇 동료는 체코정부와 내가 접촉을 하면 막 시작된 긴장 완화의 취약한 기반이 위험에 처할 수 있어 나를 기피했는데, 나는 아직도 그 일을 기억하고 있다." 그는 계속해서 이렇게 썼다. "자유를 자발적으로 포기한 사람은 내가 아니라 그들이었다."

당시는 긴장 완화 정책을 펴던 시기였다. 서독의 정책은 반공주의적 집단을 지원하는 대신 그들을 '위로부터 자유화로' 나가게 함으로써 현상 유지를 해치지 않으면서 공산주의 권력자들과 원만한 관계를 계속 유지하는 것이었다. 1985년까지만 해도 빌리 브란트 수상은 폴란드 바르샤바를 방문했을 당시 노벨상 수상자 레흐 바웬사와의 면담을 포기했다. 이는 폴란드의 반정부 인사들에게 실망스러운 일이었다.

서독의 정치가, 학자, 언론인이 이 모든 상황을 받아들이기는 어려웠을 것이다. 회고해보면 그들에게 동독은 꽤나 "형편이 좋았던" 독재국가였고 그래서 대화 상대자를 웃음거리로 만들기 싫었을 것이다. 이러한 입장은 서독정부를 대표해서 동독과의 관계를 담당했던 마리온 된호프와 에곤 바르의 행동에서 분명하게 드러났다. 이 두 사람은 각기 자신의 방식으로 커다란 공적을 세웠지만 동독 국가안전부를 처리하는 문제에서는 당시의 시대정신에 사로잡혀 있었다.

마리온 된호프는 ─ 1950년처럼 1990년에도 ─ '김 빼기' 작전, 즉 긴장 완화 전술을 옹호했다. 에곤 바르는 통일 5주년 기념일에 다수의 사회민주당 당원들의 반대를 무릅쓰고 동서독 사이에 남은 문제를 문제 삼지 말자는 '종료법률'을 요구했다. "양쪽은 서로 영원히 잊어버리고 용서해야 한다"는 것이었다. 그는 ≪슈피겔≫과의 대담에서 국민 통합을 위해 한스 글롭케 같은 나치 전력자를 편들었던 아데나워를 오히려 칭송했다. 이는 그야말로 본말이 전도된 것이라 할 수 있다. 된호프는 과거 1648년의 베스트팔렌평화조약*에 나타난 다음과 같은 보편적 사면 내용을 인용하기까지 했다. "이러한 소요가 시작된 이래 이쪽저쪽 할 것 없이 양쪽 모두 적대적 행위를 일삼았다." 한쪽이 일방적으로 적대 행위를 하고 다른 쪽은 일방적으로 당하기만 하는 것은 아니라고 주장하면서 양쪽 모두 과실이 있다는 식의 양비론을 내세운 것이다. 그녀는 과거사에 종지부를 찍은 폴란드인의 현명한 정책을 칭찬했다. 폴란드에서는 이러한 정책 실행으로 고통스러운 과거의 대결을 과거사로 돌렸다. 이로 인해 폴란드에서는 매몰된 불의를 분명하게 밝혀내라는 요구가 분출되었고 2005년에는 심각한 우편향 현상이 나타나기도 했다.

우베 베젤 같은 좌파 언론인은 당시 공산주의의 불법 행위를 처벌하기 위한 형벌적 처리 방법을 비난했다. 왜냐하면 그러한 방법은 "법 없이는 형벌도 없다"**라는 과거의 전통적 법정신과 소급금지 원리에 위반되기 때문이었다. 동독에서 불법이 아니었던 행위는 통일된 독일에서도 처벌받아서

---

* 1648년 뮌스터와 오스나브뤼크에서 체결된 조약으로, 독일의 30년전쟁과 네덜란드에서 80년간 이어진 독립전쟁을 종식시켰다. _옮긴이
** 이 명제는 계몽주의 시대의 독일 법학자인 폰 포이에르바하에 기원을 두고 있다. _옮긴이

는 안 되며, 판결은 단지 행위 발생 이전에 제정된 법에 따라서만 내려질 수 있다는 것이다. 그렇지만 원칙적으로 통일협약에 따르면, 베를린장벽과 철조망 근처에서 일어난 인명 살상 같은 중대 범죄에 대한 처벌은 사회민주주의 법학자 구스타프 라드부르흐가 제2차 세계대전 직후 발전시킨 명제와 관련되었다.

이른바 라드부르흐 명제는 신체나 생명에 가한 범죄는 상응하는 법 규정이 없더라도 범죄로 간주할 수 있다는 데서 출발한다. 왜냐하면 법은 인간성과 자연법, 서구의 자유와 민주주의의 이념의 틀 안에서 존재하기 때문이다. 라드부르흐에 따르면 "합법적 불법은 초법적 법"에 의해 배제되고 명예와 관련된 법은 재판관에게도 속박되지 않는다. 이러한 기초에서 베를린장벽 수비병과 장교에 대한 재판이 열렸다. 왜냐하면 살해를 금지한 국가의 명령에도 불구하고 도망자를 살해한 행위는 불법이라는 사실을 누구나 인식할 수 있었기 때문이다. 그들은 재판에서 대부분 유죄선고를 받았다.

통일된 독일에서 과거에 대해 종지부를 찍는 문제가 진지하게 논의되고 심지어 '종료법률'까지 요청되리라고는 전혀 예측하지 못했다. 억압의 시기에 등장했던 개념을 나는 예기치 못했다. 그것도 좌파 자유주의자들의 진영 안에서 그러한 논리가 등장할 줄은 몰랐다.

"우리는 나치의 엘리트들을 사회에 재통합시켰음에도 불구하고 하나의 완전한 민주주의적 국가가 되었다." 낡은 좌파는 이처럼 1990년 이후 매우 제한된 범위 안에서 엘리트들이 교체되었다고 논평했다. 당시 그들은 1960년대의 권위주의적 구조 속에 나치활동에 참가했던 전력을 지닌 정치가와 교수에 대해 강력하게 반대했다. 보수적인 바덴뷔르템베르크 주정부 총리인 한스 필빙거가 "당시에 합법적이던 것은 오늘날 불법적인 것이 아닐 수 있다"라는 견해를 내놓자 좌파 자유주의자들은 이를 강하게 질책하지 않았던가!

사람들은 '서독인의 이해방식'에 기대어 대범하게 책임을 감면해주길 바라는 차원에서 이런 말을 종종 했다. "내가 어떻게 행동했는지 누가 알겠는가?" 자유의 제약과 비밀경찰의 조치를 문제 삼을 때 자신의 정부를 주의 깊게 관찰한 사람들의 입에서 나온 다음과 같은 말들은 낯설게 들린다. 왜 그들은 "나는 순응하라는 압력, 박해, 협박 등에 반대해서 굳건히 견뎌내기를 바랐다"라고 말하지 못했는가?

보수 진영으로부터도 역풍이 있었다. 1990년 서독으로부터 불법적으로 획득한 자료를 출판한 데 대해 불쾌감을 나타냈을 때와 유사한 논거로 연방정부 수상 헬무트 콜은 몇 년 후 자신과 가까운 사람들이 연루된 국가안전부의 문서를 공개하는 데 반대했다. 하지만 전환기에 국가안전부 본부가 문서를 파기한 관계로 실상이 드러나지 않았던 서독 고위 정치가에 대한 도청 기록이 새로 등장했다. 이는 이데올로기적이 아닌 법적으로 결말지어졌던 일인데, 이러한 갈등이 나의 임기 말에 다시 시작되고 말았다.

동독의 국가안전부 문서에 관한 법률에 따르면 시대사적 인물인 서독의 헬무트 콜 수상이라 하더라도 자신에 관한 문서에 관해 어떤 권리도 행사할 수 없었으며 언론 매체와 연구자에게 그 문서들이 개방되어 있었다. 그는 그 사실을 알고 매우 분개했다. 그는 우리의 특별법을 제대로 이해하지 못해서 그랬다고 나에게 전화로 알려왔다. 그는 기본권을 침해당했다고 보았기 때문에 소송까지 결심했다.

나의 후임으로 온 마리안네 비르틀러는 이 불편한 법적 다툼을 해결해야 했다. 베를린의 행정법원과 연방행정법원도 콜 수상이 옳다고 인정했다. 언론이나 연구자가 시대사적 인물에 대한 문서에 접근할 권리를 규정한 법조항은 특정인이 국가안전부의 협력자나 수혜자가 아니라면 누구도 그 문서에 접근해서는 안 되는 것으로 해석되었다.

이 결정은 문서관리청 법률가들이 일을 처리하는 데 어려움을 주었다. 과학적 평가자들은 그때까지 법 규범을 달리 해석하고 있었다. 즉, 감시 대상 인물이 시대사적 인물이라면 그의 문서에 대한 접근권은 언제나 허용되며 그 사람이 사적 영역에서 감시를 당했을 경우에만 외부인의 접근이 거부될 수 있다는 것이다. 어쨌든 사적 사안 또는 내밀한 생활은 모든 신청자에게 공개되지 않았다. 오직 감시 대상 인물만 그러한 내용에 접근할 수 있었다. 문서관리청은 헬무트 콜 수상에게도 그 원칙을 제시했지만 콜 수상은 이 원칙을 받아들이지 않았다.

법원의 결정에 따라 문서관리청은 학자나 언론인에게 다음과 같이 말해주었다. "당신의 신청은 거부되었습니다. 신청 근거가 되는 법에서 문서열람을 금하고 있기 때문입니다." 콜 수상의 변호인에 따르면 법원의 견해를 반영한 법조문에서는 이미 몇 년 동안 "불분명한 도식"*이 사용되었는데 이상하게도 학자나 의회의원, 그리고 문서관리청의 법률가조차도 그 사실을 알지 못했다.

콜 수상의 결정으로 이득을 본 사람은 고발한 사람들뿐만이 아니었다. 특히 동독공산당의 지도자급 집단과 체제 담당자가 한숨 돌리게 되었다. 왜냐하면 그들도 시대사적 인물이었기 때문이다. 그들이 단지 국가안전부로부터 지원이나 위탁을 부여받았더라면, 즉 국가안전부의 수혜자였다면 연구자나 언론이 그들의 문서에 접근할 수 있었을 것이다(그러나 일반적으로 지도층은 이러한 범주에 속하지 않았다). 하지만 이 결정으로 인해 그들의

---

* '불분명한 도식'이란 외관상으로는 올바른 것으로 보이지만 실은 매우 불분명한 개념이나 진술을 말한다. _옮긴이

문제를 출판하려면 그들로부터 개인적인 동의를 얻어야 했다. 그들에 대한 문서를 열람하는 것도 매우 제약되거나 불가능해질 수 있었다. 헬무트 콜 수상이 원한 바가 그런 것이었을까?

그래서 입법자들은 2002년 9월에야 – 문서관리청이 주장해온 해석에 의거해 – 법을 좀 더 정밀하게 손질했다. 이제 당사자들은 자신들의 문서에 대한 열람을 요청하면 문서가 제공된다는 사실을 알게 되었다. 그들은 이의를 제기할 수는 있었으나 공개나 출판에 대한 결정은 궁극적으로는 연방정부로부터 위탁을 받은 자의 책임하에 있었다. 물론 문서열람에 앞서 학문의 자유에 대한 기본권, 자유로운 의사표현에 대한 권리, 인격권 등이 고려되었다.

회고하자면 권리 분쟁의 역사는 그때부터 이미 시작되었다. 헬무트 콜 수상은 법의 안정성을 높였다. 즉, 그에 관한 문서도 일정한 조건을 충족해야만 출판할 수 있게 되었다. 이러한 권리 분쟁 과정에서 나는 헬무트 콜 수상에 대한 문서가 공개되었을 당시 콜 수상이 드러낸 불쾌감이 기억났다. 몇 년 전 동독공산당 독재 처리 작업을 위한 조사위원회가 독일 연방의회에서 만들어지기 전에 콜 수상은 해명자료를 담은 응소장을 나에게 보내왔다. 콜 수상은 자신과 관련된 모든 증거를 파괴할 수도 있다며 큰 의미를 부여해서 말했다. 시민의 한 사람이자 정부의 수장이고 역사학자인 콜 수상은 사람들 입에 끊임없이 오르내릴 문서, 독일에서 히틀러 다음가는 공산 독재의 국가안전부 문서 조형물로 장식된 기념물을 사람들이 그렇게 쉽게 포기하리라고 생각했던 걸까? 동독은 그의 살아온 세계가 아니었고 그가 경험한 독재가 아니었던 것은 분명하다. 이러한 그의 자세가 사람들을 다시 동독인이 되게 했다.

콜 수상은 연방의회 조사위원회에 출석한 직후 나를 서독의 수도 본에 있는 수상 집무실로 초청했다. 나는 매우 기뻤으며 그 또한 매우 친절했다. 나는 다른 모든 것에도 불구하고 1989~1990년 그가 보인 태도 때문에 그를 매우 높이 평가했다. 그는 이미 나 이전에 많은 방문자에게도 깊은 인상을 남겼던 실로 짠 재킷을 입고 나를 맞았다. 그는 자신에 대해, 나는 나에 대해 말했다. 대화는 예정보다 길어졌다. 그는 나에게 노골적으로 평화의 신호를 보냈다. 나는 안심했다.

우리는 각자의 어려움을 토로했다. 즉, 나는 동서독의 다양한 집단이 대변했던 계몽되지 못한 좌파의 이념적 저항에 직면했고, 콜 수상은 과거의 불의를 철저하고 강력하게 척결하는 것을 부담스러워하는 보수 세력의 문화적 거리감과 대면했다.

그러나 문서관리청은 동독의 과거 집권자와 그들에게 협조한 자를 처벌하는 방안과 그러한 엘리트들을 교체하는 수위와 관련한 방안을 제시했는데, 이는 유타 림바흐, 로라 페셀구차이트 같은 법률가, 그리고 자민당 의회 의원인 부르크하르트 히르슈 같은 법률가, 기민당과 녹색당 등으로부터 지지를 얻었다.

진실을 밝혀내기 위해 나는 과거의 것들과의 대결에서 굴하지 않았고 의욕적으로 투쟁했다. 논쟁에 종지부를 찍으려는 노력은 개인들이 현저하게 많은 문서열람신청서를 제출한 데서도 나타났다. 나는 언론과 의회로부터 특별한 허락과 지원을 받았으며, 존경도 받았다. 내가 정당 정치적으로 편향되거나 불순한 의도를 갖고 문제 해결을 시도하지 않았던 것을 정계와 의회는 높이 평가해주었다. 오늘날까지도 낯선 사람들이 찾아와 나에게 감사를 표시하고 있다. 문서관리청은 수십만 동독 시민에게 숨겨져 있던 과거를 밝혀줌으로써 자신들의 삶을 새롭게 볼 수 있게 해주었다.

그와 달리 위르겐 푹스 같은 철저한 재야의 민권운동가는 문서관리청이 희생자들의 권리를 되찾게끔 돕고 있지만 사건을 중립적이고 행정 기술적인 기준에 따라 형식적으로 처리함으로써 수준 높은 도덕적 요구를 수용하지 못한다고 지적하기도 했다. 물론 문서관리청이 거대해짐에 따라 의도하지 않게 관료주의로 나갈 수도 있었다. 소설가 카프카가 말한 소외 현상의 흔적을 추적해본 사람은 거대한 행정기관에서 언제나 그런 요소를 발견할 것이다. 그렇지만 정치적 계몽에 봉사해온 문서관리청은 일차적으로 접근 권한을 가진 모든 사람을 위한 서비스기관이다. 문서관리청은 과거나 지금이나 선한 인간으로 구성되고 최고의 결정권을 가지며 도덕적으로 특별히 합법화된 그런 집단이 아니다.

동독의 국가안전부 사무실이 점령되던 혁명 시기에 시인 라이너 쿤체가 자신에 관한 문서를 어떤 민권운동가로부터 넘겨받았다면 어떻게 행동했을까? 법치 국가에서 시민은 오직 법적 절차를 통해서만 자기 문서에 접근할 수 있다. 자기 문서를 보려면 우선 신청서를 제출해야 한다. 문서가 준비되어 열람하더라도 자신과 관련 없는 3자와 관련된 부분은 검게 칠해 볼 수 없게 한다. 이 모든 절차는 질서와 구조를 갖고 있다. 이 과정에서 우리는 인간성에 대한 가치를 점차 인식하게 되었다.

문서관리청은 직원들이 시민들의 사안에 조심스럽게 접근하도록 주의를 기울였다. 시민과의 상담 프로그램을 운영하기도 하고 트라우마를 가진 희생자에게는 전문적인 상담소에 대한 정보를 제공하기도 했다.

결국 문서관리청은 행정법적 규범에 따라 탄생한 기관이었으나 희생자들의 관심사에도 놀라운 방식으로 기여했다. 이는 첫 번째 책임자이던 가이거 박사의 공로이기도 했다. 그는 문서관리청의 법률가와 많은 직원에게뿐만 아니라 특히 나에게 훌륭한 자문관이었다. 그는 의회와 정부에서도 높은 신망을 얻어 1996년 이후 두 개의 지방정부로부터 중요한 과제를 위탁받았다. 그는 처음에는 연방정부 헌법보호청의 수장으로, 그다음에는 연방통신사의 의장으로, 마지막으로는 법무성 차관으로 일했다. 가이거 박사 같은 지도자적 인물이 문서관리청을 떠나 다른 기관에서 일하게 된 것은 우리에게 커다란 손실이었다.

나는 당시 매우 염려했으나 페터 부세를 그의 후임으로 맞이하면서 안심하게 되었다. 부세는 연방정부 내무성 출신으로 자유주의적 성향의 장관 게하르트 바움의 사무실을 이끌었는데, 삶의 마무리 단계에서 우리에게 왔다. 그는 법무성에서 외국인법과 스포츠를 담당했다. 이는 우리가 다루는 주제와 다소 거리가 있어 우리 일에 적응하기 힘들어했지만 그는 여러 부서를 거느린 거대 기관에서 인사 문제를 다루었던 능력을 발휘했다. 직원들에게 이해와 지원을 아끼지 않는 그의 스타일은 특히 동독 출신 직원들로부터 인정을 받았다. 뒤돌아보면 그 시기에 그렇게 훌륭한 직원이 없었더라면 어떻게 일을 해냈을까 하는 생각이 든다.

과거의 독재를 불법화하는 데 공헌한 특별법을 제정한 데 대해 나는 대체로 매우 만족했다. 제2차 세계대전 이후 연합국은 "평화와 인간성에 대한 침해"를 이유로 뉘른베르크 전범 재판을 열었는데, 이 특별법은 그 재판이 달성한 바와 유사한 성과를 거두었다. 슈트라스부르크의 유럽법정은 2001년 법치국가에서는 이전 정권의 범죄 행위를 처벌하는 것도 합법적임을 확증해주었다. 국제적 형법을 안정화시키려는 노력은 이러한 방향으로 가고 있다.

독일에서는 나치 청산을 시작한 1945년 이후나 동독 독재 정권 청산을 시작한 1990년 이후 여러 곳에서 이러한 '승리자 사법권'에 대한 저항이 일어났다. 이러한 저항은 법정치적 논거뿐만 아니라 다양한 형태의 '재교육', 독재 시대의 삶에 대한 회고와 자기성찰로서 그 정체를 드러냈다. 요즘도 어떤 노인은 이렇게 말한다. "지도자(히틀러) 때에도 모든 것이 그렇게 나쁜 건 아니었어." 요즘 노부모 가운데 일부는 이렇게 말하기도 한다. "동독이 불법국가라고? 사회주의에서 모든 것이 그렇게 나쁘지만은 않았어!" 그들은 동참했고 보았고 멀리했고 심지어 눈치도 채지 못했던 수치스런 일들 앞에서 예나 지금이나 자기를 보호하려 한다.

철학자 카를 야스퍼스는 전후 에세이집 『죄책 문제』를 발표한 이후 공적 영역에서의 죄책감에 대한 사람들의 이해를 크게 신장시켰다. 나는 그 글을 1990년에야 비로소 읽었지만 많은 것을 배웠다. 야스퍼스에 따르면 판사들이 판시해준 범죄에 대한 죄책만 있는 것이 아니다. 야스퍼스는 죄책을 도덕적 죄책, 형이상학적 죄책, 정치적 죄책으로 나누어 다룬다. 첫째, 도덕적 죄책은 나의 양심에 반한 행위에 따른 것으로서, 상처받은 이에 의해 심판받는 죄책이다. 도덕적 죄책에서는 상처받은 자만이 나의 죄를 용서해줄 권리를 갖는다. 둘째, 형이상학적 죄책은 인간이 신의 계명을 범하는 죄에 따른 것으로서, 참회를 통해 신으로부터 사죄를 받는다. 셋째, 정치적 죄책은 국가시민으로서의 모든 독일인이 지는 것으로서, 나치 정권의 출현에 대한 직접적인 책임을 진 사람은 많지 않지만 우리 독일인들은 그 정권이 우리 안에서 생겨나는 것을 용인한 데 대한 책임이 있다.

우리는 국가안전부의 문서를 '정치적·사법적·역사적 처리 작업'이라는 도식과 함께 야스퍼스의 사상이 제시하는 다차원적 죄책을 고려하려 했다.

마지막으로 1989년 이후 동독의 과거사를 처리하는 작업은 1945년 종전 후 서독에서 나치의 과거사를 처리하는 작업보다 훨씬 신중하게 진행되었다. 한 예로 체코인은 탈나치화 작업을 실행했으나 우리는 '탈공산주의화' 작업을 거의 포기했다. 1990년 자유선거로 선출한 동독 의회에서는 국가안전부와 동독공산당을 모두 범죄적 집단으로 선언하려 한 의원도 있었다. 그러나 대다수 의원은 공산당을 전문가 집단으로 보지 않고 2300만 명의 당원 중 많은 사람이 그저 단순히 부화뇌동했다고 보아 이러한 해결책을 받아들이지 않았다. 게다가 우리는 이전 공산당원들에게 통합하자는 신호를 보냈다. 우리는 동독 체제에 대한 친근성이 곧 사라지리라는 환상도 갖고 있었다. 오늘날의 관점에서 보면 공산당의 엘리트들을 국가안전부의 간부나 비공식 협력자와 동급으로 본 것은 정치적으로 오히려 적절했던 것 같다. 통일 후 지방의 공산당 지도자나 중앙위원회 위원들이 비공식 협력자보다 훨씬 더 좋은 대우를 받았던 것을 나는 유감스럽게 생각한다. 그것은 한때 별 볼 일 없던 영주를 농부보다 좋은 자리에 앉히는 것과 유사했는데 이는 정치적 실책이었다.

이웃 나라는 우리와 다른 길을 갔다. 폴란드인들은 '확실한 종지부 찍기'라는 정책을 통해 관용적이면서도 미래지향적인 결정을 내렸다. 우리는 이전의 지배 엘리트들에게 화해의 손을 내밀었다. 이전의 엘리트들은 부끄러워서 나서지 않았고, 동시에 희생자들은 너그럽게 어떤 형태의 폭로나 보상도 포기했으며, 대중들은 제한된 범위 내에서만 과거사의 진실 규명에 관심을 갖기를 바랐다. 이러한 태도에는 전술적 양보가 내포되어 있었다. 말하자면 비공산주의자로서 처음으로 폴란드 총리가 된 타데우시 마조비에츠키는 1989년 위기에 처했던 공산주의자들과 연정을 이룬 뒤 내무성과 국가안전부를 1981년 계엄령하에서 보이치에흐 야루젤스키 장군의 오랜 투사였던 체스와프 키슈차크 장군의 손에 맡겨 처리하게 했다.* 후에 밝혀진 바와 같이 의도했던 평화와 사회 통합이 완전히 달성되지는 못했다. 보수적인 정치인 레흐 카진스키가 부상한 것은 본질적으로 국가안전부의 부

---

* 체스와프 키슈차크는 폴란드의 공산주의자 장군이자 정치인이다. 폴란드 연합 노동자당 소속이며, 1989년 폴란드 원탁회의를 주선해서 폴란드 민주화에 기여했다. _옮긴이

실한 과거사 처리에 대한 항의의 표시였다.

'확실한 종지부 찍기' 정책은 폴란드에서는 낡은 것과 새로운 것, '그들'과 '우리' 사이의 경계선을 지워버렸다. 기독교적으로 화해하려는 자세는 원탁회의 이후 권력정치적 정세하에서 요구되던 것을 넘어섰던 적잖은 과거 지배자들을 집단적으로 용서해주었으며 아니면 민중과 반정부 집단 내에서 협력을 지향했던 이들의 방패막이로 기능했다.

영웅적 저항운동의 명성에 부응하기 위해 폴란드에서는 과거의 모든 것을 철저히 밝혀냈고 이로써 역사 청산은 심각하게 마비되었다. 나는 이를 언제나 어리석은 처사였다고 생각했다. 인간은 유혹을 받거나 협박을 당할 수도 있다. 좀 덜하기는 하지만 반정부운동가 역시 그러했다. 그러나 불안은 사람들을 혼란에 빠뜨려 사태 파악을 제대로 하지 못하도록 만든다. 레흐 바웬사*가 대표적인 예이다. 이 젊고 활동적이고 고집 센 노동자는 결정적인 상황에서 "아니다"라고 말하지 못했다. 후에 그는 공산주의자들에게 저항해 커다란 성과를 거두고 국가의 중요한 인물이 되었지만 과거 자신이 "아니다"라고 말하지 못한 것은 자신의 잘못이었다고 고백하는 위대함을 보여주지는 못했다. 그랬다면 국민들은 그의 역사적 공로를 고려해 그를 너그럽게 용서해주었을 것이다. 진리와 비판적 성찰은 모든 것을 깨끗하게 만드는 소나기 같은 역할을 하기도 한다. 그러나 이를 실천하지 못했던 바웬사는 사람들로부터 잘했느니 못했느니 평가받는 논쟁적 대상이 되고 말았다.

나는 유럽의 학술대회가 열렸던 하원** 위원회의 회의에 참석하기 위해

---

* 공산 폴란드 최초의 자유노조인 '연대'의 설립자이자 노벨상 수상자이다. 동유럽이 민주화된 이후 폴란드의 대통령으로 당선되었다. _옮긴이
** 폴란드 의회는 하원과 상원으로 구성되어 있는데 하원의 의원은 460명이다. 현재의 하원은 1989년부터 제3공화국과 더불어 시작되었다. _옮긴이

자주 폴란드에 갔다. 거기서 중요한 폴란드의 언론 매체와 대담을 가졌으며 브레슬라우대학 및 크라카우대학에서 강연을 하기도 했다. 반정부 운동가였다가 상원의장이 된 보그단 보루세비츠에게는 그에 대한 국가안전부의 문서를 넘겨주기도 했다. 동독 출신의 비공식 협력자가 단치히에서 그를 오랫동안 감시했기 때문이다. 폴란드의 청중은 나를 언제나 기쁨과 커다란 기대로 맞아주었다. 그들은 국가안전부의 문서 처리 작업에 찬동했으며, 불가리아와 루마니아에서 온 몇몇 사람도 같은 입장이었다. 하지만 다른 몇몇 사람은 분명하게 나와 거리를 두었는데, 내가 지원을 기대했던 신문발행인 아담 미흐니크도 그중 한 명이었다. 그는 나에 대해 분명 유보적인 태도를 보였다. 그들은 우리 활동을 마녀사냥이자 "과도한 프로이센적 행태"라고 보는 것 같았다.

그동안 폴란드는 민족적 추모기관과 더불어 우리와 매우 유사한 해결책도 만들어냈다. 이 문제를 처리하는 기관은 검찰의 과제까지 넘겨받았는데 내가 보기에 이는 과도했다. 어쨌든 나는 우리 기관이 그 같은 권한을 갖지 않은 것을 다행으로 여겼다.

독일이 좌파 자유주의적 분위기에서 강구한 해결책은 남아프리카공화국이 진실화해위원회를 설립하게 된 모범적 계기로 칭찬받고 있다.* 남아프리카공화국 진실화해위원회라고 해서 문제나 다툼이 없었던 것은 아니다. 나는 1997년 1월 그곳에서 온 방문객을 통해서 그 사실을 확인할 수 있었다.

---

* 노무현 정부 시절 2005년 12월 1일 출범해 5년 동안 활동했던 진실화해위원회는 2010년 12월 31일자로 조사활동을 종료했다. 진실화해위원회는 항일독립운동, 반민주적 또는 반인권적 행위에 의한 인권유린과 폭력·학살·의문사 사건 등을 조사해 왜곡되거나 은폐된 진실을 밝혀냄으로써 민족의 정통성을 확립하고 국민통합에 기여하기 위해 독립적인 국가조사기관으로 출범했다. 이러한 위원회는 독일과 폴란드 등 유럽 국가들과 남아프리카공화국, 대만, 티베트 등 과거 아픈 역사를 지닌 나라들에서 과거사 청산과 민족의 통합과 화해를 위해 만들어졌다. _옮긴이

남아프리카공화국은 동독과는 완전히 다른 전제에서 출발해야 했다. 남아프리카공화국의 흑인들이 거리로 나간 시기와 우리가 거리로 나간 시기는 거의 같았다. 하지만 우리의 혁명은 평화롭게 진행된 반면, 남아프리카공화국에서는 20명의 흑인이 사살되었다. 우리는 엘리트들을 교체하고 책임자를 처벌해 정치적 책임을 물을 수 있었으나, 남아프리카공화국에서는 과거 권력자들의 위협으로 평화적 정권 교체가 방해를 받았다는 사실이 성공회 주교 데즈먼드 투투에 의해 증언되었다. 독일에서와 같은 해결책을 사용했다면 "우리는 나라를 불태울 뻔했다"라는 투투 주교의 말을 나는 잊을 수 없다. 프랑코 정부 말기였던 스페인과 유사하게 남아프리카공화국은 면책을 약속했지만 범죄자들이 공적 절차를 거쳐 죄를 자백하면 처벌을 면해주었다. 그것이 진실화해위원회가 의도한 핵심 내용이었다.

나는 남아공을 방문하는 동안 범죄자들과 함께 희생자 가족도 동참한 청문회에 참석했다. 그곳에서 경찰 작전 당시 학교에서 12살짜리 아들을 잃은 나이 많은 부인이 등장했을 때 뭔가가 파악되었다. 아무것도 아니었던 사람들, 쓰레기로 취급되었던 사람들이 이제 전국적으로 유명한 사람이 되어 있었다. 이것만으로도 일종의 보상이라고 투투 주교는 나에게 말했다. 그런 뒤 카메라와 마이크 앞에서 용서를 비는 매우 중요한 순서가 진행되었다.

죄책 고백을 통해 대중과 연결되는 화해의 증언은 사회적 치유 효력을 발휘했다. 그렇지만 진실화해위원회의 활동은 적잖은 희생자들의 가족을 가슴 아프게 만들었다. 예를 들면 무고한 자를 고문하고 살해했던 한 중령은 자백하고 난 다음 아무런 처벌도 받지 않고 자유인으로서 고급빌라로 돌아갔으며 경우에 따라서는 경찰의 총수로 계속 일하기도 했다. 이에 반해 살해당한 대학생의 어머니는 보잘것없는 액수의 보상금을 받고 다시 빈

민촌으로 돌아갔다. 이러한 일처리 방식은 범죄자에게는 유리한 반면 희생자들의 가족은 트라우마에 빠뜨렸다.

위니 만델라의 경우에서 보듯* 범죄자가 자신의 범죄를 진실로 인정할 자세가 되어 있지 않으면 진실화해위원회는 사실상 완전히 무기력했다. 위니 만델라는 자신이 저지른 심각한 인권 침해를 단호히 부인했다. 카메라 앞에서 투투 주교가 그녀에게 "사태가 매우 잘못되었다"라는 말이라도 하라고 거의 빌다시피 간청하자 그녀는 잠시 망설이더니 웃으면서 "사태가 매우 잘못되었다"라고 같은 말을 반복했다. 진실을 제대로 고백하지 않고서는 진정한 화해가 불가능하다.

이 위원회는 화해의 과제를 국가적 기구에 넘겼기에 목표를 달성하기가 거의 불가능했다. 이 위원회의 설립자인 찰스 빌라 비센치오 교수는 나와의 대담에서 자신을 비판함으로써 평화로운 공존을 추구하는 것이 더 현실적이고, 화해는 오직 범죄자와 희생자 사이에서만 가능하며, 범죄자는 희생자나 신으로부터만 용서받을 수 있다는 점을 강조했다.

독일에서는 진실을 밝혀냄으로써 화해로 나가는 데 대해 많은 사람이 걱정했다. 동독의 국가안전부와 그 기관에 협조한 사람들에게 죄를 묻는 것은 정의를 향해 필요한 발걸음이 아니라 오히려 내적 평화를 위협하는 것이라고 많은 사람이 생각했다. 희생자에게 정의를 실천하는 것은 불타는 복수심을 부추기는 것으로 간주되었다. 희생자가 직접 복수하려고 나선 사건이 전혀 없었다는 것은 놀라운 사실일 뿐만 아니라 아무리 칭찬해도 모자랄 일이다. 우리는 희생자들에게 그가 겪었던 고통을 표현할 권리를 주

---

* 넬슨 만델라의 부인인 위니 만델라에 대한 남아프리카공화국 진실화해위원회의 1998년 최종 보고서에는 "위니 만델라는 정치적으로나 도덕적으로 영국 맨체스터 유나이티드 스포츠클럽이 저지른 인권 침해에 대해 책임이 있다"라고 명시되어 있다. 그녀는 살인교사 혐의로 고발당했다. _ 옮긴이

지만 그들은 이마저도 마지못해 하곤 한다. 나는 가끔 문서를 공개함으로써 알게 된 사실이 범죄자를 용서하는 데 방해가 되지 않는가라는 질문을 받았다. 그럴 때면 나는 이렇게 대답하곤 했다. "나는 아는 것만을 용서할 수 있다."

사실상 용서란 일반적으로 범죄자가 전술적이지 않고 진정으로 진실을 고백할 때만 가능하다. 범죄자가 자기 악행을 고백하더라도 희생자가 진실한 참회를 감지할 때만 용서할 수 있다. 내가 직접 경험했던 사례를 통해 진실과 화해라는 주제를 다루려 한다. 첫 사례는, 1992년 초 20여 년 동안 교회에서 알고 지내던 친구가 나를 찾아왔던 일이다. 그는 멀리 동독의 북부에서 왔는데 다행히 여비서에게 쫓겨나지 않고 내 사무실까지 들어왔다. 그는 나에게 이렇게 말했다. "나는 자네가 문서를 통해 나에 대해 잘 알고 있다는 것을 알고 있네." 그러나 나는 그에 대해 아무것도 알지 못했다.

그는 해군 제복을 입고 세례를 받고 군대에서 매주 교회 출입문에 서서 사람들에게 예배 참석을 권하던 착실한 젊은이였다. 그는 젊었을 때 국가안전부에 매수되어 얼마 동안 정보를 모아 보고했으나 그 후 신앙이 깊어지자 약속을 어기고 협력을 중지했다. 나는 그가 겪은 삶의 희로애락을 익히 잘 알고 있었다. 그러나 그는 국가안전부에 협력했던 것만은 내게 말하지 않았다. 왜 그랬을까?

"정말로 부끄럽네." 그는 눈물을 흘렸고 그 순간 나도 울었다. 나는 무의식적으로 그에게 손을 내밀어 악수를 청했다. 늦은 밤 집으로 돌아오는 길에 나는 스스로에게 이렇게 자문했다. 내가 그렇게 한 것은 정치적으로 옳은 일이었을까? 그러나 나는 그가 국가안전부에 발을 들여놓았고, 다른 협력자처럼 행동했고, 누구에게도 손해를 끼치지 않았고, 심지어 나를 돕기까지 했다는 것을 알고 있었다. 왜냐하면 그 대신 뮐러나 마이어 같은 사람이 국가안전부에 나에 대해 보고했더라면 모든 사태는 훨씬 더 어려워졌을 것이기 때문이다. 나는 그에게 이렇게 말할 수도 있었다. "그동안 소식도 전하지 않아 자네와 이렇게 긴 대화를 나누리라고 생각지도 못했네." 그것은 지나치게 예의를 갖춘 대답일지 모른다. 왜냐하면 내 안에 분노가 치밀긴 했지만 그 배반자에게 감사한 마음도 들었기 때문이다. 다시 말해 그가 자기의 수치를 감추지 않자 내 마음은 정상을 되찾고 내가 해야 할 일을 깨닫게 되었다.

둘째 사례는, 인민의회 내에서 있었던 앞의 일과 유사한 행동이다. 당시 민주사회당의 젊은 의원인 라이너 뵈르너는 총회에서 자신이 국가안전부의 비공식 협력자로 활동했다는 사실을 고백했다. 그러자 갑자기 전체 홀이 조용해졌다. 그는 죄책을 고백함으로써 더 이상 할 것이 없어졌다. 나는 다른 사람의 눈치를 보지 않고 그에게 다가가 손을 내밀고 이렇게 말했다. "중요한 것은 그때의 잘못이 아니라 지금의 고백과 참회입니다."

셋째 사례는, 클라우스 리히터에 관한 이야기이다. 그는 높은 자리를 얻기 위해서가 아니라 좋은 일을 하기 위해 공산주의자가 되었다. 그의 가족 가운데는 공산주의자였다는 이유로 히틀러 치하에서 박해를 당했던 사람도 있었다. 그가 1990년 동맹90의 원내총무 자리를 맡았을 때부터 나는 그를 알고 지냈다. 그는 한때 K-단체의 구성원이기도 했으나 지금은 녹색당에서 활동하는 사람들보다도 공산주의적 이념에서 멀어져 있다.

한때 리히터는 동독의 국가안전부 본부에서 정보 처리 작업을 담당했다. 그는 짧은 인생을 긴장감 넘치게 살았으면 했다. 그렇지만 모든 것이 곧 그에게 혐오감을 주었다. 스파이 수련생으로서의 그의 삶은 너무나 원시적이고 무의미했다. 그러고 나서 여자친구가 생겼는데 그는 자신이 하는 일을 여자친구에게 말할 수 없었다. 한번 약속한 일을 위해 그는 어려운 길을 가야만 했다.

리히터는 원내 교섭단체에서 자신의 과거를 털어놓았다. 그때 우리는 "당신은 누구를 배신했습니까?"라고 물었다. 우리는 그와 같이 일하는 것이 우리에게 방해가 된다고 결코 생각하지 않았다. 그는 우리 앞에서 진실을 말했고 누구도 거기에 대해 분노하거나 부끄러워하거나 비난하지 않았다. 가르치려고도 하지 않았다. 그가 과거의 삶을 청산하면서 많은 어려움을 겪었음을 알 수 있었다. 그렇기에 우리는 그와 함께 지낼 수 있었다. 지금도 국가안전부의 희생자와 협조자는 같이 앉아서 일하고 있다.

내가 새로운 기관의 책임자가 되었을 때 나는 리히터를 문서관리청으로 영입했고 거기서도 언제나 그를 방어해주었다. 나는 그를 100% 신뢰할 수 있었다. 우리는 그를 한밤중에 깨워 서독에서 온 20명의 낡은 좌파 앞에 내세울 수도 있었고, 미국에서 온 보수적인 의원이나 동북 독일의 붉은 반동분자 집단 앞에 내세울 수도 있었다. 그렇더라도 그는 새로운 자유와 대의의 편에 섰을 것이다.

회고해보면 우리가 추구했던 진실과 화해라는 모토는 온갖 혼란, 제약, 오류에도 불구하고 나에게는 성공적이었던 것처럼 여겨진다. 우리는 희생자에게는 존엄성을 되돌려주었으며 명예 회복과 보상을 가능하게 했다. 우리는 정치나 경제 등 국가적으로 중요한 영역에서 폭넓게 지배층을 교체해냈고, 범죄자나 정치적 책임자를 변방으로 몰아냈으며, 그중 몇몇 사람은 처벌을 받게 만들었다. 그러나 무엇보다 최근의 역사에 대한 논의의 장을 만들어냈다. 이를 통해 우리는 대중을 계몽하는 것이 가능하다는 경험을 얻었다. 이는 어지럽고 혼란스러운 몇 년을 거친 후 얻은 소중한 소득이다.

연방정부가 설립한 기관을 위임받은 책임자로서 일했던 첫 5년 임기는 생각보다 빨리 지나갔다. 국가안전부의 처리 작업을 통해 밝힌 사실은 엄청났고 많은 작업양으로 인해 시간이 촉박했다. 그러다가 나의 후임자를 선출하는 안건이 연방정부 의사록에 올라왔는데, 나는 1995년 9월 25일 절대 다수의 찬성으로 두 번째 임기를 시작하게 되었다.

그러나 두 번째 임기 5년도 조용하게 지나가지는 않았다. 연방의회의 조사위원회는 회기 중 동독공산당 독재를 처리하는 작업을 진행하기 위해 문서관리청에서 자문을 받아야 했다. 우리 앞에는 장기적인 과제가 기다리고 있었다. 우리의 교육 과제가 더욱 중요해졌으므로 공적 논의를 촉진시키기 위해 전시회, 출판, 토론회 등이 필요했다. 그리고 계속해서 엄청난 양의 문서열람신청서가 밀려들어왔다. 우리는 10년이나 15년, 아니 30~40년은 더 일해야 할 것 같았다.

나의 직무 기간이 끝날 때쯤 되자 '가우크의 기관'은 가우크 없이는 생각할 수 없게 되었다. 연방의원들은 이 직무를 계속해서 맡아줄 것을 나에게 권했다. 사람들은 두 번의 임기만 허용하는 것으로 규정한 법을 바꿀 수도 있다고 했다. 하지만 나는 원치 않았다. 내 생각은 확고했다. 정해진 법을 개인 사정에 따라 바꾸는 것은 민주적인 방식이 아니다. 나는 유리한 방법을 선택하지 않았다. 나는 민주화운동 출신이고 처음 직무를 맡았을 때 국가안전부의 해체를 연구하지도 않았다. 그리고 내 자리에 믿을 만한 동독 출신이 왔으면 했다. '가우크의 기관'을 유지하는 것보다 문서관리청의 과제들이 더욱 중요했다.

사태는 정확히 내가 바란 대로 진행되었다. 마리안네 비르틀러라는 결의에 찬 민권운동가가 나의 후임으로 왔다. '가우크의 기관'이 '비르틀러의 기관'으로 되는 데는 얼마 걸리지 않았다.

나는 문서관리청을 떠나면서 성실성과 능력, 그리고 열정으로 우리 사업에 봉사해준 모든 이들에게 감사했다. 나는 많은 사람을 알지는 못했지만 그들은 나의 가슴속에서 살아있었다. 레나테 리버만은 비서실에서 여러 일을 잘 처리해주었다. 그녀는 내 근처에 있으면서 나를 돕고 지도해주었다. 앞으로 그녀 없이 나는 어떻게 할까?

내가 마지막으로 문서관리청의 지부를 방문했을 때 나는 의례적인 송별 모임이 아닌, 인간적인 친밀함을 느끼는 감동적인 순간을 경험했다. 전혀 알지 못하는 사람들이 나에게 편지를 썼고 여러 TV 방송국이 퇴임을 계기로 나에 대한 특집을 만들었으며 신문들은 나를 기리는 기사를 썼다. 연방 정부 대통령 요한네스 라우로부터는 연방공화국의 공로훈장을 받았다. 그때가 10월이었고, 교회에서는 추수감사절이었다. 목사로 일하지 않은 지는 오래 되었으나 나는 수확이 풍성하다는 느낌을 받았다.

많은 사람이 내가 퇴임하고 나서 정치적 직무를 넘겨받을 것으로 기대했다. 나 역시 그런 생각을 하기도 했지만 좌파적·자유주의적 보수주의자라 할 수 있는 무당파인 나를 연방의회에서는 어떤 정당의 의원으로도 보지 않았다. 나는 곧이어 새로운 방식으로 역사연구 작업을 하도록 위탁받은 기관의 명예직을 맡았다. 그것은 '망각 반대-민주주의를 위해'*라는 초당적 단체의 의장직이었다. 이 단체는 공산주의를 처리하는 작업과 더불어 나치 독재의 만행을 기억하고 과거와 현재의 극단 극우주의자들로부터 민주주의를 보호하려는 목적으로 설립되었다.

나는 지난 20년 동안 내 삶의 주제에 충실했다. 나는 대중의 의식 속에 민주주의의 가치를 심어주기 위해 늘 동분서주했다. 내 직업에 대한 질문을 받을 때면 "여행하는 민주주의의 교사이다"라고 대답했다.

---

* '망각 반대-민주주의를 위해'는 베를린에 본부를 두고 26개 지부와 2000여 명의 회원을 가진 단체로, 나치 만행과 동독 공산정권의 불법을 기억하고 관용과 민주주의를 증진시키는 활동을 벌이며, 나아가 정치적 극단주의, 외국인 적대행위, 소수민족 배제 행위에 반대하는 투쟁을 하고 있다. _옮긴이

이는 철학자 아도르노가 나치의 과거 처리 작업에서 요구했던 바를 공산주의 독재 처리 작업에 적용함을 의미한다. 우리가 지나간 과거를 '진지하게' 처리하는 이유는 '밝은 의식'을 통해 과거의 속박으로부터 벗어나기 위함이다. 미처리히 부부, 호르스트-에버하르트 리히터를 비롯해 많은 사회학자와 심리학자는 독재가 사람들에게 미친 영향을 분석했다. 즉, 과거의 그림자는 다음 세대에까지 미치기 때문에 우리는 과거로부터 쉽게 벗어날 수 없다는 것이다.

우리는 이러한 학습 과정을 통해 계속 배우고 있다. 우리가 가는 길은 자갈길이다. 왜냐하면 과거 처리 작업이란 하나의 통일된 의견을 만들기 전에는 역사적 사실들을 포괄적으로 승인한다는 것을 의미하기 때문이다. 보상이라는 자기 연민에 빠지는 대신 희생자와 아픔을 나누는 것이 중요하다. 개인적 심리 치료에서처럼 희생자가 겪었던 감정을 전체 사회가 함께 나누고 한때 그 사회가 살았고 작동했고 고통당했고 같이 만들었던 곳을 향해 '진지하게' 나아가더라도 고통은 완전히 사라지지 않는다.

개인이 선택적 기억을 통해 과거의 어두운 면에서 도피하려는 충동에 굴복하듯이 집단도 희생자에게서 충격, 수치, 슬픔, 후회 등을 제거하고 이들을 무력한 상실감으로부터 벗어나게 하기 위해 국가의 불의하거나 어두운 면을 은폐하려 한다. 과거에 대한 향수는 계속 환상의 세계를 만들어낸다. 정치적으로 오용되지 않을 때는 향수가 사람들로부터 매우 사랑을 받지만 정치와 연관될 경우 사람들은 향수를 사랑하는 것이 아니라 그 고통으로부터의 자유를 원한다.

전후 몇 십 년 동안 독일연방공화국에서 사람들은 몇 단계의 다양한 청산 과정을 경험했다. 여론에 반대해 사실이 관철되기까지는 많은 시간이 걸렸다. 국민들은 일차적으로 희생자 편에 서서 이해하지 않았다. 또한 국민들이 죄책과 책임을 함께 고백하기까지는 시간이 걸렸다. 죄책과 고통은 단지 집단적 역사의 일부가 아니라 개개의 가족사로 이해되도록 교육을 해야 한다. 지금도 제3세대 중 일부는 가족이 죄책의 부담을 걸머지는 것을 회피하고 있다. 그들은 말한다. "우리 할아버지는 나치가 아니었다." 지난 몇 년 사이 그들은 추방당했을 때의 고통을 다시 강하게 떠올렸던 듯하다.

우리는 동독에서 역사 처리 과정을 절반 정도만 수행했다. 이를 완전히 처리하는 일과 이와 관련된 정신상태의 변혁은 국민의 몫이다. 대부분의 사람은 여전히 우왕좌왕하는 태도를 보이고 있다. 그들은 과거의 무자비한 경험에 대한 향수와 오늘날의 '밝은 의식' 속에 깨어 있는 순간 사이를 오간다. 오랫동안 억압을 경험했던 우리는 길 위에 서 있다. 우리는 사실 철저한 과거 청산을 어떻게 정의해야 하는지 알고 있지만 아는 것만으로 과거와의 고리가 자동적으로 끊어지는 것은 아니다.

누구도 고통을 좋아하지 않는다. 그러나 그렇게 많이 박탈당했던 자유, 그렇게 많이 겪었던 굴욕, 지속적 무력감 등에서 오는 고통이 단순히 의지를 통해 제거될 수는 없다. 다른 사람들, 즉 공범자들과 과거의 권력자들의 기회주의, 교만, 죄책은 바로 자신과 다른 사람에 대해 해명을 요구한다.

혼란스러운 감정에서 벗어날 때라야 우리는 비로소 의식적으로 낡은 것에 속박되지 않을 수 있다.

13

내가 생각하는 자유

자유에 대한 단상

.

두 남자가 한 공간에 앉아 대담을 나누고 있었다. 내가 문서관리청의 책임자로서 두 번째 임기였던 시기의 일이었다. 그 두 남자는 나를 심리치료 대회에 초대한 위르겐 쾨르너 교수와 나였다. 그는 문서관리청의 과제에 대해 많은 관심을 가졌을 뿐만 아니라 그 일에 종사하는 나를 이끌어가는 힘이 무엇인지 알고 싶어 했다. 대화가 진행되면서 점차 시간은 길어지고 내용은 깊어졌다. 이런 일은 흔치 않았다. 나는 그가 이 문제에 대해 나보다 훨씬 더 잘 알고 있다고 생각했다. 내가 얼마 전에 도달한 곳에는 고귀한 것들이 존재했는데, 그것들은 이전에 내가 살던 곳에는 잔재로만 남아 있거나 전혀 남아 있지 않는 것들이었다.

나는 그에게 이렇게 말했다. "나는 지금 사는 곳에 머물고 싶지만 '언제나 앞으로' 나아갈 수는 있습니다. 내가 지금 살고 있는 곳에는 헌법에 의해 보장된 기본권, 즉 양심의 자유, 종교의 자유, 의사표현의 자유, 직업 선택의 자유, 집회의 자유, 연구와 출판의 자유가 있습니다. 내가 지금 살고 있는 곳에서는 사람들이 스스로 연맹, 시민운동, 노동조합, 정당 등을 조직하고 그 조직에 대해 책임을 집니다. 비판, 담론, 이의 제기 등은 정치적·이념적 공작활동이나 지하활동, 정치적 처벌 대상이 아닌 정상적인 정치 문화로 간주됩니다. 내가 지금 살고 있는 곳은 법이 지배하고 필요할 경우 권리를 지키기 위해 소송을 제기할 수도 있습니다. 자유로운 시장이 존재하지만 사회적 네트워크도 존재합니다. 궁핍한 사람은 누구나 지원을 받습니다. 그리고 지난 60년 이상 어떤 나라도 이 나라를 침략하지 않았고 이웃 나라들과 평화롭게 살아가고 있습니다."

나는 지금 보물창고에 고귀한 것을 많이 가지고 있으나 이 고귀한 것은 앞으로 더 많아져야 했다. 우리 둘이 보았던 아름다운 것의 광채는 나의 눈에서뿐만 아니라 상대방의 눈에서도 빛났다. 그것들은 내면의 운동을 통해 말로 표현할 수 있는 것보다 훨씬 더 강하게 자기를 드러냈다.

"나는 좀 전에 바로 '언제나 앞으로'라고 말했습니다. 그렇습니다."

그는 모든 것을 벌써 깨닫고 있었다. 그러나 오늘날 서독의 많은 사람들처럼 그 또한 자유의 장점보다 자유의 불충분함, 결함, 오류 등을 더 중요하게 생각했다. 과거 동독 시절 질책과 훈계의 섬에 갇힌 국민들이 특수한 공기를 호흡했던 라이프치히, 보르나, 비터펠트로부터 온 방문자들을 통해 비로소 사물을 제대로 보고 파악했던 것처럼, 어린 시절부터 그가 믿었던 사실들이 정서적으로 전혀 다르게 다가왔던 것이다. 그는 미소를 지었다. 이제 그는 자신이 깨달은 것을 믿을 수 있게 되었다.

나는 지난 몇 년 동안 수없이 많은 대화를 통해 동독의 중심에서 살아온 나와 서독에서 살아온 내 친구 및 친지 사이에는 매우 큰 경험의 불일치가 존재한다는 사실을 깨달았다. 서독 사람들은 서구적 민주주의에 대해 느끼는 나의 기쁨을 순진하게 여기고 연민에 찬 시선을 보냈다는 것을 잘 알고 있다. 특히 민속학자나 신문의 문예란을 장식하는 예술가들이 이러한 시선을 수없이 보냈는데 그들은 나를 마치 원시문화에서 이주해온 인간처럼 바라보았다.

그렇지만 나는 과거에 단지 머리로만 알았던 자유에 대한 애정을 과거에도 원했고 앞으로도 간직하고자 한다. 오랫동안 자유를 열렬히 갈망하다가 이제 그 영역에 들어온 사람은 누구나 자유의 참의미를 알고 있다. 과거에는 자유에 대한 갈망 때문에 외적으로는 위협이나 박해를 받았지만 내적으로는 그 갈망으로부터 힘을 얻었다. 자유는 비록 오늘날 같은 세계화 시대에 다양하고 복잡한 도전에 직면해 의미가 상실되고 있는 것처럼 보이지만 나는 자유가 갖는 변혁의 힘을 믿는다. 나는 자유가 자기실현을 가능케 하는 힘을 깊이 경험했다. 또한 자유가 없었을 때 우리를 얽매던 무력감을 잘 기억하고 있다. 나는 내가 경험했던 부자유가 가져다준 결과를 잊지 않고 많은 동유럽 사람들처럼 앞으로 오래오래 소리 높여 자유를 찬양할 것이다.

'자본주의자'의 수탈로 인해 가난한 사람들은 더 많은 정의를 갈망하게 된다. 그렇지만 우리는 곧바로 새로운 정의가 사실상 존재하지 않는 현실과 직면하게 된다. 그러면 소수의 권력자가 다른 모든 사람의 무기력 위에 승리자로 군림했던 낡은 연극이 다시 새롭게 연출된다.

나는 마르크스의 '수탈하는 자의 수탈'이라는 개념을 레닌이 '모든 사람의 착취'라는 개념으로 이어받은 것도 알고 있다. 결국 지난 세기 동안 독일 작센과 튀링겐 지방에서는 개인이 중소기업을 운영하는 시스템이 무너지면서 농부들의 농장이 강제로 거대한 생산단위로 바뀌었다. 독립적인 기업가와 농부들은 의존적인 공장 노동자나 농사꾼으로 전락했다. 공교롭게도 "노동자의 당"이 노동자의 자유노조를 빼앗고 국가권력의 중개자로 기능하기도 했다. 정치적 권리나 자유로운 경제가 없으면 개인적 참여, 책임 능력, 기업가적 창의성과 혁신성이 사라진다. 경제적 무력화는 문화적·정치적 무력화도 동반한다.

동독 신문들은 "무기 없는 폐허화"*라는 말로 역사적으로 오래된 도시들의 폐허화를 평가하기도 했다. 일당 지배의 공산주의 사회로 인해 이러한 상황이 만들어졌다. 공산주의 사회는 처음에는 돈과 재산을 빼앗았고, 그다음에는 시민권, 인권, 독립권, 사법권의 독립권을 빼앗았으며, 마지막으로는 경제, 예술, 문화의 자유를 빼앗았다. 사회주의 사회에서 발생한 소외 현상은 마르크스주의 이론가들이 비판했던 자본주의 사회의 소외 현상보다 훨씬 심각했다.

이 모든 것은 실험실에서 얻은 결과가 아니라 살아있는 인간을 대상으로 얻은 실험 결과였다. 그리고 베를린장벽 뒤편에 만들어진 국가에 붙잡혀 있던 우리는 좋든 나쁘든 그 체제에 순응해야 했다.

한 사회의 구성원이 하나의 통합된 국가 의지를 따르도록 강요당한 상황을 나는 아직도 기억하고 있다. 유치원과 학교에서부터 아이들은 청년개척단의 붉은 수건을 목에 두르고 매주 깃발 행진에 참여해야 했다. 이를 거부하면 처벌을 받았다. 국가는 청년은 자유독일청년단에, 성인은 동독의 자유독일노동자동맹에, 나머지 사람들은 독일과 소련의 우호협회에 가입하도록 강요했다. 성인은 또한 직장에서 무기를 보유한 군대식 전투단의 일원으로 활동함으로써 체제에 대한 충성을 입증해야 했다.

---

* 1970년대 말 동독에서는 '무기 없는 폐허화'라는 슬로건이 사용되었는데 1980년대 서독에서는 '무기 없는 평화'라는 슬로건이 대칭적으로 사용되었다. 동독에 소련 SS-20 핵무기 다탄두 미사일이 배치되자 이에 대항해 미국이 서독에 핵탄두 퍼싱 II와 크루즈미사일을 배치했다. 이처럼 핵전쟁 위기에 처하자 서구 유럽에서는 기독교인을 중심으로 반핵 평화운동이 전개되었는데 이때 '무기 없는 평화'라는 구호가 만들어졌다. _옮긴이

적응하는 정도의 차이만 있을 뿐 선택권은 없었다.

대부분의 사람은 학교가 지향하는 정치적 노선을 내면화하면서 저항정신을 상실했다. 따라서 그들이 당원이 되는 데는 아무런 문제도 없었다. 당원이 되어야만 승진이나 승급을 할 수 있었으며, 어디서나 지도적인 지위는 공산당원이 차지했다. 공산당원이 아니고서는 학교의 교장도 될 수 없었다.

승진하기 위해서는 정치적 신념이 없거나 정치적 선전을 믿지 않더라도 공산당에 적응해야 했다. 사람들은 형식적으로 적응했고 보이지 않는 경계선 안에서 최소한 충성스럽게 살아가는 것처럼 행동했다. 내적으로는 그렇지 않더라도 외적으로는 언제나 그렇게 살았다. 이처럼 국가기구에 의해 강요된 객관적 무력감은 시간이 흐름에 따라 주관적 무력감이 되었고, 결국 이러한 조건하에 행동 의지마저 포기하게 되었다.

동독 사회에 적응하지 못해 자신의 삶이 파괴당하고 엉망이 된 경우도 잘 알고 있다. 내 동생 에카르트의 예를 보자. 그는 선박회사의 선원으로 열심히 일한 덕분에 기계공 조수에서 엔지니어로 진급했고 특허권 D 6등급을 받아 책임자급인 전문 엔지니어로 다시 진급했다. 그가 회사의 이사 자리에 응모했을 때 담당자는 의심스러운 눈초리로 그에게 물었다. "당신, 당원이요?"

처음부터 결과는 정해져 있었다. 당원이 아니라면 이사회의 지도적 과제를 담당할 수 없다는 차가운 대답이 돌아왔다. 내 동생은 물론 2~3급의 엔지니어보다는 높은 대우를 받았다. 하지만 그에게는 출구가 밖에서 잠겨 있었다. 그래서 그는 책임자가 되지 못했다. 이후 그는 선원임에도 바다로 나가지 못하고 육지에서만 근무했다.

1990년 체코슬로바키아 대통령 바츨라프 하벨이 동구 국가에서의 삶을 감옥 속에서의 삶과 비교했던 글이 생각난다. 그 삶이란 정해진 일과, 정해진 배급량, 정해진 숙소, 정해진 업무 규정에 따른 삶이다. 이러한 환경에서는 좁은 세계와 반대되는 넓은 세계, 즉 친구들의 모임, 교회, 예술가 모임, 시골이나 큰 도시에서의 문화적 공간으로 돌아가고자 하는 게 당연한 일이다. 정치적 의존이나 무력함, 폐쇄된 공간에서 제약된 자유만 경험한 사람들이 더 넓고 더 자유로운 공간에서 기쁨과 따뜻함, 친근함을 느끼기를 갈망하는 것 또한 당연하다.

우리는 단 1분이라도 동독 시절의 삶으로 되돌아가고 싶지 않지만 이러한 과거의 강력한 열망이 상실된 데 대한 슬픔이 가끔 우리를 엄습해오기도 한다. 싸워서 자유를 쟁취했고 그 선물로 받은 특별한 삶을 지금 와서는 상실한 것이다. 우리는 그러한 특별한 삶을 위해 부자유에 반대하면서 살았다. 모든 것이 지나가고 새로운 시간을 맞자 우리는 새로운 자유에 대해 깊은 감사와 기쁨을 가지는 한편 가끔 슬퍼지기도 했다. 나는 혁명의 폭풍우에 휩싸였던 '가을 같은 봄'에서 수많은 새로운 과제를 처리하고 소화했다. 이 때문에 익숙했던 과거의 삶과 제대로 작별하지 못한 채 나를 너무 빨리 새로운 것에 넘겨주고 새로운 일을 향해 출발했다. 꿈꾸어온 자유가 현실이 되었을 때 나는 정신을 차리게 되었다. 갈망으로서의 자유는 매혹적인 힘과 시들지 않는 아름다움을 가지고 있었으나 현실로서의 자유는 행복뿐 아니라 문제도 동반했다.

하벨 대통령의 글을 보면 해방의 행복을 맞자마자 곧바로 새로운 자유에 의한 충격이 뒤따른다. 외적으로 주어지는 질서와 안정에서 벗어난 자들은 모든 것을 스스로 책임져야 한다. 그러나 오늘날 해방된 사람들 가운데 많은 이는 이러한 책임을 감당하지 못하고 있다.

어느 날 나는 새로운 자유와 더불어 주어지는 어려움을 더 잘 이해하게 만드는 책을 발견했다. 벌써 60여 년 전 철학자 에리히 프롬은 『자유로부터의 도피』라는 책에서 하나의 이론을 발전시켰다. 그 이론에 따르면 인간은 자유를 얻게 되면 언제나 커다란 불안과 도피의 경향을 드러낸다고 한다. 창세기의 아담과 이브의 경우가 그렇다는 것이다. 그들은 신의 계명을 무시하고 지혜의 나무에서 열매를 따먹음으로써 원래의 의존성에서 벗어나 자유를 얻었다. 그러나 다음 순간 낙원 밖으로 도망치고 고독과 불안 가운데 서게 되었다. "새로 얻은 자유가 그에게는 도피로 보였다." 인간은 이제 사실상 낙원이라는 달콤한 속박으로부터 자유로워졌지만 자기결정을 향한 자유를 갖지 못하고 있다고 프롬은 말한다.

청소년은 사춘기에서 성인이 될 때 자유의 짜릿함을 맛본다. 성인이 되면 자유를 이해하는 방식도 달라진다. 한 인간이나 어린이에 대한 사랑, 특정한 가치나 신에 대한 사랑, 예술이나 자연, 어떤 일이나 위대한 목표에 대한 사랑을 근본적으로 열망하게 되는 것이다. 자유를 경험한 사람은 그 자유가 보증되기를 원한다. 책임을 지라는 것은 과한 요구가 아니다. 인간은 외부의 규범, 부모, 국가나 종교 등에 의해 의무를 부과받는다. 그러나 외적으로 질서가 주어지던 때와 달리 자유에는 책임이 요구된다. 자유에 대한 책임을 지는 사람은 궁극적으로 인간에게 내재된 가장 깊은 능력에 도달하게 된다. 그리고 자신을 도전자이자 다른 존재와 관련된 자로 이해할 때 우리 영혼은 우리에게 보상을 내린다. 공동체의 행복은 여기에서 비롯된다.

그러나 자유와 책임은 지속적인 변화를 요구하며 따라서 영원한 도전이다. 이 사실을 잘 알고 있는 사람들은 한 도시의 시장이 되기도 하고, 회사를 창업하기도 하고, 알려지지 않은 대륙을 탐험하기도 한다. 정부의 수반이 되는 여성도 있다. 그러나 어떤 사람은 자신이 지나친 요구를 받고 있다고 느끼며, 참된 자유란 존재하지 않고 사회적 국가는 사회적이지 않으며 기회 균등은 하나의 꿈에 불과하다고 생각한다. 지난 몇 년 동안 독일에서는 이처럼 회의에 찬 사람들이 많이 발견되었다. 옛 동독에서 치른 선거 결과나 여론조사를 볼 때면 나는 분노를 느낀다. 어째서 그들은 아직도 자유와 거리를 두려 하는가! 자유는 그곳의 많은 사람들에게 단지 낯선 것일 뿐이다.

동유럽에서의 '돌봄' 정책의 감염은 다음 세대에도 이어질 수 있다. 한편에서는 자유와 거리를 두면서 자유를 생소하게 느끼고 다른 한편에서는 자유를 긍정하는 상황은 동독인과 서독인 사이를 분명하게 갈라놓고 있다. 서구에서는 오래 전부터 자유에 대한 담론과 논쟁을 통해 해답을 발전시킨 반면 동구에서는 많은 해답이 단 '하나의 진리'에만 의존하고 있었다. 그렇지만 독일이 세계화로 인해 재정 위기와 불안정에 직면했던 것처럼, 우리가 하필 하나의 체제 교체를 선전했던 사회주의적이고 공산주의적인 이데올로기를 다시 믿는다면 우리는 사고의 태만에 빠지고 새롭게 경험했던 것에 저항하는 것이 된다. 정치적으로 복지도 자유도 보장하지 못했던 동독 체제가 어떻게 새로운 위기를 해결해나갈 수 있을까?

체제 전환을 요구하는 좌파 가운데는 19세기 봉건국가로 돌아가기를 원하면서 19세기식 앙시앵레짐*의 수호자처럼 행동하는 사람이 많았다. 그들은 19세기 사람들처럼 잔재로 남은 상황을 재건하라고 요구했다. 그렇지만 공산주의적 사회 프로젝트는 이미 지나갔다. 자본주의 폐기를 원하는 자는 목욕물 버리려다 아이마저 버리는 것이다. 선수 몇 명이 반칙했다고 축구 경기 자체를 없애거나 몇몇 선수가 도핑 약물을 복용했다고 자전거

---

* 앙시앵레짐은 1789년 프랑스혁명 당시 타도의 대상이 된 정치·경제·사회의 구체제를 뜻한다. _ 옮긴이

경기 자체를 없애지 않는다. 자유를 원하는 자는 경제에도 자유를 적용해야 한다. 그렇지만 정치 영역과 마찬가지로 경제 영역에서도 자유를 전체에 대한 책임으로 이해해야 한다.

물론 서구사회도 위기에 취약하고 불평등이 존재한다. 따라서 지속적인 비판과 함께 이에 대처할 조치가 요구된다. 그러나 자유가 결여된 사회체제로 돌아가서는 안 된다. 우리는 북미와 유럽 역사에서 보편적 인권의 발판이 되는 자유사상과 운동을 배울 수 있다. 물론 민주주의 토양에서도 전체주의적 사상이 자라날 수 있다. 우리는 동독의 프롤레타리아적 질서의 비전과 나치의 아리안 종족의 승리도 경험했다.

그러나 어떤 체제도 민주주의처럼 배울 수 있는 것은 아니다. 민주주의는 극작가 베레히트가 공산주의 입장에서 주장했듯 단순한 것이 아니라 단순한 사람도 복잡하게 만들 수 있는 것이다. 독재를 경험한 어른이라면 절대적으로 '선한 것'이나 '옳은 것'을 형성하기 위해서가 아니라 더 나은 것을 형성하기 위해 함께 뭉치고 작은 정치 모토부터 실천해야 한다. 이러한 모토와 함께 우리 발밑에 놓인 현실에 머물러 있어야 한다.

우리는 새로운 사회질서가 아니라 창조적 정신과 능력을 가진 민주주의자와 함께 현실적 문제와 위협에 대처하는 민주주의를 필요로 한다.

지난 20년 동안 장벽 저편에서 갈망했던 자유와 민주주의에 대해 서독 사람들은 왜 감격해하지 않는지를 나는 잘 알고 있다. 깨지기 쉬운 우리의 민주주의에서 자유는 결코 완전하지 못하며 완성되지도 않았다. 아테네에는 자유가 없는 노예와 자유로운 인간이 동시에 존재했으며, 미국에서는 독립이 선언될 때까지도 수십만 명의 흑인 노예가 존재했다. 선진공업 국가에서는 파업권을 보장하고 자신들의 이해관계를 대변해줄 법을 제정해 달라며 노동자들이 수십 년 동안 투쟁했다. 스위스에서는 20세기 후반에야 여성에게 선거권이 허락되었다.

한 사람의 자유는 다른 사람의 자유에 대해 항상 새롭게 균형을 잡아가야 한다. 토론을 계속해야만 사회적 합의를 도출할 수 있다. 미국 사회에서는 시민 개인의 자율성과 독자적 책임에 큰 무게를 두며, 유럽에서는 사회국가적 사상이 지배적이다. 미국 모델에 대한 비판가들은 흑인을 위한 복지를 더 많이 원한다. 유럽의 사회적 모델을 비판하는 자들은 그 모델에서 비롯된 개인의 무기력과 책임성의 결여에서 위험을 느낀다.

점차 세계화되는 세상에서 테러의 위협에 직면해 자유를 지키기 위해서는 개인의 자유권이 어느 정도까지 제약될 수 있는지를 늘 새롭게 다루어야 한다. 영토 밖에서 평화를 유지할 수 있는 조치를 관철하거나 민족의 안보를 보장하기 위해 자유주의 사회가 무력을 사용하고 군사적 수단을 동원하기를 원하는가? 그렇다면 어느 정도까지 동원하기를 원하는가? 우리는 이런 문제와도 씨름해야 한다.

독일 종교개혁자 마르틴 루터는 교회는 늘 개혁할 때만 참된 교회라고 말했다. 나는 그동안 자유와 민주주의를 늘 개혁하는 사회라고 이해해왔다.

민주주의를 지속적으로 갱신하는 일은 국가의 법정이나 기관에뿐만 아니라 개개 시민에게도 요구된다.

만일 자유가 빛과 힘을 상실하면 과거의 경험이 강화되고 시민으로서의 인간은 단순한 소비자로 전락한다. 그렇게 되면 인간은 민주주의를 위한 선거에도 참여하지 않고, 시민운동에도 동참하지 않으며, 공적이고 정치적인 영역에서도 후퇴하고 만다. 소비 자체를 반대하지는 않지만, 소비가 삶의 유일한 목적이 되면 사람은 동물처럼 자신의 기본 욕구가 충족될 때만 행복을 느낀다. 따라서 우리는 민주주의를 배워가는 과정에서 기꺼이 시행착오도 겪는 시민들을 원한다. 무관심으로 일관하면서 공적 사회를 형성하는 데서 손을 떼면 자발적으로는 아무것도 할 수 없는 상황에 처하게 될 것이다.

나는 처음 서독을 방문했을 때 왜 시민적 용기가 잘 알려지지 않고 또 제대로 실천되지 않는지를 물었다. 누구도 이러한 덕목을 발전시키는 것을 방해하지 않았다. 아무런 강제가 없는데도 시민적 권리를 포기하는 사람들이 자주 눈에 띄었다. 나는 그때까지는 '자유로부터의 도피'라는 현상을 전환기 사회가 겪는 문제라고 생각했으나 철학자 에리히 프롬에게서 가르침을 얻고 이러한 경험을 직접 한 후에는 오히려 이것이 인간학적 문제라는 것을 깨달았다.

아무런 장애도 없는 관계는 자유에 존재하지 않는다는 것은 매우 분명하다. 다음과 같은 자유의 두 얼굴은 우리를 혼란에 빠뜨리고 있다. 자유의 첫째 얼굴은 우리에게 신뢰를 일깨워 자기실현, 형성 가능성, 미래 등을 약속한다. 이는 인간 사이의 접촉과 만남에서도 도덕적 행태의 기본 요소인 감정 이입과 책임성을 성장시킨다. 자유의 둘째 얼굴은 우리에게 충격을 준다. 왜냐하면 약육강식의 자본주의, 노골적 계산, 집단이기주의, 그리고 비윤리적 과학기술 연구와 발전 등으로 결국 사람의 이기주의를 키우며 다른 사람과의 연대나 다른 사람에 대한 동정을 파괴시키기 때문이다. 자유의 이러한 부정적 측면은 결국 우리 안에서 파괴적인 힘으로 작용한다.

자유의 열렬한 옹호자였던 프리드리히 폰 실러*는 "아내들이 하이에나가 되고" 교양이 위험에 빠지는 무제약적 자유의 위험성을 잘 알고 있었다. 따라서 자유는 우리에게 인간이 지켜야 할 도덕과 공동체 안에서의 가치를

---

* 독일 고전주의 극작가이자 시인, 철학자, 역사가, 문학이론가로, 괴테와 함께 독일 고전주의의 양대 문호로 알려져 있다. 자유와 존엄성을 바탕으로 한 작품들을 써서 1800년대와 1848년 혁명기의 투쟁에 많은 영향을 끼쳤다. _옮긴이

확인시켜주는 의무를 부과하고 있다.

독일연방공화국의 시민으로서 지난 20년 동안 살아오면서 나는 자유로운 사회의 일상생활에서는 자유의 위대함이 일부 상실되어 있다는 사실을 깨달았다. 그러나 자유가 상실된 동독의 역사와 삶을 경험한 사람으로서 자유를 소유하며 산 서독 사람보다 더 분명히 깨달은 것은, 자유로부터 깨달음을 얻고 능력을 키우지 않으면 변혁을 위한 능력과 의지를 상실하게 된다는 것이다.

자유가 찬란함을 잃는 날이 올 수도 있다. 우리가 원치 않던 짐이 부과될 수도 있다. 나라 전체가 곤경에 빠질 수도 있다. 그러나 나는 다음과 같은 사실을 기억한다. 우리는 자유를 갈구했고, 자유는 우리를 맞아주었다. 우리의 길이 열려 있고 우리가 자유 안에서 새로운 도전에 직면할 때 자유는 우리를 위험에 빠뜨리지 않는다. 자유는 나에게 언제나 등불이다.

14

베를린의 5월

통일 이전의 동독 생활에
대한 회상

많은 사람들이 독일연방공화국의 기본법
이 탄생된 날, 정확히 말해 1949년 5월 23일을 아직도 기억하고 있다.

어린아이였던 당시의 기억이 희미하게 떠오른다. 나는 배낭을 메고 나
무 곤봉을 들고 햇빛 찬란한 숲을 지나 집으로 돌아가고 있었다. 학교가 끝
나서 기분이 좋았다. 그러나 나에게는 뭔가 할 일이 남아 있었다. 길 양편
에는 높이 자라 꽃을 피운 5월의 풀이 무성했다. 나는 두 발짝씩 걸을 때마
다 학교에서 배운 분노의 구호 "본의 기본법, 본의 기본법"*을 되뇌었다.
숲길이 끝나자 나는 만족스럽게 뒤를 돌아다보았다. 나는 누구도 지나쳐버
릴 수 없는 흔적을 남겼기 때문이다. 학교에서 나에게 불어넣은 뭔가를 쏟

* 독일연방공화국의 기본법은 독일연방의 법적·정치적 기본질서를 규정한 '서독의 헌법'이다. 이
  기본법은 통일 후의 헌법을 전제로 잠정적으로 만들었기에 기본법이라고 칭했다. 1949년 5월 24
  일 발효된 이 기본법은 1990년 10월 3일 동서독이 통일된 후 전체 독일의 정식 헌법이 되었다.
  이 기본법은 법치국가의 원칙인 민주주의, 공화정치, 사회국가, 연방국가를 지향하고 있다. 이
  헌법을 제정할 당시 동독은 기본법이 동독을 흡수 통일하려는 의지를 담고 있다며 크게 반발했
  다. _옮긴이

아냈던 것이다.

나는 사악한 인간, 조국의 통일을 가로막는 분열주의자, 착취자와 제국주의자가 지배하는 저쪽 서독의 수도 본에서 들려온 소식, 즉 미국인들이 이처럼 수치스러운 기본법을 만드는 과정을 지원했다는 소식을 들었다. 나는 그 사실을 알고는 있었지만 그 내용까지도 알고 있었을까. 미국인들이 밤에 동독의 벌판 위를 비행하면서 추수를 망치려고 감자밭에 해충을 떨어뜨린다는 소문도 떠돌았다. 미국인들이 메클렌부르크포어포메른주를 망치려 한다면 우리 학생들은 가만있지 않을 것이었다. 온 나라에 열을 지어 다니며 모든 작물을 검사해 감자 해충 하나라도 나온다면 미국인들에게 분노를 표할 예정이었다.

시골 어린이들은 깨어 있었다. 부스트로의 내 친구들도 그랬다. 그들은 종종 투쟁에도 나섰다. 그렇게 하지 않으면 원치 않는 진짜 충돌을 피할 수 없다는 것을 알고 있었기 때문이다. 어촌의 아름다운 어느 날 아침, 한 무리의 어린이들이 냄비 뚜껑을 부딪치고 주걱과 수저로 냄비와 주전자를 두드리며 마을길을 지나갔다. 그리고 모두 다음과 같은 구호를 반복했다. "루어협정,* 마셜플랜,** 모두 깊은 바다에 처넣어라!"

부스트로의 어린이들이 들고 일어나 인류의 적들을 경계선 밖으로 몰아내자고 했을 때 미국인은 엄청난 충격을 받았을 것이다. 이들은 어머니의 금지명령에도 불구하고 이 운동에 참여했고 비밀리에 청년개척단에도 가입했다. 어머니가 없는 데서는 푸른색 목수건도 자랑스럽게 매고 다녔다.

---

* 루어협정은 1949년 4월 28일 영국, 프랑스, 미국, 룩셈부르크가 런던에서 체결한 국제협정으로, 유럽 안보를 위해 중공업 지대인 서독의 루어 중공업 지역에 국제적 감독권을 보장한 협정이다. 이 협정은 1952년에 폐지되었다. _옮긴이
** 마셜플랜은 제2차 세계대전 이후 미국이 서유럽 16개 나라에 행한 대외 원조 계획이다. 미국의 국무장관 조지 마셜이 제창했기 때문에 마셜플랜이라고 불리며, 공산주의의 팽창을 막는 것이 주된 목적이었다. _옮긴이

물론 본의 기본법이 무엇인지, 또는 루어협정이나 마셜플랜이 무엇인지 모르는 어린이도 많았다. 당시 어린이는 그래도 아무 문제없었다. 그들은 단순히 당시의 분위기에 휩쓸렸을 뿐이다. 그러나 예상보다 빨리 삶의 현실과 직면했고 흥분을 가라앉히고서 그런 문제와 거리를 두었다. 지금 그때를 회상하는 사람은 그런 문제를 기억하려 하기보다는 그런 문제와 거리를 두려 할 것이다.

이는 모두 지나간 오래 전 일이다. 70여 년을 산 사람이라면 대부분 그 일들을 경험했다. 특별한 계획도 없이 걸어온 길이지만 그 길은 매우 독특했고 놀라웠고 대개는 신비에 찼다. 멀리 떨어진 메클렌부르크포어포메른 주 근처의 시디쿰이라는 동네의 좀 높은 곳에서 보면 걸어온 길, 울타리 친 농장, 토지와 호수를 회상하게 되었다. 아, 모든 것이 그렇게 보였었지.

그런데 오늘날 나는 40여 년 동안 억압자의 수도였던 베를린 한가운데를 걷고 있다. 그 도시에서는 본의 기본법 공포 60주년을 기념하고 있다. 그리고 독일연방공화국의 대통령 선거가 치러질 예정이다. 찬란한 태양이 베를린을 비추고 있다. 그 태양은 바로 내 안에 있는 태양이기도 했다.

나는 제국의회 근처에 있는 장벽으로 갔다. 내 뒤에서는 독일 깃발이 나부끼고 있다.

나는 동행자에게 말했다. "카메라로 나를 좀 찍어주게."

동행자는 서독 출신의 영리한 여성이었다. "여기 말고 저 깃발 앞에서 찍어요."

"그래요." 그녀가 말했다. "바로, 거기요!"

15

3년 후
독일연방공화국의
대통령 당선

2009년 늦은 여름, 원고를 넘기자 마음이 가벼워졌다. 출판사의 압력과 헬가 히르슈의 도움으로 회고록은 책으로 탄생했다. 나는 책을 쓰는 작업이 이렇게 어려울 것이라고는 짐작하지 못했다.

집필을 시작했을 때 나는 목사로서의 직업과 내가 정치에서 걸어간 길을 보여주려고 했다. 즉, 동독의 공산주의 독재에서 1989년 가을의 변혁기를 거쳐 통일된 독일에서 국가안전부의 비밀문서를 처리하기 위한 연방정부기관 문서관리청의 책임자로서 걸어온 길을 보여주려 했다. 그리고 나의 정치적 입장이나 행동 방식을 좀 더 자세히 설명하기 위해 사람들과의 만남에서 얻은 경험과 느낌을 기술하는 데 상당히 많은 분량을 할애했다. 부분적으로 잊어버렸던 부모님과 가족, 그리고 친구와 친지에 관한 이야기도 이 회고록에서 되살려냈다.

또한 나는 놀랍게도 언제나 깊은 슬픔이 나를 감싸고 있었다는 사실을 감지했다.

당시 아들들이 서독으로 이주해 이별을 겪게 된 슬픔은 오래 지속되었다. 그런 슬픔을 느낀 것은 우리가 오랫동안 만날 수 없었기 때문이기도 했다. 그러나 나는 이 슬픔이 나의 삶 속의 보다 깊은 곳에서 왔다고 생각했다. 즉, 나 스스로 동독 체류를 결정한 것을 흡사 감옥살이를 판정받은 것으로 생각했다는 것이다.

시인 고트프리트 벤은 젊었을 때 삶에 대해 배우더라도 나이 들어서야 비로소 깨닫게 된다는 다음과 같은 글귀를 남겼다.

아, 헛되이 달렸지
그대는 후에 가서야 비로소 스스로 경험하겠지

나 같은 사람은 상반된 감정이나 양면가치를 파악하는 데 특히 오랜 시간이 필요하다. 그러나 나는 동독 체류를 결단해야 하는 상황에 다시 처하더라도 자유로운 삶을 경험하지 못한 데 대한 슬픔이 내 안에 남아 있을 것이라는 사실을 인식했다.

집필 중이나 후에 글을 다시 읽어보면서 회상을 거듭하고 이를 '음미하는' 노력을 하지 않았더라면 나는 이러한 인식에 도달하지 못했을 것이다. 이는 내가 계획한 것이 아니라 이 책이 나를 그렇게 몰고 갔다. 이렇게 해서 일흔에 접어든 내 삶의 소용돌이에서 좀 더 자신에게 다가갈 수 있었으며 새로운 방식으로 나를 말할 수 있게 되었다.

나는 이제 나 자신과의 조화를 느끼고 내가 형성된 그대로의 삶을 살아간다. 나는 전국을 돌아다니며 시민적 용기, 정신의 변화, 독재의 결과, 책임으로서의 자유 등을 주제로 강연을 했고, 가끔은 토론회에도 참여했으며, 경제적 안정도 얻었다. 수십 년 동안 나는 목사로서 월말만 되면 돈이 떨어지는 소박한 삶을 살아야 했다. 이제는 존경도 받고 상도 받았으며 경제적으로도 여유롭다. 나는 내 삶에 만족하고 있으며 이제는 감사절을 즐길 시기라는 생각을 하기도 한다. 개신교회에서는 감사절을 언제나 10월 첫째 주일에 지킨다. 삶의 가을을 맞이한 내 인생의 감사절을 맞이했다는 느낌을 받고 있다.

2010년 5월 31일 독일연방공화국 대통령 호르스트 쾰러가 대통령 직무에서 퇴임했다. 그러자 야당인 사회민주당과 동맹90/녹색당 의장들이 나에게 전화를 걸어왔다. 그들은 나를 독일연방공화국 대통령 후보로 추천하려는데 동의하느냐고 물었다. 나는 대답을 미루고 잠시 생각할 시간을 달라고 했다. 그런 뒤 곧장 동의하기로 결정했다. 어떤 정해진 자리에 나를 매어놔야 한다고 생각했기 때문이다. 나는 그 제안을 받아들이면서 여당인 기민당, 연방정부 수상, 그리고 자유민주당이 공동으로 나를 추천해주었으면 좋겠다고 덧붙였다.

그 문제는 곧바로 결론이 났다. 사회민주당 의장인 지그마어 가브리엘은 연방정부 수상에게 연락을 취했으나 이는 양해를 구할 사안이 아니었다. 이로 인해 이 문제는 사실상 복잡한 길로 들어섰다. 여당인 기민당과의 연정으로 니더작센주의 총리인 크리스티안 불프가 대통령 후보로 지명되었던 것이다.

나는 내가 대통령에 선출될 것이라는 기대를 한순간도 하지 않았다. 나는 정당민주주의가 어떻게 기능하는지를 잘 알고 있었다. 그렇지만 후보자가 되는 것만으로도 나에게는 큰 의미가 있었다. 나는 지명받은 것만으로도 감사했다. 이는 나의 정치적 활동이 인정받은 것으로 이해할 수 있었으므로 폭넓은 대중을 책임지는 정치를 생각해보는 계기가 되었다.

나는 새롭고 거대한 도전 앞에 섰다. 내가 다룰 주제의 범위를 확대해야 했고 전문가들의 도움으로 개개의 주제에 대한 전문지식을 얻어 생태학에서부터 대외 정책에 이르기까지 나의 입장을 유권자뿐만 아니라 대중에게도 설명할 수 있어야 했다.

나는 사회민주당 및 녹색당의 의원과 유권자들로부터 너무나 많은 지원을 받았고, 정부와 연정에 속한 몇몇 사람도 나에게 공개적인 지지를 보내왔다. 예상 외로 언론 매체 및 1989년 저명했던 시민권 운동가들도 나를 지원해주었다. 그러나 가장 놀라웠던 것은 네트워크를 통한 활동가들의 지원이었다. 나와 사회민주당, 그리고 녹색당과는 전혀 무관한 단체들이 자발적으로 나를 지원할 사람들을 모았다.

나라는 인간에 대해 단순히 동정심이 아닌 온기와 진심이 느껴졌다. 많은 시민들이 나를 신뢰한 이유는 고착화된 정치체제에 염증을 느끼고 나를 현 정치체제에서의 대안적 후보라고 보았기 때문일 것이다. 나는 나 자신이 이런 역할을 하리라고 생각지 못했다. 왜냐하면 나는 독일의 민주주의가 불완전하지만 배울 가치가 있다고 변호해왔기 때문이다. 정당 없는 다수결은 사태를 끝없이 복잡하게 만들 수도 있기 때문에 나는 정당민주주의도 지지했다. 따라서 나는 정당은 스스로를 비판적으로 성찰해야 하지만 그렇다고 정당을 폐기하거나 정치가들을 싸잡아 저주해서는 안 된다고 주장해왔다.

이로 인해 동정심을 잃을까 두렵지는 않았다. 이는 오히려 많은 사람에게 내가 특정한 계산을 가지고 정치에 입문하는 것이 아니라 민주주의의 수호와 개선을 마음에 두고 있다는 확신을 주었다.

나는 이런 마음으로 침착하고 차분한 마음으로 선거일을 맞이했다. 나는 지명된 후 사회민주당과 녹색당의 후보로서 기자회견도 가졌다.

선거일이 되자 예기지 않은 상황이 발생했다. 상대 후보인 크리스티안 불프는 처음 두 번의 투표에서는 필요한 절대 다수표를 얻지 못했다. 나의 동거녀 다니엘라 샤트의 얼굴이 창백해졌다. 왜냐하면 나나 그녀나 전혀 예측하지 못했던 변화에 직면했기 때문이다. 내 여동생 자비네와 내 딸 카타리나는 그녀를 진정시키려고 제국의회 건물 밖으로 데리고 나갔다. 나도 마음을 가라앉히기 위해 연방의회의 예배실로 들어갔다. 한편으로는 환상에서 벗어나 냉정을 되찾았으며 다른 한편으로는 기쁨, 놀라움, 감사가 뒤범벅되어 감정이 혼란스러웠다. 오늘은 이 얼마나 독특한 날인가!

나는 선물을 받은 느낌이었다. 그러나 크리스티안 불프가 3차 선거에서 마침내 필요한 다수표를 얻었고 나는 새로 선출된 대통령에게 마음으로부터 행운과 하나님의 축복을 빌었다.

나는 전혀 속상하지 않았다. 앙겔라 메르켈 수상이 나를 원했는지 원치 않았는지에 대해 어떤 생각도 하지 않았다. 나는 무조건 '뭔가가 되어야 하는' 나이이지도 않았다. 내가 20년만 젊었어도 이 문제에 훨씬 더 관심을 가졌을 것이다. 그러나 나는 당시 만족스러운 삶의 여유를 누리고 있었으며, 전술적인 행동 규율도 나를 얽어매지 않았다. 또한 나는 강연이나 토론에도 열심히 참여하고 있었다. 이로 인해 일부 지지자를 잃은 것 또한 마음 편히 받아들였다. 자기 삶의 모든 면에서 모범생이 되려면 자신의 성숙한 확신과 대립해서는 안 된다.

나의 일과는 강연, 독서, 토론 등의 프로그램으로 꽉 차 있었다. 나는 어떤 직무도 맡지 않고 '망각 반대-민주주의를 위해'의 의장으로 일했다.

그런데 2012년 2월 17일 독일연방공화국 대통령이던 크리스티안 불프가 부패 혐의에 휘말려 갑자기 퇴진했다.

야당은 대통령 후보를 새로 내야 했다. 지방선거를 통해 구성된 연방의 상원의회가 집권 기민당과 자유당의 연립 보수 정권에 불리한 상황이었기 때문에 야당 후보가 대통령에 선출될 확률이 더 컸다. 또한 여당 연립정부의 의석이 더 적었으므로 여당의 후보자는 야당의 동의 없이 선출될 수 없는 상황이었다.

그리고 나는 데자뷔를 경험했다. 왜냐하면 야당인 사회민주당과 녹색당이 나를 다시 후보자로 요청했기 때문이다.

나는 이번에는 선출될 것이라고 생각했다. 대중 앞에서 나는 책임 있는 지위를 고집스럽게 맡으려는 사람처럼 말하지 않았다. 나는 시민으로서 공동의 책임을 진다는 자세를 보이면서 사회민주당과 녹색당 연정의 공동 후보로 나서겠다고 선언했다. 연방정부의 메르켈 수상이 내가 후보가 된 데 대해 유보적인 태도를 취했으므로 후보자 수락을 철회하는 것은 바른 태도가 아니었다. 나는 비록 사회민주당이 나를 후보로 추천했지만 마지막에 가서는 집권 연립정부와 함께 다른 후보와 합의할 수도 있다는 전제하에 후보직을 수락했다.

2012년 2월 19일 일요일 오전, 나는 오스트리아 비엔나의 시립극장에서 열린 토론회에 참가했다. 이어서 몇몇 사람과 함께 점심식사를 했는데 자유당 의장단이 만장일치로 나를 후보로 정했다는 소식을 들었다. 사회민주당 의장 지그마어 가브리엘이 전화로 이 소식을 알려왔는데, 갑작스러운 전환에 직면해 어떻게 처신할지를 결정하는 데는 얼마 걸리지 않았다. 이번에는 아주 쉽게 답을 찾았다. 나는 정치적으로 전통적 가치와 사고를 지닌 보수적인 기민당과 기사당이 공산주의 이후 좌파와 더불어 그들의 가치를 대변했던 가우크 후보에 반대했다면 어떻게 되었을까도 생각해보았다. 그런 일이 일어날 것이라고는 생각되지 않았다. 나는 사회민주당의 가브리엘 의장에게 "출마하겠소"라고 대답했다.

게임은 다시 시작되었다.

나는 베를린으로 날아왔다. 거기서 택시를 타고 집으로 향하는데, 연방정부의 수상관저에서 전화가 걸려왔다. 메르켈 수상이 나와 이야기를 나누고 싶다는 것이었다. 곧이어 앙겔라 메르켈 수상과 전화가 연결되었다. "가우크 씨, 기민당과 나는 자유당과 공동으로 당신을 후보로 지명하기로 지금 막 결정했습니다." 나는 감사를 표했고 택시 기사에게 집 대신 연방정부 수상관저로 데려다달라고 부탁했다.

2년 전 처음으로 대통령 후보로 지명되었을 때와는 전혀 다른 상반된 감정이 나를 사로잡았다.

동독 출신의 무당파, 게다가 72세라는 늙은 나이에 연방정부 대통령의 후보로 지명된 것은 하나의 커다란 명예이자 포상이었다. 또한 이는 나의 삶에서 또 한 번의 전환을 가져다줄 도전이기도 했다.

다른 한편으로 나는 내가 원하는 삶, 즉 스스로 모든 것을 결정하는 자유로운 삶을 잃게 될 것이다. 규율과 정해진 일과를 지켜야 하고 심사숙고해서 말해야 하고 항상 주변에 경호원을 두어야 할 것이다.

나는 얻는 것도 많겠지만 잃는 것도 있을 것이다.

연립정부와 야당이 2012년 2월 19일 저녁 나를 독일연방공화국 대통령의 공동후보로 지명했을 때 나는 연방정부 수상관저의 창문을 통해 제국의회 앞 광장을 바라보았다. '바로 여기서' 나는 약 3년 전 사진을 찍었다. 그날은 호르스트 쾰러가 대통령으로 재선된 날이었다. 그리고 '바로 여기' 연방 상원에서 나는 2012년 3월 18일 일요일 독일연방공화국 11대 대통령에 선출되었다.

1990년 3월 18일은 공교롭게도 동독에서 최초의 자유선거가 치러진 날이었다. 이 날은 1848년 혁명가들이 베를린의 바리케이드를 무너뜨림으로써 독일의 민주적이고 자유주의적 전통의 기초를 세운 날이기도 했다.

이 얼마나 아름다운 일요일인가!

나는 지금과 같은 혼란기에 국가가 원하고 요구하는 대로 대통령 직무를 잘 수행할 수 있을지 모르겠다. 그러나 이것만은 정확히 알고 있다. 독재에 의해 이끌려왔고 뒤늦게 진정한 자유를 경험한 인간이 삶의 가을을 맞이해서 새로운 지평의 설계도를 완성하고자 한다는 것이다. '바로 여기' 통일된 유럽의 한복판, 통일된 독일의 대통령직에서.

궁극 이전의 말: 신비에 찬
궁극적인 감정: 감사*

---

*   '궁극 이전의 것'과 '궁극적인 것'은 신학자 본회퍼가 자신의 윤리학에서 쓴 개념이다. 이 표현은 인간적(궁극 이전)으로 보면 가우크 자신의 삶이 신비에 찼으며, 신적(궁극적)으로 보면 신의 은혜에 감사드린다는 것을 뜻한다. _옮긴이

지은이

요아힘 가우크는 1940년 독일 북동부에 위치한 메클렌부르크포어포메른주 로스토크에서 태어났다. 해운회사의 선원으로 일하던 아버지가 나치 간첩 혐의를 받아 시베리아 수용소로 끌려간 일을 계기로 민주화에 눈을 떴다. 기자가 되고 싶었으나 공산당에 가입하지 않았던 탓에 목표를 수정해 신학을 공부해서 목사가 되었다. 동독 체제에 반감을 가졌으나 동독을 떠나지 않고 동독에 머물면서 반체제·반정부 인사로 활동했다. 처음부터 동독의 체제와 거리를 둔 가우크는 국가안전부(슈타지)의 주요 감시대상이었음에도 자신의 뜻을 굽히지 않아 "교화 불가능한 반공산주의자"라는 기록이 국가안전부 문건에 남아 있기도 하다.

1989년 동서독 장벽이 무너지고 독일이 통일되는 과정에서는 동독에서 처음 실시된 자유선거를 통해 인민의회 의원에 당선되었다. 이어서 동독 국가안전부의 문서들을 처리하는 문서관리청의 책임자로 임명되어 10년 동안 국가안전부의 비밀문서와 반인권 사례를 조사하면서 동독의 역사 청산 작업에 크게 공헌했다. 2012년에는 제11대 독일 대통령으로 선출되어 2017년까지 임기를 수행했다.

옮긴이

손규태는 한국신학대학교 대학원을 졸업하고 독일 하이델베르크대학교에서 신학박사학위를 받았다. 지금은 성공회대학교 신학과 명예교수이다. 저서로는 『하나님 나라와 공공성』 등이 있으며, 역서로는 『평화윤리』 등이 있다.

독일 대통령 요아힘 가우크 회고록

동독의 민주화와 통일운동을 증언하다

지은이 | 요아힘 가우크
옮긴이 | 손규태
펴낸이 | 김종수
펴낸곳 | 한울엠플러스(주)
편집 | 신순남

초판 1쇄 인쇄 | 2018년 3월 12일
초판 1쇄 발행 | 2018년 3월 26일

주소 | 10881 경기도 파주시 광인사길 153 한울시소빌딩 3층
전화 | 031-955-0655
팩스 | 031-955-0656
홈페이지 | www.hanulmplus.kr
등록번호 | 제406-2015-000143호

Printed in Korea.
ISBN 978-89-460-6463-8 03340(양장)
　　　 978-89-460-6464-5 03340(반양장)

※ 책값은 겉표지에 표시되어 있습니다.